[MIRROR]
理想国译丛

033

imaginist

想象另一种可能

理
想
国

imaginist

理想国译丛序

“如果没有翻译，”批评家乔治·斯坦纳（George Steiner）曾写道，“我们无异于住在彼此沉默、言语不通的省份。”而作家安东尼·伯吉斯（Anthony Burgess）回应说：“翻译不仅仅是言词之事，它让整个文化变得可以理解。”

这两句话或许比任何复杂的阐述都更清晰地定义了理想国译丛的初衷。

自从严复与林琴南缔造中国近代翻译传统以来，译介就被两种趋势支配。

它是开放的，中国必须向外部学习，它又有某种封闭性，被一种强烈的功利主义所影响。严复期望赫伯特·斯宾塞、孟德斯鸠的思想能帮助中国获得富强之道，林琴南则希望茶花女的故事能改变国人的情感世界。他人的思想与故事，必须以我们期待的视角来呈现。

在很大程度上，这套译丛仍延续着这个传统。此刻的中国与一个世纪前不同，但她仍面临诸多崭新的挑战，我们迫切需要他人的经验来帮助我们应对难题，保持思想的开放性是面对复杂与高速变化的时代的唯一方案。但更重要的是，我们希望保持一种非功利的兴趣：对世界的丰富性、复杂性本身充满兴趣，真诚地渴望理解他人的经验。

理想国译丛主编

梁文道　刘瑜　熊培云　许知远

[乌拉圭] 爱德华多 · 加莱亚诺 著
王玫 张小强 韩晓雁 张仓吉 吴国平 等译
邓兰珍 校译

拉丁美洲被切开的血管

EDUARDO GALEANO

LAS VENAS ABIERTAS DE AMÉRICA LATINA

南京大学出版社

图书在版编目(CIP)数据

拉丁美洲被切开的血管 / (乌拉圭) 爱德华多・加莱亚诺 (Eduardo Galeano) 著；王玫等译. —南京：南京大学出版社, 2018.11（2024.10 重印）
书名原文: Las Venas Abiertas de América Latina

ISBN 978-7-305-20997-0

Ⅰ. ①拉… Ⅱ. ①爱… ②王… Ⅲ. ①殖民地经济－经济史－拉丁美洲
Ⅳ. ①F173.09

中国版本图书馆CIP数据核字(2018)第224747号

出版发行　南京大学出版社
社　　址　南京市汉口路22号　　邮编：210093
发行热线　(025)83594756
网　　址　www.njupco.com

责任编辑：卢文婷
特邀编辑：胡晓镜　李惟祎
装帧设计：陆智昌
内文制作：陈基胜

全国新华书店经销
山东临沂新华印刷物流集团有限责任公司
　临沂高新技术产业开发区新华路　邮政编码：276017

开本：965mm × 635mm　1/16
印张：24　字数：291千字
2018年11月第1版　2024年10月第9次印刷
定价：79.00元

如发现印装质量问题，影响阅读，请与印刷厂联系调换

导读

以挑战的姿态执笔

索飒

一

爱德华多·赫尔曼·玛利亚·休斯·加莱亚诺（Eduardo Germán María Hughes Galeano），即读者熟悉的爱德华多·加莱亚诺，于 2015 年 4 月 13 日在他的祖国乌拉圭首都蒙得维的亚辞世，享年七十四岁。

加莱亚诺的成名作是 1971 年问世的《拉丁美洲被切开的血管》（*Las Venas Abiertas De América Latina*，以下简称《血管》）。据不久前的消息，这本书在他的祖国销量仍然名列前茅。

20 世纪 60 年代和 70 年代，世界以反体制为浪潮。拉丁美洲曾在"依附理论"的旗帜下讨论大陆的前途，而《血管》为这一解剖美洲病体的理论骨架填补了肌肤和血脉。

《血管》出版后，迅速传播。加莱亚诺在 80 年代修订本说明中记载了有关它的几则轶事：在一辆穿越波哥大街道的汽车上，一个姑娘正给身旁的女友读这本书，后来她站起来给全体乘客朗诵；一个布宜诺斯艾利斯的大学生一周内走遍附近街区的所有书店，逐段阅读这本书，因为他没有钱买下它……由于作品记载的历史本身的力量，《血管》游离于作家的创作边界，成为拉丁美洲“60年代”集体记忆的积淀。

历史永远在交替前行。70年代中期前后，作为对时代主题词“变革”和“希望”的反动，右翼军事独裁寒流席卷拉丁美洲，加莱亚诺和他的作品遭受追踪。拉美数国政府禁了这本“腐蚀青年”的书。在智利军人政变大屠杀的日子里，一位智利妇女把随身带着的这本书裹在婴儿的尿布里逃离圣地亚哥。加莱亚诺本人不得不流亡国外继续文学创作。

《血管》在白色恐怖时代的拉丁美洲遭到厄运，却以几十种语言的译本、几十次的再版走遍世界，经久不衰。它迟迟才来到中国。90年代，当得知该书已被几位西班牙语译者译出，却因无一出版社问津而被束之高阁后，我曾几次背着那摞厚厚的五百页大稿纸到编辑家一一登门游说。当时的敲门砖是一篇写于1997年的书评，题为《人的命运，书的命运》：

> 很长时间以来我一直不明白，为什么拉丁美洲人总爱用“切开的血管”这种表达方式，他们的歌词、诗句、报刊文章里时不时会出现这个词语。直到读完手中的这本书，我对它才有了更深切的体会。这本书就是《拉丁美洲被切开的血管》。
>
> 此书初版于1971年，修订于1980年，我手中的版本是1984年的第三十八版，它已被译成多种文字。作者是乌拉圭新闻记者出身的作家爱德华多·加莱亚诺。用作者的话说，这是一本以爱情小说和海盗小说的方式来谈政治经济学的书。关

于创作目的，作者说得很清楚：

“写这本书是为了和人们交谈，是以一个非专业作家面对一个非专业读者的方式，向人们揭示被官方历史掩盖和篡改的历史——战胜者讲述的历史。”

或者用书中更加简洁的话来说，这是一本关于掠夺的历史的著作。

其实，这是一本关于拉丁美洲的经典作品，但是它的经典意义又绝不限于拉丁美洲。仅从它的一些标题就能看出该书内容涉猎之重大。此书包括两大部分，第一部分题为“地球的富有造成人类的贫困”，讲述了旧殖民主义围绕拉丁美洲金银、农作物和其他矿产进行的掠夺史；第二部分题为“发展是遇难者多于航行者的航行”，叙述了新殖民主义如何通过自由贸易、贷款、铁路、阴谋和暴力将拉丁美洲的民族工业发展扼杀在襁褓之中，解析了投资、技术、经济援助、合资企业、金融机构、国际组织等现代文明手段如何不文明地参与了古老的掠夺战。

如果说这本书和其他水平相当的同类书有什么区别的话，重要的一点就是它的叙述方式。作者把鲜为人知的丰富资料、说服力强的数字、敏锐的分析、深刻的见解编织成一个个平易近人的故事，将我们身边司空见惯的现象，剥去层层伪装，让它们暴露出骇人听闻的“文明”本质，而支撑这种能力的根基，是作者的立场、觉悟、热情和因此才获得的广博知识。

拉丁美洲是世界上自然条件最优越的大陆之一，也是人民最穷困的大陆之一。贫穷的原因不是由于那里的人懒惰，甚至主要也不是领导层的昏庸无能。制造“原罪”的魁首是现代资本主义的祖宗——殖民主义制度。《血管》告诉我们，当年大西洋上开往欧洲大陆的船只装载的每一种货物，都为一个后来的拉美国家规定了命运。疯狂的人力、物力资源的掠夺造成拉美大陆上“哪里越是富得不能再富，哪里就越是穷得不能再穷”的人类文明悖谬。

玻利维亚高原上有一座海拔五千米的山峰，叫波托西，山脚下就是当年震惊欧洲的同名银城，其名声之大，成就了一句古老的谚语，并见于著名的小说《堂·吉诃德》：“其价值等于一个波托西。”由于发现银矿，至1650年波托西已拥有十六万居民，是当时世界上最大、最富有的城市之一。17世纪初，全城已拥有三十六座装饰豪华的教堂、众多的赌场和十四所舞蹈学校。1608年，波托西为庆祝宗教节日上演了六天喜剧，举行了六场化装舞会，进行了八天斗牛。但是，波托西现在的人口是四个世纪以前的三分之一，是这个世界上著名穷国最贫穷的城市之一。人们与衰亡的矿山共命运，在废石堆和旧巷道里寻找一点含锡的碎矿。白银是没有的，连一点闪亮的东西都没有，西班牙人撤走的时候用小笤帚把波托西五千个矿井扫得干干净净。波托西对面有一座被当地人称作“瓦卡奇”的山，即“哭泣过的山”，从山上的泉眼里流出的清泉曾供矿工饮用。“瓦卡奇”是波托西被毁的沉默的证人，是它眼看着波托西怎样一天天地萎缩，改变颜色。

然而当年是美洲的白银养活了整个欧洲。

波托西“至今是美洲殖民制度留下的一道流血的伤口，一份控告书。世界必须以请求它的原谅重新开始”。

还有“白色金子”的悲惨故事。自从哥伦布第二次航行把甘蔗根从西班牙带到美洲大陆，三个世纪内，这片大陆就成了为欧洲市场提供蔗糖的种植园。巴西东北部含有丰富矿盐和腐殖层的沿海热带林区首先被看中，至17世纪一直是世界上最大的甘蔗生产国，与此同时，森林、植被和动物都在单一作物的祭坛上成为甘蔗的牺牲品。当此地的地力耗尽之后，荷兰人把从巴西学来的技术用于巴巴多斯更肥沃的土地上，从非洲贩进大批更健壮的黑人奴隶，取代了巴西东北部的甘蔗生产。从此以后，这块昔日的宝地变成了巴西最贫困的地区，孩子们经常吃的是木薯粉和菜豆，由于这类食品缺少矿盐，孩子们出于本能的需要吃起泥土来，大人们不得不给他们套上牲口用的口套，或是把他们放在柳条筐里吊得高高的。

这就是延续了几个世纪并存在至今的、欧洲人所说的“非洲恶习”之一。

16世纪的殖民主义者把印第安人不堪忍受非人待遇而集体自杀的悲惨状况说成是“为了娱乐和逃避劳动”，20世纪70年代，欧洲有人继续把这种污蔑当成学术解释之一，宣称今天的古巴人继承了这一遗传基因。

在危地马拉的历史上，欧洲中间商为了招募大量农业季节工，带着乐队和烈酒来到印第安人居住的高山，把他们灌得酩酊大醉后，让他们在卖身契似的合同上画押；而今天，被冠以“嗜酒如命”之恶名的只是印第安人。

《血管》就这样让我们看见了殖民主义与种族歧视的隐秘亲缘。

西班牙人走了，英国人来了，拉丁美洲的命运依然如故。

欧洲借拉美殖民地得以大规模集中国际财富，却妨碍了被掠夺者跳跃到积累工业资本的阶段。当独立后的拉丁美洲人试图起步时，英国人又向他们举起保护主义与自由贸易的双面魔镜，就像后来的美国人挥动的民主自由变色旗——有利的一面总是朝着自己。英国在自己的纺织工业未立足之际，对出口未加工羊毛的本国公民判以断其右手，再犯者处以绞刑的酷刑；在教区牧师证明裹尸布系国货之前，禁止将死人下葬。但是当拉丁美洲的门户在19世纪初刚一打开，英国人就迫不及待地向具有悠久游牧传统的阿根廷大草原出口所有马具，包括英国制造的阿根廷民族服装“彭乔”（一种骑马时穿的斗篷），向木材丰富的巴西出口即可入殓的棺材，向他们的热带沿海地区出口毫无用处的冰鞋，向仍无纸币的国家出口高级钱夹。被收买的独裁政府“像拉皮条介绍淫妇那样将整个国家拱手让出”，关贸协定上“政治”（política）被草率地译成“警察”（policía）。在西方国家的“援建”下，拉美许多国家的铁路网呈扇面通往面向欧洲的港口，港口的背后却是一片毫无内部联系的沙漠。

英国人走了，美国人来了，拉丁美洲的命运依然如故。

19世纪初，拉丁美洲“独立之父”玻利瓦尔不无道理地把美国人称作“美洲的英国人”；20世纪初，美国哲学家威廉·詹姆斯也曾做出过鲜为人知的断言：“美国已经把《独立宣言》彻底吐了出来。”五百年的历史给藕断丝连的西方文明打了一个大问号，如果作为资本主义本质的利己哲学没有发生变化，那么所谓“进步”和“现代化”不过是思维方法和手段的进步与现代化。《血管》虽然初版于20世纪70年代，但是没有任何理由使我们相信世界发生了根本变化，《血管》的经典意义正存在于此。

在《血管》里，美国掠夺拉丁美洲的例子不胜枚举，残酷手段令人发指。有一段文字使我过目不忘。20世纪60年代，软弱的巴西政府以缺乏资金为名，准许美国空军在蕴藏着丰富战略性矿产的亚马孙平原上空拍照。美国空军使用最先进的技术手段获取了所有重要情报。此后不久，巴西两千万公顷的土地被出售或强占。这片土地的分布很奇特，它“呈条带状，把亚马孙地区同巴西其他地区隔离开来”。根据巴西国会的调查和陆军部的证词，美国政府鼓励这种做法的企图是在巴西境内开辟一条新边境，向这一地区定向殖民，秘密开发钍、铀、黄金、金刚石等重要矿产。二十多个美国新教传教团在稀有矿产蕴藏丰富的地带定点传教，教授英语，并在这片地球上最大的可居住而荒无人烟的地区大量发放避孕药品。

在中国经济改型之际，当一些人急于“与世界文明接轨”时，读一读《血管》中“掠夺的现代结构”一节不无裨益，那里有他人的历史教训。我们可以读到，在诞生于美国、总部设在美国并为美国服务的国际货币基金组织里，拉美所有国家加在一起的票数不及美国所掌握票数的一半，因此不得不接受该组织即美国的“指导”，陷入不断接受贷款、外债高筑的恶性循环。在由拉美国家提供大部分普通资金的泛美开发银行里，他们的总票数不足通过重要决议所必需的三分之二多数，而美国独家拥有否决权，美国政府的内部报告承认，这一否决权使他们得以向包括大学改革在内的拉美事务施加压力。我们还可以读到，从1964年起，每一任世界银行行长都是美国著名商人；以此类推，还有国际开发署等，无一例外。《血管》还以大量事实和细致的分析揭示，所谓的“合资企业”如何控制拉美国家的经济和技术命脉，像19世纪的铁路一样有毒的现代科技如何不科学地在拉美国家制造失业大军，扩大技术差距。汽车工业战、速溶咖啡战，一个个惊险小说般的例证解构了精密的现代掠夺方式。

……

但是，《血管》一书又在印刷品满天飞时代的出版社门外徘徊了多年。明智的出版者颇有经验地说：“这样的书对中国的读者来说，太严肃了点，太生疏了点，太老了点。”直到人民文学出版社为出版一套第三世界丛书寻找稿源，《血管》被纳入“猫头鹰学术译丛”，我写于1997年的那篇书评才成了该书2001年中文版的前言。

2009年，在委内瑞拉总统查韦斯向美国总统奥巴马亲手递送《拉丁美洲被切开的血管》的几分钟后，该书在“亚马逊”图书网站的排名迅速飙升，列畅销书排行榜的次席。人民文学出版社也决定为中译本初版仅五千册的该书加印再版。我曾就此在一篇新短评中写过：

这一次是大名鼎鼎的委内瑞拉总统查韦斯向美国新秀奥巴马送书，送书的场合是面临前途抉择的美洲国家组织首脑会议。虽然随着“赠书”的由头，《拉丁美洲被切开的血管》在亚马逊排行榜的位置从第六万位提升到前几位，但《血管》的价值没有因此而增一分、减一分，因为给它打分的是一块大陆的人民。查韦斯是《血管》在拉丁美洲千千万万热情的读者之一，他只是做了一个性情之中的漂亮举动，以诚恳的教育者身份把它递给了奥巴马。

如今，爱德华多·加利亚诺的作品在中国大陆已经有了多种译本，如《足球往事：那些阳光与阴影下的美丽和忧伤》《镜子：照出你看不见的世界史》《拥抱之书》《火的记忆 1：创世纪》《时日之子》《鹦鹉复活的故事》《爱与战争的日日夜夜》等。

二

曾被右翼军人独裁政府逼迫流亡国外十余年之久的加莱亚诺，少年时在课堂里遭受过第一次“驱逐”：当女教师讲解说西班牙殖民者巴尔博亚登上巴拿马一座山峰后，成为同时看见大西洋、太平洋两大洋的第一人时，加莱亚诺举手发问：“老师小姐，当时印第安人都是瞎子吗？”

这位乌拉圭作家似乎生性不守规矩，而从《血管》开始，他的作品就显示了这种不守规矩的表现风格，与他挑战正统史观的立场浑然一体。在他那些一反常规的词藻表达、天马行空的浮想念头里，隐藏着一个“反体制”的精灵。

语言只是血肉，骨子里是思想。

在重新叙述世界史的《镜子》中，加莱亚诺曾说：

> 我是一个希望为抢救记忆做贡献的作家，抢救整个美洲被劫持的记忆，尤其是拉丁美洲——这块我深爱着而被人歧视的土地——被劫持的记忆。

在关于拉丁美洲历史的三部曲《火的记忆》中，他写道：

> 我不想写一部客观性的作品。我不想也不能。该书中历史的叙述没有丝毫的中立性。我无法保持距离，于是我决定：我坦陈一切，我不后悔。然而，这个庞大的马赛克式的书中的每一个片段都基于坚实的文献资料。书中讲述的一切都是已经发生过的事情，只是我以我的风格和方式来讲述。

去世之前他留下一部已完成、未出版的书稿，题为——《捕捉历史的猎手》(*El Cazador De Historias*)。

长久注视着加莱亚诺的工作，不时总想起他所回忆的少年课堂体验。正是因为那个小孩敢于表达对“一个外来者是同时看见两大洋的第一人”的话语的反感，一场伟大的对世界史叙述的颠覆革命才成为可能。

1985 年，加莱亚诺结束流亡生涯，返回祖国乌拉圭，我在他的个人网页上不断读到他针对世界的尖锐发言。后来数不清有多少次为加莱亚诺难得的人民立场、犀利的语言、巧妙的西班牙语思维击掌叫绝，以至于每出一个事件，我就去搜索他的博客。初衷不改为加莱亚诺赢得了底层人民的尊敬。他不止一次访问墨西哥恰帕斯山区的萨帕塔民族解放军，与副司令马科斯结下友谊，互通信件。萨帕塔游击队有一位名叫索利斯·洛佩斯的发言人，出于对加莱亚诺的热爱，决定以“加莱亚诺”为自己的名字。他牺牲后，按照由某一人继承死者名字以表示逝者永生的游击队内部惯例，副司令马科斯继承了他的名字。因而，墨西哥萨帕塔民族解放军副司令马科斯如今与乌拉圭作家加莱亚诺同名。

2001年“9·11”之后，加莱亚诺同样勇敢地表明了自己的立场。在一次访谈中，他说道：

> 在所有人都处在全面反对国际恐怖主义的战争之中的今天，提下述这个问题并不多余：我们怎么对付市场的恐怖主义？它正加害于人类的大多数。那些高级国际机构不是恐怖主义者吗？它们在全球范围内主导金融、贸易和一切。难道它们没有掠夺和犯罪吗？尽管它们不是用炸弹而是用窒息和饥饿来杀人。它们没有把劳动者的权利炸成碎片吗？它们不正在杀害国家主权、民族工业、民族文化吗？

2011年，身患癌症七十岁高龄的加莱亚诺出现在西班牙“愤怒青年”抗击体制的太阳门广场，俨然一位不下疆场的老骥，处处激发活跃的思想与活泼的语言。

在拉丁美洲——也可以说在各种国度、各种文化中，狭义的作家、广义的知识分子如何在人生和著述里体现不可分割的真善美，如何协调作为思想者的政治责任和作为创作者的艺术自由，始终是挑战性的命题。加莱亚诺正如许多拉丁美洲的作家、艺术家、神学家，穷尽一生试图回答，命悬一线仍在拷问。

加莱亚诺曾被问及政治和艺术哪个是改变世界的更合适的办法，他这样回答道：

> 这两者都在自己所处的时代和地域范围内尽可能地表现自己。政治是种语言，艺术也是种语言，但是讨论是否某些语言比其他语言更有效的问题，这没有意义……我们生存的这个世界向我们灌输艺术和政治割裂的思想。这种割裂让我们相信理智和心灵各行其是，让我们相信，政治和艺术不是相互依存的，而实际上，人的正义感和美感像双胞姐妹一样密不可分。这个将政治与美割裂开来的世界，也正是那个封锁了边界的世界。

知识分子的良知并不只是一种优美的个人品质，它更是一种沉甸甸的负担。尤其当他把良知付诸行动，并对行动的后果负责时，他的抉择已经不完全属于个人，这种抉择应该是迟疑的，而不是轻易的。加莱亚诺与拉丁美洲大陆上的革命和革命政权有过密切的接触，也有过程度不一的摩擦。对此，他心里一定有过自我争论。

选择的分寸也表现在一些作品中。例如，《镜子》这部书在归还多元文化、多神教应有地位的同时，对三大一神教均有针砭，抨击的主要火力对准拉丁美洲的统治宗教天主教。它对被压迫者阵营的批评和指责总体是善意的，但是对于一些重大命题的判断，追求凝练的短文形式能否使读者得出全面公正的结论，却值得斟酌。

《血管》之后，加莱亚诺的许多作品都以类似《镜子》这样数行短小杂文集锦的方式写成。后期的这种写作方式也可能与他的记者出身不无关联。起码在《镜子》中，我感到，对于作者所不熟悉的、历史深厚、脉络复杂的东方文明，用三言两语去概括不够恰当，指点更是容易偏离准星或造成伤害。或许，这是一种“语言的放纵”，在方式方法的深处，潜藏着一个知识分子的“选择”命题。而西班牙语，作为一种由几亿前殖民地人民使用的语言，它的欧洲宗主国背景毕竟为操这种语言的知识分子进入世界级交流，提供了方便的路径。在欧美（国）强势语言的背后，仍然是一片广漠的大地，那里生长着奇异的花朵，它们的芬芳至今不被人熟悉。

21 世纪伊始，人们曾询问加莱亚诺如何评价前一个世纪 70 年代写作的《血管》，他回答说，今天的情况比三十年前的记载“有过之而无不及”。

2010 年他又曾面对同一提问。据报道，他在巴西利亚的书展上口无遮拦地说：“我今天不敢再重读那本《血管》。对于我来说，那篇用传统左派语言写出的文字太笨拙。”尽管他也补充说：“当年我没有足够的修养；今天我不后悔写出那本书，但是那个阶段已经被超越。”一言既出，媒体漫天转载，在拉丁美洲，尤其左翼阵营引起哗然，右翼也借此大做文章。

我想，这件事的本质，没有离开那个在拉丁美洲热议不已的知识分子“践约”（compromiso，或译为“介入”）老话题，它也是全世界知识分子不能回避的政治选择。当《血管》被一代人长久地当作叛逆拉丁美洲的象征，当它被查韦斯总统当作人民的教科书放到奥巴马的手里，加莱亚诺应该想到：这部书的命运已经融入历史。加莱亚诺尽可以在私下对自己年轻时的稚嫩做严厉有加的批评，但面对阴险的媒体世界做随意表达，不能不说对艰难之中的善良人群造成了一种伤害。

一个知识分子，一旦他选择了人民阵营，他就同时选择了责任和有限自由，这就是他与真实历史进程中的人的约定——这就是与“选择”同时产生的重负。何况，《血管》与加莱亚诺后期作品的写作风格孰优孰劣，并不是一件盖棺论定的事情。

我想，到了一种能够商榷批评但又仗义支持的火候，对一个作家的敬重才真的刚刚开始。

与加莱亚诺最后的文字交往，缘于他的几部书的汉译工作。我曾受出版社的委托，向他咨询再次访华的意愿，当然那时他已罹患癌症多年。他在回复的电子信件中写道：

> 迟早——但愿早先于迟——我将与那个我在遥远的时代认识的、曾热爱过的国家重逢。愿我的拥抱飞越世界七大海洋。

幸亏他写了“我曾热爱过的”，我并不希望读到“美丽的文明古国”之类的空话。

几年前，爱德华多·加莱亚诺的骨灰被洒在拉普拉塔河东流的河水里，汇入了茫茫无际的海洋。

2018 年春

"……我们保持了近乎愚蠢的沉默……"

——《维护委员会》起义宣言，

1809 年 7 月 16 日于拉巴斯市

目 录

第二部分　发展是遇难者多于航行者的航行

序言

暴风雪中的一亿两千万儿童

所谓国际分工就是指一些国家专门赢利，而另外一些国家专门遭受损失。地球上我们所居住的这一地区——今日我们称之为拉丁美洲，过早地成熟了，自文艺复兴时期欧洲人越洋过海吞噬这一地区的遥远时代起，拉丁美洲就沦为专门遭受损失的地区。几个世纪过去了，拉丁美洲完善了它的作用。它不再是奇妙的王国，在这里，现实曾经打破神话，战利品、金矿和银山曾超出人们的想象。但拉丁美洲仍旧起着附庸的作用，继续为他人之需要而存在，成为富国的石油、铁矿、铜矿、肉类、水果、咖啡、原料、粮食的产地和仓库。富国从消费这些原料中所得到的利润远远超过拉丁美洲在生产这些原料的过程中所获得的利润。原料购买者征收的税款大大高于原料销售者的收入。总而言之，正如争取进步联盟的协调员科维·T. 奥利弗（Covey T. Oliver）在 1968 年 7 月所宣称的："现在谈论合理的价格是一种中世纪的观念，我们正完全处在自由贸易时期……"贸易越是具有更多的自由，就越是需要为蒙受贸易损失的人修筑更多的牢笼。我们的审讯和执法制度不仅为处于统治地位的国外市场而运转，还从被人主宰的国内市场所得的外国贷款和投资中提供源源不断的大量利润。1913 年，美国总统伍德罗 · 威尔逊（Woodrow Wilson）告诫道："曾有人说拉丁美洲给外国资本以特许权，但从未曾听人说美国给外国资本特许权……这是因为我们不给他们这种权利。"他深信："投资于某个国家的资本会占有并且统治该国。"此话言之有理。在此过程中，我们甚至失去了被称作**美洲人**的权利，尽管在"五月花"号的移民定居普利茅斯沿海地区的一个世纪之前，海地人和古巴人业已作为新的种族而被载入历史。今天对世界来说，美洲就是美国，我们充其量只是居住在一个身份模糊的美洲次大陆，一个二等美洲的居民。

拉丁美洲是一个血管被切开的地区。自从发现美洲大陆至今，这个地区的一切先是被转化为欧洲资本，而后又转化为美国资本，并在遥远的权力中心积累。这一切包括：土地——地上丰富的物产和地下富饶的矿藏；人——人的劳动力和消费能力；自然资源及人力资源。各国的生产方式和阶级结构取决于每个国家进入资本主义世界体系的程度，每一地区被赋予一种有利于宗主国的职能，依附关系形成的锁链无穷无尽，链环将其环环套牢。在拉丁美洲，小国遭受邻近大国的欺压，在各国的疆域内，则是大都市和大海港剥削国内粮食产地和劳动力（拉美现有的二十个人口最多的大城市中，有十七个诞生于四个世纪之前）。

对那些将历史看作一部竞争史的人来讲，拉丁美洲的贫穷和落后就是在竞争中失败的结果。我们失败了，别人胜利了。但实际上，只是因为我们失败了，他们才获胜。正如人们所说，拉丁美洲不发达的历史构成了世界资本主义发展的历史。**我们的失败总是意味着他人的胜利；我们的财富哺育着帝国和当地首领的繁荣，却总**

是给我们带来贫困。殖民地和新殖民时期的炼金术使黄金变成废铜烂铁，粮食变成毒药。波托西（Potosí）、萨卡特卡斯（Zacatecas）和黑金城（Ouro Preto）从生产贵金属的光辉顶峰跌入被掏空了的矿井深渊。毁灭是智利硝石矿和亚马孙橡胶林的命运，巴西东北部的甘蔗园、阿根廷的栲树森林和马拉开波湖（Lago de Maracaibo）一些石油村落的命运，都以令人心酸的理由使人相信，自然界赋予的、被帝国主义掠夺走的财富不是终古存在的。**滋润着帝国主义权力中心的雨水淹没了该体系广阔的外围，与此同时，我们的统治阶级（受外部统治的国内统治阶级）的舒适安逸就等于诅咒我们广大民众永远要过着牲口般的生活。**

鸿沟在扩大。至19世纪中叶，富国的生活水准已超出穷国50%。发展加剧了不平等。1969年4月，理查德·尼克松（Richard Nixon）在美洲国家组织（Organización de los Estados Americanos）的演讲中宣称，到20世纪末，美国的人均收入将是拉丁美洲的十六倍。**整个帝国主义体系的力量是以局部必须不平等为基础，这种不平等达到越来越惊人的程度。**在日益扩大的差异的推动下，按绝对水平计算，压迫别国的国家变得越来越富有，如按相对水平计算，它们则变得更加富有。**中心**资本主义可以制造并使人相信有关它富裕的神话，但是神话不能当饭充饥。构成资本主义广大**外围**的穷国对此是十分清楚的。一个美国公民的平均收入是一个拉美人的八倍，并以十倍于拉美人的速度增长。而且，由于布拉沃河（Río Bravo）以南拉美地区的广大穷人和少数富者之间存在着无底深渊，各种平均数使人迷惑。的确，据联合国统计，盘踞社会上层的六百万拉丁美洲人的收入相当于生活在社会底层的一亿四千万人的收入；有六千万农民人均日收入仅为二十五美分，而在社会顶层，那些依靠他人的不幸谋利的人在瑞士或美国的个人账户上共存有五十亿美元，他们把钱财挥霍在炫耀派头及无谓的奢侈攀比——这是犯罪又是挑衅——和非生产性投资上（足足占全部投资的一半）。拉丁美洲本来可以用这些被浪费的资金建立、补充并扩大生产和劳动力来源的。我们的统治阶级始终被引入帝国主义权力的星座之中，他们毫无兴趣来调查一下爱国主义是否比卖国主义更有利可图，或者研究一下国际政策的唯一做法是否就是乞求他人。因为"别无他法"，国家主权被抵押出去了。寡头集团的种种借口是为了别有用心地将一个阶级的软弱性同每一国家所谓的缺乏使命混淆起来。

霍苏埃·德·卡斯特罗（Josué de Castro）声明："我——一个曾经接受过国际和平奖的人——认为，对于拉丁美洲来讲，不幸的是除暴力之外别无其他解决办法。"一亿两千万儿童在暴风雪的中心挣扎。没有任何一个地区的人口像拉丁美洲那样增长迅速，在半个世纪里增加了三倍之多。每一分钟都有一名儿童死于疾病或饥饿，但是到 2000 年，拉丁美洲人口将达到六亿五千万，其中近一半是不到十五岁的青少年，这犹如一颗**定时炸弹**。1970 年末，在两亿八千万拉美人中，有近五千万失业或半失业者，近一亿文盲。半数人口拥挤在不卫生的住房中。拉美三个最大市场——阿根廷、巴西和墨西哥——消费能力的总和抵不上法国或联邦德国的消费能力，尽管我们三个**大国**的人口相加之和远远超过任何一个欧洲国家。按人口计算，今日拉丁美洲生产的粮食少于第二次世界大战之前；按不变价格计算，自 1929 年经济萧条以来，人均出口减少到原来的三分之一。从外国主子和我们那些充当代理人的资产阶级的观点看，这个制度是非常合理的。他们以浮士德都感到羞耻的廉价方式将灵魂出卖给魔鬼。但是，从其他人的角度来看，这个制度却非常不合理，它越是向前发展就越会加剧国家的不平衡和紧张局面以及白热化的矛盾。甚至连与大庄园和不平等结构安逸共存的强依附性、迟到的工业化，也不是有助于解决失业问题，而是播下失业的种子。在这一块拥有不停繁衍、没有工作的大批劳动力的地区，贫困在蔓延，财富在集中。新工厂屹立在享有特权的发展中心，即圣保罗、布宜诺斯艾利斯、墨西哥城等，但对劳动力的需求越来越少。该制度没有预料到这一小小的麻烦：人口过剩。人口激增，人们毫无顾忌地狂热做爱。被抛在路边的人越来越多，他们在农村没有活干，因为大庄园主占有广漠的荒地；他们在城市同样无事可干，在这里机器主宰了人。这一制度排斥人。美国传教士们给大批妇女做绝育手术，分发药丸、节育环、避孕工具和有记号的日历，但婴儿仍在出生；拉丁美洲的儿童仍在顽强地诞生，以争得在这块慷慨的土地上有立锥之地的天然权利。这块土地可能向所有人奉献出一切，又几乎向所有人拒绝一切。

1968 年 11 月初，理查德 · 尼克松大声地证实，争取进步联盟业已走过七个年头，但拉丁美洲的营养不良和食品短缺现象却不断加剧。不久前的 4 月份，乔治 · 鲍尔（George W. Ball）在《生活》杂志上写道：“至少在未来几十年中，最贫困国家的不满情绪还不会构成一种摧毁世界的威胁。世世代代以来，世界的三分之二是穷人，三分之一是富人，尽管这是一个令人羞耻的事实。穷国的权利是有限的，虽然这是那么不公平。”鲍尔曾率领美国代表团出席了在日内瓦召开的第一届贸易和发展会议，并且对大会为改变不发达国家在国际贸易中所处的不利地位而通过的十二项总原则中的九项投了反对票。在拉丁美洲，贫困正在悄悄杀人；每一年都有三颗“广岛原子弹”无声无息地在拉美人民的头上爆炸，他们已习惯于咬牙忍受痛苦。虽然这种有系统的暴行不是显而易见的，但却是实实在在的，并且还在加剧。这种罪行虽然没有载入红色编年史中，却被编入联合国粮农组织的统计年鉴中。鲍尔声称，富国至今仍然可以逍遥法外，因为穷国还不可能发动一场世界大战。但是，帝国关心此事，既然无力增加面包，就要尽可能消灭寄食者。一位黑色幽默大师在拉巴斯城（La Paz）的一面墙上涂写道：“反对贫困，杀死乞丐！”马尔萨斯（Malthus）的继承者除了提出在尚未出世之前消灭每一个未来的乞丐外，还能提出什么良计妙策呢？世界银行行长罗伯特·麦克纳马拉（Robert McNamara，曾任福特基金会董事长和美国国防部长）断言，人口爆炸已成为拉美进步的最大障碍。他宣布，世界银行在发放贷款时，将优先发给实行计划生育的国家。麦克纳马拉不无遗憾地证实，穷人的大脑少工作 25%。世界银行的技术官僚（业已出世）开动计算机，列出一段十分复杂的有关控制人口优越性的话：“一个年人均收入在一百五十至两百美元的发展中国家，如果在二十五年内将出生率降低 50% 的话，三十年后人均收入水平将比不降低出生率可能达到的水平高出 40%，而六十年之后将超出一倍。”世界银行的一份文件就是这样断言的。林登·约翰逊（Lyndon Johnson）有一句名言：“为控制人口增长而投资的五美元，远比为经济增长而投入的一百美元更有效。”德怀特·艾森豪威尔（Dwight Eisenhower）预言，如果地球上的人口仍按目前的增长速度增加，其后果将不仅是增加发生革命的危险性，还将造成“甚至包括**我们在内**的全人类生活水平的递减”。

美国国内并未遭到出生率剧增问题的困扰，但它却比任何人更急于向四面八方推行计划生育。由于数百万儿童似蝗虫般从第三世界的地平线上向前推进，不仅美国政府为此担忧，连洛克菲勒和福特基金会也都对此深感忧虑。在马尔萨斯和麦克纳马拉之前，柏拉图和亚里士多德已考虑到人口问题。但是在今天，这种全球性攻势具有一个十分明确的作用，即试图为各国和各阶级之间十分不平等的收入分配辩解，使穷人相信，贫穷是没有控制生育的结果，以阻挡行动起来造反的群众的愤怒情绪。在东南亚，在阻止越南人口增长的努力中，节育环、炸弹和霰弹争相施用。**在拉丁美洲，将未来的游击战士扼杀在子宫内，要比将他们消灭在崇山峻岭中或城市街道上更加卫生、更加有效。**虽然亚马孙河流域是地球上人烟最稀少的地区，但各种美国使团仍在该地区为数千名妇女做绝育手术。在多数拉美国家中，不是人口过剩，而是人口缺乏。比利时每平方公里的人口密度比巴西高三十七倍，英国人口的密度比巴拉圭高四十八倍，日本的人口密度比秘鲁高三十一倍。拉美人口最稠密的国家海地和萨尔瓦多的人口密度也低于意大利。某些大国提出的借口是对人智慧的侮辱，它们真正的意图激起了人们的愤怒。总而言之，玻利维亚、巴西、智利、厄瓜多尔、巴拉圭和委内瑞拉一半以上的地域荒无人烟。乌拉圭是一个老龄化国家，其人口增长常低于拉美其他国家，但是近几年来没有任何一个拉美国家像它那样遭受到如此残酷的惩罚危机，这惩罚几乎将它拖入地狱的最深处。乌拉圭荒芜了，肥沃的大草原本来可以向远比今日还要多的人口提供食粮，然而乌拉圭人民却在土地上忍受着贫困的煎熬。

一个多世纪之前，一位危地马拉外交部部长曾预言：“从给我们造成不幸的美国产生摆脱不幸的出路，这是令人奇怪的。”争取进步联盟业已死亡，并被埋葬。现在美国更加惊慌而不是宽宏大量地提出，解决拉美问题的办法是预先消灭拉美人。在华盛顿，人们已有理由相信，穷人并**不愿意**成为穷人。但是，如果没有手段，就不可能达到这一目的。否认拉美解放的人也否认我们再生的唯一可能，并且顺便也就宽恕了现行的结构。年轻人在增加，他们成熟了，并注意到这样的问题：这个现行制度的喉舌向他们提供了什么呢？它以超现实主义的语言建议，在这片空旷的土地上提倡节育；认为那些资本过剩但被浪费掉的国家缺乏资本；将扭曲变形的贷款和造成财富外流的外国投资称为**援助**；号召大地主进行土改，金融寡头实现社会正义。他们判定，除由外部间谍挑起阶级斗争外，阶级斗争并不存在；虽然还有阶级存在，但他们将阶级压迫视为西方生活方式。海军陆战队罪行累累的远征，其目的是要重建社会秩序及和平；听命于华盛顿的独裁统治者将法制国家建立在监狱之中，为了维护劳动自由，禁止罢工，取缔工会。

难道一切都遭禁止，唯有袖手旁观吗？贫困并非是命中注定的，不发达也不是上帝的黑色旨意。现在是革命的年代，解放的年代。统治阶级惊恐万分，他们宣称地狱之门向所有人敞开。从某种意义上讲，右派将自己同安定和秩序视为一体是对的，虽然实际上是大多数人日复一日蒙受耻辱的秩序，但总归是秩序，而安宁则是保持饥饿和不公正的安宁。如果将来出现意想不到的事，那么保守派就可以有充分的理由惊呼："人们背弃了我。"软弱无能的思想家——按主子眼色行事的奴才——很快就使人听到他们的呻吟。在古巴革命胜利的这一天，被推倒的"缅因"号（Maine）的铜雕大鹰*，如今双翅折断，被遗弃在哈瓦那旧城区的一座门廊内。自古巴

* 译注：1898 年 2 月 15 日，美国"缅因"号舰在古巴沿海被炸毁，美方借机向当时占领古巴的西班牙宣战。美国获胜后，在哈瓦那竖立纪念碑。

之后，还有其他一些国家通过不同途径和方式，开创了变革的历程。维护目前现状的秩序便是维持罪恶。

在拉美漫长、痛苦的历史中，所有遭扼杀或被出卖的革命幽灵重新出现在新的革命历程中，过去的矛盾揭示并孕育了今天的时代。**历史是回首往事的先知。它根据赞成和反对的往事预告未来。**所以，本书想提供一部掠夺的历史，同时还要述说目前的掠夺机制如何运转，征服者如何乘着三桅帆船来到，以及不久前技术官僚们如何乘着喷气式飞机来到；还要讲讲埃尔南·科尔特斯（Hernán Cortés）和海军陆战队，西班牙总督和国际货币基金组织的使团，奴隶贩子的赢利和通用汽车公司的利润。同样，本书也将向人们展示失败了的英雄和我们时代的革命，揭露丑闻，再现死而复燃的希望：前仆后继的献身精神。亚历山大·冯·洪堡（Alexander von Humboldt）考察波哥大（Bogotá）高原古老的印第安风俗时，得知印第安人将在宗教仪式中祭祀用的人称作“基皮卡”（quihica），意即大门，也就是说，每一个被选中者的死意味着又一个新的为期一百八十五次月圆的开始。

第一部分

地球的富有造成人类的贫困

黄金和白银热

刻在剑柄上的十字

当克里斯托弗·哥伦布（Cristóbal Colón）开始穿越地球西部广阔的空间时，他业已接受传统的挑战。他们乘坐的船只就像漂浮在大海之上的一片叶子，听凭汹涌浪涛的颠簸，浪头不时将船抛向魔鬼之口，阴沉的大海犹如一条贪食人肉的巨蛇，随时伺机以待。按照 15 世纪人们的认识，再过一千年，上帝进行最后审判的净化之火将毁灭全世界。那时所谓的世界还只是地中海，其海域模模糊糊地伸向非洲和东方。葡萄牙航海家们确信，西风会带来一些奇怪的尸体，海上有时会漂来精心雕刻过的木头片，但是没有任何人怀疑过世界很快会令人吃惊地扩大。

那时还没有美洲这个名称。挪威人还不知道他们很久以前就已发现这块大陆，就连哥伦布本人，经过多次航行，到死都以为自己到达的是亚洲。1492 年，当西班牙人的皮靴首次踏上巴哈马（Bahamas）海滩时，哥伦布船长还以为这些岛屿就是日本的前沿地区。哥伦布随身携带一本《马可 · 波罗游记》，在每页的空白处写满批注。马可 · 波罗（Marco Polo）说，日本国的居民“拥有大量的黄金和取之不尽的金矿……在这个岛屿上还有许多最纯正的珍珠，色彩呈玫瑰色，形状又大又圆，价值超过白珍珠”。成吉思汗听说有关日本国财富的消息，心中激起征服这块土地的欲望，但是他失败了。从《马可 · 波罗游记》一书诱人的章节中，呈现出天地间的所有财富，那就是在印度洋上约有一万三千座岛屿拥有堆积如山的金子、珍珠、黑白胡椒和数量庞大的各种调料。胡椒、生姜、丁香、肉豆蔻和桂皮，就像盐一样非常受欢迎，它们用于冬季储存肉类，使之不变质失味。西班牙天主教国王决定资助直接到达这些财富产地的冒险家，以摆脱中间商和商贩所构成的沉重枷锁，因为他们垄断了来自神秘东方的调料、热带植物、薄纱织物和白刃武器的贸易。渴望得到贵金属（支付贸易运输费用的手段）的欲望也驱使人们去横渡可憎的海洋。整个欧洲需要白银，波希米亚（Bohemia）、萨克森（Sajonia）地区和蒂罗尔（Tirol）的矿脉已快要枯竭。

西班牙正处于光复时期。1492 年不仅是发现美洲的一年——一个新世界从这个带来重大结果的误解中诞生——而且还是收复格拉纳达（Granada）的一年。阿拉贡（Aragón）的费尔南多（Fernando）和卡斯蒂利亚（Castilla）的伊莎贝尔（Isabel）* 通过联姻避免他们的领土被分裂，1492 年初他们摧毁了西班牙土地上最后一个穆斯林的堡垒。西班牙人用了近八个世纪才收复在七年内失去的一切[1]，光复战争耗尽皇家的财富。但是，那是一场“神圣”的战争，是一场基督教反对伊斯兰教的战争。另外，十五万犹太人在

---

* 译注：指国王费尔南多五世和伊莎贝尔王后。

1492 年被驱逐出西班牙也并非是一件偶然的事。西班牙成为一个高举刻着十字架的利剑的民族，伊莎贝尔女王成为神圣的宗教法庭的保护人。假如从未有过盛行于中世纪卡斯蒂利亚的圣战的军事传统，就无法解释发现美洲的功绩；教会很快使征服大洋彼岸陌生的大陆具有了神圣的性质。教宗亚历山大六世是瓦伦西亚（Valencia）人，他使伊莎贝尔女王成为新大陆的女主人。卡斯蒂利亚王国的扩张壮大了上帝在地球上的领域。

在发现美洲大陆的三年之后，哥伦布亲自指挥了同多米尼加印第安人作战的军事行动。一队骑士、两百名步兵和一些受过专门进攻训练的猎犬大肆屠杀印第安居民。五百多名印第安人被运往西班牙，作为奴隶在塞维利亚（Sevilla）出售，最终凄惨地死去。[2] 但是，这种作为遭到一些神学家的反对。16 世纪初，虽然形式上禁止把土著人当作奴隶使用，但事实上并没有禁止，而是赞美奴役。在每次军事入侵之前，征服军的指挥官必须在公证人面前向印第安人宣读一份冗长的、咬文嚼字的责令，规劝印第安人成为虔诚的天主教信徒："如果你们不这样做，或者居心不良地故意拖延的话，我向你们保证：在上帝的帮助下，我将对你们发起有力的反击，并将尽我所能在各地同你们作战，使你们屈服于教会和陛下的束缚，并且顺从他们；我将占有你们的妻儿，使之沦为奴隶，并当作奴隶予以出售，我将根据陛下的指示支配他们；我还将占有你们的全部财产，并将竭尽全力使你们遭受各种不幸和灾难……"[3]

当时的美洲是不能或难以解救的广阔的魔鬼帝国。但是，反对印第安人异教徒的狂热使命同新大陆财富的光彩在征服者的队伍中激起的狂热结合在一起。科尔特斯征服墨西哥时的忠实伙伴贝尔纳尔·迪亚斯·德尔·卡斯蒂略（Bernal Díaz del Castillo）写道，他们来美洲是“为了效忠上帝和陛下，也为了得到财富”。

当哥伦布到达圣萨尔瓦多（San Salvador）的环形珊瑚岛时，他被加勒比清澈透明的海水、绿色的风景、清新柔和的空气、色彩斑斓的飞禽、“好身材的小伙子”，以及生长在那里的“英俊而又温顺的人”搞得眼花缭乱。他向印第安人赠送“一些彩色便帽、玻璃项链及其他许多使他们高兴无比的价值低廉的东西。印第安人如此拥戴我们，简直像个奇迹”。哥伦布向印第安人展示利剑，他们并不知这是何物，从剑刃处去拿，结果手被割破了。哥伦布在航海日记中写道：“与此同时，我非常留意，极力想知道这里是否有黄金。我看到一些印第安人穿透鼻子的洞眼中挂着一小块黄金，借助手势我得知，向南或由南折回岛上，那里有一个国王用大罐装着黄金，并且还有许多许多。”因为“黄金成为财富，谁拥有它，谁就可以在地球上随心所欲，甚至可以使有罪的灵魂进入天堂”。在哥伦布的第三次航行中，当船队驶入委内瑞拉沿海时，他仍然以为是在向中国海前进。他报告说，由此伸展出一片通向人间天堂的一望无边的陆地。16 世纪初叶，巴西海岸的勘探者阿梅里科·贝斯普西奥（Américo Vespucio）也向洛伦佐·德·美第奇（Lorenzo de Médici）叙述道：“树林如此之美丽温柔，使我们仿佛置身于人间天堂……”[4] 1503 年，哥伦布自牙买加写信给国王：“当我发现西印度洋群岛时，我说过那是世上最大、最富饶的地区，我谈到那里的黄金、珍珠、宝石、调料……”

在中世纪，一袋胡椒的价格超过一条人命的价值，黄金和白银则是文艺复兴时期用来打开天堂之门和人间资产者的重商主义大门的钥匙。西班牙人和葡萄牙人在美洲大陆上的丰功伟绩是把传播基督教教义同掠夺当地的财富结合在一起。为了拥有整个世界，欧洲极力向外扩张。充满危险的、有着茂密的原始森林的处女地，激起了指挥官、绅士贵族们，以及那些衣衫褴褛、被驱使去夺取诱人的战利品的士兵的贪婪之心。他们相信被称为“死者之光”的荣誉，也相信勇敢。科尔特斯说过，“运气帮助胆大的人”。他本人为组织对墨西哥的远征，抵押了自己的全部私人财产。除哥伦布或麦哲伦这样少数幸运者之外，几乎所有的探险都没有得到国家的资助，而是由征服者本人承担费用，或由商人银行家出钱资助。[5]

印第安人为了支开入侵者而编造的国王满身披挂黄金的黄金国神话诞生了，从贡萨洛·皮萨罗（Gonzalo Pizarro）到沃尔特·雷利（Water Raleigh），一批又一批人在茂密的原始森林中，在亚马孙河、奥里诺科河（Río Oricono）中徒劳地寻找着黄金国。由于发现波托西，“喷涌出白银的山峦”的梦想在1545年变成现实。在此之前，却有许多顺巴拉那河（Río Paraná）而上、企图到达银矿产地的探险者死于饥饿、疾病，或被印第安人的乱箭射死。

墨西哥和安第斯高原确实蕴藏着数量可观的黄金和白银。1519年，科尔特斯向西班牙披露了莫克特苏马（Moctezuma）国王的阿兹特克金库令人震惊的规模。十五年之后，弗朗西斯科·皮萨罗（Francisco Pizarro）在绞死印加帝国国王阿塔瓦尔帕（Atahualpa）之前，令其交纳的一笔巨额赎金（一屋子黄金和两屋子白银）运抵塞维利亚。在此之前的一些年份中，西班牙朝廷用从安的列斯群岛（las Antillas）掠夺来的黄金给随哥伦布首航的水手们支付报酬。[6]末了，加勒比岛屿上的居民不再纳税，因为他们都已不复存在，所有的印第安人都死于淘金之中。这是一种令人恐惧的劳动，半个身体浸泡在水中，淘洗含金的细砂；或者弯腰躬身，背负来自西班牙的笨重的农具开垦农田，直至精疲力竭地死去。许多多米尼加印第安人提前完成新的白人剥削者强加于他们的使命，先杀死自己的子女，然后集体自杀。16 世纪中叶，官方的编年史家费尔南德斯·德·奥维耶多（Fernández de Oviedo）这样解释安的列斯群岛的集体自杀现象："许多自尽身亡的人是为了娱乐消遣和逃避劳动而服毒自杀，另外一些人是用自己的双手自缢身亡。"[7]

携带秘密武器的神回来了

在哥伦布首次航海期间，路过特内里费岛（Tenerife）时，他曾目睹一场可怕的火山爆发。这场火山爆发，犹如一个征兆，预示着这块切断通向亚洲西路航线的辽阔的新大陆上即将发生的一切。从望不到边际的海域，隐约可见美洲大陆就在那里。征服就像狂潮，排山倒海般推进。总督接替船长，全体船员变成入侵的军队。罗马教宗的圣谕将非洲授予葡萄牙王室，将"余下的尚未被发现的土地，无论是迄今已由你们派遣的人员发现的，还是将来发现的土地"赐予卡斯蒂利亚王朝。美洲被赠予给伊莎贝尔女王。1508 年，教宗在一项新的圣谕中决定，在美洲征收的全部什一税永久地归西班牙王国，也就是说，西班牙对新大陆教会拥有令人垂涎的多方面的保护权，包括有权要求真正管理所有教士的薪俸。[8]

1494 年签订的《托德西利亚斯条约》（*Tratado de Tordesillas*）准许葡萄牙占有由教宗确定的分界线以外的美洲土地。1530 年，马丁·阿方索·德·索萨（Martim Alfonso de Sousa）驱走法国人，在巴西建立第一批葡萄牙居民点。与此同时，西班牙人穿越可怕的原始森林和广漠的不毛之地，在征服和开发的进程中取得了很大的进展。1513 年，太平洋展现在巴斯科·努涅斯·德·巴尔沃亚（Vasco Núñez de Balboa）的眼前；1522 年秋季，费迪南德·麦哲伦（Hernando de Magallanes）探险队的幸存者回到西班牙，他们首次将两大洋联结在一起，并且在绕地球环行一周之后证实地球是圆的；在此三年之前，科尔特斯的十艘航船从古巴岛出发前往墨西哥方向；1523 年，彼德罗·德·阿尔瓦拉多（Pedro de Alvarado）前去征服中美洲；1533 年，弗朗西斯科·皮萨罗占领印加帝国的心脏，以胜利者的姿态进入库斯科（Cuzco）；1540 年，彼德罗·德·巴尔迪维亚（Pedro de Valdivia）穿过阿塔卡马沙漠（Desierto de Atacama），建立起智利的圣地亚哥城（Santiago）。征服者深入查科（Chaco），并且揭开了从秘鲁直至地球上流量最大的河流入海处的新大陆的面纱。

美洲印第安人中间什么样的人都有，既有天文学家，又有食人肉者；既有工程师，又有石器时代的原始人。但是，没有一种土著文化懂得使用铁器、犁、玻璃和火药，也不会使用轮子。而从大洋彼岸降临到这块土地上的文明，却正在经历文艺复兴富有创造力的爆炸时期。美洲大陆的出现，作为又一项新的发明，连同火药、印刷术、纸张和指南针，一道参与了近代沸腾的诞生。两个世界发展的差异在很大程度上解释了土著文明相对容易被征服。科尔特斯带着不足百人的水手和五百零八名士兵在维拉克鲁斯（Veracruz）登陆。他们带着十六匹马、三十二把弩弓、十门铜炮以及若干火绳枪、滑膛枪和大手铳。而当时，阿兹特克人的首都，特诺奇蒂特兰（Tenochtitlán）的面积却是马德里的六倍，拥有两倍于西班牙当时最大城市塞维利亚的人口。皮萨罗仅率领一百八十名士兵和三十七匹马进入卡哈马卡（Cajamarca）。

起初，印第安人都被吓呆了。莫克特苏马国王在宫殿中得到的最初消息是：一座巨型山丘在海面上漂移。接着，另外一些信使又接踵来报："皇帝听说炮弹如何爆炸，爆炸声如何隆隆作响，人如何昏倒过去，听力怎样受影响，这引起他的极度恐慌。当炮弹落地时，一种类似石球般的东西从内部窜出，火焰四射……"那些外国人骑在"像房顶一样高"的"鹿"上。他们全身武装，"仅仅露出他们的脸，如同石灰一样白的白脸膛，满头金发，也有满头黑发的，蓄着长长的胡子……"[9]莫克特苏马还以为羽蛇神（Quetzalcóatl）回来了，因为此前不久，有八种迹象显示他将返回。狩猎者曾给他带来一只鸟，头部有一顶圆形王冠，形如一面镜子，镜子中反射出夕阳西下的天空。莫克特苏马从镜中看见一列列武士列队行进在墨西哥的土地上。羽蛇神曾自东方来，又向东方而去，他就是白肤色、满脸胡子。印加人那具有双重性别的维拉科查神（Huiracocha）也是白肤色，留有胡子。东方是玛雅（Maya）人英勇无比的祖先的摇篮。[10]

现在，重返大地向人民算账的复仇之神穿戴着盔甲和锁子铠甲，铮铮发亮的外壳把飞镖和石块弹射回来。他们的武器发射出致命的射线，令人窒息的烟雾使空气混浊。征服者还施展政治手腕，运用背信弃义的策略和阴谋诡计。例如，他们懂得如何激发那些受阿兹特克帝国统治的民族的仇恨，知道利用那些使印加人权力瓦解的分歧。特拉斯卡拉人（los tlaxcaltecas）成为科尔特斯的同盟者，皮萨罗利用印加帝国继承人（一对敌对的兄弟）瓦斯卡尔（Huáscar）和阿塔瓦尔帕（Atahualpa）之间的战争从中渔利。在利用罪恶的手段使印第安人最高首领屈服之后，征服者在中间统治阶层、僧侣、官员和军人中赢得同谋者。除此之外，他们还运用其他武器，或者说（如果喜欢这样说的话）其他因素，例如马和细菌，也在客观上有助于入侵者的胜利。

马同骆驼一样，曾经起源于美洲，[11] 但却在这片土地上绝迹了。马由阿拉伯骑士引入欧洲，在旧大陆上具有巨大的军事和经济价值。当征服者把马匹带回美洲时，在印第安人惊奇的眼神中，马赋予了入侵者神奇的力量。据说，印加王阿塔瓦尔帕见到首批西班牙士兵骑在用小铃和羽饰装扮起来的健壮的马匹上，马奔驰着，发出嘶叫声，飞奔的马蹄扬起一片尘土，他大吃一惊。[12] 玛雅人继承者特库姆（Tecum）酋长用长矛砍掉彼德罗·德·阿尔瓦拉多坐骑的脑袋，因为他深信马是征服者肌体的一部分。但阿尔瓦拉多站了起来并将酋长杀死。[13] 用战时的马具装饰起来的少量马匹驱散了众多的印第安人群，散播着恐怖和死亡的阴影。在殖民过程中，“面对当地人的幻觉，神甫和传教士们宣扬马是神圣的，因为圣地亚哥（西班牙的守护神）骑的就是一匹白色小马，在上帝的帮助下赢得了反对摩尔人和犹太人的神圣的战争”。[14]

细菌和传染病是征服者最有效的帮凶。欧洲人带来了如《圣经》上所描述的疾病：天花、破伤风、各种肺部和肠道疾病、性病、沙眼、伤寒、麻风、黄热病和使满口牙烂掉的龋齿病。天花最早出现，这种使人发烧、肉体溃烂的陌生而令人厌恶的传染病难道不是一种超自然的惩罚吗？“西班牙征服者进驻特拉斯卡拉（Tlaxcala），于是传染病蔓延开来。咳嗽，以及燃烧着的火烫的水痘。”一个印第安人如此描述。另外一个说：“传染的、顽固的、难以医治的水痘使许多人丧生。”[15] 印第安人像苍蝇一样成群死去，他们的身体对新的疾病没有任何抵抗力，即便是幸存者也变得非常虚弱无用。巴西人类学家达西·里贝罗（Darcy Ribeiro）估计，美洲、澳大利亚和大洋洲岛屿上的土著居民中有近一半以上是在首次接触白人之后染上疾病而丧生。[16]

像饿狼般贪婪黄金

为数不多的残酷的美洲征服者，借助于火枪的狂射、利剑的乱砍和瘟疫的扩散，向前推进。被征服者对此有所叙述。乔卢拉（Cholula）大屠杀之后，莫克特苏马派遣新的使者去见正向墨西哥山谷挺进的科尔特斯。使者赠送给西班牙人金项链和用格查尔鸟（quetzal）的羽毛织成的旗帜。西班牙人“兴高采烈，如同一群顽猴一样高举黄金，手舞足蹈，精神大振，容光焕发，因为这就是他们渴望的东西。他们心花怒放，强烈地渴望得到黄金，就像一群饿狼一样贪婪”。保存在佛罗伦萨古抄本中的纳瓦特尔语（Náhuatl）原文就是这样描述的。后来，当科尔特斯到达阿兹特克人首都——金碧辉煌的特诺奇蒂特兰时，西班牙人闯进金库，“然后做了一个硕大的金球，接着就纵火点燃剩下的一切东西，不管有多贵重，一切都在火焰中燃烧。西班牙人将黄金制成金砖……”

战斗也曾有过。曾经丢失特诺奇蒂特兰的科尔特斯，终于在1521年重新征服了它。“我们手无寸铁，已经弹尽粮绝，滴水未进。”被破坏烧毁的、尸首遍地的城市终于陷落。“整夜下雨，雨水浇淋着我们。”绞架和酷刑不够用了，被洗劫一空的金库永远无法满足贪得无厌的欲望，在漫长的岁月中，西班牙人不停地挖掘墨西哥湖底，寻找传说被印第安人埋藏起来的黄金和贵重物品。

彼德罗·德·阿尔瓦拉多及其随从来到危地马拉，“他们杀死了那么多印第安人，以致死者血流成河，形成后来的奥林特佩克河

(Olintepeque)”，甚至连“白昼也被印第安人流出的鲜血染红”。在决战之前，“受尽折磨的印第安人恳求西班牙人别再折磨他们，说他们那里有许多黄金、白银、宝石和翡翠，已变成鹰和雄狮的内海布 · 伊斯金 (Nehaib Ixquín) 首领拥有这些宝物。后来，印第安人跟从了西班牙人并和他们站在一起……”[17]

弗朗西斯科 · 皮萨罗在将印加的阿塔瓦尔帕斩首之前，逼他交来“一担架黄金和白银作为赎金，其中纯白银两万多马克*和一百万三十二万六千埃斯库多的纯金币”。之后，他向库斯科进军，这座印加帝国的首都非常耀眼夺目，皮萨罗的士兵还以为他们到了古罗马城。但是，西班牙人很快就从惊愕中清醒过来，立即开始洗劫太阳神庙，“他们互相角逐厮打着，每个人都力图从这座宝库中抢到最好的东西。穿着锁子铠甲的士兵践踏珠宝、雕像，敲打金质器皿或将其锤成便于携带的形状……太阳神庙的全部金银财宝都被投入熔炉，铸炼成金属锭，其中包括曾经布满墙壁的金属板和花园中令人赞叹不已的人工锻造的树、鸟和其他物品”。[18]

今天，在墨西哥城市中心空旷的索卡洛 (Zócalo) 广场上，天主教堂矗立在特诺奇蒂特兰最主要的庙宇的废墟上，市政厅建在被科尔特斯绞死的阿兹特克首领夸乌特莫克 (Cuauhtémoc) 的住宅上。特诺奇蒂特兰已被夷为平地。在秘鲁，库斯科也经历了类似的命运，但征服者却未能彻底摧毁库斯科高大的城墙。今天，在殖民时期建筑物的旁边仍能看见印加帝国宏伟建筑的石块遗迹。

---

* 译注：金银衡，1 马克合 230 克。

波托西的光辉：白银的周期

有人说在波托西城的昌盛时期，连马掌都是银制的。[19] 教堂的圣坛和宗教游行中小天使的翅膀也都是由白银制成的。1658 年为了庆祝圣体节，波托西城中从主教堂至莱科莱托斯教堂（Iglesia de Recoletos）的马路，原先铺设的石块被敲去，全部改用银砖砌成。在波托西，用白银盖起庙宇和宫殿、修道院和赌场。白银成为悲痛和喜庆的诱因，导致鲜血和美酒喷涌；白银燃起贪婪之心，放纵挥霍和冒险。在殖民征服和掠夺中，剑与十字架并驾齐驱。为了掠夺美洲的白银，军事首领和苦行者、格斗的骑士和传道士、士兵和僧侣都相聚在波托西。富饶山丘的宝藏变成银锭和银块，有力地哺育了欧洲的发展。皮萨罗成为库斯科的主人之后，“其价值等于一个秘鲁”成为对人或事的最高赞誉，但自从发现波托西山丘之后，堂·吉诃德·德·拉曼恰（Don Quijote de la Mancha）告诫桑丘时说的谚语是：“其价值等于一个波托西。”据 1573 年人口普查统计，成为总督辖区命脉和美洲白银产地的波托西拥有十二万居民。自从安第斯荒原上冒出这座城市之后，仅仅二十八年的时间，这座城市就犹如魔术般拥有同伦敦一样多的人口，居民人数超过了塞维利亚、马德里、罗马或者巴黎。一项新的人口普查证明，1650 年，波托西已拥有十六万居民，成为世界上最大、最富有的城市之一，其人口是波士顿的十一倍，而那时纽约市还不是现在这个名称。

波托西的历史并非随西班牙人的到来而诞生。先于征服之前，印加王瓦伊纳·卡巴克（Huayna Cápac）曾听到属下谈论过苏玛赫·奥尔科（Sumaj Orcko），一座美丽的山丘，后来他患病被送到塔拉帕雅（Tarapaya）温泉时，终于亲眼看到这座山丘。从坎图玛尔卡（Cantumarca）村落的草屋，这位印加王第一次目睹那座昂然挺立在山巅之间的完美的锥形山峦，立刻目瞪口呆。这座山丘有数不清的不同深浅的红色色调，匀称的外形，庞大的面积，它始终激起人们的惊叹和赞美。印加王猜测这座山丘深处可能蕴藏着宝石和贵金属，他曾想用这些宝藏重新装修库斯科的太阳神庙。印加人从科尔盖 · 波尔科（Colque Porco）和安达卡巴（Andacaba）矿山挖掘出的黄金和白银从来不运出印加王国，这些金银不是用于交易，而仅仅用来崇拜帝神。当印加矿工在雄伟的山丘的白银矿中埋下燧石时，一声沉闷的吼叫吓跑了他们。这吼叫声似雷鸣般有力，发自崎岖不平的山丘深处，它用克丘亚语（quechua）说道："这些财富不属于你们，上帝将它留给远方来客。"印第安人惊恐万状地逃走了，印加王抛弃了这座山丘，临走之前他把这座山丘的名字改为波托西，意即"轰鸣、爆裂和爆炸的山"。

"远方来客"很快就出现。征服的首领开道。当他们到来时，瓦伊纳 · 卡巴克已经去世。1545 年，印第安人瓦尔帕（Huallpa）在追捕一匹跑散的骆马时，被迫在这座山冈上过了一夜。为了不致冻死，他点燃一堆篝火取暖，火光照亮了耀眼的白色的矿脉，那是纯正的白银。西班牙人雪崩似的蜂拥而来。

财富源源不断地流出，国王查理五世迅速表示感谢，他授予波托西"帝国城市"的称号和一枚城徽，上面写着："我是富饶的波托西，我是人间宝库、群山之王，我令所有国王倾倒。"在瓦尔帕发现此山谷仅十一年后，刚刚诞生的帝国城市就庆祝费利佩二世加冕。庆祝活动持续了二十四天，耗资八百万硬通比索。寻宝者纷纷来到这个令人生畏的地方，这座约五千米高的山峰成为最有吸引力的磁体。但是，在银山脚下，生活却是艰辛的，人们必须忍受寒冷，这似乎是一种必要的代价。短短的瞬间，一个富饶但却杂乱无章的社会伴随着白银在波托西诞生。这是白银引起的兴盛和骚动。按照乌尔塔多·德·门多萨（Hurtado de Mendoza）总督的说法，波托西成为王国的主要中枢神经。17 世纪初，波托西全城已拥有三十六座装饰豪华的教堂，众多的赌场和十四座舞蹈学校。沙龙、剧场和节日舞台都挂着极其华丽的壁毯、挂帘、纹章和金银手工艺品。住宅的阳台上垂挂着五颜六色的锦缎和金银丝织物。城里有来自格拉纳达、佛兰德和卡拉布里亚的丝绸和纺织品，有巴黎和伦敦的礼帽、锡兰钻石、印度宝石、巴拿马珍珠、那不勒斯长筒袜、威尼斯玻璃制品、波斯地毯、阿拉伯香水和中国瓷器。太太们浑身珠光宝气，戴着宝石、钻石和珍珠；绅士们身着地道的荷兰高级绣花服装。斗牛之后便玩传戒指游戏，此地总有中世纪式的决斗，这是爱情与傲慢的决斗。决斗士戴着镶满绿宝石和鲜艳羽毛的铁盔，手持托莱多利剑，骑在装饰华丽的智利小马上，马鞍和马镫都用金丝装饰。

1579 年，马蒂恩（Matienzo）法官抱怨道："总是少不了新奇事、厚颜无耻和傲慢无礼。"那时的波托西已经有八百名职业赌徒，一百二十名著名妓女，那些富有的矿主经常光顾她们明亮的沙龙。1608 年，波托西为庆祝圣体圣礼，上演了六天喜剧，举行了六个晚上的化装舞会，八天斗牛，还组织了三场社交晚会，两天的各种比赛及其他庆祝活动。

西班牙人养牛，别人喝奶

1545 到 1558 年间，位于现在玻利维亚境内的波托西富饶的银矿，以及墨西哥的萨卡特卡斯（Zacatecas）和瓜纳华托

（Guanajuato）的储量丰富的银矿，都相继被发现；就在同一时期，汞齐工艺开始得以运用，这使得低品位的银矿也可以被开发利用了。开采银矿的“狂潮”很快压倒金矿。到17世纪中叶，银矿出口已经占西班牙语美洲国家矿产出口的99%以上。[20]

因此，从那时起，美洲就成为一个宽阔的、集中的矿井口，波托西尤为如此。现在，一些玻利维亚作家满怀豪情地说，西班牙三百年中从波托西得到的矿石足够架起一座从山顶通向大洋彼岸皇宫门口的银桥。这个比喻毕竟是一种想象，但它暗示了这样一种看似杜撰但却真实的事实：银子流向广阔的领域。大量的美洲白银被偷偷地走私到菲律宾、中国和西班牙本土，厄尔·J. 汉密尔顿在书中并没有估计这一情况[21]。汉密尔顿根据从交易所获得的材料，在他论述这个问题的著作中提供了惊人的数字：从1503到1660年，有十八万五千公斤黄金和一千六百万公斤白银运到塞维利亚港。在一个半世纪多一点的时间内运到西班牙的白银，超过欧洲白银储备总量的三倍。这些不完整的数字中还不包括走私的白银。

从新殖民地掠夺来的贵重金属刺激了欧洲的经济发展，甚至可以说，使欧洲的经济有可能得以发展。就连亚历山大大帝把掠夺来的波斯财富倾倒在古希腊所产生的效果，也无法同美洲对他国的发展所做出的这种巨大贡献相比拟，不是对西班牙做出贡献，确实不是，尽管美洲白银之泉是属于西班牙的。正如17世纪人们所说的，“西班牙像一张嘴，它进食，咬碎、嚼烂，立即送到其他器官，除了一瞬即逝的味觉或者偶然挂在牙齿上的碎屑之外，自己什么也没留下”[22]。西班牙人养牛，但是别人喝奶。王国的债权人大部分是外国人，他们有计划地掏空了塞维利亚交易所由三个人用三把钥匙锁着的保存美洲财宝的金库。

王朝被抵押出去。此前它已把各种船只运载的几乎所有白银都让给了德国、热那亚、佛兰德和西班牙的银行家。[23] 在西班牙征收的税款，大部分也遭到同样的命运：1543 年，皇家收入的 65% 都用来支付债券的年利。只有极少量的美洲白银被用在西班牙经济上。尽管白银表面上是在塞维利亚登记入库，但却流入富格尔（Függer）家族* 手中，这些有钱有势的银行家早把完成修建圣佩德罗教堂（Catedral de San Pedro）工程所需要的资金预支给教宗，这些白银也流入当时其他一些像韦尔泽（Welser）、谢兹（Shetz）和格里马尔迪（Grimaldi）家族那样的大债主的手中。白银还用来支付向新世界出口**非西班牙**货品的费用。

富有的帝国拥有一个贫穷的宗主国，宗主国虽然穷，但对繁荣的幻想却像越来越膨大的肥皂泡。一方面王朝到处开辟战场，一方面贵族挥霍无度。在西班牙土地上，教士和武士，贵族和乞丐，像物价和金钱利率一样疯涨。在这个拥有广阔但贫瘠的大庄园的国度里，工业一诞生便死亡，病弱的西班牙经济抵抗不住需求越来越多的食品和商品的猛烈冲击。这种需求的增长是殖民地扩张不可避免的结果。公共费用的大量增加和海外领地消费需要的强大压力导致贸易赤字激增，通货膨胀失控。科尔伯特（Colbert）这样写道："哪个国家同西班牙人做买卖越多，哪个国家的白银就越多。"欧洲在激烈地争夺西班牙市场，也就是争夺美洲的市场和白银。17 世纪末的一份法国文件使我们了解到，尽管从法律的角度看，宗主国有着十分迷人的景象，但是，那时西班牙只掌握同大洋彼岸"它的"殖民属地

---

* 译注：德国银行家族。在奥格斯堡经营纺织业起家，后发展成庞大的贸易、矿业和银行集团，与哈布斯堡王朝关系密切，取代美第奇家族成为 15 至 16 世纪在欧洲最有政治权力和影响力的企业家族。

进行贸易的5%，全部贸易的近三分之一掌握在荷兰人和佛兰德人手中，四分之一是属于法国人的，热那亚人控制20%以上，英国人控制10%，德国人控制得少一些。[24] **美洲是一宗欧洲的买卖。**

查理五世通过贿赂被推举为神圣帝国皇帝的继承人，但他在位的四十年中，只有十六年是在西班牙度过的。这位下巴突出、目光呆滞的君主，一个西班牙单词都不认识就登上了宝座。他执政时，周围是一群贪婪的佛兰德人。查理五世给这些人发放通行证，让他们从西班牙带走满载黄金首饰的骡马，还授予他们主教、大主教的头衔和官职作为犒赏，最后还允许他们把黑奴运到美洲殖民地去。查理五世在整个欧洲追捕"魔鬼"，由他挑起的宗教战争消耗了美洲的财富。他的去世没有导致哈布斯堡王朝的覆灭，西班牙在近两个世纪内忍受着奥地利的统治。反改革运动的"伟大"领袖是他的儿子费利佩二世。费利佩二世在瓜达拉马（Guadarrama）山脚下埃斯科里亚尔巨大的修道院式的皇宫里，向各地推行宗教裁判所这种恐怖的制度，让他的军队攻打异教徒的中心地。加尔文教派控制了荷兰、英国和法国，土耳其人则象征着伊斯兰教可能卷土重来。为拯救灵魂付出了巨大代价：那些没有在墨西哥和秘鲁被熔化的为数不多的美洲金银艺术珍品，很快就从塞维利亚的交易所被抢夺出来扔到炉子中去。

异教徒和异教徒嫌疑犯被烧死，宗教裁判所圣洁的火焰把他们烧焦了，托克马达*焚烧书籍，"魔鬼"的尾巴出现在各个角落，反对新教的战争也是反对欧洲蒸蒸日上的资本主义的战争。埃里奥特

* 译注：托克马达（Torquemada，1420—1498），多米尼加修士，西班牙宗教裁判所负责人。在他的治下，约有两千名异教徒被处以死刑。

在上面提到的那本书中说道:“把十字军保存下来就等于把参加十字军的民族的古老社会组织保存下来。”美洲金属既让西班牙狂妄,也导致了它的颓败,阻碍了现代经济新生力量的发展。查理五世在起义者的战争中击败了西班牙的资产阶级,这场战争已经成为反对贵族及其财产和特权的一场社会革命。布尔戈斯城(Burgos)叛变以后,起义失败了。四个世纪之后,这座城市成为弗朗西斯科·佛朗哥(Francisco Franco)将军的首都。最后的起义之火被扑灭,查理五世在四千名德国士兵的簇拥下回到了西班牙。与此同时,已经取得巴伦西亚市(Valencia)政权并把它扩展到全区的纺织工人和手工业者的十分激进的起义,也被淹没在一片血泊中。

捍卫天主教信仰实际上掩盖了反对历史进程的斗争。驱逐犹太人——信仰犹太教的西班牙人——使得西班牙在天主教国王统治时期失去了许多能工巧匠和必不可少的资本。人们认为驱逐阿拉伯人——实际上是信仰伊斯兰教的西班牙人——无足轻重,但仅仅在1609年就有二十七万五千人被发配到边疆,这对巴伦西亚的经济造成了摧残性的后果,埃布罗河(Río Ebro)南部阿拉贡(Aragón)地区的肥沃土地毁于一旦。此前,费利佩二世出于宗教的原因,赶走了数千名信仰新教或有嫌疑信仰新教的佛兰德手工艺人,英国慨然接受了这些被驱逐的人,而他们的技艺大大推动了英国的工业发展。

人们可以看出,距离遥远和通讯不便不是妨碍西班牙工业发展的主要障碍。西班牙资本家通过购买王朝的债券成为债主,他们并不把资本投入到工业发展中去。多余的经济资源不是用于生产。这些掌握生杀大权的老富豪既有土地,又有贵族头衔,他们把多余的钱用来修建宫殿,购买珠宝首饰,而投机商和大商人这些新贵则购买土地和贵族爵位。不论是前者还是后者，都不纳税，也不会因欠债而入狱。从事工业活动的人的贵族证书就会自动失效。[25]

西班牙人在欧洲遭到军事失败以后，陆续签订了一些贸易协定，他们做出的让步刺激了取代塞维利亚港地位的加的斯港（Cádiz）和法国、英国、荷兰以及德国各港口之间的海上交通发展。每年都有八百至一千艘船在西班牙卸下别的地方生产的工业品，把美洲的白银和西班牙的羊毛运到外国的纺织厂去，再把扩张中的欧洲工业所生产的纺织成品运回来。加的斯的垄断资本家只限于给运往新大陆的外国工业产品重新贴上商标。如果西班牙的工业品连本国市场都照顾不了，怎么能够满足殖民地的需要呢?

里尔和阿拉斯的花边织物、荷兰的布匹、布鲁塞尔的挂毯、佛罗伦萨的锦缎、威尼斯的玻璃制品、米兰的武器以及法国的酒和亚麻[26]充斥着西班牙市场，以牺牲本国生产为代价，来满足一个越来越穷的国家中人数越来越多、力量越来越大的富有寄生虫讲究排场和挥霍消费的需求。工业夭折了，哈布斯堡王朝尽一切可能地加速工业的消亡。到16世纪中叶，政府居然准许进口纺织品，同时又禁止西班牙所有的呢料出口到除美洲之外的国家。[27]与此相反，正如拉莫斯指出的，英王亨利八世和伊莎贝尔一世的方针很不一样，他们禁止这个处于上升阶段的国家出口黄金和白银，他们垄断了汇票，阻止羊毛出口，并把北海汉莎同盟（Liga Hanseática）的商人从英国港口赶出去。与此同时，意大利诸共和国通过关税、优惠和严格的禁令保护其对外贸易和工业，手工艺匠人不得出国，否则处以死刑。

一切都在走下坡路。1558年查理五世逝世时，塞维利亚有一万六千台纺织机，四十年之后，当费利佩二世去世时只剩下四百台。安达卢西亚（Andalucía）的七百万头羊减少到两百万头。塞万提斯（Cervantes）在《堂·吉诃德》这本美洲甚为流行的小说中描述了当时的社会。16 世纪中叶颁布了一条法令，不准进口外国书籍，也不准学生到西班牙以外的地方去学习。在短短几十年中，萨拉曼卡（Salamanca）的大学生减少了一半。那时有九千所修道院，教士增长速度之快可以同那些戎马生涯的贵族增长速度相比。十六万外国人霸占了对外贸易，贵族们的挥霍使西班牙在经济上十分虚弱无能。大约在 1630 年，一百五十多个公爵、侯爵、伯爵和子爵还拿到五百万杜卡多的年金，这些钱使他们光荣的爵位大放异彩。梅迪纳塞里（Medinaceli）公爵有七百个佣人，欧苏纳（Osuna）大公爵有三百名奴仆，为了嘲笑俄国沙皇，他让奴仆们都穿上皮大衣。[28] 17 世纪是流氓、饥饿和瘟疫的时代。西班牙究竟有多少乞丐，数也数不清，但是这也未能阻止外国乞丐从欧洲各地拥到这里来。大约在 1700 年，尽管全国人口已经不多，西班牙还有六十二万五千名骑士和军人。在两个多世纪中，西班牙人口已经减少一半，同英国的人口一样，而英国的人口在那时翻了一番。1700 年哈布斯堡政权结束，西班牙全面破产。长期的失业、荒芜的大庄园、混乱的货币、一塌糊涂的工业、失败的战争、空空如也的国库等，加上中央政府在各省已无权力，费利佩五世面前的西班牙，“比它的已故主人多不了几口气”。[29]

波旁家族使国家有了一种比较现代化的假象，但是到 18 世纪末，西班牙的教士竟达到二十万，其余的非生产人口也继续急剧增长，造成国家的不发达状况。那时西班牙还有一万多座城镇在贵族领主管辖下，不受国王的直接控制。大庄园制和世袭制还原封未动地保留着。蒙昧主义和宿命论照样存在。这一切还比不上费利佩四世时代。那时，一群神学家曾齐聚一堂研究在曼萨纳雷斯（Río Manzanares）和塔霍（Río Tajo）两条河流之间修建运河的方案。他们最后宣布，如果上帝喜欢让河流通航，他在创造河流时就会让它们通航。

骑士和马的分工

在《资本论》第一卷中，卡尔·马克思写道："美洲金银产地的发现，土著居民的被剿灭、被奴役和被埋葬于矿井，对东印度进行的征服和掠夺，非洲变成黑奴的狩猎场：这一切标志着资本主义生产时代的曙光。这些田园诗式的过程**是原始积累的主要因素**。"

对内和对外的掠夺都是资本原始积累的重要手段，它从中世纪起，就使世界经济的发展过程进入一个新的历史时期。随着货币经济的发展，不平等交换扩展到越来越多的社会阶层和世界上越来越多的地区。埃内斯托·曼德尔（Ernest Mandel）把到 1660 年为止从美洲抢来的金银的价值，1650 年到 1780 年间荷兰东印度公司从印度尼西亚获得的战利品，18 世纪法国资本买卖奴隶所获的赢利，英国在英属安的列斯群岛使用奴隶劳动的收入以及五十年中从印度掠夺来的东西统统加在一起，其总数超过了到 1800 年为止欧洲的工业总投资额。[30] 曼德尔指出，这笔巨额资本为向欧洲投资创造了有利的条件，刺激了"企业精神"并直接用来建立大大推动产业革命的工业。但有利于欧洲的国际财富的大规模集中**却妨碍了被掠夺地区跳跃到积累工业资本的阶段**。"发展中国家的双重悲剧就在于：它们不仅仅是国际集中化进程的牺牲品，而且在以后还得为自己的工业落后付出代价，也就是说，得在一个充斥着业已成熟的西方工业产品的世界中进行工业资本的原始积累。”[31]

美洲殖民地是在商业资本扩大的过程中被发现、征服和殖民化的。欧洲伸出它的双臂揽住全世界。不论是西班牙还是葡萄牙，都没有从资本主义的重商主义的突飞猛进中获得什么好处，尽管主要是它们的殖民地为上述商业资本的扩张提供了黄金和白银。正如我们所看到的，纵然美洲的贵金属曾经使西班牙贵族——他们过晚地、与历史背道而驰地生活在中世纪——虚伪的财富大放光芒，但它们同时也决定了西班牙在以后几个世纪中的颓败。欧洲其他一些地区，在很大程度上依靠掠夺美洲原始居民来孕育现代资本主义。在抢掠大宗财宝之后，便是在矿井和坑道里强迫土著人和从非洲强行买来的黑奴进行劳动，有计划地剥削他们。

欧洲需要金银。流通领域的支付方式越来越多样化，在资本主义即将分娩时，必须帮助它蠕动：资产阶级占据了城市，建立了银行，生产并交换商品，争夺新的市场。黄金、白银、蔗糖，殖民地经济是供应型而非消费型，它按照欧洲市场的需要来建立并为其服务。在16世纪较长的时期内，拉丁美洲贵金属的出口值比进口值大四倍，那时主要进口奴隶、盐、酒、食油、武器、呢料和奢侈品。财富外流，落入新兴的欧洲国家之手。这就是那些开拓者的主要任务，尽管除了这项任务之外，他们向濒临死亡的印第安人传播福音的次数同使用皮鞭的次数一样频繁。伊比利亚半岛殖民地的经济结构从属于国外市场，因此这种经济结构也就集中在掌管收入和权力的出口部门。

在从金属时代到后来的食品时代这一长长的过程中，每个地区都要以它所生产的东西为特征，而这些东西又是欧洲所希望的。**越洋过海的大帆船底舱中所运载的每一种产品，都变成一种志向、一**

种命运。就像保罗·巴兰所说的，与资本主义同时兴起的国际分工，正如骑士和马之间的分工一样。[32]殖民地世界的市场也发展起来，但它是作为新生资本主义的国内市场的纯粹附属物而存在。

塞尔索·富尔塔多指出[33]，欧洲封建老爷从他们所统治的人民那里得到一笔额外收入，他们通过各种办法把这笔额外收入用在自己的地盘，而从国王那里得到美洲的矿井、土地和印第安人的西班牙人，其主要目标则是获取盈余并把它转到欧洲去。这种看法有助于阐明美洲殖民地经济从建立之时起所要达到的最终目的，尽管这种经济表面上显示了一些封建特点，但是在其他地方它是为新生的资本主义效劳的。归根结底，在我们的时代，若是没有贫苦受奴役的外国地区，也就没有富有的资本主义中心，两者同属于一个体系。

但是，不是所有的盈余都被转去欧洲。殖民地经济受到商人、矿山老板和大地主的控制，在朝廷及其主要的同盟——教会机警而无孔不入的监视之下，他们瓜分了印第安人和黑人的劳动成果。权力集中在少数人手中，他们把金属和食品运到欧洲，从欧洲得到奢侈品，耗费不断增长的财富。统治阶级对国内经济多样化和提高人民的技术与文化水平毫无兴趣。他们在为之而运转的国际大齿轮中起另外的作用。按统治者的观点来看，人民极大的贫困对他们十分有利，但是这种贫困阻碍了国内消费市场的发展。

一位法国女经济学家[34]认为，造成目前拉丁美洲极度落后状况的殖民地最糟的遗产，就是缺少资本。然而，所有的历史材料表明，过去殖民地经济在本地区内为那些同殖民主义统治制度合作的阶级带来了巨大的财富。塞尔希奥·巴古[35]说，大量无偿的或实际上无偿的劳动力，以及欧洲对美洲产品的大量需求，“使得伊比利亚殖民地能够提前积累丰富的资本。受益者不仅远远没有增加，同总人口比较反而减少，失业的欧洲人和当地白人的不停增加足以说明此点”。**扣除倾注在欧洲资本主义原始积累过程的最优厚部分之后，留在美洲的那一部分资本不是像在欧洲那样用于为工业的发展奠定基础，而是用来修建豪华的宫殿和庙宇，购买首饰和奢侈的衣着及家具，养活众多的奴仆并在节日中大肆挥霍。在较大程度上，这笔多余的资本用来购买新的土地，或变为固定资本，或继续在投机和商业活动中运转。**

在殖民时代衰落的时期，洪堡在墨西哥发现“一笔巨额资本集中在矿山主的手中或在退出商界的买卖人手里”。根据他的考证，墨西哥田产和全部资本的一半以上属于教会，教会还通过典押控制了相当一部分余下的土地。[36] 像维拉克鲁斯（Veracruz）和阿卡普尔科（Acapulco）的大出口商一样，墨西哥矿主把他们多余的钱用来购买大庄园，放高利贷，教会高层人士也向这个方向拓展他们的财富。华丽的住宅以及令人惊叹的庙宇，就像雨后春笋般拔地而起。

17 世纪中叶的秘鲁，村落领主、矿主、宗教法庭法官、王国的行政官员等都把资本倾注到商业中去了。在委内瑞拉，16 世纪末开始用鞭子强迫大批黑人种植可可，靠这项经营形成的财富投入到“新的可可种植园和种植其他经济作物，以及矿山、城市不动产、购买奴隶和牲畜等方面”[37]。

波托西的废墟，白银的时代

当安德烈 · 冈德 · 弗兰克分析在拉丁美洲历史长河中“宗主国和卫星国”之间关系的本质时，他把这种关系看作一条连续从属的锁链。他在一部著作[38]中指出，今日最不发达、最贫困的地区正是昔日同宗主国的联系最紧密、曾经繁荣一时的地区。这些地区过去生产了大量财富出口到欧洲，后来又出口到美国，是大量资本的源泉；但由于种种原因，贸易不再兴盛之后就被宗主国抛弃，波托西就是这种一落千丈的极好例子。

墨西哥瓜纳华托和萨卡特卡斯银矿是后来繁荣起来的。在16、17世纪，富饶的波托西山是美洲殖民生活的中心，以各种经济形式围绕这一中心运转：有智利的经济，它提供小麦、肉干、皮革和酒；有科尔多瓦（Córdoba）和图库曼（Tucumán）的畜牧业和手工业，它们提供牲畜和纺织品；有万卡维利卡（Huancavelica）的水银矿以及阿里卡（Arica）地区——它是向当时主要行政中心利马输送白银的转运站。18世纪是以波托西为中心的白银经济枯竭的开始，但是，在独立战争时期，包括今日玻利维亚在内的这一地区的居民，比居住在今日阿根廷这块土地上的居民还要多。一个半世纪以后，玻利维亚人口几乎只有阿根廷人口的六分之一。

那个被豪华和浪费搞得疲弱不堪的波托西，如今只给玻利维亚留下对过去辉煌灿烂景象模模糊糊的记忆，留下教堂和宫殿的废墟以及八百万具印第安人的尸体。镶嵌在富有的骑士盾牌上的任何一颗钻石的价钱，都比一个印第安人终其一生当苦力所挣的钱还要多，但是骑士带着钻石逃跑了。玻利维亚这个今日世界上最贫困的国家之一，可以以曾经为最富有的国家增添财富而自豪——如果这样做并非无用的话。在我们的时代，波托西是贫困的玻利维亚一个贫困的城市，我曾和一位裹着长长驼羊毛披巾的老太太在她那有两百年历史的安达卢西亚式的庭院里交谈，她对我说：“这个城市给予世界的东西曾经是最多的，但是现在它拥有的东西却最少。”这个注定要怀旧的、饥寒交迫的城市，至今仍是美洲殖民制度一个敞开的伤口，一份控告书。世界应该开始乞求它的原谅。

人们以瓦砾为生。1640 年，阿尔瓦洛·阿隆索·巴尔巴神父在马德里出版了由皇家印刷厂印制的关于金属艺术的杰出论文集。他在书中写道，锡“是毒品”。[39] 他提到一些山，“那里有很多锡，但是不被人所知，因为在那里没有发现大家所要寻找的白银，所以把锡扔到一边去”。现在，波托西正在开采被西班牙人当作垃圾扔在一旁的锡矿。一些老房子的墙壁被出售，因为它所含的锡成色足。过去西班牙人在那座富饶的山上开掘的五千个矿井，几百年来源源不断地喷出财富。随着炸药慢慢把山炸空，山顶慢慢塌陷，山也正在改变颜色。堆放在无数洞口边的大堆岩石有各种各样的颜色：粉红色、淡紫色、紫红色、黄褐色、灰色、金黄色、棕色，简直是一条用各色布块做成的床单。凿石者敲开岩石，善于掂量和选矿的那些印第安妇女，则像小鸟一样衔啄余下的矿石，从中寻找锡。矿工们手擎电石灯，佝偻着身子，钻到那些尚未被水淹没的矿井里去挖掘所能找到的东西。白银是没有的。连一点点闪光的东西都没有。西班牙人甚至用小笤帚把矿井扫得干干净净。矿工们用镐头和铁锹，在狭小的坑道里，从矿石残渣中掏掘一些矿石。“山还是富饶的。”一个用手扒土的失业者平静地说，“上帝保佑，你看，矿山像植物一样也在长大。”波托西富饶山峦的对面，有一座名叫瓦卡奇（Huakajchi）的山，它是矿山被毁的见证人。瓦卡奇在克丘亚语中意为“哭泣过的山”。山坡上有许多“泉眼”，流下一股股清澈的泉水，让矿工们饮用。

17 世纪中叶是这个城市的昌盛时期，它曾经吸引了许多西班牙和当地白人画家、手工艺者以及印第安的肖像画家，他们在美洲殖民艺术中刻下自己的烙印。被称为美洲格列柯[*]的梅尔乔·佩雷斯·德·奥尔金（Melchor Pérez de Holguín）留下了为数众多的宗教题材作品，既显示了画家的创作天才，又反映了这块土地的宗教热情，例如令人难以忘怀的圣母玛丽亚的光辉形象，她敞开胸怀，用一只乳房喂婴儿时期的耶稣，另一只乳房喂圣约瑟。首饰店的金银匠，雕刻凸型花纹的师傅，木匠，做金、木、石膏及珍贵象牙工艺的师傅，他们用无数闪闪发光的金银丝做成的雕塑、祭坛以及极珍贵的讲道台、组塑来装饰波托西许许多多的教堂和修道院。同那些受到致命的潮湿侵蚀的绘画、次要的人像和物品不一样，用石头雕凿的庙宇的正门经历了几个世纪的风风雨雨。旅游者和神父们把教堂抢劫一空，从圣杯、大钟到用欧洲小山毛榉木和白蜡木雕成的圣弗朗西斯科（San Francisco）的雕像和基督的雕像，能拿的都拿走了。

这些被抢劫一空、大部分已关闭的教堂正在逐渐被岁月所摧毁。这确实很可惜，因为它们虽被掠夺殆尽，但仍然不愧为殖民地艺术的集大成者，就像一座巨大的宝藏，闪耀着异教徒想象力的光芒。在这里，象征古印第安文明的蒂亚瓦纳科（Tiahuanaco）的“阶梯式”徽章取代了耶稣圣十字架。各种艺术风格相互融合：十字架与神圣的日月交相辉映；圣男圣女披着自然长发；装饰性立柱上缠绕着葡萄和麦穗，同时点缀着印加帝国的国花——**康图塔**花（kantuta）；塞壬女妖、酒神巴克斯、欢乐的节日生活同罗马式的苦行僧交替出现；这里还有神祇阴暗的脸部雕像以及带有印第安特色

---

* 译注：埃尔·格列柯（El Greco，1541—1614），西班牙文艺复兴时期画家。画作带有矫饰主义风格，主要作品有《圣母子与圣马丁》《托莱多风景》《拉奥孔》等。

的少女石柱。一些已经没有教徒光临的教堂被重新修建改作他用。圣·安布罗西奥教堂（Iglesia de San Ambrosio）变成奥米斯特影院，1970 年 2 月在用浅浮雕装饰的正门上登出了下次公映的广告："世界发疯了，发疯了，发疯了。"耶稣会的教堂也变成电影院，后来又成为格拉斯公司的商品仓库，最后变成公共慈善事业的食品仓库。少数教堂还在勉勉强强地举行一些宗教活动，波托西居民由于贪求而开始向神祈祷已经有一个半世纪。以圣·弗朗西斯科教堂为例，据说这个教堂的十字架每年都长高几公分，维拉克鲁斯主神的胡子也在长长，这是四个世纪前不知由谁带到波托西、穿丝戴银、令人生畏的耶稣像。神父们每隔一段时间少不了要给他剃剃胡子，甚至写下他所做的一切神奇的事：不断地驱除干旱和瘟疫，奋起捍卫被围困的城市，等等。

但是，维拉克鲁斯主神对波托西的衰落无能为力。人们说，银矿的枯竭正是上帝在惩罚矿主的暴行和罪孽。壮观的弥撒已是往事，宴会、斗牛、舞会、焰火也已成为过去。豪华的宗教仪式归根结底也都是印第安奴隶劳动的副产品。在繁荣时期，矿主们为教堂和修道院提供大量的捐赠，他们经常举行隆重的葬礼活动。通往天堂之门的钥匙是纯银的，商人阿尔瓦罗·贝哈拉诺（Álvaro Bejarano）在 1559 年的遗嘱中命令"波托西所有的神父和教士"都要为他送葬。在殖民社会炽热恐惧的疯狂行为中，庸医和巫师同正式的宗教掺杂在一起。隆重的施涂油礼同施圣餐一样，能拯救垂死的人，尽管留下丰厚的遗产来修建一座寺庙或一个银祭坛比这有效得多。念福音可以退烧，在一些修道院念经可以降低体温，在另一些修道院念经又可以使身体发热。"宗教教义像罗望子树和甜硝石一样凉爽，圣母颂就像柑橘花和嫩玉米须一样使人感到温暖……"[40]

在丘吉萨卡大街，可以看到被几百年岁月侵蚀的卡尔马（Carma）和卡雅拉（Cayara）伯爵宫殿的正面，昔日的宫殿如今已变成一个牙科医生的诊所。军团长安东尼奥·洛佩斯·德·基罗加（Antonio López de Quiroga）先生的族徽，现在是兰萨街一个小小的学校的装饰品。画着张牙舞爪狮子的奥塔维（Otavi）侯爵的族徽，如今挂在国家银行的门廊上。“他们现在都住在哪里呢，大概已到很远的地方去了……”仍然死守在家乡的波托西老太太告诉我，富人们先走了，后来穷人们也走了。波托西现在的人口只是四个世纪前的三分之一。我从乌尤尼大街一个屋顶的平台上遥望那座山。乌尤尼大街是一条狭窄的、曲曲弯弯的殖民地小巷，这里的房子都有大大的木结构的阳台，小巷两边的阳台挨得很近，街坊们不论是接吻还是打架都不必下到街上来。像整个城市一样，这条街上还保留着古老昏暗的油灯，海梅·莫林斯（Jaime Molins）曾经这样描写，在这昏暗的油灯下，“遮面的骑士、漂亮的妇人以及赌徒们，像幽灵一样谈情说爱并悄悄溜走”。这个城市现在已经有了电灯，但并不怎么显眼。在黑暗的广场上，在古老的灯笼的照耀下，慈善组织在举行抽彩晚会。我看到人群中有人抽中一块饼子。

苏克雷（Sucre）和波托西一起衰落。这座气候宜人的小城曾先后被称作恰尔卡斯（Charcas）、拉普拉塔（La Plata）和丘基萨卡（Chuquisaca）。它在很大程度上享用了从富饶的波托西山中流出来的财富。弗朗西斯科·皮萨罗的兄弟贡萨洛·皮萨罗想当国王却未能当上，他在苏克雷修建了一座王宫般富丽堂皇的宫殿。教堂、大房子、公园和疗养花园，同法学家、信徒们以及咬文嚼字的诗人们一起，不断地涌现。一个世纪又一个世纪，它们渐渐给城市留下烙印。“寂静，这就是苏克雷的寂静，苏克雷已不存在，但是从前……”从前，这里是两任总督的文化首府，是美洲主要大主教区的所在地，是殖民地最有权势的法庭的所在地，是南美洲最繁荣、最文明的城市。乌比纳（Ubina）和科尔盖恰卡（Colquechaca）两位夫人，即塞西莉亚·孔特雷拉斯·德·托雷斯（Cecilia Contreras de Torres）夫人和玛丽亚·德·拉斯·梅塞德斯·托拉尔瓦·德·格拉马霍（María de las Mercedes Torralba de Gramajo）夫人在此举行盛大的宴会，比赛谁更能挥霍她们从波托西的矿产所得到的巨额盈利。盛宴结束时，她们从阳台往下扔银餐具，甚至金制器具，让走运的过路人拾捡。

苏克雷现在还有一座埃菲尔铁塔，以及它自己的凯旋门，人们说，用它的圣母玛丽亚身上的珠宝就能付清玻利维亚的巨额外债。但是曾在 1809 年欢乐地歌颂美洲解放的那些教堂的著名的钟，今日发出了悲鸣。圣·弗朗西斯科教堂暗哑的钟声曾经多次宣告起义和暴动，今日却只能为苏克雷死一般的沉寂敲响丧钟。苏克雷仍然是玻利维亚的合法首都，最高法庭仍然设在苏克雷，这都无关紧要。走在街上的是数也数不清的讼师，他们病病歪歪，皮肤发黄，是这个城市走向衰亡的幸存的见证人，而他们曾经是戴着拴有黑带子的金边眼镜的博士。苏克雷高贵的长者们，从空空如也的大宫殿派出他们的仆人到火车窗户下卖烧饼。以往走运之时，有人甚至买下王子的头衔。

在波托西和苏克雷，只有已不复存在的财富的幽灵还活着。万恰卡（Huanchaca）是玻利维亚的又一场悲剧。在 19 世纪，英国和智利资本耗尽了这一地区宽度为两米多、品位较高的银矿矿脉，现在只剩下灰尘弥漫的废墟。地图上还标有万恰卡这个地名，好像它还存在似的，交叉着的镐头和铁锹表示它是仍然存在的矿业中心。

墨西哥的瓜纳华托和萨卡特卡斯矿的命运是不是较好一些呢？

根据洪堡提供的材料估计，**从1760到1809年仅仅半个世纪里，由于出口白银和黄金，墨西哥外流的经济款项就约相当于现在的五十亿美元。**[41] 那时美洲还没有更重要的矿产。德国的大学者把瓜纳华托的巴伦西亚纳矿（mina de la Valenciana）同欧洲萨克森地区最富的欣梅尔兹·富施特矿（mina de Himmels Furst）作比较，在那个世纪初叶，前者所生产的白银比后者多三十六倍，它给股东们留下高出三十三倍的利润。1732年，圣地亚哥·德·拉·拉古纳（Santiago de la Laguna）伯爵激动地描写萨卡特卡斯矿区和"矿井深处所埋藏的珍宝"，在山区，"四千多个矿井用自己身体深处的果实去为上帝和国王更好地效劳，也为了让所有人都来吸吮和分享伟大的、丰满的、渊博的、文明的以及高贵的东西"，因为这是"智慧、礼貌、战绩和高尚的源泉"。[42] 马尔莫莱霍（Marmolejo）神父后来描写瓜纳华托城说，桥梁穿过城市，城内的花园令人联想起巴比伦城的塞米勒米斯（Semíramis），有使人眼花缭乱的庙宇、剧院、斗牛场、斗鸡场，有面向绿色山坡的宝塔和圆形屋顶。但是，"这是一个不平等的国家"，洪堡曾经这样描述墨西哥："也许在其他任何地方都不会有如此可怕的不平等……公有房屋和私有房屋的建筑式样，妇女的漂亮嫁妆，社会的气氛，所有这一切都在显示着一种与老百姓的贫穷、愚昧和粗俗极为格格不入的过分的精心。"山丘上的矿井吞噬着人和牲畜，"有今天没有明天"的印第安人长期忍饥挨饿，就像苍蝇一样死于瘟疫。仅仅1784年一年，严重的霜冻使食品奇缺，仅瓜纳华托就有8000人死于饥饿引起的疾病。

资本没有积累起来，而是被挥霍掉了。像一句成语所说的："父亲是商人，儿子是骑士，孙子是乞丐。"卢卡斯·阿拉曼（Lucas Alamán）1843年向政府提交了一份报告，提出严肃的劝告，同时，他坚持要通过一系列禁令和高额关税来对抗外国竞争，保护民族工业。他说，“必须发展工业，这是普遍繁荣的唯一源泉。除了消费工业产品外，萨卡特卡斯的财富对普埃布拉（Puebla）一点用处也没有，如果这些工业像以前一样再次衰退，那么现在蒸蒸日上的普埃夫拉也将破产，矿山的财富也无法把它从贫困中挽救出来”。预言应验了。今天，萨卡特卡斯和瓜纳华托甚至在它们所处的地区都不是最重要的城市。这两个城市有气无力地支撑着，周围是矿业繁荣时期留下的一些帐篷支架。萨卡特卡斯十分荒凉，以农业为生，向其他州出口劳力。同从前的好年景相比，这个地区金矿和银矿的品位都极低。瓜纳华托过去开采了五十个矿井，现在只剩下两个。这座美丽城市的人口并没有增加，但是旅游者蜂拥而至，他们来欣赏昔日留下的荣华富贵景象，在许以浪漫之名的、留下许多传说的小巷中散步，怀着恐惧的心情观看那一百个被土地的盐分保存得完整无缺的木乃伊。瓜纳华托州一半的家庭——平均每家五口人以上——今天仍然住在只有一个房间的茅草棚里。

洒下鲜血和热泪，但是教宗裁决印第安人是有灵魂的

1581 年，费利佩二世在瓜达拉哈拉（Guadalajara）法庭断言，美洲有三分之一的印第安人已被消灭，幸存者必须为死者交纳赋税。此外，这位君主还说，印第安人是可以买卖的。他们在露天住宿，母亲把自己的孩子弄死，免得他们在矿区遭受磨难。[43] 与帝国[*]相比，王朝不那么虚伪。除了其他税收之外，王朝还得到它的臣民

* 译注：指教会。

们在整个讲西班牙语的新大陆掠夺到的金属价值的五分之一。到18世纪，葡萄牙王朝也是这样掠夺巴西的。恩格斯（Friedrich Engels）曾经说过，美洲的白银和黄金就像具有腐蚀性的酸剂一样，渗透到欧洲垂死的封建社会的各个毛孔，那些为新生的资本主义的重商主义效劳的矿山企业主，把印第安人和黑奴变成了欧洲经济不计其数的“国外无产者”。希腊罗马式的奴隶制事实上在一个不同的世界得到复苏。除了西班牙语美洲那些已被消灭的帝国中的印第安人遭到不幸之外，从非洲的农村被掳到巴西和安的列斯群岛做工的黑人也遭到可怕的命运。**拉美殖民地经济前所未有地、最大程度地集中了劳动力，以便最大限度地集中世界史上任何文明都未曾有过的财富。**

这一贪婪、恐吓和凶猛的巨浪在席卷美洲时，美洲付出的代价是土著居民被杀绝。最近进行的比较有根据的调查说明，哥伦布以前的墨西哥约有两千五百万到三千万人口，在安第斯山地区也有同样数量的印第安人，中美洲和安的列斯群岛有一千万到一千三百万居民。**当外国征服者出现的时候，美洲印第安人总共不少于七千万，也许还要多，一个半世纪以后就减少到总共只有三百五十万。**[44]按照巴里纳斯（Barinas）侯爵的看法，在利马（Lima）和派塔（Paita）之间曾经居住过两百多万印第安人，但到1685年，只剩下四千户。里尼昂·伊西斯内罗斯（Liñán y Cisneros）大主教否认灭绝印第安人一事，他说：“那是他们为免交赋税藏起来了，他们糟蹋了所享有的自由，在印加人时期他们没有自由。”[45]

金属源源不断地从美洲的矿井中流出去，纸上谈兵的保护和尊重印第安人的命令也从西班牙朝廷源源不断地发来。虚伪的法律保护了印第安人，但是现实的剥削使印第安人耗尽气血。从奴隶制到服役制，又从服役制到纳税制和薪金制，所有这些在合法条件下变相使用印第安劳动力的做法，只不过对他们的实际处境做了些表面改变。王朝认为对土著人劳动力进行非人的剥削是非常必要的。1601 年费利佩三世颁布禁止在矿井实行强迫劳动的法令的同时，还下达秘密指示，命令“如果上述禁令影响生产”[46]，就要继续使用强迫劳动。1616 至 1619 年间，胡安 · 德 · 索洛尔萨诺（Juan de Solórzano）总督兼视察员在万卡维利卡水银矿区调查劳动条件，他向西印度委员会和君主报告说：“……水银的毒浸入到骨髓，使人全身发软，不断颤抖，一般不到四年工人就会死亡。”可是费利佩四世在 1631 年下令那里继续执行原体制，他的继承人卡洛斯二世后来重申了这条法令。水银矿是直接由王朝来经营的，而银矿则是由私人企业家控制的。

根据乔赛亚 · 康德（Josiah Conder）的材料，富饶的波托西山在三百年的时间内耗掉了八百万条生命。印第安人携家带小被从村社赶到山上去。每十个到那寒冷不毛之地去的人中就有七个是永远回不来的。矿业主和甘蔗园主路易斯 · 卡波切（Luis Capoche）曾经这样写道：“公路上全是人，好像全国在搬家。”留在村社的土著人看到的是“很多失去丈夫的悲伤的妇女和失去双亲的孤儿们回来了”，他们知道矿山上“笼罩着死亡和灾难”。西班牙人在波托西方圆几百英里内搜寻劳动力。很多印第安人在到达波托西之前就死在半路，矿山恶劣的劳动条件使更多人死亡。多明戈会的修士多明戈 · 德 · 圣托马斯（Domingo de Santo Tomás）在 1550 年矿山发现不久时向西印度委员会揭露说，波托西是一张“地狱之口”，它每年吞噬成千上万个印第安人，贪婪的矿山主“就像对待无主的野兽”那样对待当地人。后来罗德里戈 · 德 · 洛艾萨（Rodrigo de

Loaysa）修士说道："这些可怜的印第安人就像海里的沙丁鱼。正如其他的鱼要追捕和吃掉沙丁鱼一样，这块土地上的所有人都在迫害可怜的印第安人……"[47] 村社的首领有责任用十八至五十岁的人补充死去的土著役工的空缺。一个用砖头垒墙的大广场曾是把印第安人分配给矿产主和甘蔗园主的场地，今天已变成工人踢足球的地方。关押土著役工的监狱，现在是不成样子的瓦砾堆，在波托西的入口处还依稀可见。

在西印度的法律汇编中，不乏那时的法令：印第安人和西班牙人有经营矿山的同等权利；明确禁止损害当地人的权利等。仅从这些法令来看，冠冕堂皇的历史——今天的一纸空文延续自过去的一纸空文——是没有什么可抱怨的。在西班牙，人们无休止地讨论印第安人的劳动法，西班牙律师用笔墨显示了自己的才能，可是在美洲，法律"得到尊重，但不必履行"。事实上，正如路易斯·卡波切所说，"可怜的印第安人好比一块硬币，有了它就能得到所需要的一切，这比用金子和银子强得多"。许多人在法庭上一再申明自己是黑白混血人，以免被派到矿井上去，或在市场上一而再、再而三地被出卖。

18 世纪末，尽管孔科洛尔科尔沃（Concolorcorvo）的血管里流淌着印第安的鲜血，他却这样背叛自家人："我们不否认矿山吞噬了大量印第安人，但这不是由于他们在白银和水银矿上干活的缘故，而是他们的放荡生活所致。"从这个意义上来讲，拥有很多印第安人为其效劳的卡波切的证词是很有说服力的。外面天寒地冻，矿山深处又热死人。印第安人活着进入矿井，"常常是死着抬出来，或是头被打破，四肢被摔断。在糖厂每天都有人受伤"。土著役工用丁字镐凿下矿石，然后背在背上，在蜡烛的光亮下从梯子上爬出来。

在井口外面劳动的人，或是在糖厂滚动长长的木制轴辊，或是粉碎、洗净银矿石，然后用火冶炼。

“徭役（mita）”可以说是挤榨印第安人的机器。用汞提炼白银所产生的毒气同矿井深处的毒气一样致毒于人，或有甚之。汞毒使人头发、牙齿脱落，控制不住地发抖。中汞毒者在地上匍匐沿街乞讨。夜晚，六千五百堆火在富饶的山坡上燃烧，人们利用天上“光荣的圣·奥古斯丁神（glorioso san Agustino）”送来的风力在这些火堆上炼银。炼炉喷出的烟使波托西方圆六西班牙里*的范围内寸草不生，炼炉放出来的气体对人体也是有害的。

有人为此事辩解，说什么大量拿走新大陆的财富是一项慈善活动或是一种信仰。同罪恶一起产生的是一整套洗刷罪名的理由。人们把印第安人变成载重的牲畜，因为他们能比大羊驼那弱不禁风的脊背驮更重的东西，这证明印第安人事实上就是负重的牲口。墨西哥一位总督认为，没有比在矿井劳动能治愈印第安人“天生的劣根性”更好的办法了。人文学家胡安·希内斯·德·塞普尔韦达（Juan Ginés de Sepúlveda）认为，印第安人现在的处境是罪有应得，因为他们的罪孽和他们所崇拜的偶像是对上帝的亵渎。布丰（Buffon）伯爵断言印第安人是冷漠无情、虚弱不堪的动物，是“没有灵魂的”。德帕乌（De Paw）神甫把美洲描绘成堕落的印第安人和不会吠的狗、不能吃的牛和不会驮重的骆驼混合在一起的地方。伏尔泰笔下的美洲居住着又懒又笨的印第安人，在那里，猪的肚脐是长在背上的，狮子是无毛而怯懦的。培根（Francis Bacon）、约瑟夫·德·迈斯特（Joseph de Maistre）、孟德斯鸠（Montesquieu）、

---

* 译注：1 西班牙里约为 5572.7 米。

大卫·休谟（David Hume）和让·博丹（Jean Bodin）等则拒绝承认新大陆“卑贱的人”与自己是同类。在谈到美洲在物质上和精神上的空虚时，黑格尔认为土著居民是随着欧洲人的到来而消逝的。[48]

17 世纪，格雷戈里奥·加西亚（Gregorio García）神甫认为，印第安人的祖先是犹太人，因为他们同犹太人一样“懒惰”，不相信基督的神灵，也不感谢西班牙人给他们带来的一切好处。至少这位教士不否认印第安人是亚当和夏娃的后裔，有许许多多神学家和思想家并不相信教宗保罗三世（Paulo III）1537 年宣布印第安人为“真正的人”这一圣谕。巴托洛梅·德拉斯·卡萨斯（Bartolomé de Las Casas）神甫愤怒地揭露美洲征服者们的残酷，这震撼了西班牙朝廷。1557 年，皇家委员会的一名委员答复他说，在人类的各种等级中，印第安人处于最底层，因此，他们不可能有信仰。[49] 德拉斯·卡萨斯奉献了他热情的一生来捍卫印第安人抵抗矿主和村落领主的暴行。他常说，印第安人宁可下地狱，也不愿同基督教徒在一起。

印第安人被“托付”给征服者和殖民主义者，由他们给印第安人讲解天主教教义。但是因为印第安人要为“领主”干活和进贡，所以他们没有很多时间被引领至天主教拯救灵魂之路。作为犒赏，科尔特斯得到两万三千名臣仆。在当时，人们通过朝廷的恩赐得到土地，或者直接掠夺土地，印第安人也随着土地被分配而来。从 1536 年起，印第安人以及他们的子子孙孙被委托给领主管理，为期两代人，即领主及其直接继承人。从 1629 年起，这种规定实际上有所发展。土地连同印第安人一起被出卖。[50] 到 18 世纪，幸存的印第安人为以后的世世代代过上舒适的生活提供了保证。因为他们像被战胜的神灵一样，一直怀念往事，而胜利者则总是能找到神圣的理由去占有印第安人的劳动。胜利者认为，印第安人是异教徒，命该如此。难道这仅仅是过去才会发生的事吗？教宗保罗三世的圣谕颁布四百二十年之后，1957 年 9 月，巴拉圭最高法庭通报全国所有的法官："印第安人同共和国其他居民一样也是人……"后来亚松森天主教大学的人类学研究中心在首都和内地做了一个很能说明问题的调查：每十个巴拉圭人中有八个人相信"印第安人就像动物一样"。在卡瓜苏（Caaguazú）、上巴拉那（Alto Paraná）和查科地区，印第安人像野兽一样被猎取和出卖，实际上是作为奴隶而被剥削。但是，几乎所有的巴拉圭人都有印第安血统，巴拉圭还不停地谱写歌曲、撰写诗文、发表演说，以此纪念"瓜拉尼的灵魂（alma guaraní）"。

怀念图帕克 · 阿马鲁的斗争

西班牙人闯入美洲时，印加神权帝国正处在全盛时期，其势力范围包括今天的秘鲁、玻利维亚和厄瓜多尔，以及哥伦比亚和智利的一部分，一直伸延到阿根廷北部和巴西丛林；在墨西哥山谷，阿兹特克人联盟获得了高水平的劳动效益，在尤卡坦（Yucatán）和中美洲，玛雅人的灿烂文明持续到后几代人民，他们能有组织地进行劳动和战斗。

尽管长期遭到破坏，这些社会还是留下不少东西证明它们的伟大，如修建比埃及金字塔更能反映人的智慧的宗教建筑物，发明同大自然进行斗争的高效率的技术，以及反映永恒才能的艺术品。从收藏在利马博物馆的几百个头颅可以看到，当时的印加外科医生用金和银做的刀片施行开颅术。玛雅人是伟大的天文学家，他们会计算时间和空间，其精确度令人吃惊。他们还比世界上任何一个民族都更早地发现“零”这个数字的价值。阿兹特克人修建的水渠和人工岛屿尽管不是用金子打造而成，却使科尔特斯眼花缭乱。

对美洲的征服粉碎了这些文明的基石。矿业经济的确立带来比战火和流血牺牲更严重的后果。矿区造成人口大规模的迁徙和村社农业单位的解体，强迫劳动不仅毁灭了无数的生命，而且间接地摧毁了集体耕作制。印第安人被送去矿井，他们要为领主服劳役，被迫无偿地交出土地并离开土地，使土地荒芜。在太平洋沿岸，西班牙人摧毁、丢弃了大片的玉米、木薯、豆子、菜豆、花生和甜薯地。沙漠很快吞噬了大面积的土地，印加帝国时期的灌溉系统曾使这些土地有了生命。在征服美洲四个半世纪以后，印加帝国时期四通八达的大多数道路，只剩下岩石和荆棘。印加人的巨大公共工程大部分随着岁月而消失，或被抢夺者毁坏，但还是在安第斯山留下了无穷无尽的梯田的痕迹，山坡上的这些梯田过去用于耕种，现在仍然如此。一位美国技术人员[51]曾于1936年估计，倘若在这一年用现代化的方法修建那些梯田，那么，每一英亩就要花大约三万美元。在当时，既不会使用轮子，又没有马匹和铁器的帝国，修建梯田和灌溉水渠之所以可能，全靠由明智的劳动分工而产生的惊人的组织和技术水平，当然也靠了主宰人和土地关系的宗教力量。印第安人认为土地是神圣的，因而也永远具有生命力。

阿兹特克人应对大自然挑战的能力也是惊人的。在干涸的湖泊里留存着少数岛屿，今天的游客称之为“水上花园”。正是在这些印第安废墟之上建立起了墨西哥城。这些岛屿是阿兹特克人为解决修建特诺奇蒂特兰城时缺少陆地而人工建造的。印第安人从湖边运来大量烂泥，然后用一堵薄薄的竹墙把新的烂泥岛屿围起来，直至树根慢慢把这些岛屿固定住，水渠就穿过新的陆地。在这些异常肥沃的岛屿上，建立了阿兹特克人的首府，它有广阔的街道、朴素美丽的宫殿以及带阶梯的金字塔，它神话般地从湖泊中诞生出来，而命中注定要在外国征服者的冲击之下消失。墨西哥经历了四个世纪才达到当时那样众多的人口。

正如达西·里贝罗所说，印第安人是殖民生产制度的燃料。塞尔希奥·巴古写道："有成百成千的印第安雕塑家、建筑师、工程师和天文学家同众多奴隶混在一起，被抛到西班牙人的矿井中从事粗笨的、累垮人的采掘劳动，这几乎是毫无疑问的。殖民经济对这些人的技能手艺不感兴趣，仅把他们看作非技术工人。"但是那些已被破坏的文化并非一点残垣片瓦也没留下，恢复失去的尊严这一愿望照亮了无数次的印第安人起义活动。1781 年，图帕克·阿马鲁（Túpac Amaru）围困库斯科。

图帕克·阿马鲁首领是印加皇帝的嫡亲，是白人与美洲土著人的混血种人，他领导了大规模的救世主式的革命运动。大规模的起义运动在廷塔省（provincia de Tinta）爆发。图帕克·阿马鲁骑着白马，进入通加苏卡广场，在一阵阵战鼓声中宣布把西班牙皇家总督安东尼奥·胡安·德·阿里亚加（Antonio Juan de Arriaga）处以绞刑，并禁止实行波托西的徭役制度。由于强迫人们在富饶的波托西银矿上服劳役，廷塔省几乎渺无人迹。几天以后，图帕克·阿马鲁发布一道新命令，宣布给奴隶以自由，取消所有赋税和一切形式的剥削印第安劳动力的做法。成千上万的印第安人加入到"所有贫苦的、无依无靠的人之父"的队伍中。这位首领率领游击队员向库斯科进军。他一边前进一边发表鼓动性的演说：所有在他的领导下死于这场战争的人，都将死而复生并享受过去被侵略者夺走的幸福和财富。胜败此起彼伏，最后图帕克·阿马鲁被手下的一个头目出卖而被俘，他戴着锁链，被押送到保皇党人面前。一个叫阿切的监察员进入地牢，向他承诺，并要他交出发动起义的同谋的名字作为交换。图帕克·阿马鲁轻蔑地对他说："这里除了你和我之外没有什么同谋可言了，你是压迫者，我是解放者，咱们俩都该死。"[52]

图帕克·阿马鲁同他的妻子、儿女和主要的追随者一起，在库斯科的瓦卡依帕塔广场（Plaza del Wacaypata）被处以极刑。人们割下他的舌头，把他的四肢分别绑在四匹马上，但是他的躯体没有被撕裂。然后，在绞刑架上砍下了他的头。他的头被送到廷塔，一只胳臂送到通加苏卡（Tungasuca），另一只送到卡拉巴亚（Carabaya），一条腿送到圣罗莎（Santa Rosa），另一条送到利维塔卡（Livitaca）。他的躯体被烧，骨灰被扔进瓦塔纳依河，有人提议直到他的第四代都要被斩尽杀绝。

1802年，洪堡拜访了另一名印加人的后裔，即阿斯托尔比尔科（Astorpilco）首领。会见地点恰恰就在卡哈马卡，他的祖先阿塔乌阿尔帕正是在此地第一次见到征服者皮萨罗。首领的儿子陪着这位德国学者参观了城镇和古老的印加宫殿的遗址，边走边向他介绍埋藏在尘土和瓦砾中的神话般的宝物。"你们难道不想挖寻宝物来满足你们的需要吗？"洪堡问他。这位青年回答说："我们没有这个念头。我父亲说要是这样做就是犯罪。如果我们有了那些用黄金做成的各种果实和树枝，那么，我们的白人邻居就会嫉恨我们，就会伤害我们。"[53]这位首领种着一小块麦田。但这不能使他免遭外来的嫉妒。当农作物能提供诱人的利润时，这些贪图黄金和白银并极需要奴隶去采矿的抢劫者就毫不迟疑地扑向这些土地。对土地的掠夺从未停止。1969年，当秘鲁宣布要搞土地改革时，报纸还常常报道，山区那些已经解体的村社里的印第安人，不时举着旗帜闯入从他们或从他们祖先手上被夺走的土地，但都遭到军队的枪击而被迫退了回来。差不多距图帕克·阿马鲁之后两个世纪，才出现了民族主义将军胡安·贝拉斯科·阿尔瓦拉多（Juan Velasco Alvarado），他拾起以前那位首领的一句响彻云霄、令人难忘的名句，并付诸实施："农民们，决不能让老板继续肥了自己，穷了你们！"

历史不会忘记的英雄还有伊达尔戈和莫雷洛斯，他们是墨西哥人。米格尔·伊达尔戈（Miguel Hidalgo）直到五十岁还是一个温和的农村牧师，有一天，他敲响多洛雷斯教堂的钟，号召印第安人为自己的解放而斗争："你们愿意为从可恨的西班牙人手中夺回三百年前他们从你们祖先手中夺走的土地而奋斗吗？"他举起瓜达卢佩（Guadalupe）印第安圣母像的旗帜，在不到六个星期的时间内，有八万人手持砍刀、镐头、投石器、弓箭等追随他。这位革命的牧师宣布停止纳税，分掉瓜达拉哈拉（Guadalajara）的土地；他颁布法令宣布奴隶自由，然后率兵攻打墨西哥城。但是，在一次军事失败之后，他最终被处决。据说，临死前他留下了一份热情的忏悔书。[54] 革命很快就有了一个新的领袖，即何塞·玛丽亚·莫雷洛斯（José María Morelos）教士。"应当把所有的富人、贵族、高级职员等等都视为敌人……"他所领导的印第安人起义和社会革命运动曾波及墨西哥的大片领土。但是莫雷洛斯最后也被击败和枪杀，六年以后，墨西哥的独立"成了欧洲人和美国出生的人之间的一桩完完全全西班牙式的买卖……是同一个统治阶级内部的政治斗争"。[55] 土著居民变成雇工；村落领主变成农场主。[56]

印第安人的圣周是没有复活节的

直到20世纪初，“蓬戈”人（los pongos，即从事家务劳动的印第安人）的主人还在拉巴斯报纸登广告出租这些印第安人。1952年革命恢复了玻利维亚印第安人被践踏的尊严，在此之前，蓬戈人吃的是狗剩下来的东西，和狗睡在一起，还要跪着同任何一个白皮肤的人说话。印第安人曾经像牲畜一样为征服者驮运行李，那时马匹很少。但是今天，在安第斯高原，到处可以看到印第安艾马拉族人和克丘阿族人的搬运工，他们甚至用牙齿搬运货物，为的是换取一块硬面包。肺尘埃沉着症是美洲的第一号职业病。目前，玻利维亚矿工到三十五岁时，肺便已经不能再继续工作。无情的硅尘埃浸入到矿工的皮肤，使他们的脸和手都裂开口子，失去嗅觉和味觉，侵蚀到肺部，使肺叶变硬，直至最后死亡。

旅游者们喜欢给高原上穿着民族服装的印第安人拍照，但是他们不知道现在的印第安人服装是18世纪末卡洛斯三世规定的。西班牙人强迫印第安妇女穿的服装是效仿埃斯特雷马杜拉（Extremadura）、安达露西亚和巴斯克地区（País Vasco）劳动妇女的服装样子。印第安妇女的发式为中分式，也是托莱多（Toledo）总督规定的。但嚼古柯叶的习惯不是从西班牙人那里来的，在印加帝国时期就有。不过，不能随便使用古柯叶，印加帝国政府垄断古柯叶，只允许在举行宗教仪式和沉重的矿井劳动中使用。西班牙人大力鼓励嚼古柯叶。这是一桩很不错的买卖。在16世纪，波托西用于为被压迫者购买古柯叶和用于为压迫者购买欧洲服装的钱一样多。当时在库斯科有四百个西班牙商人以走私古柯叶为生。每年有一百万公斤古柯叶装在十万个大筐子里运到波托西的银矿去。教会还抽古柯叶税。印加人加尔西拉索·德·拉·维加（Garcilaso de la Vega）在他的《真实的评论》中说道，库斯科的主教、修士和其他人员的大部分收入来自抽古柯叶的什一税。他也谈到许多西班牙人靠运输和贩卖古柯叶发了财。印第安人用劳动换来的一点点钱不是用来买衣物，而是用来买古柯叶，嚼古柯叶可以更好地承受强加给他们的、累死人的劳动，尽管这要以缩短生命为代价。除了嚼古柯叶之外，印第安人还酗酒，他们的主人抱怨“害人的恶习”到处蔓延。直到20世纪的现在，波托西的印第安人仍然靠嚼古柯叶来抗饿和自杀，用纯酒精烧肚肠。这是那些注定倒霉的人进行的毫无结果的报复行动。在玻利维亚的矿井，工人仍然像过去一样把他们的劳动叫做“徭役”。

随着当时占统治地位的文明不断扩展，美洲的印第安人被迫在自己的土地上奔波迁徙，他们被驱赶到最贫困的地区、最荒凉的山区或沙漠深处。**印第安人过去和现在都由于本身的富有而遭到不幸。这是整个拉丁美洲悲剧的缩影。**在尼加拉瓜，当人们发现布鲁卢菲尔兹河（Río Bluefields）有黄金时，保守的印第安加尔卡族人立即被迫远离在河边的家乡，这也就是布拉沃河以南所有生活在富庶的山谷和地下资源丰富的地区的印第安人的历史。从哥伦布开始，对印第安人的屠杀从未停止过。在乌拉圭和阿根廷的巴塔哥尼亚（Patagonia）地区，印第安人在19世纪就被军队灭绝，军队在森林或沙漠中追捕围困他们，目的是不让他们妨碍畜牧业庄园的发展进程。[57] 墨西哥索诺拉州（Sonora）的印第安亚基族人被淹没在血泊之中，为的是把他们蕴藏着丰富矿产而又肥沃的土地顺顺当当地出卖给各种各样的美国资本家。幸存者被驱赶到尤卡坦的种植园。这样尤卡坦半岛不仅变成原来这块土地的主人印第安玛雅族人的坟墓，也成为远道而来的亚基人的坟墓。20 世纪初，五十名龙舌兰大王在自己的种植园里共拥有十多万印第安奴隶。尽管他们属于高大健美的人种，因而有特别强壮的身体，但是三分之二的亚基人还是在从事奴隶劳动的第一年就死去了。[58] 今天，龙舌兰纤维之所以能同合成龙舌兰纤维竞争，仅仅是由于种植工人生活水平极低。事物确实在发生变化，但不像人们所想象的那么大，至少对尤卡坦的印第安人来说是这样的。阿尔图洛 · 博尼亚 · 桑切斯教授说，“这些劳动者的生活条件有很多地方很像奴隶劳动”。[59] 在靠近波哥大的安第斯山脉的山坡上，印第安雇工不得不无偿为庄园主干活，以便庄园主能允许他们在月明的晚上耕种自己的一小块土地。“这些印第安人的祖先过去可以自由地在这块并不属于任何人的富饶的平原土地上耕作，不负什么债；而如今的印第安人却要无偿为他人劳动，为的是能够获得在这块贫瘠的山区耕作的权利。”[60]

今天，连居住在深山野林里的印第安人也没有逃脱厄运。20 世纪初，巴西还有两百三十个印第安人部落，从那时起到现在已经有九十个部落从地球上消失，这全是火器和细菌的功劳及恩赐。暴力和疾病是文明的先锋，对于印第安人来说，同白人接触仍然如同和死亡打交道一样。从 1537 年起就有保护巴西印第安人的法令，这些法令到头来又变成反对印第安人的规定。根据巴西历次宪法的条文，印第安人是他们所占有土地的“最早的天然的主人”，而事实是，这些处女地越富饶，对印第安人生命的威胁就越严重。

大自然的慷慨使他们注定要遭掠夺被屠杀，最近几年，捕杀印第安人已到了疯狂、残忍的地步。世界上最大的原始森林，这块可以去冒险、带有传奇色彩的巨大的热带空间，变成新的“美洲之梦”的舞台。美国人和美国企业以征服者的姿态扑向亚马孙河地区，就好像它是又一个遥远的西部一样。美国的这种入侵，前所未有地煽起了巴西冒险者的贪婪之火。印第安人不留任何痕迹地死去，他们的土地被当成美元卖给有兴趣的人。土著人不了解黄金、其他矿产、木材、橡胶等财富的经济价值，每当进行为数不多的调查时，调查报告总是同这些财富联系在一起。众所周知，印第安人曾被直升机和轻型飞机扫射，曾被接种天花病毒，他们的村子曾被炸毁，也曾被赠送掺马钱子碱的白糖和掺砷的食盐。卡斯特罗·布兰科（Castelo Branco）独裁政权为了整顿管理工作而任命的印第安人保护所所长就被指控对印第安人犯下四十二种不同的罪行，证据确凿。这桩丑闻发生在1968年。

今天的印第安社会并非处于真空地带或拉丁美洲经济总态势之外。目前巴西的确还有一些部落生活在原始森林中，处于封闭状态，高原还有一些村社完全与世隔绝，在委内瑞拉边境还有少数野蛮部落，但是总的来说，印第安人已参与现行的生产体系和消费市场，尽管是间接的。他们是现行经济和社会秩序的牺牲品，在这种秩序中，又是被剥削者中最受剥削的不幸者。他们向贪婪的、有权势的中间商购买并出售自己消费和生产的极少的东西，这些中间商总是贱买贵卖。印第安人在种植园里当短工，是最便宜的劳动力，又或在山区当兵。他们终日为世界市场忙活，或是为制服他们的人去打仗。例如在危地马拉这样的国家，印第安人已经成为国家经济生活的轴心。年复一年，有二十万印第安人抛弃他们“神圣的土地”——位于高原、像一具尸体般大小的一小块土地——来到平原，去收割咖啡、棉花和甘蔗。那些和他们签订合同的人像运牲畜一样用卡车将其运走。印第安人有时并非只能这样做不可，往往是酒精在作祟。同他们签订合同的人常常雇来一支鼓乐队，拿出大量烈性酒。等到他们从酩酊大醉中醒来时，已经负债累累了。他们只得到陌生的炎热地区去干活，以此偿债。在那里干几个月活之后回来，也可能口袋里装着几分钱，也可能带着结核病和疟疾回来。在制服那些懒散的人方面，军队的合作是有效的。[61]

霸占印第安人的土地，剥削他们的劳动力，这历来同种族歧视并驾齐驱，对美洲的征服破坏了它原有的文明，而种族歧视正是借客观上已衰落的文明而发展起来的。征服的后果以及随后长时间的遭受欺凌，粉碎了印第安人已经获得的文化和社会的一致性。然而，这种已被打碎的一致性只在危地马拉保存下来[62]，是在悲剧中保存下来的。圣周期间，玛雅人后代的游行队伍中上演着一场可怕的集体受虐。他们背着沉重的十字架匍匐前进，在重现耶稣走向受难的各各他山（Gólgota）的漫长的爬行过程中，他们也像当时鞭打耶稣那样鞭打自己。在痛苦的吼叫声中，耶稣的死亡和埋葬变成自己的死亡和埋葬，象征着那美丽而遥远的生活一去不复返。危地马拉印第安人的圣周是没有复活节的。

黑金城：富饶的城镇，黄金的波托西

继续造成亚马孙地区印第安人死亡和迫使他们进行奴隶劳动的黄金热，在巴西不是什么新鲜事，其危害在巴西也非罕见。

自从巴西这块地方被发现以来，两个世纪中，它顽强地拒绝把金属交给它的葡萄牙主人。殖民开发沿海地区的第一个时期是开发木材，即开发“巴西木”，不久，东北部地区出现大的甘蔗种植园。但是，与西班牙语美洲不同的是巴西好像没有金子和银子。在巴西，葡萄牙人没有发现具有高度发展水平和组织水平的印第安文明，只找到一些野蛮的、居住分散的部落。土著人不懂什么是金属。葡萄牙人民在征服这块土地的过程中击败并消灭了印第安人，在这块逐步开发的辽阔土地上，他们得自己去发现储有大量黄金的地方。

圣保罗地区的开拓者[63]曾经穿过曼蒂盖伊拉山（Serra da Mantiqueira）和圣弗朗西斯科河源头之间的宽阔地区，他们曾经发现，这一带一些河流和小溪的河床与冲积地带有着少量可见的淤积的黄金。在数千年的冲洗中，雨水浸蚀了岩石上的金矿脉，把它冲到河里、山谷底部和山谷盆地。在沙石层、地层和黏土层的下面，多石的地下层里有金砂，很容易从石英石的表层提取到，但由于表层的储量逐渐被耗尽，提取金砂的方法已经越来越复杂。米纳斯吉拉斯（Minas Gerais）闯进历史，当时世界上发现的大量金子都是在很短的时间内从这儿开采出来的。

“这里的金子曾经像森林一样。”一个乞丐这样说。他的目光从教堂顶上飘过：“遍街是金子，像牧草一样生长。”他现在有七十五岁高龄，自认为是马里亚纳（Mariana）这个靠近黑金城的小矿城的一个传统人物，这个小城镇像黑金城一样停滞不前了。“人是要死的，但什么时候死却不定，每个人死亡的时间都是命中注定的。”乞丐这样对我说。他向石头台阶吐了一口痰，摇摇头说：“他们有的是钱，”好像他看见了似的，“他们不知道怎么用这些钱才好，所以就盖教堂，一个挨着一个地盖。”

这个地方曾经是巴西最重要的地方。现在呢？“现在不了，”老头儿对我说，“现在这里已没有生命，没有年轻人，他们都走了。”在下午温柔阳光的照射下，他赤脚漫步走在我的身旁。“你看见了吗？教堂的正面画有太阳和月亮，这意味着奴隶们日日夜夜地干活。这个教堂是黑人建的，那个是白人建的。这曾是阿利皮奥主教

（Monseñor Alipio）的住房，他死的时候正好九十九岁。”

在18世纪，巴西令人向往的黄金的产量超过了西班牙在前两个世纪从它的殖民地所开采的黄金总量。[64]冒险家和想发财的人纷至沓来。1700年巴西有三十万居民，一个世纪之后，经过黄金时代，人口增加了十倍。在18世纪，不少于三十万葡萄牙人移居巴西，“比西班牙向其美洲所有的殖民地移居人数还要多”[65]。据估计，从征服巴西到废除奴隶制这段时间里，从非洲共运来约一千万黑奴。尽管我们不掌握18世纪的确切数字，但是应该看到黄金时期大量利用了奴隶劳动力。

在东北部甘蔗种植的繁荣时期，巴伊亚（Bahía）的萨尔瓦多（Salvador）曾是巴西的首都，但是到了米纳斯吉拉斯“黄金时代”，国家的经济与政治轴心转到南方。自1763年起，南部的港口里约热内卢成为巴西的新首府。在新兴矿业经济的生气勃勃的中心，城市拔地而起，这些城市在突然到来的繁荣中诞生，又在轻易发财的漩涡中急剧生长，按当时殖民当局的彬彬有礼的说法，“这是罪犯、流浪汉和歹徒们的避风港”。富有的黑金城于1711年获得城市资格，在矿工雪崩似到来的过程中诞生的黑金城，是黄金文明的精华。二十三年之后，西蒙·费雷伊拉·马查多（Simão Ferreira Machado）在描写它时说，该城商人的权力大大超过里斯本生意最兴隆的商人的权力，他还说：“所有矿井开采的大量黄金就像要找到归宿那样，都拥到这里来，集中在皇家造币所。这个城市里住着最有教养的俗人和教士。这里是所有贵族的大本营，是军事力量之所在。从其自然地位来看，这个城市是全美洲的首脑，从它所拥有的财富来看，它又是巴西的‘明珠’。”那个时代另一个名叫弗朗西斯科·塔瓦雷斯·德·布里托（Francisco Tavares de Brito）的作家，在 1732 年把黑金城说成是“黄金的波托西”。[66]

对黑金城、萨瓦拉（Sabará）、圣若昂–德雷（São João del-Rei）、里贝朗都卡尔莫（Ribeirão do Carmo）以及整个动乱矿区的罪恶生活的埋怨声和抗议声不断传到里斯本。走运或倒霉都在一眨眼间发生。安东尼尔（Antonil）神父揭露说，用一大笔钱买下一个喇叭吹得很好的黑人，用双倍的钱买下一个混血妓女，“然后不断地和她鬼混”的矿主大有人在，但是那些神甫的所作所为并不比矿主好，当时的官方通讯可以充分证实，该地区确实有“坏教士”骚扰。他们被控告借助于自己的豁免权用木制的小神像走私黄金。1705 年，人们断言，在米纳斯吉拉斯没有一个神父热衷于人民的宗教信仰事业，六年以后，王朝不得不禁止一切宗教团体在矿区设点。

不管怎么说，按照当地巴洛克式的原始风格建立和装饰的美丽教堂还是日益增多。米纳斯吉拉斯吸引了当时最好的手工艺人。从外表上看，教堂很简朴，没有什么装饰，但是象征着圣灵的教堂内部，祭坛、神龛、柱子和浮雕上的纯金闪闪发光。如米格尔·德·圣弗朗西斯科（Miguel de São Francisco）教士在 1710 年所说，为了使教堂也“得到上帝的财富”，人们不惜使用贵重金属。教会的各项服务价格极高，但是在矿区一切都贵得惊人。就像过去的波托西一样，黑金城也大量耗费意外之财。宗教仪式和演出成为展示豪华服装的机会。1733 年，一次宗教庆祝活动持续了一个多星期。人们参加宗教游行仪式时，不仅骑马，还穿着化妆服，乘坐用珍珠母、丝绸和黄金装饰的彩车。此外，还组织骑马比赛、斗牛，以及用笛子、风笛和吉他乐器伴奏的街头舞会。[67]

矿主们不重视耕种土地，大约在 1700 年和 1713 年的全盛时期，该地区曾发生饥荒，百万富翁们不得不吃猫、狗、老鼠、蚂蚁和雀鹰。奴隶们在洗金场耗尽精力和时光。路易斯·戈麦斯·费雷拉（Luis Gomes Ferreira）[68]写道："他们在那儿干活，在那儿吃饭，有时还得在那儿睡觉。他们干活的时候都是大汗淋漓，由于双脚站在冰冷的土地上、石头上或泡在水中，休息或吃饭时，皮肤上的毛孔就会发冷收缩，很容易染上很多危险的疾病，诸如非常严重的肋膜炎、中风、抽搐、瘫痪、肺炎以及其他许多疾病。"疾病是上天的一种祝福，它使死亡很快降临。米纳斯吉拉斯的绿林好汉如果拿来外逃奴隶的头颅，就可以得到用黄金支付的犒赏。

奴隶们测完身高、称完体重后在罗安达（Luanda）被装上船，他们被称之为"西印度的货物"，那些远涉重洋之后仍然生存下来的奴隶，一到巴西就变成白人主子的"手和脚"。安哥拉（Angola）出口班图奴隶和象牙，以换取服装、酒类和火器，但黑金城的矿主却宁愿要来自几内亚（Guinea）海岸怀达（Whydah）小海滩的黑人，因为他们比较强壮，有更大的耐力，且有发现黄金的神奇本领。此外，每个矿主至少还需要一个怀达地区的黑人情妇，以便采矿时有好运随身。[69]开采金矿不仅增加了奴隶的进口，也吸收了相当一大批在巴西其他地区的甘蔗和烟草种植园干活的黑人劳动力，从而使这些种植园失去劳动力。1711年，皇家颁布一项法令，禁止把从事农业的奴隶卖去从事采矿业，除非是"性格奸诈"的奴隶。黑金城对奴隶的要求是贪得无厌的。黑人会很快死去，只有个别情况才能坚持连续干七年。在黑人穿越大西洋以前，葡萄牙人给他们都施了洗礼。到巴西后，黑人必须去做弥撒，尽管禁止他们进入大教堂的主厅和坐在教堂的椅子上。

18世纪中叶，很多矿工转移到弗里约山（Serra do Frio）去寻找钻石。淘金者在河床上采掘金子时扔在一边的水晶石竟然是钻石。米纳斯吉拉斯按照对等的比例又出金子又出钻石。繁荣的蒂茹科（Tijuco）营地变成了产钻石的中心，在那里就像在黑金城一样，富人们穿着欧洲最时髦的衣服，从大洋彼岸运来最豪华的服装、武器和家具，这是狂妄和挥霍浪费的时刻。一个叫做弗朗西斯卡·达·席尔瓦（Francisca da Silva）的混血女奴隶，在成为百万富翁若昂·费尔南德斯·德·奥利韦拉（João Fernandes de Oliveira）的情妇之后就获得自由。这个百万富翁实际上是蒂茹科的统治者，而长相丑陋、已有两个儿子的她就变成"主宰一切的弗朗西斯卡"。[70] 她从没见过大海，又很想让大海留在身边，于是她的男人就给她修了一个很大的人工湖，在湖上放上一艘带有船员和一切东西的船。又在圣弗朗西斯科山（sierra de São Francisco）的山坡上为她修建了一座城堡，里面有一个花园，内有奇花异草和人工瀑布。以她的名义举行美酒佳肴的丰盛宴会，没完没了的夜舞会以及戏剧和音乐演出。到 1818 年，蒂茹科还大规模庆祝葡萄牙王朝王子的婚礼。在此十年之前，一个名叫约翰·梅韦（John Mawe）的英国人造访了黑金城，他为这个地方的贫困感到吃惊。他看到的是空空荡荡和毫无价值的房子，挂着无人问津的出售招牌，当时他吃着肮脏的、量少而单调的饭食。[71] 此前曾发生过暴动，它正好同黄金之乡的危机不谋而合。何塞·华金·达·希尔瓦·哈维尔（José Joaquim da Silva Xavier），即蒂拉登特斯（Tiradentes），被绞死、分尸，其他为独立而战的战士在黑金城被投入监狱，或被流放。

巴西的黄金促进了英国的进步

黄金恰恰是在1703年葡萄牙同英国签订梅休因条约（Tratado de Methuen）时大量涌出的。这是英国商人在葡萄牙取得一系列特权的高峰时期。葡萄牙在英国市场为自己的酒类赢得了好处，作为交换，它向英国产品开放了本国和葡属殖民地的市场。鉴于当时已存在的工业发展不平衡状况，这一措施意味着地方工业的破产。不是用酒来换英国的纺织品，而是用金子，用巴西的金子来换，在此过程中，葡萄牙的织布机瘫痪。葡萄牙不仅把自己的工业扼杀在摇篮里，顺带也消灭了巴西以任何形式发展工业的萌芽。1715年王国禁止炼糖厂开工；1729年宣布在矿区开辟新的交通线是有罪的；1785年下令烧掉巴西的织布机和纺织机。

英国和荷兰这两个走私黄金和奴隶的冠军，靠非法贩运黑肉捞取了大量财富，据估计，它们通过不正当手段获取了相当于“皇家五一税”一半以上的钱财，而这本应是葡萄牙王朝从巴西得到的。但是英国还不仅仅是借助禁止的贸易活动来把巴西黄金搞到伦敦去，它还利用合法途径。黄金时代造成葡萄牙大批人口流向米纳斯吉拉斯，这大大刺激了殖民地对工业产品的需求，同时也提供了购买这些产品的手段。像波托西的白银在西班牙只是蜻蜓点水一样，米纳斯吉拉斯的黄金也只是路过葡萄牙而已。宗主国变成了纯粹的中间商。1775年，葡萄牙首相庞巴尔（Pombal）侯爵试图恢复一项保护性政策，但是已为时太晚，他声称，英国人没有遇到进行征服时所曾遇到的麻烦就把葡萄牙征服了，英国人提供葡萄牙所需物品的三分之二，英国代理人是统管葡萄牙全部商业活动的主人。葡萄牙实际上什么也不生产，黄金财富是虚构的，以至于连在殖民地井上干活的黑奴都穿着英国制造的衣服。[72]

塞尔索·富尔塔多曾经指出，[73]英国在工业发展方面执行了一条很有远见的政策，它用巴西的黄金来偿付从其他国家进口的基本产品，从而能把自己的投资集中用于工业部门。由于葡萄牙的这种历史性的慷慨，技术革新才能够很快、很有效地进行。欧洲的金融中心从阿姆斯特丹转到伦敦。**根据英国的资料，有些时候，巴西每周有五万磅黄金运入伦敦。如果没有积累这样大量的黄金储备，英国在后来是不可能对付拿破仑的。**

除了教堂和艺术品之外，黄金那生气勃勃的时期并没有给巴西留下什么。到 18 世纪末，虽然钻石还没有采尽，但是国家已经衰落。根据富尔塔多的估计，按目前的购买力指数计算，当时巴西三百多万人的年平均收入没有超过五十美元，这是整个殖民时期的最低水平。米纳斯吉拉斯坠入衰落和毁灭的深渊。让人难以置信的是一个巴西人还感谢这种恩赐，他认为米纳斯吉拉斯向英国提供的资本“是用于建立巨大的银行网，以促进国与国之间的贸易并提高不断进步的人民的生活水平”。[74]矿区人民为了别人的发展不得不忍受贫穷，他们这些“无能的人”与世隔绝，不得不在那已被掠走金属和宝石的土地上寻找食物。维持生存的农业代替了矿业经济。[75]在今天，米纳斯吉拉斯农村就像东北部地区一样，是大庄园和“庄园上校们”的王国，是谁也不怕的落后的堡垒。就像东北地区的人贩卖奴隶一样，把米纳斯州的劳动者卖到其他州的庄园中去是司空见惯的事。不久以前富兰克林·德·奥利维拉（Franklin de Oliveira）也到米纳斯吉拉斯去转了一下。他看到的是铁丝网栅栏围着的房屋，没有水也没有电的小村庄。在通向赫吉丁翁阿（Jequitinhonha）山谷的路旁，他见到了只有十三岁的妓女，还有疯子和饥饿的人。他的近作《巴西革新的悲剧》(*A tragédia da renovação brasileira*)对此做出了描述。亨利·约尔塞克斯(Henri Gorceix)说得好，米纳斯吉拉斯铁石一般的胸膛里有一颗金子的心，[76]但是其著名的“铁四角”(quadrilátero ferrífero)，在结束了一段不幸的历史之后，于1964年被转交到了汉纳矿业公司(Hanna Mining Co.)和伯利恒钢铁公司(Bethlehem Steel)手中。掌握在外国人手中的铁矿不会比过去的金矿留下更多的东西。

只有才能的迸发是黄金热留下的纪念，至于采掘黄金留下的洞口和被遗弃的小城市那就不必再提及了。除了美学革命，葡萄牙也不能获得其他的东西。马夫拉修道院(Convento de Mafra)是唐·若昂五世(Dom João V)的骄傲，它使葡萄牙从艺术的衰落中又站立起来，那些带有三十七个铃铛的有轮的桌子、杯子和实心的金烛台，至今仍然闪烁着米纳斯吉拉斯黄金的光芒。矿区的教堂多次被抢劫过，在教堂中保存的、能够随手带走的圣物极少，但是巴洛克式的建筑物、山墙、祭坛、神龛、讲台和人像却永远留在殖民地的废墟上，这些是由一个名叫安东尼奥·弗朗西斯科·里斯本(Antonio Francisco Lisboa)的“小残疾人”设计、刻制和雕塑而成的，他是一个女奴同一个手工艺匠人所生的天才儿子。当这个“小残疾人”在孔戈尼亚斯(Congonhas do Campo)的仁慈耶稣圣殿(Santuario de Bom Jesus de Matosinhos)门口开始用石头凿刻一组大型圣像时，已经是18世纪快要结束的时候了。此时，黄金热已成为过去。他的作品叫预言家，但是已经没有什么光荣可预言。奢华和欢乐已一去不复返，没有给人们留下什么希望。巴西历史上最有才华的艺术家给后人留下最后的证据，像为这个短暂的、转瞬即逝的黄金文明举行伟大的葬礼。这个被麻风病毁坏了容貌、断掉了手指的“小残疾人”，把錾刀和斧子绑在无指的手上来创作他杰出的作品，每天清晨用膝盖爬到工作室去。

传说中有根有据地说，在米纳斯吉拉斯的慈悲和仁慈圣母教堂（Iglesia de Nossa Senhora das Mercês e Misericordia）里，那些死去的矿工仍然在寒冷的雨夜做弥撒。当教士回过身来，面向大殿伸出双手时，人们还能看到他脸上的骨头。

蔗糖国王和其他的农业君主

种植园、大庄园和命运

毫无疑问，寻找黄金和白银是进行殖民征服的主要动力。不过，哥伦布第二次航行时从加那利群岛（las islas Canarias）带去了最初的甘蔗根，把它种在今日多米尼加共和国的所在地。甘蔗根种下后，很快就冒出新芽，使哥伦布这位远征军司令大为高兴。[1]甘蔗在西西里岛、马德拉岛（Madeira）和佛得角（Cabo Verde）都是小规模种植，在东方要出高价才能买到蔗糖，这是欧洲人渴望得到的东西，以至于成为皇后嫁妆的一部分。蔗糖是在药房中出售的，以克为单位来称量。[2]在发现美洲以后的近三个世纪中，美洲生产的蔗糖成为欧洲市场最重要的农产品。在巴西东北部潮湿炎热的沿海地区出现大片甘蔗田，随后，加勒比诸岛——巴巴多斯（Barbados）、牙买加、海地、多米尼加、瓜德罗普、古巴、波多黎各以及维拉克鲁斯和秘鲁沿海地区，也相继成为大规模经营“白色金子”的最适宜的场所。从非洲来了大批奴隶，以便向蔗糖国王提供他所需要的众多无偿的劳动力，这是可以消耗的活燃料。土地让这种自私的作物毁坏了——侵入新大陆，夷平了森林，浪费了土地的天然肥力，耗尽了土地所积累的腐殖层。在拉丁美洲，长时期生产蔗糖造成如白银和黄金热在波托西、黑金城、萨卡特卡斯和瓜纳华托所带来的那种致命的繁荣。但是，同时它也有力地以直接或间接的方式推动了荷兰、法国、英国和美国的工业发展。

海外需要蔗糖，应运而生的甘蔗种植园是由种植园主获得赢利的欲望为推动力的企业，是为欧洲逐步使其国际化的蔗糖市场服务的。但是从种植园的内部结构来看，它的一些主要特点是封建性的，因为在很大程度上它自给自足。另一方面，它使用奴隶。三个不同的历史阶段——重商主义、封建主义和奴隶制，就这样在一个经济和社会实体中结合在一起。但是国际市场是各种权力的中心，从早期开始，种植园体制就成为这个中心的组成部分。

殖民地种植园从属于外国的需要，在很多情况下也是由外国资助的，我们今日的大庄园就是直接从种植园演变而来的。大庄园制是扼杀拉美经济发展的瓶颈，是拉美人民被排斥、受贫穷的首要原因之一。今日的大庄园机械化程度已相当高，使剩余劳动力成倍增加，储备了大量的廉价劳动力。它已不仰仗于进口非洲奴隶或以“托管”的形式攫取印第安人的劳动力。大庄园只要付极少的工资、用实物支付劳动报酬或以一小块土地的使用权来换取他人的无偿劳动就足够了。大庄园扩大时就繁衍出小庄园，在饥饿的驱使下，劳动大军随着一个接一个的糖季而在国内不断迁徙，大庄园从小庄园和劳动大军吸取营养。

种植园这种联合式的结构在过去是行之有效的，如今的大庄园就像一个过滤器，把自然财富过滤掉了。凡是参与世界市场的地区，都经历过一个生机勃勃的周期，然后，由于代用品的竞争，由于土地的衰竭或出现条件更好的地区，便产生衰落现象。随着时间的推移，贫困的文化、维持生计的经济和停滞不前的状态成了为原先的生产发展付出的代价。巴西东北部曾是最富庶的地区，今天却是最贫困的；在巴巴多斯和海地，成群的人们忍饥受饿；以单一作物和土地的急剧贫困化为代价，蔗糖成为美国控制古巴的万能钥匙。这不仅仅是蔗糖的历史，也是可可的历史——可可使加拉加斯的寡头垄断集团发了财；是突然兴旺又突然衰落的马拉尼翁（Maranhão）棉花的历史；是亚马孙地区的橡胶种植园的历史，这些种植园变成了东北部工人（他们为了一点点钱被招募来干活）的墓地；是阿根廷北部和巴拉圭被夷为平地的栲树森林的历史；是消灭了印第安亚基族人的尤卡丹龙舌兰庄园的历史。这也是咖啡的历史，咖啡前进时，留在它背后的是变成沙漠的农田；也是巴西、哥伦比亚、厄瓜多尔和不幸的中美洲各国的水果种植园的历史。不管是走运还是倒霉，每种产品对那些国家、地区和人民来说，都是一种命运，很多情况下这是一瞬间的命运。矿产生产区也确实走了同样的道路。**一种产品越是受到世界市场的青睐，它带给为生产这种产品而做出牺牲的拉美人民的灾难也就越大。**拉普拉塔河（Río de la Plata）流域先向国际市场投放皮革，接着又投放肉类和羊毛，它是较少受到这种铁一般规律惩罚的地区，然而也未能摆脱不发达的桎梏。

巴西东北部土地的厄运

西班牙殖民地首先提供的是金属。在这些地方很早就发现了宝藏和矿脉。居第二位的甘蔗先是在圣多明各（Santo Domingo）种植，后来在维拉克鲁斯，再以后就在秘鲁沿海地区和古巴种植。直到 17 世纪中叶，巴西一直是世界上最大的产糖国。同时，美洲的葡萄牙殖民地是贩卖奴隶的主要市场，数量不多的印第安劳工很快死于强制性的劳动中，而甘蔗及蔗糖的生产需要大量的劳动力来清理和平整土地，种植、收割和运输甘蔗，最后还要榨糖和制糖。巴西殖民社会是蔗糖的副产品，它在巴伊亚（Bahía）和伯南布哥（Pernambuco）大放异彩，发现黄金后，殖民社会的中心才移到米纳斯吉拉斯。

葡萄牙王朝把土地有偿让给了最初的几个巴西大地主。征服与组织生产同时进行。仅仅十二个“特别自治区首领”以馈赠的形式接受了全部未开垦的广大殖民地领土[3]，以便为君主开垦土地。但是，在很大程度上是荷兰资本资助了这一事业，其结果，与其说是葡萄牙的事业，不如说是佛兰德的事业。荷兰企业不仅参与建立糖厂和进口奴隶，而且从里斯本搞到原糖进行加工，获得了相当于产品价值三分之一的利润[4]，然后把糖卖到欧洲。1630 年，荷兰西印度公司侵入并占领巴西东北部的沿海地区，以直接控制糖的生产。要成倍地增加赢利就必须成倍地增加糖源，于是该公司给予巴巴多斯岛上的英国人一切方便条件，让他们在安的列斯群岛开始大规模种植。公司把加勒比的垦殖农带到巴西，好让他们在公司新得的领地内获得必要的技术知识，学会组织生产。

当荷兰人最终于 1654 年从巴西东北部被赶走的时候，他们已经为巴巴多斯进行激烈而破坏性的竞争打下基础。荷兰人把黑人和甘蔗根带到巴巴多斯，在那儿修建糖厂并提供一切设备。巴西的出口一下子降了一半，到 17 世纪末，糖价也降了一半。与此同时，在二十年的时间里，巴巴多斯的黑人增加了十倍。安的列斯群岛离欧洲市场更近，巴巴多斯拥有仍然肥沃的土地，并以较好的技术水平进行生产。巴西的土地都已衰竭，大规模的奴隶起义以及在南方出现的夺走种植园劳动力的黄金矿，加速了东北部的糖业危机。这是一次彻头彻尾的危机，它令人痛心地一个世纪又一个世纪地延续下去，直到今天。

蔗糖毁坏了东北部。沿海潮湿地带受到雨露滋润，土地非常肥沃，有着丰富的腐殖土层和矿盐，从巴伊亚到西阿拉（Ceará）覆盖着茂密的森林。正如若苏埃 · 德 · 卡斯特罗所说，这个热带林区变成了一片大草原。[5]本来生产食品的地区变成了饥饿的地区。在那里原本万物都蓬勃地生长，但具有破坏性和吞噬一切的蔗糖庄园留下的是贫瘠的岩石、被侵蚀的或风化了的土地。起初还创办了一些柑橘和芒果种植园，后来种植园被遗弃，缩小成糖厂主家周围的小果园，专供白人种植者的家庭享用。[6]在放火烧荒开辟甘蔗田的同时毁坏了树林，也消灭了林中的动物。鹿、野猪、貘、兔子、羊驼、犰狳等等都消失了。植被、植物和动物都在单一作物的祭坛上成为甘蔗的牺牲品。大面积的生产很快耗尽了土地的肥力。

16 世纪末，巴西的糖厂不少于一百二十家，其总资本接近二百万英镑，但是拥有最好土地的糖厂主却不种植粮食作物。他们就像从海外进口大量的奢侈品一样，除了进口奴隶和食盐，也进口粮食。按照惯例，富裕和繁荣总是同长期营养不良的大多数人民的贫困并存的。畜牧业被安置在远离沿海潮湿地带的内部沙漠地区，也就是腹地。在那里，每平方公里只有几头牛，牛肉坚硬而无味，产量总是很低（现在也依然如此）。

从殖民时期就传下来一种至今仍然存在的习惯，就是吃土。缺铁造成贫血，东北部孩子们经常吃的是木薯粉和菜豆，碰运气还可以吃一些干腌肉。由于这种食品缺少矿盐，孩子们出于本能，就吃泥土来弥补。从前，人们在惩罚孩子们的这种“非洲恶习”时，给他们套上牲口用的口套，或是把他们放在柳条筐里，高高吊起。[7]

巴西东北部目前是西半球最不发达的地区[8]，这是一座容纳三千万人的巨大的集中营。如今它继承了单一种植甘蔗的遗产。过去在这块土地上曾萌生拉丁美洲殖民农业经济“最能赢利的买卖”。目前，伯南布哥潮湿地带不到五分之一的土地用来种植甘蔗，其余部分什么也不种。[9]大糖厂主也就是大甘蔗种植者，他们让广阔的庄园什么也不生产，以此来摆阔。并非像人们所误解的，只在东北部内地贫瘠和半贫瘠的地区人们才吃得不好。腹地是布满石子、灌木稀疏、没有什么植物的荒漠，那里常发生周期性的饥荒。猛烈的阳光射向干裂的大地，把它变得像月球那样荒凉。人们被迫背井离乡，路边布满插着十字架的坟墓。而在潮湿的沿海地带却常常发生饥荒。哪里越是富得不能再富，哪里就越是穷得不能再穷。这是充满各种矛盾的地方。被大自然选定生产各种食物的地区，却什么也不生产。具有讽刺意义的是，沿海地带至今还叫作丛林地带或者“森林区”，以纪念遥远的过去，纪念从产糖年代幸存下来的少得可怜的森林。蔗糖庄园这种浪费的结构仍然迫使人们以越来越高的价格从其他地区，特别是从国内的中南部地区运进粮食。累西腓（Recife）的生活费用是巴西最高的，超过了里约热内卢的平均指数。在东北部，菜豆比里约热内卢海湾豪华的伊巴内马（Ipanema）海滩上的菜豆还要贵。半公斤木薯粉相当于一个甘蔗种植园成年工人从早干到晚一天下来的工资。如果某个工人抗议，工头就派人去把木匠找来，让他给这位工人量身体，好准备棺材。在广大地区，庄园主或管家还对每个女孩子实行“初夜权”。累西腓三分之一的人口依然生活在流氓居住区的茅草房中。在卡萨阿马雷拉区（Casa Amarela），一半以上的孩子生下来不到一岁就夭折了。[10] 在东北部各城市中，经常发生幼女卖淫现象，十一二岁的女孩子就被父母卖掉。在一些种植园，日工资比印度最低的日工资还要低。联合国粮农组织 1957 年的一份报告称，在靠近累西腓的维多利亚，由于儿童缺乏蛋白质，体重下降情况比在非洲普遍看到的还要严重。好多种植园里还设有自己的监狱。勒内 · 迪蒙说："但使人因营养不良而死亡的罪魁祸首却并没有被关进这些监狱里，因为监狱的钥匙在他们手中。"[11]

目前，伯南布哥糖产量不足圣保罗州的一半，单位面积的产量也低。但是伯南布哥以糖为生，聚居在潮湿地带的伯南布哥居民也以糖为生，而圣保罗州却是拉丁美洲最强大的工业中心。在东北部，即便是发展，也不是进步的发展，因为连发展也掌握在少数企业主手中。少数人的美餐就是大多数人的饥饿。1870 年以来，由于建立了大型的榨糖厂中心，制糖工业大大现代化，于是，"大庄园以惊人的程度，加重该地区缺少食品的状况"[12]。1950 年代，处于高潮中的工业化促进了巴西对糖的消费。东北部的生产有较大的发展，但是每公顷的单位面积产量并未增加。一些低质的土地也用来种甘蔗，甘蔗再次吞并了用于生产食品的土地。农民以前在自己的一小块土地上耕作，现在变成雇工。在这种新形势下，他们的处境未得到改善，因为他们挣到的钱不足以购买他们以往生产的食品。[13] 扩张使饥饿面扩大了，从来如此。

在加勒比诸岛急速前进

安的列斯群岛是**蔗糖之岛**，它们作为糖生产国相继加入到世界市场中，直到今天，巴巴多斯、背风群岛（Islas de Sotavento）、特立尼达和多巴哥（Trinidad Tobago）、瓜德罗普、波多黎各、海地、多米尼加共和国都还得生产糖。这些岛屿上的人们在大庄园广阔而贫瘠的土地上种植甘蔗，忍受着单一种植的束缚，以及失业和贫困。大面积种植甘蔗的恶果也大面积地扩散。古巴仍然主要依赖出卖蔗糖为生，但是从 1959 年土地改革以来，开始了激烈的经济多样化进程，从而结束了失业。古巴人已经不是只在糖季才干五个月的活，而是干十二个月，在建设新社会的整个不间断的、确实困难的过程中，都要干活。

卡尔·马克思 1848 年说过："先生们，你们也许认为生产咖啡和砂糖是西印度的自然禀赋吧。二百年以前，跟贸易毫无关系的自然界在那里连一棵咖啡树、一株甘蔗也没有生长出来。"[14] 国际分工并不是由圣灵的功绩或恩赐而形成起来的，是由人创造的，确切地说是由于资本主义在全世界的发展而形成的。

实际上，从 1641 年起，巴巴多斯是加勒比地区第一个种植甘蔗供出口的岛屿，而且出口量较大，尽管此前西班牙人已经在多米尼加和古巴种下了甘蔗。正如我们所见到的，是荷兰人把甘蔗种植引进到这个英国的小岛上来。到 1666 年，巴巴多斯已经有八百个甘蔗种植园和八万多名奴隶，它全方位地被新生的大庄园所占领，它的命运并不比巴西东北部好。以前，这个岛是搞多种种植的，在小块小块的土地上种植棉花、烟草、柑橘，还饲养牛和猪。为了所谓的繁荣，甘蔗田吞噬了农田，毁坏了茂密的森林，可是这种繁荣是短命的。不久，这个岛发现其土地的肥力已经耗尽，它已无力养活本国人口，而且从所生产的蔗糖的价格来看，它是无法参与竞争的。[15]

此时，甘蔗的种植已波及其他岛屿，传到背风群岛、牙买加，还传到大陆的几个圭亚那（las Guayanas）。在18世纪初，牙买加的奴隶人数比白人垦殖农多十倍。牙买加的土地很快也疲乏了。18世纪下半叶，世界上最好的甘蔗生长在海地沿海平原地区松软的土地上，那时的海地是法国殖民地，名叫圣多明戈。在北部和西部，海地是奴隶集中的地区，蔗糖生产需要越来越多的劳动力。1786年有二十七万名奴隶来到这个殖民地，第二年就增加至四十万。1791年秋天爆发革命。仅仅在九月这一个月，就有两百个甘蔗种植园被大火吞没，起义的奴隶不断把法国军队赶向大海，大火和交战也就不断地发生。轮船运走的法国人越来越多，运走的蔗糖越来越少。战争使鲜血染红了河流，种植园被夷为平地。战争持续了很长时间，国家一片灰土瓦砾，处于瘫痪状态。到18世纪末，生产已直线下降。莱普考斯基[16]说："曾一度繁荣的殖民地，到1803年11月，已几乎成为满是瓦砾和灰尘的墓地。"海地革命不仅仅在时间上同法国革命恰相吻合，它本身也为国际联盟封锁法国而受苦，因为英国控制着海面。后来，随着海地的独立越来越不可避免，它也受到法国的封锁。在法国的压力之下，美国国会1806年禁止同海地进行贸易。1825年法国承认了它这块老殖民地的独立，但得到一大笔现款作为赔偿。1802年，奴隶军首领图森特–卢维杜尔（Toussaint-Louverture）将军被俘不久，勒克莱尔克（Leclerc）就从海地岛写信给他的姐夫拿破仑说："我对这个国家的意见是：应该消灭山区的所有黑人，不管是男的还是女的，只留下十二岁以下的儿童；要消灭平原上的一半黑人，在殖民地不留一个带肩章的混血人。”[17] 热带向勒克莱尔克报复，尽管保琳 · 波拿巴（Paulina Bonaparte）施了魔术[18]，他还是死于黄热病，未能完成其计划。但是，现金赔款就像一块沉重的石头压在获得独立的海地人民的背上。在法国不断派兵血洗海地后，这些海地人是幸存者。海地是在废墟中诞生的，它从来没有恢复元气。今天，海地是拉丁美洲最贫穷的国家之一。

海地的危机导致古巴蔗糖业的发展，古巴很快就成为世界上居于首位的蔗糖供应国。此外，海地生产的衰落还推动了古巴另一种海外需求极大的物品咖啡的生产，但在单一种植的竞赛中，蔗糖获胜了。1862 年，古巴不得不从国外进口咖啡。古巴“甘蔗集团”的一个得宠的成员甚至撰文论述“从别人的不幸中可以捞到实惠”的问题。[19] 在海地的叛乱后，欧洲市场的蔗糖价格涨至史无前例的天价，而古巴的蔗糖厂和生产力在 1806 年已经翻了一倍。

古巴焦土上的蔗糖堡垒

1762 年，英国人曾一度占领哈瓦那。那时，烟草小种植园和畜牧业是古巴岛农村经济的基础；哈瓦那是一个重要的军事要塞，手工业有相当的发展，铸造业也很可观，可以制造大炮，还拥有拉美第一家造船厂，可以大规模制造商船和战舰。英国占领者只用了十一个月就运进大量的奴隶，而在通常情况下这需要十五年。从那时起，古巴的经济就随着外国对糖的需求而发展。奴隶们生产世界市场上的走俏商品，从此，丰富的剩余价值就由当地垄断集团和帝国主义所享有。

莫雷诺 · 弗拉希纳尔斯（Moreno Fraginals）用确凿的材料描

写了英国占领之后蔗糖迅速发展的状况。西班牙对贸易的垄断事实上已经土崩瓦解，再也不能限制进口奴隶。糖厂吞噬了一切，吞噬了人和土地。本可以为工业的发展作出贡献的造船厂和铸造厂的工人和数不尽的小手工业者都到糖厂劳动去了，甘蔗田野蛮地吞并了土地，迫使种植烟草和水果的小农也投入到甘蔗生产中去。大规模的种植逐步消耗了土地的肥力。在古巴的土地上，糖厂成倍增长，每个糖厂都要求越来越多的土地。大火毁坏了种植烟草的土地和大片森林，牧场也遭破坏。以前古巴还出口干腌肉，但到了 1792 年却要大量进口，此后也持续进口腌肉。[20] 造船业和铸造业一蹶不振，烟草生产直线下降。蔗糖业的奴隶每日劳动的时间长达二十小时。"蔗糖集团"的权力就在这块冒着浓烟的土地上得到巩固。18 世纪末，国际糖价飞涨，投机买卖盛行。在圭内斯（Güines），土地价格上涨了二十倍。在哈瓦那，放贷的实际利息是法定利息的八倍。在整个古巴，做弥撒、行洗礼和葬礼的费用，随着黑奴和黄牛价格的飞涨而上涨。

从前有些记者说过，人们可以以巨大的棕榈树和茂密森林的树荫为伴，走遍整个古巴。森林中盛产桃花心木、雪松、乌檀树和白花亮皮茜树。如今还可以从埃斯克里亚尔（El Escorial）的桌子和窗户，从马德里皇宫的大门欣赏古巴的珍贵木材。为了扩种甘蔗，人们连续放了几场大火，把过去覆盖古巴土地的最好的原始森林都烧掉了。森林被毁坏之后，古巴变成美国木材的主要买主。大规模种植甘蔗这种破坏性的作物，不仅仅毁灭了森林，而且天长日久"破坏了岛屿土地神话般的肥力"[21]。森林被大火吞没了，未加保护的土地很快被风化了，千百条河溪干涸了。目前，古巴甘蔗种植园每公顷的单位面积产量低于秘鲁的三分之一，低于夏威夷的九分之二。[22] 灌溉和给土地施肥是古巴革命当前的首要任务。古巴修建了许许多多大大小小的水坝，同时在田野开渠造河，在被惩罚的土地上施散肥料。

“蔗糖集团”使古巴的命运放射出虚假的光芒，同时也确定了它的附属地位。古巴成了一个出众的工厂，但它的经济患了糖尿病。在那些用野蛮的手段毁坏最肥沃的土地的人当中，也有欧洲的文人雅士，他们会鉴别并有能力购买真正的老勃鲁盖尔*的作品。他们经常往来于巴黎，带来了古意大利伊特鲁里亚（Etruria）的大缸、希腊的两耳细颈小瓶、法国哥白林的双面挂毯、中国明朝的屏风，以及英国要价最高的艺术大师们所画的风景画和肖像画。我很惊奇地在哈瓦那一幢大房子的厨房里发现了一个非常大的带密码锁的保险柜，它曾经被一位伯爵夫人用来放餐具。一直到 1959 年，古巴不是在建工厂，而是在建城堡，蔗糖可以产生或打倒独裁者，可以让工人有活干或失业，可以决定几百万运转的速度，也可以决定是否发生可怕的危机。特立尼达市（Trinidad）今日是一具闪闪发光的尸体。在 19 世纪中叶，该市有四十多家糖厂，生产七十万阿罗瓦†糖。种植烟草的贫农被暴力赶出自己的土地，曾经做过牧场的地区过去出口肉类，现在却要吃从外面运来的肉。殖民式的宫殿拔地而起：带有遮阴的门廊，高高的房子，装饰着玻璃穗的吊灯，波斯地毯，像天鹅绒那样柔媚的宁静，回荡在空中的小步舞曲，从大厅的镜子中映照出的头戴假发、脚蹬带扣袢鞋子的老爷们的形象。在这里，

* 译注：彼得·勃鲁盖尔（Pieter Bruegel, the Elder，1525？—1569），荷兰–佛兰德画派的巨匠。画作主要以风景和农村生活为题材，代表作有《农民的婚礼》《雪中猎人》。由于他的两个儿子也是画家，故称其为老勃鲁盖尔。

† 译注：1 阿罗瓦等于 25 磅。

今日依然可以看到大理石和房屋框架，傲然耸立的无声的钟楼以及长满野草的敞篷马车。现在人们管特立尼达叫“**曾经有过城**”，因为此城的白人后代总爱说他们的某一个祖宗**曾经有过**权力、**曾经有过**荣誉。但是发生了1857年的危机，糖价下跌，这个城市同糖价一起衰落下去，再也没有崛起。[23]

一个世纪以后，当马埃斯特腊山（Sierra Maestra）的游击队员夺取政权时，古巴的命运仍然同糖的行情捆绑在一起。民族英雄何塞·马蒂（José Martí）曾经预言，“如果一个国家的人民把自己的生存押在一种产品上，那无异于自杀”。1920年，古巴以每磅二十二美分的糖价打破按人口出口糖的世界纪录，甚至超过英国，成为拉丁美洲人均收入最高的国家。但是就在这一年的十二月，糖价下跌到每磅四美分，1921年危机像火山一样爆发，美国把许许多多倒闭的糖厂以及所有的古巴银行和西班牙银行，包括国家银行在内，都收购了，只有美国银行的分行幸存。[24]像古巴这样依附性的、脆弱的经济是无法逃脱美国大萧条的猛烈打击的。1932年，糖价猛跌到每磅远远不到一美分，三年内出口值下降到只有原来的四分之一。而这时古巴的失业指数之高“是任何其他国家都很难比拟的”[25]。1921年的灾难由美国市场的糖价下跌而引起，古巴很快从美国得到五千万美元的贷款。此后，克劳德（Crowder）将军也来了，以监督贷款使用情况为借口，成为这个国家实质上的管辖者。由于他经营有方，马查多独裁统治在1924年上台。但是，1930年代的大萧条加上古巴的总罢工使马查多政府陷于瘫痪，这个靠血和火建立起来的政权倒台了。

物价方面发生的问题也同样发生在出口量方面。从1948年起，古巴恢复了它供给美国市场所需糖的三分之一份额，价格低于美国生产者的价格，但是比国际市场的价格要高而且稳定。在此之前，美国对从古巴进口的糖是免税的，但作为交换，要求古巴对所进口的美国货也给予同样的特权。所有这些**恩赐**条件使得古巴的依附性更加牢固。“买方可以发号施令，卖方只能效劳。应当平衡贸易以保证国家的自由。欲死者只会同一个国家做买卖，欲生者则会同一个以上的国家做生意”，这是马蒂说的话，1961 年切·格瓦拉（Che Guevara）又在埃斯特角（Punta del Este）的美洲国家组织会议上重复了这句话。根据华盛顿的需要，可随心所欲地限制出口国的生产。1925 年古巴的年产糖量五百万吨左右，1950 年代的平均产量仍然是这样，在取得有史以来最高的七百多万吨的年产量之后，独裁者富尔亨西奥·巴蒂斯塔（Fulgencio Batista）于 1952 年取得政权，他的任务是严厉控制本国的糖生产量。次年，为了服从美国的需要，糖年产量下降到四百万吨。[26]

革命与无能的结构

在拿破仑战争时期，法国和德国农村出现了甜菜糖，再加上地理位置十分接近，美国就成为安的列斯群岛蔗糖的主要买主。早在 1850 年，美国已掌握古巴贸易的三分之一份额，虽然古巴岛当时是西班牙的殖民地，但是美国卖给古巴的东西、从古巴进口的东西都比西班牙多，到达古巴的船只有一半以上的桅杆上都飘扬着星条旗。大约在 1859 年，一个西班牙旅游者在古巴内地偏僻的小镇子里发现了美国造的缝纫机。[27] 哈瓦那的主要街道都是用波士顿的花岗岩铺砌的。

20 世纪开始时，《卢西亚那种植园主报》（*Louisiana Planter*）

这样写道："古巴全岛慢慢地落到美国公民的手中，这是美国兼并古巴最简单、最可靠的办法。"美国参议院已经在谈论国旗上增加一颗星的问题了。打败西班牙之后，由伦纳德·伍德（Leonard Wood）将军统治古巴岛。与此同时，菲律宾和波多黎各也落入美国人之手。[28] 麦金利（McKinley）总统说过："是战争把这些地方给了我们，也是靠了上帝的帮助。以人类的进步和文明的名义，我们有责任不辜负这一巨大的信任。"他说这番话时也把古巴包括在内。1902年，托马斯·埃斯特拉达·帕尔马（Tomás Estrada Palma）不得不放弃他在流放时获得的美国公民身份，因为美国占领军使他成为古巴第一任总统。1960年，美国前驻古巴大使厄尔·史密斯（Earl Smith）向参议院某委员会报告时说："在卡斯特罗上台以前，美国在古巴的影响不可抗拒，美国大使就是古巴的第二号人物，有时甚至比古巴总统还重要。"

巴蒂斯塔倒台的时候，古巴几乎把全部蔗糖都卖给了美国。五年前，一个年轻的革命的律师，在那些由于攻打蒙卡达（Moncada）兵营而对他进行审判的人面前准确地预言，历史将宣判他无罪。他在那激动人心的辩护词中说道："古巴还是一个生产原料的工厂，出口蔗糖以进口糖果……"[29] 当时，古巴不仅从美国购买汽车、机器、化工产品、纸张和服装，还购买大米和菜豆、蒜和洋葱、油脂、肉类以及棉花。从迈阿密运冰淇淋，从亚特兰大运面包，甚至从巴黎运豪华的晚餐。这个蔗糖之国所消费的近一半的水果和蔬菜要靠进口，尽管只有三分之一的就业人口有固定的工作，糖厂一半的土地是闲置无用的，什么也不生产。[30] 十三家美国糖厂拥有全部甘蔗种植地的47%以上，每个糖季赢利约一亿八千万美元。镍、铁、铜、锰、铬、钨等地下矿藏都是美国的战略储备物资，美国企业只需根据美国国防和工业的轻重缓急来开采这些矿产。1958 年，古巴登记的妓女比矿工还要多。[31] 根据努涅斯 · 希门尼斯（Núñez Jiménez）引用的瑟雷（Seuret）和皮诺（Pino）的调查材料证明，古巴当时有一百五十万人彻底失业或半失业。

古巴全国的经济是随着蔗糖生产的速度来运转的。1952—1956 年间，古巴出口商品所代表的购买力没有超过三十年以前的水平，[32] 尽管对外汇的需求大大增加了。1930 年代，当危机加重古巴经济的依附性而不是打破这种依附性时，古巴竟到了拆除新建工厂卖给其他国家的地步。1959 年的第一天，革命取得胜利，那时古巴的工业发展慢得可怜，一半以上的工业生产集中在哈瓦那，仅有的少数几家具有现代化技术的工厂则由美国远距离操纵。雷希诺 · 博蒂（Regino Boti）是一位古巴经济学家，他同别人一起提出马埃斯特腊山游击战士的经济理论，他举了一个在巴亚莫（Bayamo）生产炼乳的雀巢公司分公司的例子：如果出了故障，技术员就打电话给康涅狄格州，说自己的部门什么机器不运转了。他立刻就能得到指示，要他采取什么措施，他就机械地执行这些指令……如果进行得不顺利，四个小时之后就会有一架飞机带来高水平的专家小组，他们会把一切都修理好。在古巴实行国有化之后，再也不能打电话求援了，有个把技术人员也可能会修理次要的故障，但他们已弃国而去。[33] 这再清楚不过地证明了自从革命冒险把殖民地变为自己的祖国之后所遇到的困难。

古巴被附属国地位砍去了双腿，自己走路绝非易事。在 1958 年，有一半的古巴儿童没进学校，但是正如菲德尔 · 卡斯特罗（Fidel Castro）多次揭露的，愚昧比文盲更普遍、更严重。1961 年发动了一场大规模的运动，动员了一批青年，志愿去教所有的古巴人读书写字，其结果使全世界震惊：根据联合国教科文组织国际教育办公室的材料，古巴现在是拉丁美洲文盲比例最低、中小学生比例最高的国家。但是愚昧这可诅咒的遗产并非一朝一夕、亦非十二年*所能克服的。缺乏能干的技术干部、行政管理部门无能、生产机构组织涣散，官僚们不敢有创造性的想象和没有决定权的自由，这些都在继续妨碍古巴社会主义的发展。然而，尽管四个半世纪的压迫史所造就的制度是如此的无能，古巴正以无限的热情获得新生，以它的力量、欢乐和自由同困难作较量。

蔗糖是屠刀，帝国是凶手

“在蔗糖上面进行建设是不是比在沙地上进行建设要好一些呢？”1960 年让–保罗 · 萨特（Jean-Paul Sartre）在古巴这样自问。

在出口散装糖的瓜亚巴尔（Guayabal）码头上，鲣鸟在一个大棚子的上面飞旋。我走进码头，惊愕地看到一座蔗糖堆起的金字塔。随着下面的闸门打开，斗车把没有包装的糖运到船上，从房顶的空隙处流出一股股黄金，这是从榨糖厂新运来的蔗糖。太阳光从缝中透进来，使糖粒闪闪发光。这座我用手能摸得着但是不能尽收眼底的温暖的小山价值约四百万美元。我想这里囊括了 1970 年糖季的全部喜悦和悲伤——尽管做了惊人的努力，还是未能达到预计的一千万吨产量。看着这座糖山，一段漫长的历史呈现在我眼前。我想到弗朗西斯科糖业公司（Francisco Sugar Co.）这个王国，这曾经是艾伦 · 杜勒斯（Allen Dulles）的企业，我在那里度过了一个星

* 译注：指 1961—1973 年间，即从运动开始到作者本书写就的十二年间。

期，倾听人们讲述过去的故事，亲眼看看未来是如何诞生的。我见到了何塞菲娜，她是卡里达·罗德里格斯的女儿，她现在上课的教室过去是兵营的牢房，也正是她的父亲临死前被监禁并受刑的地方；我见到了安东尼奥·巴斯蒂达斯，一个七十岁的黑人，在这年的一个清晨，他两手抓住汽笛的杠杆，因为糖厂超额完成指标，他高呼："他妈的！他妈的！我们完成了！"没有一个人能把杠杆从他痉挛的双手中抽出来，而那个把所有人叫醒了的汽笛，也正在唤醒整个古巴。我听到了被驱赶、行贿、谋杀和挨饿的故事。还有人因为半年以上的时间被迫失业而从事奇怪的职业，例如在种植园里捕捉蟋蟀。死去的人并没有白死，例如阿曼西奥·罗德里格斯在一次集会上被工贼的子弹打中，他曾愤怒地拒绝收下公司给他的一张空白支票，当他的同伴们埋葬他时发现，他入殓时没有裤衩也没有袜子。再如二十岁就被捕的佩德罗·普拉萨，他把满载士兵的卡车带到他亲自埋下地雷的地方，他同卡车和士兵一起同归于尽。像这样的人在这个地区和其他地区还有无数个。一个老蔗农曾对我说："这里的人是很尊敬烈士的，但都是在他们死了以后，在这之前只会发牢骚。"我想，菲德尔·卡斯特罗的游击战士有四分之三是从农民、蔗糖工当中招募来的，这并非偶然；奥连特省（Provincia de Oriente）是蔗糖的最大源泉，同时又是古巴历史上多次起义的发源地，这也不是偶然。我理解他们多年积累的仇恨。1961 年糖季丰收之后，革命决定向蔗糖报复。蔗糖使人们记忆犹新地回忆起过去受奴役的情景。在过去，蔗糖是不是一种命运，后来是不是变成一种惩罚，现在能不能成为推动经济发展的杠杆和动力？

在可以理解的急躁情绪的影响下，革命毁坏了很多甘蔗田，企图在一瞬之间就实行农业生产的多样化。倒是没有犯过去的错误，即把大庄园分成生产不出东西的小庄园，但是每一个社会化了的庄园一下都种上了各种各样的作物。为了国家的工业化，为了提高农业生产率，为了满足由于革命重新分配财富而大大增加的消费需要，必须大规模地进口。如果不生产大量的糖，从哪里获得进口所需的外汇呢？发展矿业，特别是发展镍的生产，也需要大量投资，现在正在进行这方面的投资。由于增加船只，渔业生产增长了七倍，这也需要大量投资。生产酸性水果的宏伟计划正在实施当中，但是从播种到收获还要耐心等待若干年。于是，革命政权发现把屠刀和凶手弄混了。蔗糖曾经是不发达的因素，现在成了发展的工具。因此不得不用单一作物和依附状态（这是古巴加入世界市场所造成的）之矛，去攻单一作物和依附状态之盾。

从蔗糖生产所获的收入已不用来巩固奴役性结构。[34] 与 1958 年相比，机械和工业设备的进口增加了 40%，蔗糖生产所造成的多余的经济力量用来发展基础工业，也用来使土地不致闲置，工人不致失业。巴蒂斯塔独裁政权倒台的时候，古巴有五千台拖拉机和三十万辆汽车。今日已有五万台拖拉机，尽管由于管理不善，产生很大程度的浪费。至于汽车，大部分是豪华型的，除了值得送到废铜烂铁博物馆的以外，所剩也无几了。水泥工业和发电厂有了惊人的发展。由于新建化肥厂，今天使用的化肥比 1958 年多五倍。各地修建的水库现储水量比 1958 年水库总储量多七十三倍[35]，灌溉地区也飞速增加。古巴到处是新修的公路，结束了许多好像永远与世隔绝的地区交通不便的状况。为了提高原来产量不大的牛奶产量，古巴引进荷兰种牛，通过人工授精，繁殖了八十万头杂交牛。

甘蔗的机械砍割和运输方面也取得了很大进步，这些大部分是在古巴自己发明创造的基础上进行的，尽管还很不够。虽然遇到困难，但正在建立一种新的劳动制度，过去的砍蔗工——蔗糖的囚徒，今日已经绝种。对他们来说，革命也意味着可以自由选择其他不太笨重的劳动和让子女能够享受奖学金到城里去上学。解救甘蔗农的结果是引起国家经济的严重紊乱，这是不可避免要付出的代价。1970 年，古巴用比原来工人多三倍的劳动力收割甘蔗，其中大部分是志愿劳动者、士兵和其他行业的工人，这就影响了城乡的其他活动、其他产品的收获和工厂的劳动进度。应该看到，社会主义社会不同于资本主义社会，工人干活既不是因为害怕失业，也不是因为贪得无厌。其他的动力诸如互助精神、集体责任感、丢掉个人主义而意识到自己的权利和义务等等，也应当起作用。全体人民的觉悟不是顷刻间就能转变过来的。据菲德尔·卡斯特罗说，革命夺取政权时，大部分古巴人甚至不是反帝国主义的。

随着哈瓦那和华盛顿之间不断发生挑战与应战、打击与反打击，随着革命已逐渐把关于社会正义的许诺变为具体的事实，古巴人民和他们的革命一起，变得越来越激进。古巴建成了一百七十家新的医院和同等数量的医务所，医疗是免费的。各级学校的学生人数增加了三倍，教育也是免费的。今天，有三十多万儿童和青年享受助学金，住宿生和幼儿园都成倍增加。大部分居民不必付房租，水、电、电话、安葬和体育表演都是免费的。在短短几年中，社会服务费增加了五倍。现在，每个人都能受教育、都有鞋穿，人们的需要以几何级数增长，而生产却只能以算术级数增长。现在是全民消费而不是少数人消费，所以消费的压力也迫使古巴迅速增加出口，蔗糖仍然是最大的资金源泉。

革命确实正在经历艰难的时期，这是过渡和牺牲的时期。古巴人终于懂得要咬紧牙关去建设社会主义，懂得革命绝不是闲逛。归根结底，如果一切都是他人赠送的，那么，这块土地就没有前途了。有些产品确实匮乏，1970 年古巴缺少水果、冰箱和服装。排队是常有的事，这不完全由分配的紊乱状况造成。物品匮乏的根本原因是新涌现出了大量的消费者，也就是说，现在的国家是属于大家的，因此物品匮乏同拉美其他国家的物品匮乏是不一样的。

国防费用也是同样的情况。革命政权不得不睁着眼睛睡觉，从经济上来说，这也要付出很大代价。这个被包围的革命，不停地受到侵略和破坏，它之所以没有倒下，是因为手握武器的人民在捍卫它。多么奇特的专制！被剥夺了财产的剥削者并不甘心。1961 年 4 月，在吉隆滩（Playa Girón）登陆的队伍不单单由巴蒂斯塔的旧军人和旧警察组成，参加这个队伍的还有拥有三十七万公顷土地的地主们、近一万所房产的房产主，以及拥有七十家工厂、十家糖厂、三家银行、五座矿井和十二个夜总会的老板们。

危地马拉的独裁者米格尔·伊迪戈拉斯（Miguel Ydígoras）把训练营地让给远征军以换取美国人的许诺，后来他本人供认，美国人曾许诺给他现钞（但从未兑现），也答应在美国的市场上增加危地马拉糖的份额。

1965 年，另一个产糖国多米尼加共和国遭受到约四万名海军陆战队员的入侵。他们的司令布鲁斯·帕尔默（Bruce Palmer）将军宣称："鉴于该国局势十分混乱，海军陆战队准备永远驻扎在那里。"糖价急剧下降是促使人民愤怒抗议的原因之一。人民奋起反对军事独裁，美国军队马上前来维持秩序。在奥萨马河（Río Ozama）和加勒比海之间一个被围困的圣多明各市市区内，爱国者与入侵者展开肉搏战，四千人被打死了。[36] 美洲国家组织——它的记忆力是驴子的记忆力，因为从来不会忘记在哪里吃东西——给入侵者打气，派新的力量来推进侵略。必须消灭产生另一个古巴的萌芽。

靠奴隶们在加勒比的牺牲才有了 詹姆斯·瓦特的机器和华盛顿的大炮

切·格瓦拉曾经说过，不发达状况好像一个头和肚子都大的侏儒，腿很瘦，胳膊很短，同身体的其他部分很不协调。哈瓦那闪烁着光芒，在它的豪华大街上，豪华的汽车嗡嗡作响，在世界上最大的夜总会里，最美丽的舞女随着埃内斯托·莱库奥纳*的音乐翩翩起舞。而与此同时，在古巴农村，每十个农业工人中只有一人能喝上牛奶，不到4%的人能吃上肉。根据全国经济委员会的材料，五分之三的农业劳动者所挣的工资只有生活费用的三分之一到四分之一。

但蔗糖不止生产侏儒，它也生产巨人，至少它极大地促进了巨人的发展。**拉丁美洲热带地区的蔗糖大大推动了英国、法国、荷兰以及美国工业发展所需的资金积累，同时又破坏了巴西东北部和加勒比诸岛的经济，加重了非洲历史性的衰落。欧、非、美三角贸易是以向甘蔗种植园贩卖奴隶作为主要支柱的。**奥古斯托·科钦（Augusto Cochin）曾说过："一颗粒糖的历史是有关政治经济学、政治和道德的一堂完整的课。"

西非的部落一向互相残杀，其目的是用战俘来增加自己的奴隶储备。这些部落属于葡萄牙的殖民统治范围，但是在贩卖黑奴的高峰时期，葡萄牙人既没有船只，也拿不出工业品作为交换，他们只

---

* 译注：埃内斯托·莱库奥纳（Ernesto Lecuona，1895—1963），古巴作曲家和钢琴家，"非洲-古巴主义"民族运动的代表人物。主要作品有《马拉圭纳》《永远在我心里》《西波尼》。

能成为其他强国的黑奴贩子和非洲部落头子之间纯粹的掮客。英国是买卖人肉的冠军，直到它认为不适宜继续做此买卖为止。但是荷兰人买卖黑奴的传统更悠久，因为在英国获得向其他国家的殖民地运送奴隶的权利之前，查理五世早已把将黑奴运到美洲的垄断权赐予荷兰人。至于法国，路易十四这位太阳之王同西班牙国王对等平分几内亚公司的利润，这家公司是1701年末为向美洲贩卖黑奴而创立的，法国工业化的缔造者柯尔贝尔（Jean-Baptiste Colbert）曾振振有词地说，他有充分的理由可以肯定，贩卖黑奴“对于发展国家商船队是有好处的”。[37]

亚当·斯密（Adam Smith）曾说过，由于发现美洲，“商业被提到一个通过其他方式永远不会达到的光辉灿烂的水平”。塞尔希奥·巴古（Sergio Bagú）认为，欧洲商业资本积累的最巨大的动力就是美洲的奴隶制，而这资本又构成“赖以建立现代巨大工业资本的基石”。[38]希腊罗马奴隶制在新大陆的复兴起了神奇的作用：一些国家的船只、工厂、铁路和银行都成倍增加，而这些国家不是这些穿越大西洋的奴隶的原属国或目的国，当然美国除外。从16世纪初到19世纪末，有好几百万非洲人漂洋过海，谁也不知道到底有多少人，但是大家都知道他们比欧洲来的白人移民多得多，而生存下来的要比他们少得多。从波托马克河到拉普拉塔河之间，奴隶们为他们的主人盖房子、砍伐树木、砍割甘蔗、榨糖、种植棉花和可可、收获咖啡和烟草，还到河里找黄金。他们接连死去，人数相当于广岛死难者的数倍！正如牙买加的一个英国种植者所说：“买黑奴比养黑奴容易。”卡约·普拉多估计，到19世纪初，抵达巴西的非洲人在五百万到六百万之间，那时古巴已是一个大的奴隶市场，像过去整个西半球市场那么大。[39]

大约在 1562 年，约翰 · 汉金斯（John Hawkins）船长从葡属几内亚走私了三百个黑奴。伊莎贝尔女王勃然大怒地断言：“这种冒险行为将受到上天惩罚。”但是当汉金斯告诉她，在加勒比用奴隶换来蔗糖、皮革、珍珠和生姜时，女王饶恕了这个海盗，还成了他的贸易伙伴。一个世纪以后，约克公爵把他的爵位和名字的前两个字头 D 和 Y 用炽热的烙铁烫在他的公司每年向“蔗糖之岛”送去的三千名黑奴的左臂或胸口上。卡洛斯二世是非洲皇家公司的股东之一，该公司向他支付 300% 的股息，尽管在 1680 年到 1688 年装上船的七万个奴隶中，漂洋过海之后只剩下四万六千人。在旅途中许多非洲人病死或饿死，或绝食而死，或用锁链把自己勒死，或者跳到海里去喂鲨鱼。在贩卖黑奴的买卖中，英国缓慢但坚定地粉碎了荷兰的霸主地位。南海公司（South Sea Company）是“奴隶专卖许可证”（asiento）的主要受益者，西班牙承认英国对奴隶贸易的皇家垄断，英国政界和财界最显赫的人物都卷入这家公司，无比兴盛的买卖使伦敦的交易所欣喜若狂，神奇的交易发展起来。

运输奴隶把造船基地布里斯托尔（Bristol）提高到英国第二大城的地位，把利物浦变成世界上最大的港口。船只出发了，船舱里装着武器、布匹、杜松子酒和甘蔗酒、小摆设、彩色玻璃等等，用这些东西换取非洲的人货，再拿这些人货来换美洲殖民地种植园的蔗糖、棉花、咖啡和可可。英国人在海上称王称霸。到 18 世纪末，曼彻斯特已有十八万纺织工人为非洲和加勒比生产，谢菲尔德生产刀子，每年从伯明翰运来十五万支火枪。[40] 非洲的酋长把奴隶交给人贩子，换取英国工业品。这样他们就拥有新的武器和大量的烈酒，以便在各村落里开始下一轮猎捕。他们也提供象牙、蜂蜡和棕榈油。很多奴隶是从原始森林中来的，他们从未见过海，常常把海啸当作是某种埋伏起来准备吃掉他们的野兽的吼叫声。据当时一个人贩子说，这些黑人以为“他们要像绵羊一样被送到屠宰场去，因为欧洲人很喜欢吃他们的肉”。[41] 在某种程度上他们并没有错。九尾皮鞭也难以遏制非洲人不想活下去的绝望情绪。

那些从长途贩运的饥饿、疾病和拥挤中生存下来的“货物”，先被带到殖民地的大街上，在笛子的伴奏下游街，然后在广场上展览，身上只挂些破布片，全是皮包骨。在把那些精疲力竭地到达加勒比的奴隶展现给买主之前，先在奴隶库房里把他们喂肥；而那些生病的奴隶，就让他们死在码头。奴隶可以卖现钞，或在三年之内偿付。轮船起锚回利物浦时，满载各种不同的热带产品。18 世纪初，英国纺织工业所需的四分之三的棉花都来自安的列斯群岛，虽然后来它的棉花供应主要来自佐治亚州和路易斯安那州。到 18 世纪中期，英国共有一百二十家制糖厂。

那时候，一个英国人每年只用六英镑就能维持生活，而利物浦的奴隶贩子每年能获得一百一十多万英镑的利润，这只是从加勒比得来的钱，还不算他们附带搞买卖所得的利润。有十个大公司垄断了三分之二的买卖。利物浦启用一系列新码头，造的船越来越多，越来越大，吃水越深。金银匠打出了“拴黑人和狗的银锁、银链条”，漂亮的贵妇们出门时，身边带着一只身着绣花上衣的猴子和一个头缠包头布、身穿丝织裤的小黑奴。一位经济学家描写当时的黑奴买卖是“一切事物中基本的和主要的原则，是使机器的各个齿轮得以转动的主要部件”。银行遍及利物浦、曼彻斯特、布里斯托尔、伦敦和格拉斯哥（Glasgow）。劳埃德保险公司（Lloyd’s）通过为奴隶、船只和种植园保险而积累利润。《伦敦早报》早就通告，凡是逃跑的奴隶都应被交回到劳埃德公司。用买卖黑奴的资金建立了英国西部的大型铁路，加勒斯（Gales）的石板工厂等工业也靠这种资金兴建起来。**在工业品、奴隶、蔗糖这样的三角贸易中积累的资本使发明蒸汽机成为可能**。詹姆斯·瓦特（James Watt）是得到靠上述贸易发财的商人资助的。埃里克·威廉斯（Eric Williams）在他有关这个问题的资料丰富的著作中就曾这样说过。

19 世纪初，英国成为反奴隶制运动的主要推动者。此时的英国工业需要具有较大购买力的国际市场，所以必须推广工资制。此外，由于加勒比英属殖民地实行工资制，巴西用奴隶劳力生产的蔗糖因成本相对低廉而重获赢利。[42] 英国海军袭击贩运黑奴的船只，但是为了供应古巴和巴西的需要，黑奴买卖越做越大。在英国小艇到达海盗船之前，奴隶就被抛到大海中去了，在船上只能闻到气味，看到发热的锅炉和在甲板上捧腹大笑的船长。限制贩卖黑奴反而提高了黑奴的价格并大大增加了赢利。到 19 世纪中叶，在非洲，奴隶贩子用一支旧步枪换来一个身强力壮的奴隶，然后以六百多美元的价格在古巴卖掉。

对英国来讲，加勒比的小岛远比英国的北美殖民地更为重要。英国禁止巴巴多斯、牙买加和蒙特斯特拉（Montserrat）生产一根针、一块马掌铁。而新英格兰的情况则大为不同，这有利于该地区的经济发展和政治独立。

确实，促进美国工业革命所需资本的大部分来自新英格兰的黑奴买卖。18 世纪中叶，贩卖黑奴的船只从波士顿、新港（Newport）和普罗维登斯（Providence）向非洲运去许多满装甘蔗酒的大桶，用它们换取奴隶，把奴隶卖到加勒比，再从那里运糖蜜到马萨诸塞州，把糖蜜提炼成甘蔗酒，结束全过程。安的列斯群岛最好的甘蔗酒即西印度朗姆酒不是在西印度制作的。**普罗维登斯的**

布朗兄弟用贩卖奴隶所获得的资金修建了一个冶炼炉，向乔治·华盛顿（George Washington）将军提供独立战争所需的大炮。[43] 由于贩卖黑奴促进了新英格兰的造船工业和冶炼业的发展，这些注定要搞甘蔗单一作物的种植园不仅可以被认为是“十三个殖民地”发展的动力，也是促进向糖厂出口口粮、木材和各种用具的大市场，这样，北大西洋的庄园经济和提早发展的制造业在经济上获得了可行性。北部移民的造船厂建造的船只向加勒比输送大量鲜鱼、熏鱼、燕麦和其他谷物、菜豆、面粉、黄油、奶酪、洋葱、马、牛、蜡烛、肥皂、布匹和做装糖箱子的松木、栎木及雪松木板（古巴有西班牙语美洲的第一个蒸汽锯，但是却没有木材可锯），以及桶板、桶箍、桶圈、铁环和铁钉。

血液就这样通过所有这些渠道流走了。今日的发达国家过去就是这样发展起来的；不发达的国家也就此变得不发达。

彩虹指引着返回几内亚之路

1518 年，阿隆索·苏亚索（Alonso Zuazo）律师从多米尼加给查理五世写信说：“用不着害怕黑人造反，在葡属岛屿上有些寡妇平安地同八百名奴隶生活在一起，一切问题在于如何统治他们。我刚来的时候发现一些黑人很狡猾，还有一些逃到山上去了，我用鞭子抽打他们中的一些人，还把另一些人的耳朵割了下来，这样就再没有怨声了。”四年以后，美洲第一次奴隶起义爆发。美洲发现者的儿子迭戈·哥伦布（Diego Colón）属下的奴隶率先造反，他们最后被吊死在糖厂路旁的绞刑架上。[44] 后来又在圣多明各和加勒比地区所有种植蔗糖的岛屿上接二连三地发生暴动。迭戈·哥伦布的奴隶暴动两个世纪之后，在同一个岛的另一端，逃亡的奴隶躲到海地最高的地区，他们在山上重建非洲生活：种植非洲的粮食、崇拜非洲的神灵、遵守非洲的习俗。

现在，彩虹还在给海地人民指出返回几内亚之路，要乘坐挂着白帆的船只……在荷属圭亚那（Guayana holandesa）科朗蒂纳河（Río Courantyne）的那边，三个世纪以来一直保有朱卡人（los djukas）的村社，他们是穿过苏里南（Surinam）森林逃走的奴隶的后裔。这些村庄还遗存着“同几内亚神庙相似的神庙，跳加纳的舞蹈，行加纳的礼仪，敲鼓传话，鼓点很像亚山蒂（Ashanti）的鼓点”[45]。圭亚那第一次大的奴隶暴动发生在朱卡人逃跑一百年之后。荷兰人收复了种植园，用火慢慢烧死奴隶的领袖。但是在朱卡人迁徙之前，巴西逃居荒野的奴隶就已在巴西东北部建立了帕尔马雷斯黑人王国（Reino Negro de los Palmares），他们在整个17世纪胜利地粉碎了荷兰人和葡萄牙人为摧垮这一王国而发动的数十次军事围剿。几千士兵的攻击对付不了黑人的游击战术，有了这些战术，这个广阔的庇护所直到1693年还是不可战胜的。帕尔马雷斯独立王国是起义的宣言和自由的大旗，它建立起一个“像17世纪在非洲存在的许多国家那样的国家”[46]，这个国家的疆域从伯南布哥的圣阿戈斯蒂纽岬角（Cabo de Santo Agostinho）地区一直扩展到阿拉戈斯州（Alagoas）圣弗朗西斯科河的北部地区，相当于葡萄牙本土的三分之一，被原始森林密密地包围着。这个王国的最高领袖是从最能干、最机智的人当中选出来的，是由“在战争中或在指挥中最有威望、运气最好的人”来统治的。[47]在万能的甘蔗种植园的全盛时期，帕尔马雷斯是巴西唯一发展多种种植的地方。这些黑人根据他们自己或他们的祖先在非洲大平原和热带丛林中积累的经验，种植玉米、甘薯、菜豆、木薯、香蕉和其他食粮。毁掉庄稼是殖民军队的主要目的，它们要重新获得那些戴着脚镣穿洋过海而今又从种植园逃跑的人，此举并非徒然。

帕尔马雷斯独立王国丰富的食物恰同沿海甘蔗种植区在全盛时期的贫困形成对比。已经获得自由的奴隶，机智而勇敢地捍卫着自由，因为他们已经尝到自由的甜头：土地是公有的，在黑人的国家里没有货币。“在世界历史上没有一次奴隶起义能像帕尔马雷斯的奴隶起义那样坚持如此长的时间。震动了古代最重要的奴隶制的斯巴达克斯起义也只持续了十八个月。”[48] 葡萄牙王朝动员当时最强大的军队准备最后一战，连很久以后对付巴西独立时也没有动员这么多的军队。有不少于一万人来保卫帕尔马雷斯最后一座碉堡，那些幸存者，要么被杀头，要么被扔到悬崖深涧中，要么被卖给里约热内卢或布宜诺斯艾利斯的商人。两年之后，被奴隶们视为不朽的领袖苏姆比（Zumbi）被叛徒出卖了。他们把他围困在原始森林中，砍下他的头。但是造反不断。没过多久，巴托洛梅 · 布埃诺 · 杜普拉多（Bartolomeu Bueno Do Prado）队长带着他又一次镇压奴隶起义的战利品从拉斯莫尔特斯河（Río das Mortes）回来了。他在马褡裢里装了三千九百对耳朵。

古巴也接二连三地发生起义。有些奴隶集体自杀。费尔南多 · 奥尔蒂斯说，他们“用永久的罢工和无止境地逃到另一个世界”的手段来对付他们的主子。他们认为这样做，肉体和精神就能在非洲复活。主子们把尸体大卸八块，让他们只能在缺手短脚、无头，甚至被阉割的状态下复活，从而使许多奴隶放弃自杀的念头。一个年轻时候逃到拉斯维利亚斯山区（Las Villas）的奴隶说，大约在 1870 年，古巴的黑人已经不自杀了。他们用一根有魔力的带子

“逐渐飞起来，在天上飞呀飞，就飞到了自己的家乡”，或是消失在山区，因为“谁都活够了。安于现状的人是性格软弱的人。山区的生活是很有益于健康的”。[49]

非洲的神灵仍然活在美洲奴隶的心中，失落的家乡的传说和神话以及思乡之情，也仍然活在他们的心中。看来很明显，黑人在他们的礼仪、舞蹈和魔法中表示，需要确定一种文化上的同一性，而这种同一性是基督教所反对的。但是，教会在物质上同黑奴要忍受的剥削制度是紧密相连的，或许这也起了一定的作用。18 世纪初，在英属岛屿，被认为犯了罪的奴隶，要在榨糖机的辗轮中被压死；在法属殖民地则被活活烧死，或者受轮刑；而与此同时，耶稣会会员安东尼尔却假惺惺劝告巴西的糖厂主避免发生类似的过分行为。他说：“绝对不应允许管理人员踢孕妇的肚子，也不许用棍棒抽打奴隶，因为在气头上打人没个准，可能会伤着或打死值很多钱、很会干活的奴隶。”[50] 在古巴，工头们用皮革或麻绳做的鞭子抽打犯了错误的怀孕女奴的脊梁，但是在抽打之前，先让她们脸朝下趴着，把肚子放在一个凹处，以免伤着肚子里的那个新“物品”。教士们可以得到蔗糖生产的 5% 作为什一税，他们用基督教义饶恕这种行为，说工头像耶稣一样惩罚有罪的人。天主教的传教士胡安 · 佩尔皮尼亚 · 伊皮贝尔纳特（Juan Perpiñá y Pibernat）向黑人传教时说：“可怜的人们，你们不要害怕因为你们是奴隶而要受那么多的苦难。奴隶只是你们的身子，你们的灵魂是自由的，有朝一日，你们会飞往幸福者的天堂。”[51]

贫困者的上帝并不总是和使他们贫困的那个制度的上帝相同。尽管根据官方材料，巴西人口中有 94% 信仰天主教，但实际上黑人仍然鲜活地保留着自己的非洲传统，他们的宗教信仰一直活在心中。当然，这些东西常常罩上基督教圣像的伪装。[52]不论肤色如何，渊源于非洲的宗教信仰在被压迫者中影响很大。安的列斯群岛也发生过类似的事情。尽管原先的宗教礼仪和神灵在美洲土地上扎根时，多多少少有些改头换面，但是海地伏都教（vudú）、古巴本贝教（bembé）、巴西的乌姆邦达（umbanda）和金邦达教（quimbanda）的神差不多都一样。在加勒比地区，在巴西的巴伊亚，人们用纳戈语（nagô）、约鲁巴语（yoruba）、贡戈语（congo）和其他非洲语言唱礼仪赞美诗。而在巴西南部大城市的市郊，葡萄牙语却占统治地位。但是，象征着善和恶的神灵却产生于非洲西海岸，历经几百年的时间，变成为被排斥者复仇的神灵。这些被排斥的人就是受屈辱的、可怜的人们，他们在里约热内卢的贫民窟里呼叫：

巴伊亚的力量，
非洲的力量，
神圣的力量，
来吧！
来帮助我们。

出卖农民

1888 年巴西废除奴隶制，但没有废除大庄园制。就在这一年，一个目击者在西阿拉写道："只要有饥饿，就有人肉市场，买者总会络绎不绝。很少有轮船不装载大量的塞尔拉人。"[53]在橡胶美好幻景的诱惑下，五十万东北部人移居到亚马孙河流域，一直持续至 20 世纪中期。从那时起，由于时时发生席卷大腹地的干旱、由于森林地区甘蔗庄园的不断扩张，迁徙还在继续。1900 年，四万旱灾灾民逃离塞尔拉。他们踏上当时人们常走的路：通向森林的北路。以后路的方向变了。今天，东北部人向巴西中部和南部移民。1970 年旱灾把饥饿的人群赶向东北部的城市。他们抢劫火车和商店，高声向圣何塞求雨。灾民拥挤至道路上。1970 年 4 月，一份电报这样说："上个星期天，在圣弗朗西斯科河畔贝伦市（Belém do São Francisco），伯南布哥的警察逮捕了二百一十个农民，他们将以每人十八美元的价钱被卖给米纳斯吉拉斯的地主。"[54] 这些农民来自两个旱灾最严重的州：帕拉伊巴州（Paraíba）和北里约格朗德州（Río Grande do Norte）。6 月，电传机传来联邦警察局局长的声明：警察局尚没有有效的办法来制止贩卖奴隶这类事情。尽管近来已开始进行十项调查，可东北部的劳动者仍然被卖给国内其他地区富有的庄园主。

橡胶和咖啡的蓬勃发展需要招募大量东北部劳动者，政府也要使用这批廉价的劳动力，他们是修建大型公共工程的庞大的后备军。从东北部像运牲口一样运来了赤身裸体的人。一夜之间，沙漠的中心建起了巴西利亚城（Brasilia），这个世界上最现代化的城市，今日被一个宽阔的贫穷带包围着。干完活之后，建筑工人就被抛到巴西利亚的卫星城去，那里有三十万东北部人随时准备干一切行当，他们靠辉煌首都的残羹剩饭为生。

东北部人的奴隶劳动现在正在开辟把巴西一分为二、穿越亚马孙地区原始森林到玻利维亚交界处的公路。这一计划还包括垦殖土地的设想，目的是扩大"文明边界"，即农民如果能够在炎热的热带森林地带生存下去，他们每个人就可以得到十公顷土地。东北部有六百万无地农民，而一万五千人却占有东北部全部土地的一半。在已被人占领的地区没有实行土地改革政策，在那里，大庄园主的土地所有权依然神圣不可侵犯，土地改革是在原始森林地带实行的。这意味着东北部的灾民将为庄园制扩展到新的地区开辟道路。在没有资金、没有劳动工具的情况下，那些离消费中心两千至三千公里远的十公顷土地又意味着什么呢？可以看出，政府的真实意图是向美国庄园主或美国公司提供劳动力。前者购买或霸占了内格罗河（Río Negro）以北的一半土地，后者是美国钢铁公司（United States Steel Co.），它从加拉斯塔苏·梅迪西（Garrastazú Médici）将军手中得到了亚马孙地区巨大的铁矿和锰矿。[55]

橡胶周期：恩里科·卡鲁索*为密林中的巨大剧场揭幕

有些作者估计，在橡胶的极盛时期，巴西有不少于五十万东北部人死于传染病、疟疾、肺结核或脚气病。“这一大堆可怕的尸骨是为橡胶工业付出的代价。”[56]本来就缺乏维生素、来自旱地的农民开始进入潮湿森林的漫长旅程。在那多沼泽的橡胶园，疾病等待着他们。这些人拥挤在船的底舱，条件如此恶劣，以致有不少人在途中死去。这样，他们提前完成自己的使命，另一些人则连船都没有上。1878 年，西阿拉州八十万居民中有十二万人朝亚马孙河的方向走去，但只有不到一半人抵达目的地，其余的人因饥饿或生病倒在大腹地的路上或福塔来萨市（Fortaleza）市郊。[57]在此之前一年，东北部发生大旱灾，这是 19 世纪七大旱灾之一。

除疾病以外，在森林中等待着他们的还有类似奴隶制的劳动制

* 译注：恩里科·卡鲁索（Enrico Caruso，1873—1921），意大利歌剧演员。其作品主要为意大利语角色，也有少量法语角色。在他的职业生涯早期，还表演过两部德国歌剧，瓦格纳的《罗恩格林》和卡尔·戈德马克的《示巴女王》。

度。工钱是用肉干、木薯粉、蔗糖蜜、白酒等实物支付的，一直到橡胶工人还清所负的债为止，可是只有出现奇迹才能还清。老板们之间达成协议，不雇佣欠其他雇主债的工人。守在河边的农村警察向逃跑者开枪。债上加债。原先的债是劳动者从东北部到此地欠下的路费，接着还要加上买劳动工具、砍刀、刀子和大碗的钱，再加上伙食费和酒钱（橡胶工人爱喝酒，橡胶园里也不缺酒喝），于是，工人在这儿工作的时间越久，他累计起来欠的债也就越多。东北部人是文盲，他们毫无办法对付管理人员在统计时所要的花招。

大约在 1770 年，普里斯特利（Priestley）已经观察到橡胶可以用来擦去铅笔在纸上留下的痕迹。七十年以后，查尔斯·古德伊尔（Charles Goodyear）和英国人汉考克（Hancock）同时发现，对橡胶进行硫化可以使它柔韧，不受气候变化的影响。到 1850 年，人们已经开始用橡胶裹车轮。19 世纪末，美国和欧洲有了汽车工业，此后就开始大量使用有气胎的车轮。世界对橡胶的需求直线上升。1890 年，橡胶占巴西出口所得收入的十分之一。二十年以后占十分之四，几乎与咖啡销售所得持平，而 1910 年是咖啡的鼎盛时期。当时，大部分橡胶来源于阿克里（Acre）地区，巴西曾以闪电般的军事行动从玻利维亚手中夺走这块地区。[58]

在得到阿克里地区后，巴西几乎占有了世界上所有的橡胶产地。橡胶的国际价格看好，好日子似乎无穷无尽。当然，橡胶园工人是没有好日子过的，尽管是他们每天清早离开自己的茅草屋，用带子往背上挂几个罐子，然后爬上巨大的巴西橡胶树去采胶。他们在靠近树冠的树身和较粗的树枝上割出几个口子，白色的汁液便流出来，大约两个小时就可以把罐子灌满。到晚上，把液体加热成扁形盘子，堆放在橡胶园管理处。整个马瑙斯市（Manaus）充满着橡胶那种酸而难闻的气味。该市是买卖橡胶的世界中心。1849 年马瑙斯有五千居民，在五十多年的时间里增长到七万人。橡胶巨商在马瑙斯修建奇特的私邸，里面尽是东方的名贵木材、葡萄牙的彩陶、卡拉拉（Carrara）的大理石柱子和法国生产的家具。森林中新的财主从里约热内卢运来最贵的食品，欧洲最好的裁缝为他们做衣服，他们把自己的子女送到英国学校学习。亚马孙剧院是极俗气的巴洛克式建筑，它是 20 世纪初使人眼花缭乱的财富的最大象征。男高音歌唱家卡鲁索（Caruso）在开幕式晚上为马瑙斯居民演唱，报酬是惊人的。他乘船穿过森林到达马瑙斯，舞蹈演员巴甫洛娃（Pavlova）本来也要来，但她只到达贝伦市（Belém），对此她表示了歉意。

1913 年，灾难降临到巴西橡胶。三年前，橡胶价为十二先令，如今减少到原价的四分之一。1900 年东方只出口四吨橡胶，到 1914 年锡兰和马来西亚的橡胶园向世界市场倾销了七万吨，五年后，他们的出口已接近四十万吨。**实际上曾经垄断橡胶的巴西，到 1919 年只提供世界所消费橡胶的八分之一。又过了五十年，巴西向国外购买所需橡胶的一半以上。**

发生了什么事？大约在 1873 年，在塔巴霍斯河拥有一片橡胶林的英国人亨利 · 威克罕姆（Henry Wickham）以爱好植物出名，他把画有橡胶树的图画和橡胶树树叶寄给伦敦邱园 * 主任。他接到的命令是设法搞到相当数量的橡胶树种子，即巴西橡胶树黄色果实里的种子。偷偷运走种子是不容易的，因为巴西政府严惩偷运种子的人，当局极其认真地检查所有船只。于是，莫曼航运公司的一艘船神秘地在巴西内河里比通常多走了两千公里。返航时，亨利 · 威

* 译注：邱园（Kew Gardens），即英国皇家植物园。

克罕姆在船上。他在一个印第安人的村子里把橡胶树的果子晒干后选出最好的，用香蕉叶包上。为了不使船上的老鼠啃坏种子，他用绳子把种子挂起来，然后封闭装有种子的船舱。船内其他房间是空的。到了河口处的帕拉州贝伦市时，威克罕姆为地方当局举行了一次盛大宴会。整个亚马孙地区的人都知道这个英国人有个怪癖，喜欢收集兰花。他解释说，受英国国王之托，给邱园带去一批稀有兰花的鳞茎。他还说，由于这种植物特别娇贵，必须放在有特定温度的密闭房间里，如果打开房门，花就会被损坏。就这样，橡胶树种子完好无损地抵达利物浦港。四十年后，英国人用马来西亚橡胶占领了世界市场。以在基夫植物园发出绿芽的种子为基础，亚洲种植园合理地组织生产，它们不费吹灰之力就挤垮了巴西粗放的橡胶生产。

亚马孙地区的繁荣化为乌有。森林再次把自己封锁。寻求财富的人转移到其他地区，豪华的营地瓦解了。留下来的只有那些想方设法生存下去的劳动者。他们从遥远的地方被带到此地，为他人的冒险活动效劳。甚至对巴西来说也是如此，因为巴西所做的只不过是回答了世界市场需要原料的美人鱼歌声，一点都没有参与真正的橡胶买卖，即资助、商品化、加工和销售。后来，美人鱼哑了。直到第二次世界大战时期，亚马孙地区的橡胶才又有了暂时的新发展。当时，日本人占领了马来西亚，而盟军极需橡胶，整个 1940 年代，秘鲁森林遭到洗劫。[59] 在巴西，所谓的“橡胶之战”又把东北部农民动员起来。根据国会揭发，“橡胶之战”结束时，有五万人死于传染病和饥饿，他们的尸体烂在橡胶林里。

可可种植园主用五十万雷伊斯的钞票点烟

可可发源于美洲，委内瑞拉长期以来以盛产可可著称。兰赫尔曾经说过，“我们委内瑞拉人生来就是为出售可可，并在自己的国土上兜售外国的便宜货”。[60]那些靠可可起家的寡头同高利贷者和商贾们一起，构成“代表落后的三圣一体”。委内瑞拉除了生产可可，在平原地区还有畜牧业，此外也出产靛蓝、蔗糖和烟草，以及为数不多的矿山，但这些部门的产量均不及可可产量。“大可可”是委内瑞拉人民送给加拉加斯奴隶主义寡头集团的一个非常贴切的称号。这个寡头集团是靠黑人的血汗、靠向墨西哥的矿业寡头集团和西班牙宗主国出售可可而发迹的。1873年，委内瑞拉开启咖啡的时代。咖啡同可可一样，适于在坡地或炎热的谷地生长。虽然已经有人开始经营咖啡种植，但可可的种植面积仍在不断扩展，一直伸延到土地湿润的卡鲁帕诺（Carúpano）地区。委内瑞拉依然是一个农业国，逃脱不了咖啡、可可价格周期性下跌的厄运，而咖啡和可可种植园的主人、销售这两种产品的商人以及那些放债人，却靠咖啡和可可赚来的钱过着挥霍无度的寄生生活。这种状况一直延续到1922年。那一年，委内瑞拉一夜间变成一个富油国。从那时起，石油一直起着主导一切的作用。事隔四个世纪之后，这种新财富的骤然出现证明，当年发现新大陆的西班牙人的希冀并不全是想入非非。他们苦苦寻找那个家藏万两黄金的王子，但时运不佳；最后竟利令智昏到把马拉开波湖的一座小村误认为是威尼斯，委内瑞拉就是因他们这种幻觉而得名。*哥伦布竟以为人间天堂就在帕里亚海

---

* 译注：委内瑞拉的西班牙文意为“小威尼斯”。

湾（Golfo de Paria）。[61]

19 世纪末叶，欧洲人和美国人开始喜欢吃巧克力。工业的进步有力地推动了巴西可可种植园的发展，同时也刺激了委内瑞拉和厄瓜多尔老种植园的生产。在巴西，可可同橡胶齐头并进，很快就在国民经济中占据一席之地，像橡胶种植园那样为东北部农民提供就业机会。位于托多苏斯桑托斯海湾（Bahía de Todos los Santos）的萨尔瓦多城，以前曾是巴西的国都和蔗糖之都，属于美洲最重要的都市之一。此时它又作为可可之都恢复了昔日的活力。直到今日，在巴伊亚南部——从雷孔卡沃（Recôncavo）到圣埃斯皮里图州（Espírito Santo），那些沿海低地和海湾山峦之间的地带——可可庄园仍在继续为世界上大部分巧克力生产提供原料。可可同甘蔗一样，给巴西带来的是单一种植、焚毁树林、受制于世界市场价格和劳动者世代贫穷的后果。那些在里约热内卢海滩上消磨时光的种植园主与其说是在务农，不如说是在经商。他们不允许有一寸土地种植其他作物。他们在种植园的代理人常常用肉干、面粉、菜豆等实物支付酬劳。如果以货币支付，农民劳动一整天的工资也只相当于一公升啤酒的价钱，劳动一天半挣的钱才能买一听奶粉。

巴西曾经长期受到国际市场的青睐。但从一开始，非洲就成为其厉害的竞争对手。大约从 1820 年代起，加纳成为第一可可生产大国，英国人在那里用现代化方法大规模经营可可种植园。当时加纳还是英国的殖民地，人称黄金海岸。这样，巴西就退居为世界第二可可供应国，几年后又降到第三位。但是，谁也没想到厄运将降临至巴伊亚以南的肥沃良田上。在殖民地时期，这些土地一直盛产可可，而且产量成倍增长。种植园的雇工用尖刀劈开可可果，把可可豆集中起来装上车，用毛驴运到木槽里存放。为了种植可可，人们不惜砍掉愈来愈多的树木，开辟出新的空地，并用砍刀和枪支征服新的土地。雇工对可可的价格及市场行情一无所知，他们甚至不知道谁在统治着巴西。直到几年前，还有一些种植园的劳动者笃信唐·佩德罗二世（Don Pedro II）仍然在位。种植园主高兴得不住地搓手，因为他们知道，或者说他们自以为知道，可可的消费量在增加，可可的价格和利润也在随之增长。当时几乎所有可可都从伊尔埃乌斯港（Puerto de Ilhéus）装船，这个港因此被誉为“南方的女王”。今天，虽然它大势已去，但种植园主那些建筑牢固、陈设铺张、趣味鄙俗的小宫殿却依然矗立。豪尔赫·亚马多（Jorge Amado）曾以此为题写了几部小说。他是这样再现可可价格上涨时的情景的：“伊尔埃马斯和可可种植区的阔佬们在黄金里游泳，用香槟酒洗澡，同来自里约热内卢的法国女郎睡觉。在伊尔埃乌斯城最有名气的特里亚农夜总会里，马内卡·旦塔斯（Maneca Dantas）上校总是用五十万雷伊斯的钞票点烟，这是在模仿巴西所有富有的种植园主以前在咖啡、橡胶、棉花和蔗糖行情看涨时惯有的举动。”[62] 价格上涨促使生产增加，生产增加又导致价格下降。这种不稳定状况愈演愈烈，土地的主人也在不断更换。“百万富翁变乞丐”的时代拉开帷幕，开拓种植园的先驱者纷纷把种植园转让给出口商，出口商把这些土地搞到手用的是逼债的办法。

仅举一事为例。在1959年至1961年的短短三年中，巴西可可仁在国际市场的价格就降低了三分之一。此后，可可行情看涨的势头也未能重新唤起人们的希望。拉美经济委员会预言，可可价格上涨的趋势不可能持久。[63] 为了能吃上廉价的巧克力，美国、英国、联邦德国、荷兰和法国这些主要的可可消费国，鼓励非洲同巴西和厄瓜多尔的可可竞争。它们通过左右价格的涨落，曾几次使巴西的可可业萧条。被种植园解雇的劳动者流落到街头，在树下露宿，用青香蕉充饥。对那些从欧洲进口的精美巧克力，他们只能望洋兴叹。巴西这个世界第三大可可生产国竟从法国和瑞士进口巧克力，真是令人不可思议。巧克力的价格愈抬愈高，而可可的相对价格却愈压愈低。1950 年至 1960 年期间，厄瓜多尔可可的出口量增加了 30% 强，但收入只增长了 15%。其余的 15% 厄瓜多尔就送给了那些富国，可它们同期内向厄瓜多尔出口的工业品价格却不断提高。厄瓜多尔经济主要依靠香蕉、咖啡和可可的出口，但这三种产品却总是不断受到国际市场价格的冲击。据官方资料统计，十个厄瓜多尔人中就有七个缺乏起码的营养，厄瓜多尔是世界上死亡率最高的国家之一。

种植棉花的廉价劳动力

巴西是世界第四大棉花生产国，墨西哥是世界第五大棉花生产国。世界纺织业使用的棉花有五分之一来自拉美国家。18 世纪末，棉花成为欧洲工业发源地最重要的原料。英国购买这种天然纤维的数量在三十年内就翻了两番。在瓦特获得蒸汽机的发明专利时，阿克莱特（Arkwright）发明纱锭，之后卡特莱特（Cartwright）又发明纺织机。这三种发明对推动纺织品生产起了决定性作用，同时也为棉花这种产于美洲的植物提供了广阔的海外市场。马腊尼翁（Maranhão）的圣路易斯港（São Luiz）在此之前睡了一个唯独热带地区才有的长午觉，一年里仅有一两只船来打搅一下。后来棉花热突然把它惊醒，成批的黑奴从这里被运输到巴西北部的各个种植园，每年有一百五十至两百艘装载着一百万磅纺织原料的船只从这里起锚。跨入19世纪之际，矿业发生危机，大量的奴隶涌向棉花种植业。南部的黄金和钻石被采掘一空后，北部的经济似乎又趋向繁荣。圣路易斯港兴旺发达起来，造就了一大批诗人，被人们誉为巴西的雅典。[64]可是，饥饿也伴随着经济繁荣出现在马腊尼翁地区，因为那里已无人种植粮食。在很长一段时间里，人们只能吃到大米。[65]这段经济繁荣史结束的方式与它的开端一样，崩溃不期而至。美国南方种植园开始大规模种植棉花，那里不仅土质优于巴西，去籽、打包等都由机器操作。世界棉花市场的价格因此被压低到往昔的三分之一，巴西无力与之竞争。美国南北战争中断了其棉花的出口，给巴西带来一个新的繁荣期，然而好景不长。跨入20世纪后，巴西棉花产量以惊人的速度增长，1934年仅为十二万六千吨，1939年就猛增到三十二万多吨。这时一场新的灾难骤然降临到巴西头上。美国把它的剩余棉花抛向世界市场，棉花价格又一落千丈。

众所周知，美国农产品剩余是国家对生产者实行大量价格补贴的结果。美国农产品以倾销的价格，同时也作为对外援助计划的组成部分，打击了世界各地的市场。本来一直把棉花作为其主要出口产品的巴拉圭，就是这样在美国低于成本的价格竞争中败下阵来，从1952年起棉花生产就减少了一半。乌拉圭也是这样丢掉了它在加拿大的大米市场，就连阿根廷这个曾是世界粮仓的国家，其小麦也由于同样原因失去了在国际市场上举足轻重的地位。可是，美国实行的棉花倾销政策并不妨碍一家名叫安德森–克莱顿的美国公司控制拉美棉花的生产，也不妨碍美国通过这家企业购买墨西哥棉花再转手卖给他国。

拉美棉花所以能够勉强在世界市场继续占有一席之地，是因为其生产成本极低。连通常掩饰真相的官方数字也暴露出劳动报酬如何低微。在巴西的种植园里，劳动者像奴隶一般干活，但工资极其微薄。在危地马拉，大土地所有者引以为豪的是，他们所付的月薪是十九格查尔（quetzal，格查尔和美元的官方比价是一比一），但这似乎还嫌太多，又强调说，大部分工资是以他们定价的实物支付的。[66]在墨西哥，打短工的人四处漂泊，帮人收割甘蔗，干一天才挣一个半美元。他们处于半失业状态，营养不良。尼加拉瓜棉花工人的处境更是悲惨。萨尔瓦多人向日本的纺织工业主供应棉花，但他们摄入的卡路里和蛋白质却比印度的饥民还要少。在秘鲁，棉花是农产品中可以创汇的第二大源泉。何塞·卡洛斯·马里亚特吉曾经指出，外国资本主义在不断寻找新的土地、劳动力和市场的过程中，总是要强迫欠债的地主用抵押品偿债，以此霸占秘鲁的出口作物。[67]贝拉斯科·阿尔瓦拉多（Velasco Alvarado）将军领导的民族主义政府于1968年上台执政时，秘鲁适于集约经营的土地只使用了不到六分之一，全国人均收入只有美国的十五分之一，卡路里的摄入量在世界上排最后几位。然而，秘鲁的棉花生产和蔗糖一样，继续由马里亚特吉揭露过的那些非秘鲁的利益所左右。肥沃的沿海地区的良田全部掌握在美国企业和民族大地主手里。这些地主同利马的资产阶级一样，自称为“民族的”，但这只是就其地理含义而言。包括两家美国企业（安德森·克莱顿公司和格雷斯公司）在内的五家外国大企业，掌握着秘鲁全部的棉花和蔗糖出口，并拥有自己的“农工联合企业”进行生产。沿海地区那些甘蔗和棉花种植园据称是与山区的大庄园相对峙的繁荣与进步中心，然而它们支付给雇工的薪水极其微薄。这种状况一直延续到1969年，这一年秘鲁实行了土改，没收了种植园，把土地分给了组成合作社的劳动者。据泛美农业发展委员会统计，秘鲁沿海地区雇工家庭的人均月收入仅有五美元。[68]

安德森·克莱顿公司至今仍在拉美附设三十家子公司。它们不仅经营棉花出口，而且实行横向垄断，从资助棉花生产到加工棉花及其副产品，建立了一个包揽一切的网络系统；此外，这些子公司还经营大规模的食品生产。以墨西哥为例，安德森·克莱顿公司虽然在那里不占有土地，却仍控制着墨西哥的棉花生产。事实上，八十万墨西哥棉农的命运全都掌握在它的手心里。公司购买墨西哥优质长纤维棉花的价钱很低，因为它事先向棉农贷款的条件就是，棉农必须以它开出的价钱把棉花全部卖给它。公司除向棉农预支现金外，还向他们提供化肥、种子和杀虫剂，同时保留对施肥、播种和收获工作进行视察的权利。轧花的收费标准是公司自己规定的，轧出的棉籽用来做公司植物油工厂、动物油工厂和人造黄油工厂的原料。这几年来，克莱顿公司"对垄断棉花的销售感到不满足起来，它最近又买下颇有名气的卢萨斯公司（Luxus），打进了糖果和巧克力生产的领域"[69]。

目前，安德森·克莱顿公司是巴西主要的咖啡出口公司。1950年它对咖啡买卖产生兴趣，三年以后就挤垮美国咖啡公司。此外，克莱顿公司还在巴西食品生产领域独占鳌头，是该国三十五家经济实力最雄厚的企业之一。

种植咖啡的廉价劳动力

有人断言，咖啡在国际市场上的重要地位几乎不亚于石油。1950年代初，全世界消费的咖啡有五分之四来自拉美。此后几年中，非洲那种质量较差、价格较低的粗壮型咖啡（café robusta）抢走了拉美咖啡的一些地盘。但是，目前拉美地区六分之一的外汇收入仍然依靠咖啡出口。咖啡价格的波动会对布拉沃河以南十五个国家产生影响。巴西是世界上最大的咖啡生产国，其出口收入的近一半来自咖啡。萨尔瓦多、危地马拉、哥斯达黎加和海地的出口收入也在很大程度上依靠这种产品。哥伦比亚外汇收入的三分之二是靠咖啡赚取的。

咖啡曾经给巴西带来通货膨胀的恶况。1824 年至 1854 年间，劳动力价格翻了一番。这时，巴西北部的棉花和东北部的甘蔗繁荣周期已过，种植园主已买不起那些昂贵的奴隶，巴西的经济中心移向南方。咖啡种植园除使用奴隶劳动外，还雇用欧洲移民。他们实行对分制，把一半收成上交给种植园主。这种制度至今仍是巴西内地的主要地租形式。今日的旅游者穿越蒂茹卡森林，到沙滩地一带游泳。然而他们不知道，在环抱里约热内卢的群山之中，一个多世纪以前曾有过大型咖啡种植园。它们曾沿着山脉的西侧，朝着圣保罗州方向不断扩展它们的地盘，疯狂地攫取那些覆盖着腐殖土的处女地。19 世纪即将结束之际，已成为巴西新一代社会权贵的咖啡种植园主磨尖铅笔，算了如下一笔账：用仅够维持生存的工资雇佣工人，比买来奴隶再养活他们来得合算。于是，1888 年巴西废除奴隶制，改用一种兼有封建农奴制度和雇佣劳动制特点的新型剥削方式。这种方式沿用至今。从那时起，咖啡就一直由成为“自由民”的短工种植。帕拉伊巴河谷地曾一度是巴西最富的地区，但很快就消沉了，因为咖啡树存活期短，而那里又采用掠夺式的耕作方式，砍伐成片的树林，耗尽自然资源，因此全面衰败之势迅速到来。水土流失严重，破坏了昔日沃土的土质，一次又一次的掠夺式耕作逐渐耗尽了地力，咖啡的质量年复一年地下降，再也抵御不了病虫害的侵袭。咖啡种植园大批转移到圣保罗西边广阔的红土高原，在那里采用不那么野蛮的耕作方式，把它变成“咖啡的海洋”。后来，种植园又继续向西转移，来到巴拉那河河岸，到马托格罗索平原（Mato Grosso）后就折向南移动；最近几年，又返回西部，并跨过了巴西与巴拉圭的边境线。

目前，圣保罗州是巴西发展最快的州，那里有全国的工业生产中心。然而在这个州的咖啡种植园里，至今仍有很多劳动者犹如封建制度下的“臣民”一般，用自己以及子女的劳动交付地租。

在第一次世界大战后的繁荣年代里，贪得无厌的咖啡种植园主实际上取消了原来允许雇工拥有自留地解决口粮的制度。雇工要继续耕种那块土地，就得交付劳役地租。此外，种植园主还和一些垦荒者签订合同，租给他们土地短期耕种，条件是必须为主人开辟新的咖啡种植园。四年以后，当成熟的咖啡果染黄整个咖啡林，土地的价格成倍增长时，垦荒者也就离开那里。

在危地马拉，咖啡种植园支付的工钱比棉花种植园还要少。南部山区的咖啡种植园主声称，他们每月付给印第安人十五美元。每年咖啡收获季节到来时，都有数千名印第安人从高原地区来到南方，出卖自己的劳动力。种植园有自己的私人警察，有人告诉我，在那里，“人比他的棺材还不值钱”。镇压机器的职责，就是维护这种状况。上维拉帕斯地区的情况更糟，那里既没有卡车也没有马车，原因是种植园主不需要，因为让印第安人驮咖啡来得更合算。

在萨尔瓦多这样一个由一小撮家族寡头统治的小国里，咖啡在经济中占有至关重要的地位。由于实行单一种植，萨尔瓦多不得不从国外进口菜豆、玉米、蔬菜和其他历史上本来一直生产的食品。菜豆是萨尔瓦多老百姓唯一能够从中摄取蛋白质的食物。萨尔瓦多有四分之一的人死于维生素缺乏症。至于海地，其人口死亡率在拉美最高，一半以上儿童患有贫血；法定工资只在科幻小说中才有；咖啡种植园里的实际日工资只有七到十五美分。

哥伦比亚是一个多山的国家，咖啡是其经济的主要支柱。据《时代》周刊1962年发表的报告统计，劳动者所挣工资只相当于咖啡总价格（包括从生产、加工到销售至美国消费者手里的全部费用）的5%。[70] 与巴西不同的是，哥伦比亚大部分咖啡不是由大庄园生产，而是由土地日益趋向于分散的小庄园种植的。1955年至1960年间，哥伦比亚新建了十万个种植园，其中大部分面积很小，连一公顷土地都不到。哥伦比亚出口的咖啡四分之三都由小农和只有小块土地的农民生产，96%的咖啡种植园都由小庄园主经营。[71] 广告画上的胡安·巴尔德斯（Juan Valdés）在微笑，然而土地的分散却使咖啡种植者的生活水平下降，收入日益减少，全国咖啡种植者联合会因此可以操纵他们。这个联合会代表大种植园主的利益，它实际上垄断了咖啡的销售。不足一公顷的小块土地平均每年只能带来一百三十美元的进项，靠这点收入是难以维持生计的。[72]

咖啡价格过低，只有付之一炬，结婚率也由此而变

这是什么，是疯子的脑电图吗？1889年，咖啡的价钱是两美分一磅；六年以后，升到九美分。再过三年，降到四美分；五年以后，又回跌到两美分。这段时期很能说明问题。[73] 咖啡同所有热带产品一样，其价目图表的曲线总是同癫痫临床表现的曲线相差无几。但如果同机器及其他工业品的价格相比较，咖啡价格的曲线则呈直线下降趋势。哥伦比亚当时的总统卡洛斯·耶拉斯·雷斯特雷

波（Carlos Lleras Restrepo）1967年曾抱怨说，这一年，他的国家用五十七袋咖啡才能换来一辆吉普车，而1950年时只要十七袋就足够。与此同时，圣巴布罗州（San Pablo）的农业部长赫伯特·莱维（Herbert Levi）算了一笔更加令人震惊的账：1967年巴西用三百五十袋咖啡才能换来一台拖拉机，而十四年前只需要七十袋。1954年，赫图里奥·瓦加斯（Getulio Vargas）总统饮弹自尽，咖啡的行情与这场悲剧不无关联。瓦加斯在其遗嘱中写道："我国主要产品咖啡的生产出现危机，行情看跌，我们想稳住价格，我国经济却因此而受到巨大压力，迫使我们不得不退让。"瓦加斯是想用他的鲜血恢复咖啡的价格。

巴西1964年出口到美国市场的咖啡如果同1955年的价格一样，它就能够多得到两亿美元。一磅咖啡的价钱只要减少一美分，生产国的收入就要减少六千五百万美元。1964至1968年间，咖啡价格持续下跌，而消费国美国从生产国巴西攫取到的美元却日益增多。那么，谁是受益者呢？是喝咖啡的美国公民吗？1968年7月，巴西卖给美国的咖啡价格比1964年1月下降了30%。可是，美国消费者不仅没有因此而买到较便宜的咖啡，反而要多付13%。在此期间，13%和30%都被中间商塞进腰包，他们两头赚钱。而同一时期，巴西咖啡生产者每卖出一袋咖啡赚的钱却减少了一半。[74]是谁在充当中间商呢？巴西咖啡出口的三分之一强由六家美国公司控制，美国咖啡进口的三分之一强掌握在另外六家美国公司手中。这些企业把咖啡销售的一头一尾全都控制起来。[75]就像美国联合果品公司（United Fruit，现在改称联合商标公司 [United Brands]）垄断着中美洲、哥伦比亚和厄瓜多尔香蕉的出口，同时也垄断着美国香蕉的进口和批发一样，咖啡的销售也全部由美国公司一手控制，巴西不过是充当供应者和牺牲品的角色。可是当咖啡生产出现过剩、需要库存起来时，这个苦果就要由巴西来吞下。

然而，不是有一个用来平衡市场价格的国际咖啡协定吗？世界咖啡情报中心1970年在华盛顿发表了一份冗长的报告，力图说服美国有关立法人员，延长同年9月到期的实施该协定的补充法。这份报告以肯定的口吻说，美国从这个协定中得到的利益最多，因为世界市场销售的咖啡一半以上是由美国购买的。世界市场上咖啡豆的价格依然很低，美国市场上咖啡的价格只出现小幅度上涨（如前所述，上涨的部分都进了中间商的腰包），上涨部分同整个生活费用和实际工资提高的幅度相比微不足道。1960年至1969年，美国出口收入增加了六分之一，同一时期进口咖啡的支出不仅没有增加，反而有所下降。应当看到，拉美国家把从销售咖啡所得的为数不多的外汇用于购买美国提价的产品。

咖啡的受益者与其说是生产国，不如说是消费国。在美国和欧洲，咖啡带来收入和就业机会，动员了大量资本；然而在拉美，咖啡给生产国带来的只是低微的收入，而且加重了其经济的畸形发展。**咖啡给美国提供了六十万个就业机会，同在种植园里播种和收获咖啡果的巴西人、哥伦比亚人、危地马拉人、萨尔瓦多人和海地人相比，美国经营拉美咖啡的批发商和零售商得到的收入多得无法比拟。另外，据拉美经济委员会的一份报告透露，令人难以置信的是，咖啡给欧洲国家国库带来的进项竟多于它给生产国带来的财富。**事实确实如此。1960、1961两年，欧洲共同体国家向拉美咖啡征收的关税总额达到近七亿美元，而拉美咖啡供应国的收入（以咖啡的离岸价格计算）却只有六亿美元。[76]那些富国一边宣扬自由贸易，一边却对穷国实行最严格的贸易保护主义。所有经他们之手的东西，给自己的都点成了金子，给别人的都点成了洋铁皮，连不发达国家自身的产品也概不例外。国际咖啡市场酷似一个漏斗，最近，巴西竟然同意向自己出口的速溶咖啡征收高额出口税，以这种反方向的贸易保护主义来保护美国速溶咖啡生产者的利益。巴西生产的速溶咖啡同美国的相比，物美价廉。美国的咖啡生产是最近才兴旺起来的。然而在自由竞争的制度下，美国的速溶咖啡显然比巴西的享有更多的自由。

在这个人为的荒谬王国里，自然灾害倒成了苍天赐予生产国的祝福。大自然的反目为生产国提供了提高咖啡价格、减少库存积压的机会。1969年正值收获季节，巴西咖啡遇到严重霜冻，许多咖啡种植者，尤其是那些势单力薄者纷纷破产。然而国际市场上咖啡行情看涨，巴西借此抛出六千万袋存货，大大缓解了库存压力。这六千万袋咖啡相当于巴西三分之二的外债，是巴西为防止价格下跌而储存起来的。咖啡入库后，质量不断下降，价值也逐渐减少，本来很可能一烧了事。这在历史上也不乏先例。1929年危机爆发后，咖啡消费量减少，价格骤跌，那时巴西就烧掉了七千八百万袋咖啡，二十万人辛苦了五个生产周期的汗水就这样被一把火烧掉。[77] **那次危机是一场典型的殖民地经济的危机，是由外部因素引起的**。在1930年代，咖啡种植园主和出口商所赚利润急剧减少，这不仅促使巴西烧毁咖啡，而且也焚毁本国钞票。在拉丁美洲，这种让“全社会分担”出口商“损失”的做法已司空见惯，外汇收入上的损失总是通过使本国货币贬值来弥补。

其实，价格上涨带来的结果未必更好。咖啡时来运转时，人们大量种植，咖啡的种植面积成倍增长，产量也不断增加。结果自食其果，因为咖啡的高产压低了价格，带来灾难。哥伦比亚1958年收获四年前兴致勃勃种下去的咖啡时，就陷入这种困境。类似的循环周期在这个国家历史上屡见不鲜。哥伦比亚依赖咖啡及其国际行情的变化极深，以致“在安蒂奥基亚省（Antioquia），连婚姻的曲线也完全随着咖啡价格的曲线上下波动，这是依附性结构的一个典型特征。在安蒂奥基亚山坡上，甚至连表白爱情选择什么时机也要取决于纽约交易所的行情”[78]。

哥伦比亚财力耗尽的十年

大约在1940年代，哥伦比亚有名望的经济学家路易斯·爱德华多·涅托·阿特塔（Luis Eduardo Nieto Arteta）曾写下一篇文章赞誉咖啡。咖啡给哥伦比亚带来的好处是以前那些由采矿、烟草、靛蓝、金鸡纳为主导的经济发展时期所无法比拟的，因为咖啡使哥伦比亚建立起一种成熟、进步的政治体制。纺织厂和其他轻工厂在安蒂奥基亚、卡尔达斯（Caldas）、考卡山谷（Valle del Cauca）和孔迪纳马卡（Cundinamarca）这些生产咖啡的省份纷纷建立起来，绝非偶然。哥伦比亚的民主制度以种植咖啡的小农为其社会基础，在这种制度下，人们都变得“温和、有自制力”。涅托在文章中写道：“哥伦比亚的政治生活所以能够正常进行，主要是因为经济得到不同寻常的稳定发展。咖啡不仅带来经济的稳定，由此还保证了政局的安定及政策的稳健。”[79]

然而不久就出现暴力活动。实际上，尽管有人赞美咖啡的功绩，哥伦比亚发生暴动和血腥镇压暴动者的漫长历史并没有因此而奇迹般地中断。这次农民战争从1948年到1957年一直持续了十年之久。全国的大片土地，从小庄园到大庄园，从沙漠地带到肥沃良田，从低洼谷地到原始森林和安第斯山荒岭，都受到战争的影响。战争期间，整村整村的农民被迫迁徙，革命游击队和犯罪团伙应运而生，整个国家变成一座坟墓。据统计，在战争中，丧生者达十八万人。[80] **把成千上万的人淹没在血泊中的这场战争，恰恰就发生在对统治阶级有利的经济发展高涨时期。由此可见，一个阶级的财运亨通能够说是整个国家的兴旺发达吗**？

暴力活动是由自由党和保守党之间的冲突而引发的；然而，蕴藏在人们心中的阶级仇恨却日益突出了暴力的社会斗争性质。当时，自由党党魁豪尔赫·埃列塞尔·盖坦（Jorge Eliécer Gaitán）被该党寡头不无蔑视却又带几分敬畏地称为“狼”或“狡诈鬼”，他在民众中赢得了极高威望，构成对现存秩序的威胁。他遭暗杀后，飓风就来临。无法遏制的人群潮水般涌上首都街头，自发掀起一场“波哥大风暴”。暴力很快又转向农村，保守党纠集的团伙在那里搞恐怖活动已有一段时间。农民长期压抑的怒火终于爆发。政府派军队和警察去割除男人的睾丸，剖开孕妇的肚子，向上抛掷孩童再用刺刀扎穿，名曰“斩草除根”。然而，在这种时候，自由党的博士们依然蛰居家中，丝毫不改变自己悠然自得的举止。他们的宣言仍充满绅士格调。更有甚者，有些人去国外流亡，送死的却是农民。复仇的欲望随着战争愈演愈烈，使战争变得无以复加地残忍。新的杀人方式不断出现，如“领带式”，让舌头在脖子上垂挂着。强奸、焚烧和掠夺比比皆是；男的被肢解或活活烧死，被剥皮或被慢慢地切割成几块。村庄和庄稼被军队夷为平地，河水被鲜血染红。在暴徒的淫威下，平民百姓只有贡出钱财或咖啡才能饶得一条活命。无数家庭在镇压力量的驱赶和追捕下被迫躲进深山寻找栖身之地，妇女不得不在丛林中分娩。受复仇驱使的初期的游击队首领没有明确的政治目标，他们为破坏而破坏，用血和火来发泄仇恨。从搞暴力的主要人物的名字，人们想象不出这是一首革命史诗，这些人的雅号为：大猩猩中尉、讨厌鬼、秃鹰、红皮肤人、吸血鬼、黑鸟、平原恶人等。暴力中蕴藏的社会反抗色彩，甚至在草寇的歌词中也可见一斑：

我是地道的农民，从不带头打斗；

倘若有人要找茬，定让他吃不了兜着走。

总之，不分青红皂白乱搞恐怖活动——也包括对正义的要求，这种情况在埃米利亚诺·萨帕塔（Emiliano Zapata）和潘乔·比利亚（Pancho Villa）的墨西哥革命中出现过。在哥伦比亚，人们也利用各种形式来发泄心中的愤怒，但是，后来的政治性游击队组织发源于当时的暴力时代，并不是偶然的。他们高举社会革命的旗帜，占领和控制了国内大片地区。农民遭到镇压后，被迫迁居山区，就地组织起来从事农业生产和进行自卫。他们的所谓"独立共和国"，在保守党和自由党于马德里签署和平协议之后，仍然是受迫害者的避难场所。保守党和自由党的领导人，在一片干杯与和平的气氛中决定为了民族和睦而轮流执政。于是，双方一致同意对扰乱制度的地区进行"清扫"。仅在一次战斗中，为了消灭马克塔利亚（Marquetalia）的反叛者就发射了一百五十万发子弹，投掷了两万颗炸弹，从陆路和空中调动兵力达一万六千人。[81]

在暴力冲突白刃化时，有一名军官常说："别给我胡吹，给我拿他们的耳朵来。"如此残忍的镇压和疯狂的战争，难道用病态反应就能解释得通吗？难道是因为参与者生性就恶吗？有个人斩断一位神甫的双手，用火烧了他和他的家，随后又将他碎尸，再把尸体扔进一个坑道里。战争结束后，这个人仍然不停地喊："我没有罪，我没有罪。让我一个人待着。”他失去了理智，但从某种意义上讲，他又是有道理的：暴力所带来的恐怖不过是恐怖制度的写照，因为咖啡并没有像涅托·阿特塔预言的那样带来幸福与和谐。咖啡确实活跃了马格达莱纳河（Río Magdalena）的航运，带来了铁路和公路，并且积累了资本，建起了某些工业。但是，国内寡头体制和在经济上对国外权力中心的依附程度，并没有因为咖啡地位日益上升而受削弱；相反，它更无止境地压得哥伦比亚人难以喘息。在战争岁月快结束的时候，联合国公布了哥伦比亚的营养状况调查结果。情况至今没有丝毫改善。那次调查表明，波哥大 88%的中小学生患维生素缺乏症，70%患核黄素缺乏症，一半以上学生体重没有达标。在工人中，患维生素缺乏症者占 71%，登萨谷地（Valle de Tenza）有 78%的农民也患有此病。[82] 调查还表明，“严重匮乏含有蛋白质、维生素和有机盐的保健性食品，如奶和奶制品、禽蛋、肉、鱼、某些水果和蔬菜”。社会悲剧不仅在硝烟弥漫中才暴露在眼前。统计数字表明，哥伦比亚凶杀事件的案发率比美国高六倍，还表明有四分之一的就业人口没有固定工作。每年有二十五万人需要就业，可是工业并没有带来新的就业机会。农村的大小庄园体制不但不需要更多的劳动力，相反，还不断把新涌现出的失业者赶向各城市的郊区。哥伦比亚虽然有一百多万适龄儿童不能上学，但不同类型的公立和私立大学竟达四十一所，而且每所大学都设置了科目齐全的系和专业，供社会权贵们和只占人口少数的中产阶级的子女就读。[83]

世界市场的魔棍唤醒了中美洲

中美洲的土地到 19 世纪中叶还未发生大的问题。这个地区除了生产供消费的口粮外，还生产胭脂和蓝靛。它们只需投入很少的资金和劳力，几乎不用照管。胭脂虫很容易生长在仙人掌带刺的表皮上，它像蓝靛一样，一直受到欧洲纺织工业的青睐。但自从 1850 年德国化学家发明苯胺和其他更廉价的染布颜料以后，这两种天然着色剂不幸夭折了。实验室战胜了大自然，三十年之后，又轮到咖啡。中美洲发生了变化。大约在 1880 年，世界咖啡产量的几乎六分之一都来自中美洲新的咖啡种植园。咖啡把中美洲彻底带进国际市场。继英国买主之后，德国和美国买主也接踵而至。外国消费者塑造了一个当地咖啡资产阶级。19 世纪 70 年代初，咖啡资产阶级在胡斯托 · 鲁菲诺 · 巴里奥斯（Justo Rufino Barrios）领导的自由党革命中一举上台。外来意志造成的农业单一化引起了对土地和人力的疯狂占有：在劳动自由的旗帜下，今日的大庄园就这样在中美洲问世。

于是，大片未开垦的土地落到了个人手中，其中有的是无主地，有的属于教会或政府。印第安人村社也遭到大肆掠夺。拒售土地的农民被强制当兵，咖啡种植园变成了印第安人的停尸场。殖民地时期的戒律、强制招募劳工以及反流浪法又死灰复燃。追捕逃跑的劳工时，常常开枪射击逃跑者。虽然自由党政府制定了工资制，使劳动关系现代化，但雇工们仍然成了新兴咖啡业主的财产。从那时起到 19 世纪末，高物价时期长于高工资时期。工资额始终维持在勉强糊口度日的水平上。咖啡行情再好，工资也从来没有提高。这是中美洲各国国内消费市场得不到发展的原因之一。[84] 如同其他地区一样，由于咖啡种植面积毫无节制地扩大，面向国内市场的粮食生产变得不景气。这些国家的大米、菜豆、玉米、小麦、肉类等也注定严重短缺。大庄园占据了平原地区的肥沃土地，把印第安人赶到布满峡谷沟壑的高原和崎岖的山地，那里只有勉强够维持生计的微不足道的农业。在山区，土著居民用一年中的部分时间在小块土地上种一些玉米和菜豆勉强糊口以免饿死，到收获季节便去种植园做工。这就是世界市场上的劳动力后备大军。如今情况没有改变，也就是说，大庄园和小庄园结合起来形成一个统一的体制。这种体制建立在残酷剥削当地劳动力的基础上。在中美洲各国，特别是在危地马拉，这种占有劳动力的结构同一整套种族歧视制度相一致，即，在国内，印第安人遭受白人和印欧混血人的殖民主义压迫，这是占统治地位的文化所默许的，与此同时，中美洲各国却在遭受外国殖民主义的压迫。[85]

20 世纪初，洪都拉斯、危地马拉和哥斯达黎加也曾出现香蕉的国中之国。早先，为了把咖啡运到港口，民族资本已经兴建了一些铁路。后来，美国公司把这些铁路占为已有，又建了一部分专门运输种植园香蕉的铁路；还垄断电力、邮政、电报、电话和同样重要的公共服务行业，同时也垄断了政治。在洪都拉斯，“一头母骡比一名议员值钱”。在整个中美洲，美国大使说话比所驻国总统要算数。美国联合果品公司吞噬香蕉生产和销售的所有竞争者，一跃成为中美洲头号庄园主。它的子公司独霸铁路和海路运输，成了港口的主人，拥有自己的海关和警察。美元实际上成为中美洲各国的货币。

海盗冲上来了

根据帝国主义的地缘政治说，中美洲不过是美国的天然附属品。即使是曾想吞并中美洲的亚伯拉罕 · 林肯（Abraham Lincoln）也未能免受大国对邻近地区的关系是“天命所定”这种理论的影响。[86]

19 世纪中叶，为银行家摩根（Morgan）和加里森（Garrison）办事的海盗威廉·沃克（William Walker），纠集了一伙刽子手，自诩为“不朽的美国长枪党”，侵略了中美洲。在美国政府的积极支持下，沃克相继在尼加拉瓜、萨尔瓦多和洪都拉斯烧、杀、抢，还自封为总统。在遭他占领蹂躏的地区，他又重建奴隶制，继续从事他的国家在前不久从墨西哥抢来的土地上进行的那种慈善事业。

回美国后，他受到民族英雄般的欢迎。从此，美国对中美洲的侵略、干涉、轰炸、强迫贷款、在炮口威逼下签署协议等事件接连发生。1912 年，美国总统威廉·H. 塔夫脱（William H. Taft）断言：“在北极、巴拿马运河和南极三个等距离地方扬起三面星条旗，标志出我国的疆域范围，这一天已经为期不远了，整个西半球将属于我们；事实上，因为我们是优等种族，它在精神上已经是我们的了。”[87] 塔夫脱还声称，美国对外政策走实现正义的正确道路，“决不排除进行主动的干涉，以确保为我国的商品和资本提供便利条件，进行有利可图的投资”。在同一时期，前总统特迪·罗斯福（Teddy Roosevelt）也经常大声提醒人们，是他成功地肢解了哥伦比亚领土。“我拿到了运河。”这位刚获得诺贝尔奖的人边说边描述自己如何使巴拿马独立。[88] 此后不久，哥伦比亚得到了两千五百万美元的赔偿。一个为了美国能拥有一条连接两大洋的通道而诞生的国家，就是这么个价格。

美国的公司到处占领土地，控制了海关、国库和政府。海军陆战队到处登陆，以“保护美国公民的生命和利益”。1965 年，美国又使用同样的托词，企图靠圣水冲刷对多米尼加所犯的罪行的痕迹，而旗帜下隐藏的是其他东西。1935 年，已经退役的、曾指挥过多次远征的斯梅德利·D·巴特勒（Smedley D. Butler）司令这样概述自己的经历："我从戎三十三年又四个月，是我国机动性最强的部队海军陆战队成员。我在从中尉到少将的各种军阶服过役。在这期间，我大部分时间都为'大买卖'，为华尔街和银行家充当头等枪手。总之，我曾是资本主义的帮手……譬如，在我的帮助下，墨西哥，特别是坦皮科市（Tampico）变成美国石油利益集团易获的猎物。我帮助把海地和古巴变成美国国民城市银行收租的体面场所……1909至1921年，我为布朗兄弟国际银行清扫了尼加拉瓜。1916年，我代表美国糖业利益集团为多米尼加共和国送去了光明。1903年，我为美国的果品公司利益'平靖'了洪都拉斯。"[89]

20世纪初，哲学家威廉·詹姆斯（William James）作出鲜为人知的断言："美国已经把《独立宣言》彻底吐了出来……"仅举一例，美国占领海地曾达二十年之久。在这个曾经是奴隶第一次取得暴动胜利的黑人国家，美国实行种族隔离和强迫劳动制。仅仅在一次镇压行动中就打死了一千五百名工人（据1922年美国参议院调查）。在海地政府拒绝使国家银行成为纽约花旗银行的分行之后，美国停发了海地总统和部长们的薪俸，以便让他们重新考虑这一决定。[90]

随着**大棒政策**和"金元外交"的交替使用，类似做法在其他加勒比岛国和整个中美洲也重复发生。这一地区是美国帝国内海的地缘政治范围。

香蕉树在《古兰经》里是天堂之树。但是，危地马拉、洪都拉斯、哥斯达黎加、巴拿马、哥伦比亚和厄瓜多尔的**香蕉化**，却让人们怀疑它是地狱之树。在哥伦比亚，美国联合果品公司成为该国最大的庄园主后，1928年大西洋沿岸爆发了一场大罢工。结果，在一个火车站前，香蕉工人被枪杀。官方颁布一项法令，称"保安部队有权使用武力惩戒……”后来，无需发布任何法令就把这场屠杀从官方记载中抹掉了。[91]

米格尔·安赫尔·阿斯图里亚斯（Miguel Ángel Asturias）曾描写中美洲被征服被掠夺的过程。**绿色魔鬼**名叫米诺尔·基思（Minor Keith）。他是整个地区没有王冠的国王，是联合果品公司之父，是国家的吞噬者。“我们有码头、铁路、土地、大楼、水源。”这位董事长一一列举着。他还说：“流通的是美元，讲的是英语，天空中飘扬的是我国国旗……”“芝加哥不能不为有这样的儿子而自豪：他出走时只带了两把枪，回来时却要在肉类大王、铁路大王、铜大王和口香糖大王中占有自己的一席之地。”[92] 约翰·多斯·帕索斯（John Dos Passos）在《北纬 42 度》（*El paralelo* 42）一书中介绍了基思辉煌的一生，这也是果品公司的历史，他写道：“在欧洲和美国，人们开始吃香蕉，于是把中美洲的森林铲平，种上香蕉，铺设了运输香蕉的铁路，开往北方的满载香蕉的‘白色船队’的船只年年在增加。这就是美帝国在加勒比的历史，是巴拿马运河的历史，是尼加拉瓜将修建的运河的历史，也是海军陆战队、装甲舰和刺刀的历史……”

土地像劳动者一样枯竭耗尽：土壤的腐殖层已完全丧失，劳动者精疲力竭。然而，总是有新土地可以开发，有众多的劳工可供摧残。成为丑剧中显赫人物的独裁者手持大刀维护着联合果品公司的利益。后来，香蕉产量持续下降，联合果品公司至高无上的权力地位也经历了多次危机。但是中美洲仍然是冒险者发财的圣堂，尽管咖啡、棉花和甘蔗占据了香蕉原先得天独厚的位置。1970 年，香蕉仍然是洪都拉斯、巴拿马，以及南美洲的厄瓜多尔的主要外汇来源。大约在 1930 年，中美洲每年香蕉出口量达三千八百万串，而联合果品公司向洪都拉斯支付每串一美分的税。过去和现在都没有办法监督是否缴纳了这种微型税（后来略微提高了一点），因为一直到今天，联合果品公司的进出口依然随心所欲，不受国家海关的管辖。洪都拉斯的贸易差额和收支平衡可以由具有丰富想象力的专家随意杜撰。

1930年代的危机："踩死一只蚂蚁比杀一个人犯的罪还大"

咖啡依赖美国市场的消费能力和价格；香蕉是美国和美国人的一笔交易。1929年，危机突然爆发。纽约证券交易厅的崩溃动摇了世界资本主义的基础，就像一块巨石落在小水塘一样砸在加勒比身上。咖啡和香蕉的价格直线下跌，销售量也剧减。农民被疯狂的暴力驱逐；失业冲击了农村和城市，罢工浪潮此起彼伏。贷款、投资和公共开支急剧缩减，洪都拉斯、危地马拉和尼加拉瓜政府官员的薪金被砍了一半。[93]独裁者的人马迅速赶来压制沸腾的情绪。华盛顿睦邻政策的时代开始了，但社会骚动四起，必须对此严厉镇压。危地马拉的豪尔赫·乌维科（Jorge Ubico）、萨尔瓦多的马克西米利亚诺·埃尔南德斯·马丁内斯（Maximiliano Hernández Martínez）、洪都拉斯的蒂武西奥·卡里亚斯·安迪诺（Tiburcio Carías Andino）和尼加拉瓜的阿纳斯塔西奥·索摩查（Anastasio Somoza），各自都执政达二十余年，其中有的人长些，有的人短些。

奥古斯托·塞萨尔·桑地诺（Augusto César Sandino）的伟大业绩震动了世界。这位尼加拉瓜游击队首领长期坚持斗争，后来他转向争取土地权益，鼓起了农民的激昂情绪。桑地诺领导的是衣衫褴褛的小股部队，却同时与一万两千名美国侵略者以及本国的国民警卫队作战，打了整整七年。游击队的手榴弹是用沙丁鱼罐头做的，里面填满了石子；他们的步枪是从敌人那里夺来的，手里还有砍刀，旗杆用的是没有剥皮的树枝。农民没有皮靴，就穿着名叫凯特*的皮屐，活跃在草木茂密的山上。和着阿德拉†乐曲，游击队员们唱道：

在尼加拉瓜，先生们，是老鼠在捉猫。[94]

无论是海军陆战队的枪炮，还是飞机投掷的炸弹，都打不垮塞哥维亚（Las Segovias）的起义者。美联社和合众社向全世界散布诽谤之词也徒劳无益。这两家新闻社在尼加拉瓜的记者控制着这个国家的海关。[95]1932年桑地诺就预感到："我活不长了。"一年以后，在美国睦邻政策的影响下，尼加拉瓜迎来了和平。这位游击队首领应总统之邀去马那瓜（Managua）参加一次决定性会议，途中遇埋伏身亡。刽子手阿纳斯塔西奥·索摩查事后暗示，这次行动执行了美国大使阿瑟·布利斯·莱恩（Arthur Bliss Lane）的命令。索摩查当时在军队任领导职务，他很快就登上总统宝座，统治了尼加拉瓜达四分之一个世纪之久。以后，他的儿子们又相继继承了总统职位。在佩挂总统绶带之前，索摩查先给自己戴上了勇敢十字勋章、荣誉勋章和总统功勋勋章。上台以后，索摩查组织多次大屠杀和盛大的庆典活动，为此，还专门让他的士兵打扮成穿凉鞋、戴头盔的罗马人。索摩查一跃成为尼加拉瓜最大的咖啡业主，拥有四十六个咖啡种植园，此外还有五十一个畜牧庄园。尽管如此，他也从未缺少制造恐怖的时间。在他长期执政期间，说实在的，经济并不拮据，所以他在回忆青年时代时仍有些伤感，因为那时他以伪造金币取乐。

危机也触发了萨尔瓦多的紧张局势。洪都拉斯的香蕉工人几乎

---

* 译注：caite，当地用皮条裹织的简易凉鞋。

† 译注：Adelita，墨西哥革命时期流行的歌曲。

有一半是萨尔瓦多人，危机爆发后许多人被迫回国，那儿是找不到任何工作的。1932 年，伊萨尔戈（Izalco）地区掀起一场大规模农民起义，起义迅速蔓延到国家整个西部地区。独裁者马丁内斯派出用现代化武装起来的士兵攻打“布尔什维克分子”。印第安人用砍刀同机关枪硬拼，结果死亡一万余人。马丁内斯是食素的巫师，通神论者。他认为“踩死一只蚂蚁比杀一个人犯的罪还大，因为人死后灵魂能再生，而蚂蚁则一死百了”[96]。他还称自己受到向他报告一切阴谋活动的“看不见的军团”的保护，并同美国总统保持着直接的心灵联系。他有一个摆钟，放在盘子上面就可知盘中的食物是否下了毒；放在一张地图上，就可以指出哪些地方隐藏着政敌和埋藏着海盗的珍宝。马丁内斯经常向他迫害的人的父母发去吊唁笺，还在自己的宫殿里养鹿。他的统治一直延续到 1944 年。

大屠杀在各地相继发生。1933 年，豪尔赫·乌维科枪杀了危地马拉百余名工会、学生和政界的领导人，同时重新颁布了禁止印第安人“流浪”的法律。每个印第安人必须随身携带一个小本，上面注明劳动天数；如果认为劳动天数不够，这个人就得下狱还债或面朝黄土白干半年。在卫生条件极差的太平洋沿岸，工人们在没过双膝的泥泞里干活，但每天只能挣到三十美分。美国联合果品公司申辩说是在乌维科强迫下压低工资的。1944 年，在独裁者乌维科下台前夕，《读者文摘》杂志发表一篇充满赞扬之词的文章，说这位国际货币基金组织的先知靠降低工资避免了通货膨胀，因为他把修建一条战备公路的日工资从一美元减到二十五美分，把在首都修建空军基地的日工资从一美元减到五十美分。那段时间，乌维科授予咖啡园主和香蕉公司生杀大权：“庄园主可免于追究刑事责任……”该法令是第 2795 号，到 1967 年门德斯·蒙特内格罗（Méndez

Montenegro）的代议制民主政府期间才得以重新修订。

同加勒比其他暴君一样，乌维科也自诩为拿破仑。他到处摆放拿破仑皇帝的半身塑像和画像。他认为自己的侧面像同拿破仑如出一辙。他笃信军事纪律，对邮政职员、学校儿童和交响乐队都实行军事化管理。乐队成员都穿制服演奏乌维科选的曲子，演奏手法和乐器也由他指定，报酬是每月九美元。乌维科认为，医院是为不伦不类的人开设的，因此，如果患者不幸同时又是穷人，那么只好在医院走廊的地上或过道里就诊了。

是谁挑起了危地马拉的暴力？

1944年，中等阶级出身的部分军官和大学生掀起了一场具有自由色彩的革命风暴，把乌维科从宝座上推下去。胡安·何塞·阿雷瓦洛（Juan José Arévalo）当选为总统，他实施了一项充满魄力的教育计划，颁布了保护城乡工人的新劳动法。一些工会组织应运而生。拥有大片土地、铁路和港口、免税权和不受任何监督的美国联合果品公司，在其产业所在的范围内不再拥有至高无上的权力。1951年，阿雷瓦洛在卸职演说中披露，他曾挫败由联合果品公司资助的三十二次反叛阴谋。哈科沃·阿文斯（Jacobo Arbenz）政府继续和深化了改革进程。圣约瑟的公路和新建的港口打破了联合果品公司对水果运输和出口的垄断。各种使用民族资本、没有向任何外国银行伸手的发展项目纷纷上马，以争取民族独立。1952年6月通过了土改法，十多万农户受益，尽管土改分配的土地是不毛之地和以债券赔偿所征用的土地。联合果品公司占有的土地分布在两大洋之间的地带，该公司只耕种其土地的8%。

土改提出“发展农村的资本主义经济，总的说来，是要发展农业的资本主义经济”的方针。虽然如此，国际上还是掀起了一场疯狂诋毁危地马拉的宣传运动，“铁幕正在危地马拉徐徐降下”，电台、报纸以及美洲国家组织的头面人物都在大喊大叫。[97]于是，毕业于美国堪萨斯州利文沃思要塞（Fort Leavenworth）的卡斯蒂略·阿马斯（Castillo Armas）上校，率领在美国受过专门训练的、装备精良的部队进攻自己国家。美国飞行员驾驶F-47N轰炸机支援了这次入侵。九年以后，艾森豪威尔说道：“我们必须除掉上台的共产党政府。”[98]1961年7月27日，在美国参议院一个委员会的会议上，美国驻洪都拉斯大使的证词揭露了1954年的**解放**行动，是由他本人与美国驻危地马拉、哥斯达黎加和尼加拉瓜的大使组成的一个小组执行的。当时中央情报局的头号人物艾伦·杜勒斯（Allen Dulles）向他们发出电报，祝贺他们完成任务。以前，这个好人艾伦曾是联合果品公司领导机构的成员。在入侵危地马拉一年之后，中央情报局另一名领导人沃尔特·比德尔·史密特（Walter Bedell Smith）将军代替了艾伦在该公司的职位。艾伦的兄弟福斯特·杜勒斯（Foster Dulles）曾在美洲国家组织同意对危地马拉进行军事讨伐的会议上表现得非常迫不及待。在乌维科独裁时期，危地马拉同美国联合果品公司签订的合同恰恰是在杜勒斯的律师办公室里起草的。这也许是偶然。

阿文斯的倒台给危地马拉历史打上永恒的烙印。今天在台上的，就是曾在1954年6月18日下午炮轰危地马拉城、巴里奥斯港和圣约瑟港的那支部队。危地马拉在外国干涉以后，先后经历了数次残暴专制的统治，包括胡利奥·塞萨尔·门德斯·蒙特内格罗时期（1966—1970）。门德斯·蒙特内格罗给独裁统治披上民主政府的外衣，许诺要搞土改，但除了授权地主能携带和使用武器外，他没有干别的事。卡斯蒂略·阿马斯把土地还给联合果品公司和被征用过土地的地主，阿文斯的土改彻底失败了。

在从 1954 年开始的暴力年代中，1967 年是暴力最猖獗的一年。托马斯·梅尔维尔（Thomas Melville）牧师是被赶出危地马拉的美国天主教神父，1968 年 1 月他在《全国天主教通讯》（*National Catholic Reporter*）中说，仅仅一年多点的时间里，右翼恐怖集团就暗杀了两千八百多名“试图同危地马拉社会弊端作斗争”的知识分子、学生，以及工会和农民领袖。这个数字是梅尔维尔牧师根据新闻报道统计出来的，但没有人提供任何有关大部分被害者的线索，因为这些人是印第安人，姓名和来历无人知道，军队在战胜颠覆分子的战报中有时只列举数字。不加区别地实行镇压是对游击队进行军事“围剿”的组成部分。根据当时实行的新法令，保安部队成员杀人不负刑事责任，警察和军人的报告可在审判中被视为充分的证据。庄园主及其管家在法律上如同地方当局，有权携带武器并建立镇压性部队。当时，世界上的新闻机构没有大量报道危地马拉发生的有步骤的屠杀，爱捕捉头号新闻的记者也没有到那里去，更听不到强烈谴责的呼声。世界并不理会危地马拉，而这个国家却在忍受圣巴托罗缪（San Bartolomé）* 式的漫长夜晚。卡洪德尔里奥村变成了无人村；蒂图克的村民五脏六腑都被刀挑得乱七八糟；彼德拉帕拉达的乡民被活剥了皮；伊帕拉德阿瓜布兰卡村民先是双腿被子弹打穿，再被活活烧死；一个反叛农民的头颅被钉在圣

* 译注：指圣巴托罗缪大屠杀。巴托罗缪为《圣经》中耶稣的十二个信徒之一。8 月 25 日为法国圣巴托罗缪节。1572 年 8 月 24 日，在节日前夜，法国巴黎发生天主教对新教徒胡格诺派的大屠杀。这是法国宗教史上最黑暗的一夜。

豪尔赫广场中央的一根示众杆上。在塞罗戈多，用大头针扎满了海梅·贝拉斯克斯的双眼；里卡多·米兰达的尸体被找到时，全身有三十八个窟窿。阿图罗·席尔瓦的头扔在通往圣萨尔瓦多的公路边，找不到身体。在米斯科，埃内斯托·钦奇利亚的舌头被割掉；在奥霍德阿瓜泉水边，奥利瓦·阿尔达纳兄弟俩双手反绑，眼睛蒙着，浑身遍布枪眼；何塞·古斯曼的头骨被敲成小碎片，撒在路上；在圣路卡斯萨卡特佩克斯，水井里漂浮的是尸体而不是水；在米拉弗洛雷斯庄园，早晨经常可以发现手脚被砍下来的人。先威胁再处死，或不事先通知，死神就从背后降临。在城市，被处以死刑的人，家门上都先画上黑十字，在他们外出时用机枪向他们扫射，然后把尸体扔到山涧。

暴力活动一直没有间断。1954 年开始的整个时期，在危地马拉，暴力始终像出汗那么自然。在河里或路旁，平均每五小时就出现一具尸体，脸部因被拷打而变得无法辨认，永远不会知道被害者是谁。而更隐蔽的屠杀，即贫困造成的日常死亡，一直持续不断，且程度更为严重。被驱逐出危地马拉的还有布拉塞·邦帕内（Blase Bonpane）牧师。1968 年他在《华盛顿邮报》（*Washington Post*）上揭露了这个病态社会："在危地马拉每年死亡的七万人中，有三万是儿童。危地马拉儿童死亡率是美国的四十倍。"

拉丁美洲的第一次土改：何塞·阿蒂加斯——一个半世纪的失败

19 世纪初，在美洲大地上真正同西班牙政权作斗争的，是扛着梭镖、挥舞着砍刀、被剥夺了一切的人。但独立没有给这些人任何补偿，相反，它辜负了这些为之洒了鲜血的人的期望。和平到来的同时，一个充满灾难的年代又开始了。地主和大商人敛财致富，而人民大众却益发贫困。

与此同时，在拉美新主人的阴谋策划下，西班牙帝国的四个总督区四分五裂，众多国家从被粉碎了的民族团结中纷纷涌现。拉美贵族阶级炮制的所谓“国家”，酷似一个热闹的港口，在那里居住着拥有大庄园和矿山作后盾的大不列颠帝国的商业和金融客商。这一大批寄生虫在城市沙龙跳着小步舞曲，接到独立战争的捷报，于是举起英国的玻璃酒杯，频频为自由贸易干杯。欧洲共和时期资产阶级最响亮的口号成了时髦货。我们这些国家愿为英国工业家和法国思想家效劳。但是，由地主、掮客、大商人、大投机倒把者、衣冠楚楚的政客和没有根基的知识分子组成的阶级，算什么“民族资产阶级”呢？拉美很快就诞生了具有浓厚自由主义色彩的资产阶级宪法，但却缺乏像欧洲或美国那样有开拓性的资产阶级，缺乏一个把发展强有力的民族资本主义作为其历史使命的资产阶级。拉美大陆的资产阶级生来就是国际资本主义的单纯工具，是给殖民地和半殖民地带来创伤的这台世界机器上的得力部件。站柜台的资产阶级、高利贷者和商人垄断了政权，没有丝毫兴趣推动本地制造业的发展。当自由贸易为英国商品倾销打开大门时，当地的制造业便在胚胎中夭折了。地主是资产阶级的同伙，他们对解决“土地问题”漠不关心，除非照顾到他们的自身利益。在整个 19 世纪，大庄园制靠掠夺得到巩固。土地改革在拉美地区是一面过早树起来的旗帜。

经济落空、社会受挫、民族失望，这就是拉美独立后的一部充满背信弃义的历史。由于出现新的国家，拉美四分五裂，注定它摆脱不了单一种植经济和依附性。1824 年，西蒙·玻利瓦尔（Simón

Bolívar）颁布特鲁希略法（Decreto de Trujillo），以保护秘鲁的印第安人，调整秘鲁土地所有制。但是，这些法律措施丝毫没有触犯秘鲁寡头集团的特权。尽管这位“解放者”有良好的愿望，但寡头特权仍完好无损，印第安人仍像从前一样遭受剥削。在墨西哥，伊达尔文和莫雷洛斯早已失败，他们主张解放卑贱者、收复被夺去的土地的慷慨陈词，在一个世纪以后才结出果实。

在南美洲，何塞·阿蒂加斯（José Artigas）领导了一场土地革命。虽然官方历史如此恶毒地污蔑这位革命首领，歪曲其形象，但在1811年至1820年的英雄年代里，是他领导了生活在今天的乌拉圭以及阿根廷的圣菲（Santa Fe）、科连特（Corrientes）、恩特里奥斯（Entre Ríos）、密西昂奈斯（Misiones）和科尔多瓦等省的人民群众。阿蒂加斯在原拉普拉塔河总督区范围内，打下建立一个“大祖国”的经济、社会和政治的基础。在所有反对布宜诺斯艾利斯港毁灭性集权主义的联邦派首领中，阿蒂加斯是最主要和最有头脑的。他同西班牙人和葡萄牙人作战，最后，他的部队被里约热内卢和布宜诺斯艾利斯——均为帝国主义的工具——的钳形夹击以及寡头集团击溃。寡头集团忠实于自己的一贯做法，一感到被阿蒂加斯争取社会权益的纲领所触范，就马上背叛了他。

爱国者手握梭镖，追随阿蒂加斯。他们中大多数是平民百姓、粗野的高乔人、靠斗争恢复尊严感的印第安人，以及加入独立大军争取自由的奴隶。骑马牧民的革命之火点燃了大草原。但是，由于布宜诺斯艾利斯的背叛，属于今天乌拉圭的区域在1811年落到西班牙政权和葡萄牙军队的手中，居民大批向北方迁徙。起义的人民成为行军的人民；男女老少抛弃一切追随首领阿蒂加斯，马群和马车组成一支望不见尽头的迁徙大军。阿蒂加斯在乌拉圭河一带安营扎寨；稍后不久，即在北方建立自己的政府。1815 年，阿蒂加斯在派桑杜（Paysandú）地区的普里菲卡西翁（Purificación）营地坐镇，控制了大片地区。一名英国游客叙述道："你们想想我看到了什么？我看到了半个新大陆尊贵的保护者先生阁下坐在牛头上，守在他小草屋泥泞土地上点燃的一堆篝火旁，大嚼着铁叉上的烤肉，喝着灌在牛角里的杜松子酒！有十二名衣衫褴褛的军官围着他……"[99] 士兵、副官和探子从四面八方不时骑马奔驰而来。阿蒂加斯双手反剪，一边散步，一边口授他的政府的革命法令。那时候没有复写纸，有两名文书在旁记录。拉美第一次土改就是这样问世的，并且在当时的东方省（Provincia Oriental），即今天的乌拉圭实施了一年之久。后来，葡萄牙的再次入侵粉碎了这次土改。寡头集团为莱克尔（Lecor）将军打开蒙得维的亚的大门，把他当作解放者欢迎，并在大教堂的圣台前为这位侵略者举行热情隆重的赞美仪式。此前，阿蒂加斯还颁布了海关法，对同内地制造业和手工业有竞争的国外进口商品课以重税。当时在阿蒂加斯统治下，属于今天阿根廷的内地某些地区，制造业和手工业曾有较大的发展。与此同时，阿蒂加斯还开放了经济发展所需要的生产资料的进口，对美洲商品，如巴拉圭的茶叶和烟草，只征收微不足道的税。[100] 但是，这场革命的掘墓人也埋葬了这项海关法。

1815 年的土地法——自由的土地，自由的人——是乌拉圭人后来所有有关法典中的"最进步、最光荣的一部"。[101] 卡洛斯三世改革时期的坎波马内斯（Campomanes）和霍韦利亚诺斯（Jovellanos）的思想，无疑对阿蒂加斯制定的土地法是有影响的。虽然如此，这部法典的诞生，归根到底还是出自国家恢复经济和伸张社会正义的需要而采取的革命措施。该土地法规定，对在革命后移居国外、没有得到革命赦免的“卑劣的欧洲人和更坏的美国人”的土地予以征用和重新分配。还规定凡是敌人的土地都予以没收，不付任何赔偿。当时绝大多数大庄园都是敌人的，这点很重要。这些人的子女不必为父母的罪责付出代价，土改法规定他们将得到同贫穷的爱国者一样多的土地。土地分配的原则是“谁最不幸，谁最受益”。阿蒂加斯认为，印第安人有“最主要的权利”。这次土地改革的本质，就是要把农村的穷苦人同土地拴在一起，使过惯了战争时期的流浪生活以及在和平时期搞走私和其他非法营生的高乔人（gauchos）变成乡民。后来在拉普拉塔河流域建立的各届政府都使用武力征服高乔人，强迫他们充当大牧场的雇工。而阿蒂加斯则是要把高乔人变成土地所有者：“参加起义的高乔人开始喜欢体面的劳动，盖起小农舍，筑起畜栏，播下头批种子。”[102] 外国干涉结束了这一切。寡头集团重新抬头并进行报复。从此以后，法律概不承认阿蒂加斯分配土地是合法的。从1820年至19世纪末，受益于土改的穷苦同胞被武力赶走，他们将保留的“仅仅是自己墓地上的那点土地”。阿蒂加斯失败后去了巴拉圭，长期过着清贫、寂寞的流亡生活，最后孤独地死去。他发放的土地证变得一文不值。例如，在政府中监视他人行动的贝尔纳多·布斯塔曼特（Bernardo Bustamante）就说过，粗略一看，“这种证件就让人瞧不上”。与此同时，他的政府在“秩序”恢复后，即着手庆祝颁布从“大祖国”分离出来的独立的乌拉圭的第一部宪法。阿蒂加斯曾为建立“大祖国”而战，最终徒劳无获。

1815年的土地法规定了一些专门措施，以防土地集中在少数人手里。但今天，乌拉圭农村却呈现出一派荒芜景象：五百个家族垄断了全国一半土地，这些家族掌握权力，控制了工业和银行资本的四分之三。[103]各种土改方案堆积在把它们送进坟墓的议会里，与此同时，农村人口日益减少：接二连三的人口普查令人不安地表明，失业人口一增再增，从事农牧业生产的人日趋减少。乌拉圭以羊毛和肉类为生，但现在，草原牧场上的绵羊和肉牛却比20世纪初还要少。由于使用落后的生产方式，一方面是畜牧业的效益低，因为畜牧业全靠牛、羊在春季的自然交配，靠季节性雨水和土地的自然肥力；另一方面，农作物生产率也低。在乌拉圭，每头牲畜的产肉量还不及法国或德国的一半。产奶量同新西兰、丹麦和荷兰相比也是这样；每头绵羊比澳大利亚的羊少产羊毛一公斤。小麦每公顷的产量是法国的三分之一；玉米是美国的六分之一。[104]大庄园主把利润都转移到国外，并在埃斯特角避暑；即使冬天，按他们的传统习惯也不住在庄园，只是偶尔坐着小飞机去转一圈。当农村协会在一个世纪前成立时，三分之二的协会成员已经在首都有了住宅。粗放生产是靠大自然和那些饥肠辘辘的雇工，所以它不会带来更多的麻烦。

这样做当然是有利可图的。目前，畜牧资本家的年收入和利润不少于七千五百万美元。[105]生产效益虽低，但非常赚钱，因为成本极低。没有人的土地，没有土地的人：最大的大庄园平均每千公顷只用两个工人，而且还不是全年有活干。大庄园的周围是成片的茅屋，聚集着贫困的、随时可供差遣的劳动力后备军。民间画片上的高乔人不过是诗画的主题，实际上同目前在广阔的、不属于自己的土地上干活的雇工之间没有联系。这些雇工脚上穿的不是皮靴，而是条髭麻做的鞋；腰上系的不是用金银点缀的宽腰带，而是普通的带子，有时就单扎一根细麻绳。生产肉的人却没有吃肉的权利，克里奥尔人*极少有幸品尝到当地风味的烤肉——一种在炭火上烤得焦黄的多汁鲜嫩的肉。虽然根据国际统计的数字，乌拉圭人均肉消费量不算低，但这是一种假象；实际情况是，乌拉圭农民的基本膳食是一种“泡汤”，即羊下水烩通心粉，没有蛋白质。[106]

阿尔特米奥 · 克鲁斯以及埃米利亚诺 · 萨帕塔的第二次死亡

自阿蒂加斯颁布土地法整整一世纪之后，埃米利亚诺 · 萨帕塔在自己领导下的墨西哥南部的革命地区进行了一次深刻的土地改革。

在此前五年，独裁者波菲里奥 · 迪亚斯（Porfirio Díaz）举行盛大的庆典活动，庆祝多洛雷斯（Dolores）独立呼声一百周年。身着礼服的绅士只是代表官方的墨西哥，他们态度高傲，无视真实的墨西哥，正是后者的贫困支撑着这些达官贵人的荣耀。在这个下等人的共和国里，自米格尔 · 伊达尔戈神父发动历史性起义之后，劳动人民的收入从未增加过一分钱。1910 年，几乎全国的土地都集中在八百余名大庄园主手里，其中许多是外国人。这些人是城市老爷，住在首都或欧洲，偶然去一下庄园的别墅小住。他们的住宅周围是用黑石头砌成的地基牢固的高墙。[107] 在高墙外面，雇工都在简陋的坯房里挤着。全国一千五百万人口中有一千两百万人靠干农活所得的工资度日。他们的日薪几乎全部由庄园的工钱商店支付，工资被折成高价菜豆、面粉和酒等实物。监狱、兵营和教堂一起同印第安人天生的毛病作斗争。按当时某名门望族一成员的话来

* 译注：16—18 世纪，克里奥尔人（Creole）指生于拉丁美洲的西班牙人，后来在不同时代不同地区发展出不同的含义。

说，印第安人天生就是“懒汉、醉鬼和小偷”。无论在尤卡坦州的龙舌兰种植园、国家谷地（Valle Nacional）的烟草种植区、恰帕斯州（Chiapas）和塔巴斯科州（Tabasco）的果木林，还是维拉克鲁斯州、瓦哈卡州（Oaxaca）和莫雷洛斯州（Morelos）的橡胶、咖啡、甘蔗、烟草与水果种植园，这些地方的实际劳动体制是奴隶制，因为工人或为承袭的债务所束缚，或被法律认可的契约捆住了手脚。美国作家约翰·肯尼思·特纳（John Kenneth Turner）在他的访问材料中揭露：“美国实际上把波菲里奥·迪亚斯变成了政治傀儡，因此墨西哥也就变成了奴隶殖民地。”[108] 美国资本直接或间接地从与独裁政权的结盟中获得丰厚的利润。特纳还说：“华尔街大吹大擂的墨西哥美国化好像在进行报复。”

到 1845 年，美国已兼并墨西哥的得克萨斯（Texas）和加利福尼亚（California），在那里打着文明的旗号建立起奴隶制。在战争中，墨西哥还丢了现在属于美国的科罗拉多（Colorado）、亚利桑那（Arizona）、新墨西哥（Nuevo México）、内华达（Nevada）以及犹他（Utah）等地，共占墨西哥面积的一半。被抢占的领土相当于今天阿根廷的面积。从此流传着这样的话：“可怜的墨西哥！你离上帝太远，离美国太近。”被肢解剩下的墨西哥领土后来又遭到美国投资的入侵。这些投资主要在石油、橡胶、蔗糖、银行和交通运输等方面。美孚石油公司的子公司美国绳索托拉斯同在尤卡坦州龙舌兰种植园消灭玛雅人和亚基人绝非没有牵连。这些种植园实为集中营，在那儿可以像牲畜一样买卖男人和儿童。绳索托拉斯（American Cordage Trust）是当地一半以上的龙舌兰买主，它需要廉价的植物纤维。正如特纳所揭露，有时对劳动力进行奴隶式的直接剥削。一美国工头曾告诉特纳，他按每人五十比索的价格买进大批雇工，“只要还能用，我们就把他们留着……不到三个月时间，我们就埋了一多半人”[109]。

1910年，报仇的时候到了。墨西哥爆发推翻波菲里奥·迪亚斯的武装起义。一位主张维护农民利益的首领领导了南部的暴动，他是埃米利亚诺·萨帕塔，墨西哥革命最纯洁的领袖，对穷人的事业最忠诚，拯救社会的意志最执著。

19世纪的后几十年，整个墨西哥的农业村社遭到大肆掠夺。莫雷洛斯州各村镇的土地、水和劳动力都被疯狂抢走，被甘蔗园的扩张所吞噬。甘蔗庄园统治着该州的生活。随着甘蔗园的繁荣兴旺，出现了现代化的糖厂、大型蒸馏厂和运输糖的铁路线。阿内内库伊科（Anenecuilco）村社是萨帕塔的家乡，他的全部身心都献给了它。这里被剥夺了土地的印第安农民要求恢复自身权益，因为他们七个世纪以来一直坚持在自己的土地耕耘，也就是说，早在科尔特斯来之前，他们就已经生活在这里了。公开表示不满的人都被送到尤卡坦州去强制劳动。莫雷洛斯州的良田都掌握在十七个大地主手里，因此，全州劳动人民的生活远不如大庄园主豪华马厩中精心照料的供玩耍马球用的马的生活。1909年颁布的一项法律又从土地真正主人的手中夺走新的土地，从而导致已经紧张的社会矛盾白热化。埃米利亚诺·萨帕塔这时候当上了游击队员。他是一名寡言少语的骑手，是全州遐迩闻名的最杰出的驯马人，他的正直和胆略赢得了人们的尊敬。南方人“紧随萨帕塔首领的马后”，迅速组成一支解放大军。[110]

迪亚斯垮台了。弗朗西斯科·马德罗（Francisco Madero）在革命的推动下上了台。借口要有法制，土地改革的诺言很快就化为一团星云。萨帕塔在结婚那天不得不中断婚礼，因为政府已派维多利亚诺·韦尔塔（Victoriano Huerta）将军的部队前来镇压。在城市知识分子看来，这位昔日的英雄又变成了“匪徒”。1911 年 11 月，萨帕塔宣布了他的阿亚拉计划（Plan de Ayala），同时表示，“我准备同任何事和任何人作斗争”。阿亚拉计划称，“墨西哥绝大多数城乡居民仅仅是他们脚下踩着的那块土地的主人”，主张把革命的敌人的财产全部收归国有，把大庄园主强占的土地归还给土地的真正主人，并征收其余庄园主土地的三分之一。阿亚拉计划像一块不可抗拒的磁石，把成千上万的农民吸引到这位维护农民利益的首领的队伍中来。萨帕塔揭露了把一切都归于单纯要求政府换马的“卑鄙用心”，称这不是革命的目的。

这场斗争持续了近十年。先是反对迪亚斯，反对马德罗，然后是反对刽子手韦尔塔，再后来是反对贝努斯蒂亚诺·卡兰萨（Venustiano Carranza）。长期的战争岁月，同时也是美国不断干涉墨西哥的年代：海军陆战队曾两次登陆，并进行多次轰炸；外交官们策划了各种政治阴谋；美国大使亨利·莱恩·威尔逊（Henry Lane Wilson）成功地导演了暗杀马德罗总统和副总统的罪行。政权虽然不断易主，但任何时候都没有减弱对萨帕塔及其力量的疯狂进攻，因为他们公开代表了这场民族革命深处的阶级斗争，而这才是真正的危险。政府和报纸大肆攻击这位莫雷洛斯州将军手下的“破坏成性的暴徒”。一支支强大的军队派去攻打萨帕塔。一次又一次地烧、杀和毁灭村庄都无济于事。男人、妇女和儿童以“萨帕塔奸细”之罪被枪杀或绞死。每次大屠杀之后，紧跟着就是清剿取得胜利的捷报。然而，在南部山脉的游牧式革命营地，篝火很快又点燃了。萨帕塔的部队多次成功地反击到首都市郊。韦尔塔政府垮台后，被称为“南部阿提拉”* 的埃米利亚诺·萨帕塔和被称为“北部的好骑手”的潘乔·比利亚，踏着胜利者的步伐开进墨西哥城，在短期内分享了政权。1914 年末出现一个短暂的和平时期，萨帕塔利用此机会在莫雷洛斯州进行土改。这次土改比阿亚拉计划的主张更为激进。社会党创始人及一些无政府工团主义者对这次土改施加了很大影响，在不伤害运动领袖的传统根基的前提下，使其思想更为激进并具备不可缺少的组织能力。

土地改革主张“彻底根除不合理的土地垄断制，以便使所建立的社会能充分保障人人都享有天赋的权利，即每个人都有权得到个人及其家庭生存所需要的土地”。这次土改规定，凡是在 1856 年颁布失去产业永久占有权法以后没收的个人或村社的土地，都要归还给他们。根据气候和自然地力的差异，规定了占有土地的最高限额，并且宣布革命敌人的地产为国家财产。后一项政治措施如同阿蒂加斯的土改一样，有着明显的经济意义，因为革命的敌人都是大庄园主。技术学校、工具厂和一家农村贷款银行建立起来；糖厂和蒸馏厂实行国有化，成为公共部门。实现了一整套地方民主措施，使人民掌握政权，控制经济。传播萨帕塔思想的学校纷纷诞生并普及；捍卫和发展革命原则的人民委员会也成立了，一种真正的民主政体逐渐成形并显示出力量。市政府是政权的核心单位，市政当局、法院和警察由人民选举产生。军事长官必须服从有组织的老百姓的意志。官吏和将军不能根据其意志来决定采取何种生产方式和生活方式。革命要同传统相联系，并“根据每个城镇人民的风俗习惯来行

---

* 译注：阿提拉（Attila，406—453），中欧及东欧匈奴帝国的首领，西方和东罗马帝国最可怕的敌人之一。部落成员主要为匈奴人和东哥特人。

动，换言之，如果某地村民希望共有制，那么就这样做；另一处村民愿意把土地分掉，承认个人所有权，那么也照此办理”。[111]

1915年春季，莫雷洛斯州所有土地都耕种上了，主要是玉米和其他食粮。与此同时，墨西哥城由于粮食匮乏，面临迫在眉睫的饥饿威胁。贝努斯蒂亚诺·卡兰萨这时已经当上总统，他也颁布了土改法。然而，他手下的大、小头目迅速把土改的好处据为己有。1916年，他们饿狼般扑向莫雷洛斯州府奎尔纳瓦卡（Cuernavaca）以及其他萨帕塔控制下的地区。重新长出来的庄稼、矿产、皮革和一些机械设备都成了军官们丰富的战利品。他们走到哪里就烧到哪里，同时高喊要进行“一项重建和进步事业”。

1919年，由于阴谋和背叛，埃米利亚诺·萨帕塔被害。上千人设下埋伏，用步枪向萨帕塔开火。萨帕塔死时同切·格瓦拉死时的年龄相同，他死后只留下这样的传说：一匹枣红马在独自飞奔，奔向南方，奔驰在崇山峻岭之中。但他留下的又不仅仅是传说，整个莫雷洛斯州都决心“完成这位改革者的事业，为烈士报仇雪恨，学习英雄的榜样”。全国上下都响应。时光流逝，到拉萨罗·卡德纳斯（Lázaro Cárdenas）执政时期（1934—1940），整个墨西哥都进行了土改，萨帕塔传说又因此恢复生命，焕发出活力。尤其在卡德纳斯当政期间，征收的外国和国内企业的土地达六千七百万公顷。农民不但有了地，还得到贷款，受到教育，并有了组织生产的各种手段。国家的经济和人口迅速增长；农业产量成倍提高。同时，全国开始现代化和工业化进程。城市膨胀了，消费市场也获得全面发展。

但是，墨西哥的民族主义没有转向社会主义，因此，同没有实现决定性飞跃的其他国家一样，也不能完全达到经济独立和社会主义的目标。在革命和战争的漫长年代，有一百万人为战神祭献出自己的鲜血，“这个战神比我们祖先所崇拜的战神惠奇洛波斯利（Huitzilopochtli）更为残忍、冷酷和贪婪，那就是墨西哥在屈服于帝国主义条件下进行的资本主义发展”。[112] 许多学者研究哪些迹象表明早先的大旗已遭到破坏。埃德蒙多·弗洛雷斯（Edmundo Flores）在一份近期刊物中说道：“目前，墨西哥全国人口的 60%，其年收入不到一百二十美元，他们忍饥挨饿。”[113] 有八百万墨西哥人实际上只能吃上菜豆、玉米饼和小红辣椒。[114] 仅仅当五百名学生在特拉特洛尔科（Tlatelolco）的屠杀中被害以后，才暴露出这个制度深刻的矛盾。阿隆索·阿吉拉尔（Alonso Aguilar）搜集官方数字之后，得出以下结论：墨西哥有两百余万农民没有土地，有三百万儿童没有受教育的机会，有近一千一百万人是文盲，有五百万人没有鞋穿。[115] 墨西哥村社集体所有制不断解体，小庄园如雨后春笋涌现同时又自我分化，因此出现了一种新型的庄园制以及一个从事大规模商品农业的农业资产阶级。地主和国内的中间商靠钻法律条款的空子、违背法律宗旨而取得统治地位，但同时他们也受制于人。最近出版的一本书认为这些人是安德森·克莱顿公司的“合伙公司”之流。[116] 在这本书里，拉萨罗·卡德纳斯的儿子说道，“伪装起来的大庄园主要建立在土质最好和最肥沃的土地上”。

小说家卡洛斯·富恩特斯（Carlos Fuentes）从卡兰萨军队中一名上尉的弥留之际提笔写起，再现了上尉的一生。这个名叫阿尔特米奥·克鲁斯的上尉在战争与和平时期靠暴力和奸诈取巧一步步向上爬。他出身卑微，随着岁月的流逝，逐渐把青年时期的理想主义和英雄主义抛置脑后。他掠夺土地，创办了很多企业，当上议员。他做买卖，搞行贿，投机倒把，从事大的冒险活动，血腥镇压印第安人。靠这些手段，他逐步积累起财富、权力和威望以及闪闪发光的经历，迅速爬上社会的顶端。[117]小说主人公的经历，同党的历史相同。这个党由于墨西哥革命严重的软弱无能，实际上垄断了今天国家的政治生活。主人公和党都向上爬了。

大庄园增添了人口，但没有增加面包

拉美今天的农牧业按人均产量算，低于第二次世界大战前夕。漫长的三十年过去，在此期间，世界粮食产量的增长幅度同我们地区粮食减产的幅度一样大。拉美农村的落后结构也是一种浪费结构，即浪费劳动力，浪费可支配的土地，浪费资本，浪费产品，特别是没有抓住短暂的历史性发展机遇。在几乎所有拉美国家里，大庄园和它的穷亲戚小庄园都是扼制农牧业增长和整个经济发展的瓶颈。生产制度打上了所有制的烙印：拉美 1.5% 的土地所有者拥有全部可耕地的一半。拉美每年都要花费五亿多美元从国外购买粮食，而它有辽阔肥沃的土地，生产这些粮食本来是没有问题的。拉美耕地勉强占总面积的 5%：**在世界上，这个比重是最小的，因此浪费是最大的。**[118]就是这部分有限的耕地，粮食产量也很低。在许多地区，用木犁耕地要远远多于用拖拉机。除个别例外，现代化技术得不到应用。而现代化技术的普及，不仅意味着农业机械化，而且可以通过施肥、除草剂、杀虫剂，进行良种培育和人工灌溉来保持和提高地力。[119]

大庄园有时就像太阳那样形成一种权力格局，借用马萨·萨瓦拉的贴切说法[120]，就是饥民多了，面包少了。大庄园不仅没有吸收劳动力，相反排挤了它。四十年来，拉美农村劳工减少了 20% 以上。机械照搬现成处方的技术官僚们断言：都市化的加快和农村人口大批迁移城市是进步的标志。制度在马不停蹄地制造失业者，事实上这些人涌入城市，扩大了城市郊区面积。但是，工厂在搞现代化的同时，也在排斥失业者，无法容纳这部分没有专业技能的剩余劳动力。如果农业技术进步，反而会使问题激化。倘若地主用先进的办法开发土地，利润就会增加，但更多的劳动力就无事可干，这样贫富间的鸿沟会更大。例如，如果使用动力设备，减少的农村就业机会比它能增加的要多。**在拉美，每天从早到晚生产粮食的人一般都营养不良；他们收入微薄，农村创造的收益都花费在城市或流到国外**。先进技术可以改变土地的低效率，却不能触动现行的所有制，因此，即使它有利于总体发展，但实际上并不能造福于农民。农民的工资和从收入所得的比例分成都没有增加。农村给很多人带来贫困，给极少数人带来财富。私人小飞机在贫穷的荒漠上盘旋，大型浴场的奢华铺张不断升级。欧洲挤满腰缠万贯的拉美游客。这些人不照料自己地里的庄稼，但对精神享受却很用心思。

保罗·巴伊罗什把第三世界经济的主要问题归咎于农业生产率低，其平均水平仅仅达到今天发达国家在工业革命前夕的一半。[121]事实上，工业要获得和谐发展，必须大大提高粮食生产和农牧业原料的生产。增加粮食产量是因为城市在膨胀，要吃饭；增加农牧业原料是为了满足工厂和出口的需要，从而减少农业进口，扩大出口，提供发展所需的外汇。此外，大、小庄园体制意味着国内消费市场的萎缩，而消费市场不发展，新兴工业就没有立足之地。农村的饥饿工资和日益庞大的失业后备军造成以下情况：来叩城市大门的农村移民使工人收入总水平下降。

自从争取进步同盟大肆鼓吹土地改革的必要性之后，寡头集团和技术官僚就一直在制定有关计划。有数十个土改方案，各式各样，五花八门，躺在拉美各国议会的文件柜里睡大觉。**土改不再是令人讨厌的话题，因为政治家们已经学会，使土改束之高阁的最佳方式就是不断地说要搞土改。**土改所有权接连不断地集中和分化，在多数拉美国家旁若无人地继续，相互并行不悖；但是，已经开始出现一些例外情况。

这是因为农村不仅是贫穷的发源地，也是起义的温床，即使尖锐的社会紧张局势常常被群众表面的顺从所掩盖。比如，巴西东北部给人的最初印象是，这是宿命论的一个堡垒，当地居民对待饿死一事的态度就像每天白天之后是黑夜那样心平气和。但是没过多久，这些东北人终于掀起了充满神秘色彩的起义。他们高举十字架，手持武器，同他们古怪的救世主一起与军队开展斗争，好让自己的家乡变成天国。同时，东北部的匪徒掀起了疯狂的暴力浪潮，他们是一些狂热分子和土匪，是乌托邦和复仇的代表。这种暴力反映了走投无路的农民盲目的社会抗议。[122] 后来的农民协会恢复了农民的斗争传统，并进一步使之发扬光大。

1964 年巴西军事独裁政权上台后，迫不及待地宣布进行土改。正如保罗 · 希林所指出的，巴西土改协会在世界上是没有先例的。它不是把土地分给农民，而是把农民赶走，以便把他们自发占领的土地或者由前几届政府征用的土地归还给大庄园。在 1966 年和 1967 年间，即实行严格的新闻检查制之前，各报常常刊登消息，军警部队受命于忙碌的土改协会去掠夺、放火和迫害农民。值得一提的是厄瓜多尔 1964 年进行的土改。厄瓜多尔政府仅仅分得一些不毛之地，却为优质地集中在大地主手里提供了方便。委内瑞拉 1960 年开始土改，在所分配的土地中，一半是公有土地。大型的商业性种植园一个也没触及。被征用了土地的大庄园主都得到高额赔偿，获取了丰厚的利润，于是，他们又到其他地区购置土地。

1968年，阿根廷独裁者胡安·卡洛斯·翁加尼亚（Juan Carlos Onganía）想对农村土地实行新的税收制，这使他差点提前两年垮台。他计划对不进行生产的“光秃的平川地”征收的税大大高于进行生产的土地。畜牛业寡头集团便叫喊连天，他们通过参谋部里的内应，使翁加尼亚不得不放弃他那背道而驰的打算。阿根廷同乌拉圭一样，也拥有天然的肥沃大草原，加之宜人的气候，因而在拉美相对比较繁荣。但是，水土流失无情地侵蚀着既不耕种也不放牧的被遗弃的莽莽草原。用于粗放型畜牧业的数百万公顷土地，其中大部分也遭到同样命运。阿根廷的情况虽然比乌拉圭好一些，但1960年代曾动摇阿根廷经济的那场危机的背后便是这种粗放型经营。阿根廷的庄园主对引进技术革新成果没有多大兴趣。他们宁愿生产率低，因为这样更为有利。利润法则高于任何其他法则。购买新土地、扩大土地面积，比采用集约生产的现代技术更有利可图，风险也更小。[123]

1931年，农村协会主张以马代替拖拉机。该协会的领导人高喊：“畜牧农们！用马干活就是捍卫自己的利益和国家的利益！”二十年后，该协会仍在自己的刊物中坚持这一主张。一个知名军人说道：“给马喂草比给笨重的卡车的油箱灌汽油要容易。”[124]根据拉美经济委员会的统计材料，按可耕地面积比较，阿根廷的拖拉机数量只有法国的十五分之一，英国的十八分之一。按同样的方法，与联邦德国相比，阿根廷的肥料消费是该国的一百四十分之一。[125]阿根廷农业的小麦、玉米和棉花的产量也比发达国家低很多。

胡安·多明戈·庇隆由于强制推行雇工法，实行农村最低工资制，触犯了阿根廷地主寡头集团的利益。1944年，农村协会断言：

“确定普通雇工的生活标准是确定工资的基础。雇工的物质需求有时如此之低，以至多了一点钱对他们来说没有多大的社会意义。”农村协会谈论雇工仍然像谈论动物一样；而围绕劳动者低消费需求的这种令人深思的提法，使人无意中找到一把理解阿根廷工业发展受限制的好钥匙：国内消费市场的深度和广度都没有得到足够的发展。庇隆本人推行的经济发展政策从未打破农牧业不发达的结构。1952 年 6 月，在科隆剧场发表的一次演说中，庇隆否认自己曾打算进行土改。农业协会对此正式发表评论：“这是一篇精彩的演说。”

在玻利维亚，由于 1952 年的土改，高原广大农村地区的饮食条件得到明显改善，甚至连农民身高也发生了变化。但是，玻利维亚整体人口的蛋白质和钙的摄取量只勉强达到最低标准的 60% 和 20%，而农村人口的摄取量还要大大低于这两个平均值。绝不能说土改失败，然而，高原的土地分配以后，玻利维亚目前仍然有五分之一的外汇用来进口粮食。

秘鲁军政府从 1969 年开始搞土改，这是进行深刻变革的开端。我在写这一章节时，智利新总统萨尔瓦多 · 阿连德宣布实行彻底土改。应当公平地承认，爱德华多 · 弗雷前政府征收智利部分大庄园的土地一事，为新总统宣布的这次改革铺平了道路。

北美十三个殖民地*和出身卑贱的重要性

在拉美，总是土地私人占有在先，土地的有益耕种在后。现行所有制最反动的特点并非由各次危机造成，而是产生于最繁荣昌盛

---

* 译注：英国最早在北美建立的十三个殖民地，后成为美国的十三个州。

的年代。在经济衰退时期，大庄园主贪婪掠夺新土地的行为反而有所收敛。譬如在巴西，由于糖价下跌，金矿和金刚石实际已采掘完，才有可能在1820年至1850年间颁布一项法律，规定土地属于占领和耕种土地的人。1850年，由于咖啡成为新的“王牌产品”，巴西颁布土地法。这是寡头政府按政客和军人的口味炮制的，目的是取消耕地者的土地所有权，因为在此时期，正逐步向南部和西部开辟内地的大面积土地。从此以后，“又颁布了大量的法规来补充和确认这项土改法。这些法规规定，获得土地的唯一途径是购买，并且制定了土地公证注册制度。这样，农民几乎无法使自己拥有的土地得到法律上的认可……”[126]

美国在同一时期颁布的法令有着截然不同的目的，即要推动国内的开发。在拓荒者的木轮车吱吱作响声中，边疆逐步向西部的处女地扩展，印第安人惨遭杀戮。1862年颁布的林肯《宅地法》，即定居移民公地发放法案，保证每家农户能有六十五公顷份额的土地所有权。凡是受益者，耕种土地的期限不能少于五年。[127]公地的开发速度惊人；人口就像掉在地图上的大块油渍在增长蔓延。唾手可得的土地，既肥沃又近乎于白送，像一块不可抗拒的磁铁，吸引了欧洲农民。他们远涉重洋，翻越阿巴拉契亚山脉，直奔辽阔的大草原。他们是自由农场主，就这样，占有了中部和西部的新地区。美国在版图和人口增长的同时，还开辟了农村就业渠道。此外，也出现了一个有巨大购买力的国内市场，即为数众多的农场主，从而保持住工业的发展势头。

与此相反，正如里维罗所指出的，一个多世纪以来一直坚持开发巴西内地边疆的农村劳动者，过去不是、现在也不是寻求一块属于自己的土地的自由农户，而是早就把大片空地占为己有的大庄园主的雇工。只有成为雇工，农民才能接近内地的荒漠。为了他人的利益，工人手持砍刀在森林中开拓疆界。垦殖的结果只是单纯扩大了大庄园的土地面积。1950 年至 1960 年间，巴西六十五个大庄园拥有新开发的耕地面积的四分之一。[128]

迥然不同的两种国内垦殖体制，是美国和拉美在发展模式上最主要的区别之一。为什么北方富而南方穷？布拉沃河不仅是一般的地理边界，它还能说明更多问题。今天南北严重的不平衡，似乎应验了黑格尔关于两个美洲之间必然要发生战争的预言。这种不平衡是美国帝国主义的扩张所造成，还是有其他更悠久的历史原因？实际上，早在殖民地摇篮时期，北方和南方就形成了两个很不相同的社会，社会宗旨也不一样。[129]“五月花”号的移民漂洋过海，既不是为了掠取什么传说中的珍宝，也不是要消灭北方并不存在的印第安文化。他们带着全家在那里安家落户，是为了在新大陆再现欧洲的生活和劳动制度。他们不是想发财的士兵，而是开拓者；不是去征服，而是去开垦，他们建立起“移民开发区”。的确，后来的发展，在特拉华湾南部导致一种类似在拉美出现的奴隶制式的种植园经济。但不同的是，美国的经济重心从一开始就扎根于新英格兰的农场和作坊。19 世纪南北战争的胜利大军就是从新英格兰出征的。新英格兰是美国文明的发展中心；这个地区的开发者从未充当过欧洲资本主义积累的殖民地代理人。他们从来就是为自身的成长和自己新土地的发展而活着。由于宗主国的发展，农民和手工业者大军逐步被排挤出劳动市场，北方十三个殖民地便为这支欧洲大军提供了出路。大洋此岸这个新社会的基础就是**自由的**劳动者。

西班牙和葡萄牙则相反，它们在拉美拥有大批**奴隶**劳工，先是对印第安人实行奴隶制，继而又从非洲运来大量奴隶。在几个世纪的时间里，一直有一支庞大的农民失业大军可以转到生产地区，也就是说，随着贵金属或糖的出口量的增减，总是同时存在着兴旺地区和衰落地区，而后者向前者提供劳动力。这种体制一直延续至今，使得工资水平依然很低，因为失业者对劳动市场造成压力。这种体制还阻碍了国内消费市场的发展。此外，同北方的清教徒不同，拉美殖民地社会的统治阶级从未朝发展国内经济的方向努力。他们的利益来自国外，同国外市场的联系多于同本土的联系。地主、矿主和商人天生就是干这样的事的：向欧洲提供黄金、白银和粮食。公路运输都朝着一个方向：港口和海外市场。为什么美国能作为一个统一的民族发展起来而拉美却被肢解呢？原因之一就是我们各生产地区之间没有相互沟通，而是呈扇形分散，扇面的焦点在很远的地方。

似乎可以这样说，北方十三个殖民地是不幸中之万幸。它们的历史经验说明，出身卑贱有极重要的意义。因为北美既没有黄金也没有白银，没有印第安文化以及具备了劳动组织形式的高度集中的人口，当初英国移民开垦的沿海一带也没有热带的肥田沃土。自然界很吝啬，历史也是如此：没有金属矿，也没有奴隶劳动力去开采埋在地层深处的金属矿。这是件幸运事。此外，从马里兰穿过新英格兰到新苏格兰的北美殖民地，由于气候条件和土壤特点，农产品同英国的完全一样。就是说，如同巴古指出的，这些殖民地没有为宗主国提供**补充性**产品。[130] 安的列斯群岛和大陆的伊比利亚殖民地的情况截然不同。热带地区可以生产甘蔗、烟草、棉花、靛蓝和松节油；从经济角度看，加勒比的一个小岛，对英国来说，比美国早先十三个殖民地更为重要。

上述情况说明美国为什么能作为一个不输出自己财富的经济上

自治的体制而得到发展和巩固。殖民地同宗主国的联系非常松散。相反，在巴巴多斯或牙买加，资本的再投资仅仅是为了补充逐渐减少的奴隶。由此可见，一些国家发达，另一些国家不发达，种族因素并没有起决定性作用：英属安的列斯群岛的情况同西属和葡属殖民地的情况就没有任何雷同。事实上，十三个殖民地在经济上起着微不足道的作用，所以它们能较早地实现出口商品的多样化以及迅猛发展制造业。美国的工业化早在独立前就得到官方的鼓励和保护。英国对此采取容忍态度，同时却严厉禁止安的列斯群岛生产哪怕是一枚别针。

权力的地下源泉

美国经济需要拉美的矿产，就像肺需要空气一样

宇航员在月亮表层第一次留下人类的足迹。1969 年 7 月，伟绩的创建者维尔纳 · 冯 · 布劳恩（Werner von Braun）向新闻界宣布，美国准备建立一个有近期目标的遥远的太空空间站，他宣布："从这个绝妙的观察台，我们可以探查到地球上的任何财富：鲜为人知的油田、铜矿、锌矿……"

石油仍然是我们时代的主要燃料，美国七分之一的石油消费靠进口。屠杀越南人需要子弹，子弹又需要铜：美国所需的铜有五分之一靠从国外购买。锌矿不足的问题愈发令人不安，近一半来自国外。没有铝就不能制造飞机，没有铝土矿就没有铝，而美国几乎没有铝土矿。明尼苏达矿藏无法向美国大型钢铁企业——匹兹堡、克利夫兰、底特律——提供足量的铁矿，因为它正在逐渐枯竭。美国本土也没有锰矿，支撑美国经济所需的铁有三分之一靠进口，锰全部靠进口。美国地下资源里没有生产喷气发动机的镍和铬。生产特

种钢需要的钨，四分之一依靠进口。

由于美国在这方面对国外的依赖越来越大，美国资本家在拉美的利益同美国的国家安全利益也就日趋一致。这个世界头号强国的国内稳定，同它在布拉沃河以南的投资有密切联系。这些投资近一半都用于开采石油和开发矿藏，因为它们“无论在和平时期还是战争年代对美国经济都必不可少”[1]。美国商会国际董事会董事长明确表示：“在历史上，美国向外投资的主要原因之一就是要开发自然资源，主要是矿产资源，尤其是石油。很明显，这类投资的诱惑力越来越大。随着人口的膨胀和生活水准的提高，我们对原料的需求也在不断增长。与此同时，我们本国的资源却在萎缩……”[2]政府、大学和大公司的科研机构，发明和发现的速度之快令人难以想象；但是，任何新技术都还没有找到办法不用大自然提供、也只有大自然才能提供的基本材料。

与此同时，面对美国工业发展提出的挑战，美国地下资源的应战能力越来越弱。[3]

地下资源也能导致政变、革命、间谍活动，以及在亚马孙大森林中的冒险活动

在巴西，帕拉贝巴（Paraopeba）谷地丰富的铁矿藏，导致雅尼奥·夸德罗斯（Janio Quadros）和若昂·古拉特（João Goulart）两个总统的垮台。后来，在1964年夺取政权的卡斯特洛·布兰科（Castelo Branco）元帅把铁矿藏拱手让给汉纳矿业公司。在此之前若干年，美国大使的老朋友埃奥里科·杜特拉总统（Eurico Dutra，1946—1951年在任），把阿马帕州（Amapá）蕴藏量为

四千万吨的锰矿——世界上蕴藏量最大的锰矿——交给伯利恒钢铁公司（Bethlehem Steel），条件是锰矿出口收入的4%归巴西国家所有。从那以来，伯利恒钢铁公司逐步把这座矿山搬到美国，干劲之大足以使人担忧十五年后巴西将没有足量的锰矿供应本国的钢铁工业。此外，在伯利恒钢铁公司投资开矿的每一百美元中，有八十八美元是巴西政府殷勤提供的，即以“开发该地区”为名的免税。丧失米纳斯吉拉斯的黄金的教训显然没有起任何作用。诗人曼努埃尔·班迪耶拉（Manuel Bandeira）写道：“白色的金子／黑色的金子／腐烂的金子。”巴西今天仍然无偿把发展本国的自然资源交给别人。[4] 1964年，玻利维亚独裁者雷内·巴里恩托斯（René Barrientos）上台。他多次屠杀矿工，把马蒂尔德矿山（mina Matilde）开采权让给菲利普兄弟公司。这个矿山有铅矿、银矿以及丰富的锌矿，锌矿品位是美国锌矿的十二倍。菲利普兄弟公司获准把锌矿石运往该公司在国外的冶炼厂提炼，只需向玻政府交付锌矿出售价格的1.5%即可。[5] 在秘鲁，1968年费尔南多·贝朗德·特里（Fernando Belaúnde Terry）总统屈尊同美孚石油公司的一家子公司签署了一项协定，但协定的第十一页神秘丢失；于是，贝拉科斯·阿尔瓦拉多（Velasco Alvarado）将军推翻特里总统，夺取政权，把美孚公司的油井和炼油厂全部收归国有。可以说，委内瑞拉是美孚石油公司和海湾石油公司的大油田，美国在拉美的最大军事基地就设在该国。阿根廷走马灯似的政变，都是在每次油田拍卖招标前后发生的。萨尔瓦多·阿连德领导的左派力量获得大选胜利之前，五角大楼向智利提供的不成比例的军事援助绝非与铜矿毫不相干；1965至1969年间，美国的铜储量下降60%多。1964年，切·格瓦拉在哈瓦那的办公室告诉我，巴蒂斯塔的古巴不仅仅有蔗糖。他认为，古巴丰富的镍、锰矿藏，最能说明帝国主义为什么对古巴革命怀有刻骨仇恨。在那次谈话以后，美国的镍储量下降三分之一。古巴把美国镍铬矿业公司收归国有；约翰逊（Johnson）总统威胁法国的冶金企业，如果购买古巴镍矿，就查封它们发往美国的货物。

矿产同圭亚那（Guayana）社会主义者切迪·贾根（Cheddi Jagan）政府的垮台也有很多牵连。1964年年末，切迪·贾根在当时英属圭亚那获得多数选票。今天的圭亚那的铝土矿生产占世界第四位，在拉美锰生产国中也居第三位。中央情报局对贾根的垮台起了决定性作用。阿诺德·赞德（Arnold Zander）是那次为否认贾根的选举胜利而罢工的最高领导人。他在事后公开承认，他的工会得到美国中央情报局一个基金会提供的大量美元。[6]圭亚那新政权保证美国铝矿业公司在圭亚那不会有危险，也就是说，公司不必惊慌失措，可以继续开采铝土矿，并仍按1938年的价格购进，尽管1938年后铝价已经翻了几番。[7]铝矿买卖不再有危险。阿肯色州的铝土矿价格是圭亚那的两倍。美国本土的铝土矿虽然很少，但它使用别人的廉价原料生产的铝却占世界铝总产量的几乎一半。

对美国军事实力有重要价值的战略性矿产大部分都要依靠国外。对此，马格多夫说道："今天，喷气发动机、煤气轮机和核反应堆的出现，大大增加了对只能在国外获得的原料的需求。"[8]为了维持其核军事实力，美国迫切需要必不可少的战略性矿产，这种需要同美国在巴西亚马孙地区大量购买土地一事有明显联系。美国通常采用欺诈手段购买这些土地。1960年代，众多美国公司在职业冒险家和走私分子的带领下，疯狂涌向这片巨大的热带雨林。在此之前，根据1964年签订的协定，美国空军的飞机飞越并拍摄了整个地区。

这些飞机使用闪烁计数器，通过发射不同强度的光波来勘察放射性矿床；使用电子地磁仪，通过x光探测有色金属矿富矿层；还使用可以发现和测量铁矿的地磁仪。全面勘测隐藏在亚马孙地区的财富的有关资料和照片，都被送到与之有利益关系的私人企业手中。勘测工作应归功于美国政府地质测绘所提供的良好服务。[9] 在这片幅员广阔的地区，已经查明的矿藏有金、银、金刚石、石膏石、赤铁矿、磁铁矿、钽、钛、钍、铀、石英、铜、锰、铅、硫酸盐、钾盐、铁矾土、锌、锆、铬和汞。从马托格罗索州的原始热带雨林到戈亚斯州（Goiás）南部的莽莽平原，空间如此之开阔，以至《时代》杂志拉美版1967年最后一期信口胡言，说可以同时看见光辉灿烂的太阳和六种不同的暴风雨闪电。美国政府提供免税和其他诱人的条件，以吸引人来开垦这个奇妙的原始世界的处女地。据《时代》杂志称，1967年前，外国资本家以每英亩七美分的价格买下一大片土地，面积超过康涅狄格州、罗德岛、特拉华州、马萨诸塞州和新罕布什尔州之和。巴西政府的亚马孙开发署主任常说："我们应该为外国投资敞开大门，因为我们需要的比我们能够得到的要多。"为了给美国飞机的航空摄影勘测辩护，巴西政府事先就宣布缺乏资金。这在拉美是正常现象：**总是以资金贫乏为名行出卖资源之实。**

巴西国会进行了一次相关调查，最终提出一份长篇报告。[10] 报告列举了两千万公顷的土地被出售或强占的事实。这片土地的分布很奇特，据调查委员会的看法，它简直"呈条带状态，把亚马孙地区同巴西其他地区隔离开来"。调查报告把"秘密开发有很高价值的矿产"列为美国极力要在巴西境内开辟一条**新边境**的主要原因之一。报告收集了陆军部办公室的证词，强调"美国政府希望能控制大片土地以备今后使用，或开发矿产，特别是放射性矿物，或作为定向殖民的基础”。国家安全委员会断言：“外国人已经占有的或正在占有的地区，正是由外国人对当地巴西妇女做绝育手术的地区，这不能不令人怀疑。”的确，据《晨邮报》报道：“以美国新教为主的二十多个外国传教士团正在占领亚马孙地区，定点于蕴藏着富饶的放射性矿、黄金和金刚石的地方……他们大批分发各种避孕工具，如避孕环等，教变成天主教徒的印第安人英语……他们所占领的地区四周有武装人员警戒，任何人不得入内。”[11] 有必要指出的是，在地球上所有适于人居住的荒无人烟的地区中，亚马孙地区是面积最大的。在这空旷无人的大片地区**控制生育**，就是为了避免同寥寥无几的巴西人进行人口竞赛，而这些人一直在这片雨林或无际的旷野的遥远角落里生活和繁衍后代。

里奥格兰迪诺·克鲁埃尔（Riograndino Kruel）将军在国会调查委员会面前肯定，“含钍和铀的原料走私量达到一百万吨的天文数字”。在此之前，即 1966 年 9 月，任联邦警察局长的克鲁埃尔揭露了美国一领事对公开审理四名美国公民一案进行的“不适当的和有步骤的干涉”。这四名美国人被指控为走私巴西的原子能矿物原料。克鲁埃尔认为，他们私带四十吨放射性矿物，足以给他们定刑。没多久，四名走私犯中的三人神秘地逃离巴西。虽然矿物走私并不是一种新现象，但情况日益严重。仅未经加工的金刚石秘密外运一项，巴西每年就要损失一亿多美元。[12] 实际上，走私只在一定程度上才是非干不可的，因为合法的租让权就能使巴西最宝贵的自然财富轻而易举地被攫取。这类事不胜枚举，这里仅举一例。位于阿拉萨（Araxá）的世界最大的铌矿，就属于纽约铌矿公司的一个子公司。从铌矿中可提取几种金属。这些金属有很强的耐热性，可以用来制造核反应堆，火箭和宇宙飞船，卫星或喷气式飞机。该公司在开采铌矿的同时，也顺带采掘大量钽、钍、铀、烧绿石以及其他高品位的稀土矿。

德国化学家击败了太平洋战争的胜利者

硝石的兴衰史雄辩地证明，拉美国家在国际市场上的时来运转只是过眼烟云，**福星的照耀总是转瞬即逝，灾难的阴云却总是凝聚不散。**

19 世纪中叶，马尔萨斯不祥的预言在旧大陆上空徘徊。那时，欧洲人口急剧增长，而土地的肥力业已耗尽，不进行土壤改良，粮食生产就不可能以同等的比例增长。英国人通过化验，发现海鸟粪具有肥料的性能。从 1840 年起，秘鲁沿海的海鸟粪就开始大规模出口。秘鲁近海的水域中有大量鱼类，那些靠鱼类为生的鲣鸟和海鸥从远古时代起就栖身于沿海大大小小的岛屿上，在那里留下的粪便堆积成山。这些粪便含有丰富的氮、氨、磷酸盐和盐碱。由于秘鲁沿海地区终年无雨，这些海鸟粪的质量没有丝毫变化。[13] 然而，海鸟粪打入国际市场后不久，农业化学家就发现，硝石含的养分更为丰富，到 1850 年，用硝石当肥料的做法在欧洲农村已十分普遍。旧大陆因水土流失，地力早已耗尽，施了肥的麦田贪婪地从硝石中汲取硝酸钠养分。这些硝石最初由秘鲁塔拉帕卡大区（Tarapacá）的硝石矿供应，后来又由玻利维亚安托法加斯塔（Antofagasta）的硝石矿供应。[14] 硝石和海鸟粪就蕴藏在太平洋的海岸，“对寻找它们的船只来说几乎是唾手可得”[15]，欧洲饥荒的幽灵就这样被赶走了。

利马寡头集团的骄奢淫逸达到登峰造极的地步，他们依然故我，无所顾忌地中饱私囊，在用意大利卡拉拉大理石建造的宫殿和陵墓中积累着象征他们权力的财富。这些宫殿和陵墓就矗立在首都的一片沙地上。过去，利马的大家族靠着波托西的银子发迹，现在，他们又靠鸟的粪便和硝石场里那些白得耀眼的石块为生。秘鲁认为自己是独立的国家，实际上英国早已取代了西班牙的角色。马里亚特吉在一篇论文中写道："秘鲁觉得自己很富有，政府在使用贷款时不是量入为出，而是在生活上挥霍无度，把秘鲁的前途整个抵押给了英国的金融机构。"据罗梅罗统计，到1868年，政府的开支和债务已远远超过进口的收入。秘鲁用未开采的海鸟粪作英国贷款的押金，而欧洲又在海鸟粪价格上玩弄花招。海鸟粪出口商掠夺式的经营方式给秘鲁带来了灾难，几千年来在海岛上自然堆积起来的海鸟粪，只几年的工夫就贱卖殆尽。据贝穆德斯书中记载，与此同时，在硝石产区，工人只能勉强维持生存，"他们全家人住一间破旧的房屋，房子只比人略高一点，墙壁是用石块和石子泥巴土坯砌起来的"。

玻利维亚安托法加斯塔省没过多久也开采起硝石来，但是，这个生意不是玻利维亚做的，而是秘鲁做的。其实，更准确地说，经营权是属于智利的。当玻利维亚政府试图向其领土上的硝石矿征税时，智利军队派出几营的兵力占领安托法加斯塔省，并从此驻扎。在此之前，安托法加斯塔省的这片沙漠地带一直在智利、秘鲁和玻利维亚这三个具有潜在冲突的国家之间充当着缓冲区的角色，然而硝石却在那里引起战争。这场太平洋战争于1879年爆发，1883年才结束。智利军队在1879年已占领秘鲁产硝地区的帕蒂约斯港（Patillos）、伊基克港（Iquique）、比萨瓜港（Pisagua）和胡宁港（Junín），最后又胜利进驻利马，进驻的第二天卡亚俄（Callao）要塞就投降了。秘鲁失败后，大片领土被侵占，大量财富遭掠夺，民族经济失掉两大资源，生产力发展停滞不前，货币贬值，国外贷款对秘鲁关上了大门。[16]但是，正如马里亚特吉所指出的，经济虽然崩溃，过去的阴影并未因此而消失；殖民地经济虽然失去了生存的支柱，其结构却完整地保存下来。玻利维亚呢?它甚至没有发现自己在战争中失去了什么，现在世界上最大的铜矿丘基卡马塔矿（Mina de Chuquicamata）恰恰就在现属智利的安托法加斯塔省内。那么，战争的胜利者又得到了什么呢?

1880年，硝石和碘的收入占智利国家收入的5%。十年之后，仅被征服地区硝酸盐的出口收入就占到智利财政收入的一半以上。同一时期，英国在智利的投资增加两倍还要多，硝石产区变成了英国人的大工厂。[17]可他们把硝石矿搞到手花的钱并不多。秘鲁政府1875年征用这些硝石矿时付的是债券。五年之后由于爆发战争，债券价格跌至原来的十分之一。约翰·托马斯·诺斯和他的合伙人罗伯特·哈维这些胆大的冒险家就抓住了这一时机。他们趁智利人、秘鲁人和玻利维亚人鏖战于疆场之机，用智利的瓦尔帕莱索银行（Banco de Valparaíso）和其他银行痛痛快快借给他们的贷款买下硝石矿的债券。士兵们在为这些英国人打仗，但他们浑然不知。诺斯、哈维、英格利斯、詹姆斯、布什、罗伯逊和其他勤奋的企业家所付出的代价很快就被智利政府弥补上了。1881年，智利政府决定把硝石矿归还给其**合法的主人**。这时，硝石矿的债券已有一半握在巫师一般的英国投机商手里，他们没用一个便士就把这些硝石矿占为已有。

1890年代初，智利对英国的出口占其出口总额的四分之三，从英国的进口占其进口总额的将近一半。智利在贸易上依赖英国的程度比当时的印度还要深。智利通过战争垄断了世界的硝石，但硝石之王还是约翰·托马斯·诺斯。硝石矿债券中有40%的利息都由他的一家名叫利物浦硝酸盐公司的企业支付。诺斯 1866 年在瓦尔帕莱索上岸时，他身上那件污秽不堪的旧西装口袋里只有十个英镑。可三十年后，他在伦敦自己那座豪华宅第里款待的都是亲王、公爵、名声显赫的政治家和大企业家一类的人物。诺斯给自己封了一个上校的头衔，还加入保守党和肯特的共济会教派，这是像他这样血统高贵的绅士义不容辞的责任。多尔切斯特勋爵、伦道夫 · 丘吉尔勋爵和斯托克波尔侯爵等都赏脸来参加他举办的奢华舞会。舞会上他化装成亨利八世跳舞。[18] 与此同时，在他那遥远的硝石王国里，智利工人星期天也不能休息，每天劳动长达十六小时。他们的工资用代金牌支付，而在企业开的杂货店里买东西时，代金牌的面值几乎只等于原价的一半。

拉米雷斯 · 涅科切阿写道，在 1886 到 1890 年何塞 · 曼努埃尔 · 巴尔马塞达（José Manuel Balmaceda）总统执政期间，智利政府推行了“有史以来最雄心勃勃的发展计划”。在巴尔马塞达的推动下，智利建立起一些新的工业部门，进行重大的公共工程建设，改革教育，采取措施打破英国企业对塔拉帕卡大区铁路的垄断，并从德国借款。这是智利在整个 19 世纪里第一次，也是唯一一次**不是**从英国借款。1888 年，巴尔马塞达宣布要把硝石产区收归国有，建立起智利自己的硝石开采企业，并拒绝把属于国家所有的硝石矿出售给英国人。三年之后，智利爆发内战，诺斯和他的同伙为反叛者提供了大量资助。[19] 英国的战舰封锁了智利的海岸，伦敦的报纸对巴尔马塞达破口大骂，称他是“最残暴的独裁者”“嗜血成性的暴君”。巴尔马塞达被打败了，他亲手结束了自己的生命。英国大使在给英国外交部的报告中写道：“这里的英国人都不掩饰他们对巴尔马塞达失败所感到的喜悦之情。普遍的看法是，如果巴尔马塞达得胜，英国的贸易利益会受到严重损害。”内战结束后，智利政府在公路、铁路、垦殖等公共工程以及教育方面的投资马上大幅度下降，与此同时，英国企业的地盘却不断扩大。

第一次世界大战前夕，智利三分之二的国民收入靠硝酸盐出口，不过，那时硝石开采的面积已比以前大，掌握在外国人手中的硝石矿也比以前增多。硝酸盐带来的繁荣并没有促进智利的经济发展和生产多样化，恰恰相反，加重了其经济结构的畸形发展。智利有如英国经济的附属，它虽是向欧洲市场提供肥料的最主要国家，却没有掌握自己命运的权力。正在这时候，一位德国化学家用他的实验结果击败了几年前在战场上得胜的将军。他改进哈伯–博施（Haber-Bosch）的生产过程，用凝固空气中氮分子的方法生产出硝酸盐，使硝石从此一蹶不振，智利经济元气大伤。硝石的危机就是整个国家的危机，对智利来说这是一次严重的打击，因为智利经济靠的是硝石，也以硝石为中心而运转。可是，硝石却掌握在外国人手里。

塔马鲁卡尔（Tamarugal）荒原土地龟裂，大地反射的阳光刺得人睁不开眼。在那里，我目睹了塔拉帕卡硝石矿衰败的景象。在硝石开采的鼎盛时期，这里曾有过一百二十家硝石办事处，现在只剩一家没有关门。荒原上缺水，也没有蛀虫，因此不仅机器被当作废铁卖掉，最高级住宅中俄勒冈的松木地板、锌板，甚至连能够使用的螺栓和钉子也统统被卖掉。一些专门从事拆卸房屋的工人应运而生，他们是在这片衰落的或者说被遗弃的大荒原上唯一能够找到工作的人。在那里我看到瓦砾和深坑比比皆是，一个又一个村镇无人居住，硝酸盐铁路公司的铁路废弃不用，有线电报已经沉默，硝石办事处的房屋在岁月的侵蚀下已然散架，墓地里的十字架在夜间遭冷风侵袭，在挖过硝石的大坑边，废石子堆成的山闪烁着白光。一些留在那里的当地人告诉我："这里曾遍地是金钱，谁都认为这一切永远不会结束。"他们认为同现在相比，过去就像是天堂。1889年工人还没有星期日休息的权利，是后来工会通过拼死斗争才争取到的，可是就连那时的星期日在这些当地人的回忆里也熠熠生辉。一位高龄的老人对我说："那时在硝石产区，每个星期日对我们来说都像国庆，我们每星期都过一次'九一八'*。"伊基克港是智利最大的硝石运输港口，曾获得官方颁发的"一级港口"奖。那里的工人不止一次遭到屠杀，然而欧洲最优秀的歌剧演唱家到智利时，却总是先去伊基克市美好年代风格的剧院演唱，然后才去圣地亚哥。

啮噬智利的铜齿

没过多久，铜取代硝石成为智利经济的主要支柱，与此同时，英国的霸主地位也让位于美国。1929年危机爆发之前，美国在智利的投资就已达到四亿多美元，这些钱几乎全部用来开采和运输铜矿。人民团结阵线1970年取得大选胜利之前，智利最大的几个铜矿一直掌握在安纳康达铜矿公司（Anaconda Copper Mining Co.）和肯奈科特铜矿公司（Kennecott Copper Co.）手里。这两家公司关系密切，同属一个国际康采恩。在半个世纪的时间里，它们从智利汇回总公司的钱就达四十亿美元，这大量的血是以各种名义抽走的。根据这两个公司夸大了的数字，它们在智利的总投资也不超过八亿美元，而这些钱几乎全是它们在智利攫取到的

---

* 译注：即智利独立日。

利润。[20]随着铜产量的增加，智利外流的资本愈来愈多，最后一段时间每年竟超过一亿美元。那时，铜矿的主人就是智利的主人。

1970年12月21日，星期一，萨尔瓦多·阿连德在总统府的阳台上向一群情绪高昂的听众发表讲话。他宣布刚刚签署了宪法改革草案，以便将丰富的矿产资源收归国有。他说，1969年安纳康达铜矿公司在智利的利润达七千九百万美元，占它在全世界利润总额的80%。然而，它在智利的投资还不及它在国外总投资的六分之一。右翼在1970年大选中发起的细菌战是一场有预谋的宣传运动，目的是散布恐怖气氛，阻止左翼实施早已宣布的计划，即对铜矿实行国有化和进行其他结构性改革的计划。同前几次大选一样，这次宣传也是紧锣密鼓。报纸上登出苏联重型坦克在拉莫内达总统府前行驶的图片；圣地亚哥的墙壁上到处贴着大胡子游击队员把无辜青年拖向死亡的照片；每一家的门铃都被按响，总有一位女士上前说明来意："您有四个孩子？两个将去苏联，两个将去古巴。"然而这一切宣传都是徒劳。铜"穿上了斗篷，打上了马刺"，阿连德总统宣布，铜矿重归智利所有。

美国当时尽管陷入东南亚战争的泥潭，但也没费心思掩饰官方对安第斯山南麓事态发展的不悦。可是，智利距美国遥远，美国不可能派海军陆战队快速出兵，而且阿连德毕竟是总统，美国表面上鼓吹的代议制民主的所有要求他都符合。帝国主义目前正处于一个新的危机周期的最初阶段，这个周期存在的迹象在经济上已是显而易见。美国为充当世界警察要付出愈来愈高的代价，这个角色亦愈来愈难以扮演。那么，价格之战的效果怎么样呢？智利的铜现在已销往好几个国家，并且有可能在社会主义国家开辟广阔的新市场。智利准备收回铜矿，而美国是无法在世界范围内对其销售实行封锁的。然而，十二年前古巴蔗糖的境况却非常不同，因为古巴蔗糖以前全部销往美国，全部依赖美国市场的价格。1964 年埃 · 弗雷依在大选中获胜后，铜的行情马上看涨，紧张状况明显缓和。1970 年阿连德大选获胜后，本就一直下跌的铜价进一步跌落。铜价一般来讲总是大幅度上下波动，然而前几年却一直很高，加之对铜的需求又超过供给，这种短缺状况使铜价没有跌得很低。现在尽管铝作为电导体已在很大程度上取代铜，但依然需要铜，而且现在还没有找到更便宜、更有效的代用品，不能把铜从钢铁工业和化学工业中排除出去，它仍然是炸药厂、黄铜厂和电线厂的主要原料。[21]

智利拥有世界上最大的铜矿，其储量占世界目前已探明储量的三分之一。这些铜矿全都分布在安第斯山麓。智利的铜矿一般总含有其他金属，如黄金、白银和钼。这也促进了铜的开采。此外，对于安纳康达和肯奈科特公司来说，智利的劳动力是很便宜的，它们在智利所需成本极低，因此有足够的钱去支付在美国的高昂费用。智利铜矿以“国外开支”的形式，每年要拿出一千多万美元来维持这两家公司在纽约办事机构的运转。智利铜矿的平均工资在 1964 年时，仅仅相当于肯奈科特公司设在美国冶炼厂的基本工资的八分之一，尽管这两个地方工人的生产率水平相同。[22] 他们的生活条件过去和现在都大相径庭。智利的矿工一般集中住在狭小、肮脏的工棚里，他们的妻儿老小另外住在郊外破烂不堪的房子里。外国职员自然不同矿工住在一起，在大的矿山里，他们拥有自己的天地。在那些国中之国里，通行的只有英语，甚至还有专门为这些人出版的报纸。随着美国公司在智利开采铜的机械化程度不断提高，工人的生产率水平也在逐步上升。从 1945 年到现在，铜产量增加了五成，但矿山使用的工人却减少了三分之一。

铜矿一旦实现国有化，智利已无法忍受的状况就会得到改变，铜矿就不会重蹈过去硝石先是被掠夺、后又遭冷落的覆辙。美国公司向智利政府上缴的税款，根本不足以弥补矿产资源无可挽回的消耗，因为这些资源是自然形成的，不可再生。而且自 1955 年建立税率随产量增加而递减的赋税制度，以及弗雷依政府对铜矿实行“智利化”后，美国公司上缴的税款相对来说还有所减少。1965 年，弗雷依把国家变成肯奈科特公司的合伙人，他新建了一个对美国公司极为有利的赋税制度，使它们的利润几乎提高了两倍。根据这个新的制度，智利按每磅铜二十九美分的平均价格征税。实际上，由于国际需求旺盛，价格已提到七十美分。虚假价格和实际价格所应上缴的税额不同，这之间的差额使智利少得到很多美元。这一点就连基督教民主党选出的候选人、准备接替弗雷依担任下届总统的拉多米罗 · 托米奇（Radomiro Tomic）也不得不承认。1969 年，弗雷依政府同安纳康达公司签署了一项协议，每隔半年分期购进该公司 51% 的股票，公司还附加了十分苛刻的条件。这件事酿成一桩新的政治丑闻，进一步加速了左翼力量的增长。据报纸披露，安纳康达公司董事长事先已告知智利总统：“阁下，资本家是否保存财产不是凭感情，而是取决于是否有利可图。通常，一个家庭会保存一个祖辈使用过的衣柜。可我们的企业没有祖宗，安纳康达公司可以把它的全部财产都卖掉，只要价钱有利就行。”

井上和井下的锡矿工人

近一个世纪以前，有个饿得半死的男人登上满目凄凉的玻利维亚高原，在石头上凿眼，引爆炸药。当他走上前拾起被炸碎的石块时，竟被晃得睁不开眼。那捧在他手中闪闪发光的石块，来自世界上最富的锡矿层。第二天凌晨，他骑马来到瓦努尼（Huanuni）。样品化验的结果证实了这些石块的价值，而且这些锡矿可以直接从矿山运到港口，不需要进行任何浓缩处理。此公于是摇身一变，当上锡王。当他去世时，《财富》杂志断言，他是世界上十个最富有的富豪之一。他的名字就是西蒙·帕蒂尼奥（Simón Patiño）。在很长一段时间里，他身在欧洲，却一直左右着玻利维亚总统和部长们的上台与倒台；他有意让工人挨饿，策划屠杀工人的行动；他在各行各业投资，增加个人的财富。玻利维亚成了为他效劳的国家。

1952 年 4 月爆发英勇的革命斗争后，玻利维亚对锡矿实行国有化。但昔日的富矿这时已变成贫矿。在帕蒂尼奥当年发现过富矿脉的胡安·德尔瓦耶山（Juan del Valle）里，锡矿石的品位如今比以前下降了一百二十倍。现在从每月采掘的十五万六千吨矿石中，只能提炼出四百吨锡。井下的坑道以公里计算，总长度为矿山至拉巴斯市距离的三倍。胡安·德尔瓦耶山已变成蚂蚁窝，里面有无数坑道、巷道、通道和烟囱纵横交错，这座山很快就会变成一个空壳，它的高度每年都要减少一点，缓慢的塌落把山峰逐渐变成空架子。从远处望去，山峰犹如一个龋齿。

几乎被帕蒂尼奥采掘一空的锡矿收归国有后，他的儿子安第诺·帕蒂尼奥（Antenor Patiño）不仅拿到一大笔赔款，而且继续控制已属国家所有锡的价格和命运。他在欧洲不住地微笑。锡矿实现国有化很多年后，社交专栏仍然认为“帕蒂尼奥先生是笑容可掬的玻利维亚锡王”[23]。这是因为作为 1952 年革命成果的国有化，并没有改变玻利维亚在国际分工中的角色。玻利维亚继续出口锡矿石，几乎所有锡的提炼仍然是由属于帕蒂尼奥的威廉斯·哈维公司

（Williams Harvey and Co.）利物浦冶炼厂经营。痛苦的经验告诉我们，任何一种原料，仅仅将其生产地收归国有是不够的。一个国家即使成了其地下资源名义上的主人，仍然可能像从前一样不掌握支配权。玻利维亚有史以来只出产过锡矿石和精雕细琢的演说。在那里，华丽的辞藻铺天盖地，贫困的景象比比皆是。虚假做作的作家和身着燕尾服的博士从来就是在替那些死有余辜的人开脱罪责。现在十个玻利维亚人中仍有六个是文盲，一半的儿童没有上学。直到1971年，玻利维亚才有了一家自己的炼锡厂投产，这家设在奥鲁罗的民族企业是经历了一段充满叛逆、破坏、阴谋和血腥的漫长历史后才建立起来的。[24] 玻利维亚虽然在此之前一直不能自己生产锡锭，可是，它却有八个法律系，专门培养敲诈印第安人的吸血鬼。

传说一个世纪前，英国大使因拒绝喝下一碗奇恰酒，独裁者马里亚诺 · 梅加雷霍（Mariano Melgarejo）就惩罚他，强迫他喝下整整一大桶巧克力，并让他倒骑着驴在拉巴斯的主要街道上游街，最后又把他赶回伦敦。据说维多利亚女王当时勃然大怒，她命人拿来一张南美洲地图，用粉笔在玻利维亚上画了个叉，斩钉截铁地说："玻利维亚不存在了。"的确，对于这个世界来说，玻利维亚当时不存在，后来也没有存在过。富国先是把玻利维亚的白银抢掠一空，后又掠夺锡，这对它们来说不过是在行使其天然的权利。罐头盒同有鹰的国徽和苹果馅饼一样，说到底也是美国的象征。然而，罐头盒不仅是美国大众文化的象征，**也是20世纪锡矿或称瓦努尼锡矿中矽肺病的象征。但这一点却鲜为人知。洋铁皮是含锡的。玻利维亚矿工去世时肺部全部腐烂，这样，世界就可以消费低价锡。锡在世界市场上的价格由很少几个人操纵着。**玻利维亚矿工的艰苦生活对于罐头消费者或操纵股票交易所的人来说意味着什么呢？世界上冶炼的锡大部分是由美国人购买的。他们为了把锡价控制在一定范围内，每隔一段时间就扬言要把大量的矿石存货投入市场。这些矿石是在第二次世界大战期间以大大低于市价的所谓“有益于民主”的价格购进的。根据联合国世界粮农组织资料统计，美国公民消费的肉类和奶类是玻利维亚人的五倍，禽蛋消费是二十倍。而玻利维亚矿工的消费又远远低于玻利维亚全国低下的平均水准。在卡塔维（Catavi）墓地，盲人为得到一个硬币而给死去的人祈祷。在成年人灰暗的墓碑群中，数不清的白色十字架竖立在一个个小小的坟墓上，惨不忍睹。在矿山出生的孩子，两个中有一个睁开眼不久就会死去，另一个活下来的长大后肯定要当矿工，而且不到三十五岁肺就会烂掉。

卡塔维墓地随时都有可能坍塌，人们在坟墓下面挖掘了无数条坑道，洞口都很狭小，像兔鼠一样钻进去采矿的人只能依次通过。经过多年堆积，堆废矿石的空地上出现新的锡矿层。成堆的废料一次又一次倾倒在那里，形成灰色的小山。灰色的锡矿石和周围灰蒙蒙的景色连成一片。在亚亚瓜（Llallagua），失业者常常钻进奇恰酒店借酒浇愁，一醉方休。当瓢泼大雨从临近云彩上倾泻下来时，人们又可以看到他们弯着腰，沿着土路边拾拣那些被雨水冲过来的锡矿石，边估量它们的品位。在那里，锡是用洋铁皮铸成的上帝，它无所不在，统治着所有人以及一切事物。不仅帕蒂尼奥最初开采的那座山里有锡，就连矿工宿地用土坯砌成的墙上也有锡，这从墙上锡石发出的黑光就可以看出。此外，冲卷矿渣的黄色淤泥含锡，从山上流下的水受到污染，也含有锡。无论是在土地里还是石头里，在地上还是地下，也无论是在塞可河（Río Seco）河床的沙子里还是石子里，都可以找到锡。这海拔近四千公尺的荒凉多石的土地是一片不毛之地，在那里，无论什么东西，颜色都像锡一样灰暗，连人也不例外。人们顽强地忍受着被迫忍受的饥饿，不知道什么是好日子。他们的宿地拥挤不堪，每家只有一间屋子。地面是土，墙壁有裂缝，凛冽的寒风长驱直入。据一所大学有关科尔基里矿山（Mina de Colquiri）的报告披露，被调查过的男性青年，十个人中就有六个同姊妹睡在一张床上。报告还写道："许多父母因性交被子女看到而十分恼怒。"那里没有厕所，便池就是一些公用的小棚子，里面淌满了粪便，苍蝇成群。人们宁可到露天的灰堆上解手，那里虽然垃圾和粪便成堆，猪撒欢地拱来拱去，但至少是通风的。供水设备也是集体使用。等到来水的时候，就要赶快排队，用汽油罐或水罐从公用水池里汲水。那里的人食品不足，吃得也很差。食品主要有土豆、通心粉、大米、淀粉、玉米面，还有少量肉干。

我们下到胡安·德尔巴耶山最深的坑道里。催促第一班矿工上班的刺耳汽笛声几小时前就已在矿工宿地鸣叫。我们走过一条又一条坑道，既经受了热带的高温，也领略到极地的寒冷。我们走了几个小时，一路上都是有毒的空气。呼吸着这种湿度很高又布满瓦斯、灰尘和烟雾的恶浊空气，我才体会到，为什么矿工在短短几年里就会丧失嗅觉和味觉。所有矿工干活时都咀嚼带灰的古柯叶，这样做也会导致身体状况恶化。众所周知，古柯叶可以消除饥饿感和疲劳感，其后果却是使人的机体正常运转所必不可少的报警系统逐渐失灵。然而最糟糕的还是尘埃。工人的安全帽在黑暗的坑道里发出亮光，小光圈在坑道里上下飞舞。随着工人脚步的移动，亮光照出一道道密密麻麻白色的灰尘。这就是无情的硅尘。致命的硅尘一经吸进肺部，就会一点点吞噬矿工的生命。进矿的第二年，矿工就开始出现症状，用不了十年，他们就会进入坟墓。矿井里使用的是瑞典造的最新式风钻机，然而通风设备和劳动条件却没有随着时间的推移而有所改善。在地面上，那些个体劳动者完全像一百年前一样，用钎子和十二磅重的沉甸甸的石匠锤凿石头，用石磨、筛子和箩在矿山的平地上筛选矿砂。他们像牲口似的干活，挣的钱少得可怜。但他们中很多人至少有在露天干活的优越条件，而井下的工人就像是已被判处死刑、将要窒息而死又没有上诉权的囚徒一样。

凿岩机的轰响声已经停止，工人们放下手里的活，我们也在等着装在二十多处炮眼里的雷管和炸药爆炸。在矿井里，常出现人应声倒毙的现象。把炸药爆炸的次数数错，某个导火线烧完的时间超过应有的限度，或者一块石头松动掉下来砸在头上，都会致人死命。在机枪的扫射下，人也会应声倒毙。矿山发生过许多次大屠杀，最近一次是在 1967 年圣胡安日那天夜里。凌晨时分，士兵们占领了山冈的要地，他们单腿跪下，向被节日篝火映红的工人宿地射去一梭梭子弹。[25] 然而，在矿山上，死亡一般是缓慢地、不知不觉到来的。吐血、咳嗽、背上像铅压似的沉重感、严重的胸闷，这些都是死之将来的征兆。体检确诊后，接下来就是永远也不会完结的官僚公文旅行。患病的矿工必须在三个月期限内离开自己在矿山的住所。

凿岩机的轰鸣声已停下来，再过一会儿，那段滑溜溜、形状如蛇的咖啡色矿脉就会被炸开。我们利用这段空隙时间说了几句话。每个矿工嘴里都含着古柯叶，把腮帮子撑得鼓鼓的，淡绿色的古柯汁顺着嘴角流淌。一个矿工从坑道的铁轨中间匆忙走过，把烂泥踩得四溅。“这是个新来的，”有人告诉我，“看见了吗？他穿着那条军裤，配上黄色的毛背心，看上去多么年轻。这个人刚来不久，干活很卖劲。他现在还很能干，**身体还没感觉到呢**。”

那些技术官僚和行政官僚不会死于矽肺病，但他们要靠矽肺病为生。玻利维亚矿业公司总经理挣的工资比矿工多一百倍。在亚亚瓜地区的边上有一条河，从河边那座向河中央倾斜的陡峭悬崖上，可以看到玛利亚·芭尔索拉大草原（Pampa de María Barzola）。这个草原以此命名是为了纪念三十年前牺牲的一位工人女战士。在一次示威活动中，她举着玻利维亚国旗走在队伍前列，遭到机枪的扫射。子弹像针一样把旗子缝在她的身上。在玛利亚·芭尔索拉大草原的另一边，可以看到全玻利维亚最好的高尔夫球场，这个球场是供卡塔维矿上的工程师和主要行政人员享用的。独裁者雷内·巴里恩托斯 1964 年曾把矿工不足以维持生计的工资又减少一半，同时给地位显赫的技术和行政人员增加报酬。至于最高层的技术行政人员的工资，那是保密的。不仅保密，而且是以美元支付。矿上有一个**咨询小组**，享有无限权力，成员都是来自泛美开发银行、争取进步联盟和外国债权银行的技术人员。玻利维亚要根据他们的建议去经营已实现国有化的矿山。玻利维亚矿业公司已成为国中之国，它今天这种状况对于任何部门实现国有化都起到活的反面教材的作用。老寡头集团的权力已被成员众多的“新阶级”的权力所取代，这个新阶级把主要精力用于从内部破坏国家的矿业生产。那些工程师不仅给建立国家冶炼厂的所有方案和计划的实施设置障碍，还千方百计把国有矿山限制在帕蒂尼奥、阿拉马约和霍赫希尔德开采过的老矿床的范围，这些老矿床即将枯竭。1964 年底至 1969 年 4 月间，巴里恩托斯将军把玻利维亚的地下资源拱手让给帝国主义资本集团，这一行为得到所有技术人员和经理的公开支持。塞尔希奥·阿尔马拉斯在他的一本书中，讲述了把废锡矿石让给国际矿产加工公司的来龙去脉。[26] 这家名声显赫的公司公布的资产只有五千美元，但签订的租让合同却使它赚取九亿多美元。

啃噬巴西的铁齿

美国从巴西或委内瑞拉进口的铁矿砂比在本国开采的还要便宜，但美国拼命占领他国铁矿的主要原因还不在这里。抢占或控制国境线以外的铁矿与其说是为做生意，莫若说是国家安全使然。美国的地下资源即将枯竭，这是有目共睹的。没有铁矿石，就无法炼钢，而美国 85%的工业品都或多或少地含有钢。1969 年，加拿大一减少供给美国的铁砂，美国就马上增加从拉美的进口。

委内瑞拉玻利瓦尔山（Cerro Bolivar）的铁矿石品位很高，美国钢铁公司把从那里采掘出来的铁矿直接装进轮船的货舱，运往美国。山的两侧可以看到推土机挖出的大深坑。按照美国钢铁公司的估算，这里蕴藏着价值近八十亿美元的铁矿。仅 1960 年一年，美国钢铁公司和伯利恒钢铁公司分得的利润就占它们在委内瑞拉铁矿业投资额的 30%多，这一年分下去的红利又相当于 1950 年以后十年中它们向委内瑞拉国库缴纳税款的总额。[27] 因为这两家公司是把铁矿石卖给它们在美国的炼钢厂，所以对保护其价格没有丝毫兴趣，相反，这种原料越便宜，对它们越有利。国际市场的铁矿石价格 1958 年至 1964 年间直线下跌，此后几年相对稳定，目前仍处于稳定状态。与此同时，钢材的价格却不断上涨。**钢由世界上富有的中心国家冶炼，而铁矿石是在贫穷的边缘国家里开采出来的；炼钢厂支付的工资培养出“工人贵族”，而铁矿厂的日工资仅够维持生存。**

大约 1910 年在斯德哥尔摩召开的国际地质学大会收集并散发了一些材料。美国商人通过这些材料才第一次了解到，一些国家的地下宝藏是何等丰富，其中对他们最有诱惑力的国家，恐怕要数巴西。很多年后，也就是在 1948 年，美国驻巴西使馆增设了一个新的职务，即**矿业参赞**。从一开始，矿业参赞的工作量同武官或文化参赞的工作量就至少是持平的。结果，使馆很快任命了两个矿业参赞。[28] 不久后，伯利恒钢铁公司从杜特拉政府那里得到品位很高的阿马帕锰矿。1952 年，巴西同美国签署一项军事条约，该条约禁止巴西把像铁矿砂这样具有战略价值的原料卖给社会主义国家。这也是赫图利奥·瓦加斯总统不幸倒台的一个原因，他违反条约强加给巴西的禁令，在 1953 年至 1954 年间，把铁矿石卖给波兰和捷克斯洛伐克，价格比美国支付的要高。1957 年，汉纳矿业公司用六百万美元买下英国圣约翰矿业公司的大部分股票。圣约翰公司早在巴西帝国时代就开采米纳斯吉拉斯的黄金，开采范围是帕拉奥贝瓦山谷（Valle de Paraopeba），那里铁矿储藏量占世界第一，估价为两千亿美元。按照杜阿尔特·佩雷拉在其有关著作中列举的宪法和法律的明确规定，这家英国公司根本不具备合法权利来开发这笔巨大的财富，汉纳矿业公司也不具备这种权利。但是，人们事后才了解到，当时进行了 20 世纪最大的一笔交易。

汉纳矿业公司董事长乔治·汉弗莱（George Humphrey）其时也是美国政府的要员，担任财政部长和进出口银行行长，这是个国家银行，负责资助外贸活动。圣约翰公司曾向美国进出口银行申请贷款，但直到汉纳矿业公司占有它后，它才得到这笔借款。从那以后，巴西历届政府都受到极大压力。汉纳矿业公司的董事、律师或顾问，如卢卡斯·洛佩斯（Lucas Lopes）、何塞·路易斯·布良斯·佩德雷伊拉（José Luiz Bulhões Pedreira）、罗伯托·坎波斯（Roberto Campos）、马里奥·德·席尔瓦·平托（Mário da Silva Pinto）、奥塔维奥·戈维亚·德·布良斯（Otávio Gouveia de Bulhões）等人，当时都是巴西政府最高层的官员，在后来几届政府中，他们继续担任部长、大使或局长的职务。汉纳矿业公司参谋部的成员都选得很合适。美国日益加紧对巴西的进攻，以迫使巴西承认汉纳矿业公司有权开采严格来讲属于巴西国家所有的铁矿。1961年8月21日，雅尼奥·夸德罗斯总统签署一项法令，取消以前非法授予汉纳矿业公司的权利，把米纳斯吉拉斯铁矿收归国有。四天之后，几个担任部长的军人逼迫夸德罗斯辞职。他在辞呈上写道："起来反对我的是一股可怕的力量……"

莱昂内尔·布里佐拉（Leonel Brizola）在阿莱格雷港领导人民起义，挫败了军人政变的企图，把夸德罗斯时期的副总统若昂·古拉特推上总统的宝座。1962年7月，巴西一位部长下令实施向汉纳矿业公司关死大门的法令（这个法令登在《官方日报》上时曾被删节），美国大使林肯·戈登（Lincoln Gordon）于是致电古拉特，强烈抗议巴西政府危害美国企业利益的企图。巴西司法机构确认夸德罗斯1961年签署的法令依然有效，但古拉特仍踌躇不决。与此同时，巴西着手在亚得里亚海（Mar Adriático）上修建一座矿石转运港，以便向几个欧洲的社会主义和资本主义国家运送铁矿砂。巴西直接销售铁矿砂，这对于那些操纵全世界价格的大企业来说是一种不能忍受的挑战。转运港一直没有成为现实，但巴西采取了其他一些民族主义性质的措施，如阻止外国企业利润外流，这些都成为政治局势爆炸的导火索。夸德罗斯签署的那项法令犹如达摩克里斯剑仍然悬挂在汉纳钢铁公司的头顶上。1964年3月的最后一天，政变终于在米纳斯吉拉斯爆发，双方争执不下的铁矿也恰巧就在那里。"对于汉纳钢铁公司来说，"《财富》杂志写道，"去年春季推翻古拉特的骚乱是第一骑兵团在公司濒临绝境时向它伸出的救援之手。"[29]

以后，为汉纳矿业公司服务的人占据了巴西副总统和三个部长的职位。军事政变的当天，《华盛顿明星报》就发表了一篇至少是带有某种预言性的社论，其中写道："巴西目前的形势可以证明，保守的军事首脑发动老式的、好而有效的军事政变，完全可以为所有美洲国家最崇高的利益服务。"[30] 在古拉特尚未辞去总统职务、人还没有离开巴西之前，林登·约翰逊就已按捺不住，他给临时担任总统的巴西议长发去一份祝他好运的电报。电文写道："看到你们伟大国家遇到政治和经济困难，美国人民焦虑万分。巴西人民坚持在不破坏宪制和民主、不发动内战的前提下克服困难，这种坚强的意志令人深感钦佩。"[31] 政变刚过一个月零几天，一直欣喜若狂地进出于各个兵营的美国大使林肯·戈登，就在高级战事学校发表了一次演说，声称卡斯特洛·布兰科领导的成功的谋反，"完全可以和提出马歇尔计划、封锁柏林、击退共产主义在南朝鲜的进犯和解决古巴导弹危机一样，作为 20 世纪中叶世界历史上一次重要的转机而载入史册"[32]。政变发生前不久，美国使馆一位军职人员曾主动向谋反者许诺提供物质援助。[33] 戈登本人也曾向谋反者提示：如果他们建立一个能在圣保罗维持两天时间的自治政府，美国就会予以承认。[34] 美国的经济援助（我们下面还要谈到），或者说美国给予军队和工会的援助，对左右巴西事态的发展和结束起了重要作用，这方面的例证无须赘述。[35]

以卡斯特洛·布兰科为首的独裁政权上台伊始，就把陀思妥耶夫斯基、托尔斯泰、高尔基这些俄国作家的著作付之一炬或扔进瓜纳巴拉海湾（Baía de Guanabara），并把无数巴西人放逐国外、投入监狱或送进坟墓。这些事做到不愿再做之后，就开始把铁矿及巴西的一切都拱手交给外国。1964 年 12 月 24 日那一天，汉纳钢铁公司得到了它所企望的法令。这个圣诞节礼物不仅向该公司提供了平安开发帕拉奥贝瓦铁矿所需要的一切保障，还支持该公司在离里约热内卢六十海里处扩建一座自己的港口和铺设一条铁路运输铁矿的计划。1965 年 10 月，汉纳钢铁公司同伯恒利钢铁公司组成康采恩，共同开发巴西租让的铁矿。这一类结合在巴西司空见惯，在美国却不能办理正式手续，因为美国的法律禁止这种结合。[36] 不知疲倦的林肯 · 戈登完成了他的任务，众人皆大欢喜。好戏演完，他就到巴尔的摩大学当校长去了。1966 年 4 月，约翰逊经过几个月的犹豫，终于决定派约翰 · 塔特希尔（John Tuthill）接替戈登的工作。他解释说，之所以耽搁了一些时间，是因为需要派一位杰出的经济学家去巴西。

美国钢铁公司并不甘居落后。凭什么不邀请它去参加晚宴？没过多久，它就同巴西一家名叫淡水河谷公司（Companhia Vale do Rio Doce）的国营采矿企业进行联合，而这个名称也就基本成为它的正式代号。两家企业联合后，美国钢铁公司又表示同意它拥有的股票只占 49%，于是巴西便把亚马孙地区卡拉哈斯山的铁矿租让给它。技术人员断言，即使同汉纳–伯恒利钢铁公司在米纳斯吉拉斯经营的那座世界最好的铁矿相比，这座矿山的规模也毫不逊色。巴西政府这次又像以往一样辩解，称巴西资本不够，无法只靠自己的力量去开采铁矿。

石油的黑色诅咒

石油和天然气不仅是当代世界运转所必需的主要燃料，也是化学工业愈来愈重要的原料和军事活动头等重要的战略材料。对于外国资本集团来说，其他任何一种磁铁都不具有“黑金子”那种吸引力，世界上也没有其他营生可以给他们带来如此丰厚的巨额利润。石油开采在整个资本主义体系中的垄断程度是最高的。大石油公司在全世界范围内所行使的政治权力，其他任何企业都无法企及。美孚石油公司和壳牌石油公司可以把某个人扶上国王或总统的宝座，也可以把他拉下来；资助宫廷谋反和军事政变，拥有无数的将军、部长和密探为其服务；可以左右任何一个地区和任何一个民族战争与和平的进程。美国新泽西美孚石油公司是资本主义世界中规模最大的工业企业。除美国企业外，实力最雄厚的当数荷兰皇家壳牌石油公司（Royal Dutch Shell）。它们的分公司把原油卖给自己的附属炼油厂，提炼后再把各种燃料卖给各自的经销公司。血液转了一圈，也没有离开石油卡特尔内部的循环轨道。此外，世界七大海域中的输油管道和大部分油船也都归这家石油卡特尔所有。它操纵世界的油价，让自己少付税款，多得利润，结果原油价格的提高总是落在石油副产品价格之后。

石油的状况同咖啡或肉类的状况毫无二致。富国因费神消费石油而赚的钱比穷国生产石油赚来的钱要多得多。两者之间的差距是十比一。一桶石油提炼的副产品价值十一美元，可出口这种世界最重要原料的国家通过征收营业税和开采费只能从中得到一美元。而石油公司总公司所在的发达地区国家却可以赚到十美元，这其中包括它们自己的关税和比产油国高八倍的营业税，以及由大公司垄断的石油运输、提炼、加工及销售的成本和利润。[37]

美国生产的石油价格很高，石油工人的工资相对来说也很高。然而委内瑞拉和中东石油的价格自1957年起却不断下降，整个1960年代一直如此。例如，委内瑞拉的石油1957年平均每桶价值两点六五美元，可在我写这一章时，也就是1970年底，每桶价钱只有一点八六美元。拉斐尔 · 卡尔德拉（Rafael Caldera）政府宣布要单方面大幅度提高油价。可是，根据评论家们掌握的数字，新价格虽然可能引发一场轩然大波，但无论如何不会达到1957年的水平。美国是世界主要产油国，同时也是主要的石油进口国。有一个时期，石油公司销售的大部分原油是从美国本土开采的，那时油价一直很高。第二次世界大战期间，美国变成石油纯进口国。石油卡特尔于是采取一项新的价格政策，致使石油价格不断下跌：**“市场规律”被奇怪地颠倒过来**：随着工厂、汽车和发电厂成倍增加，**世界的石油需求量在不断增长。可是，石油价格却一再下跌**。出现的另外一个悖论是，**虽然石油价格在下跌，消费者购买燃料的价格却普遍上涨**。原油与石油副产品的价格之间存在着巨大的落差。这一系列荒谬的现象其实完全是理性的产物，人们毋需求助于超自然的力量，便可理解其中道理。如上所述，资本主义世界的石油买卖完全掌握在一家无所不能的石油卡特尔手中。

1928年，新泽西美孚石油公司、壳牌石油公司、盎格鲁–伊朗石油公司（Anglo-Iranian，如今改称英国石油公司[British Petroleum]）在苏格兰北部一座云雾缭绕的城堡里，达成瓜分世界的协议，建立起这家石油卡特尔。随后，纽约美孚石油公司、加利福尼亚美孚石油公司和德士古石油公司（Texaco）也陆续加入到这家卡特尔的领导核心中来。[38] 洛克菲勒于1870年建立美孚石油公司，1911年因美国实行反托拉斯的谢尔曼法（Ley Sherman Antitrust），这家公司分解成三十五个大小各异的公司。目前在这个姐妹众多的美孚大家庭中，大姐当属新泽西美孚石油公司。这家公司的石油销售额同纽约及加利福尼亚美孚石油公司加在一起，占石油卡特尔目前总销售额的一半。洛克菲勒集团的石油公司规模极为庞大，美国全国各类企业从世界各地攫取的利润总额中，它们竟占到三分之一。新泽西美孚石油公司是典型的跨国公司，它的大部分利润来自美国以外的国家。它从拉丁美洲攫取的利润超过在美国和加拿大利润的总和。在这些布拉沃河以南的国家里，利润率要高出三倍。[39] **新泽西美孚石油公司设在委内瑞拉的子公司 1957 年赚取的利润，占该公司当年在各地所得利润总额的一半以上。壳牌石油公司设在委内瑞拉的子公司同一年赚取的利润，也占该公司在全世界所得利润总额的一半。**[40]

这些跨国公司并不归它们经营石油的所在国所有。称其为跨国公司，简单地说，是指它们从四面八方为资本主义体系的权力中心攫取大量的石油和美元。它们根本不需要输出资本，就可以扩大在海外的经营，因为从穷国攫取的利润不仅直接流到主要剪息票者居住的少数几个城市，也有一部分用来再投资，以巩固和扩大其国际经营网络。石油卡特尔本身的结构意味着要控制众多国家并对其政府进行渗透。在那些为它效劳的国家里，石油腐蚀总统或独裁者的灵魂，加重结构的畸形发展。石油卡特尔设在各国的企业有权拿铅笔在地图上勾画，决定哪些地区的石油要开采，哪些地区的要保留。生产者出售石油以及消费者购买石油的价格，也都由他们来决定。委内瑞拉和其他蕴藏石油的拉美国家一直受到外国有组织的抢劫和掠夺，石油这种天然财富成了他们政治上受奴役和世风日下的主要缘由。在这段漫长的历史中，石油既造福于人，也带来了不幸；既引发了卑鄙行为，也提出了挑战。

古巴也曾以其他方式向新泽西美孚石油公司提供丰富的利润。该公司从它在委内瑞拉的子公司克里奥尔石油公司（Creole Petroleum Co.）购买原油，然后在古巴岛提炼和出售，价格完全是根据各个时期的情况，以如何对它最有利来决定。1959 年 10 月，正当古巴革命事业蓬勃发展时，美国国务院向哈瓦那发出一份正式照会，对美国在古巴投资的前途表示担忧。当时，来自北部的“海盗”飞机已开始对古巴狂轰滥炸，两国关系已趋紧张。1960 年 1 月，艾森豪威尔宣布减少古巴糖的配额。同年 2 月，菲德尔同苏联签订一项贸易协定。根据协定，古巴能以对它有利的价格用蔗糖同苏联交换石油和其他产品。可是，新泽西、壳牌和德士古的炼油厂拒绝提炼苏联的石油。于是，古巴政府在 7 月份接管这些炼油厂，把它们收归国有，没付任何赔偿费。

在新泽西美孚石油公司的率领下，这些企业开始对古巴实行封锁，不仅拉走了技术熟练人员，而且禁止把机器的关键零配件卖给古巴，禁止为古巴运送货物。这场冲突对古巴来说是一次事关国家主权的考验，古巴胜利地经受住考验。[41] 从此以后，它不再是美国国旗群星中的其中一颗，也不再是美孚石油公司这个世界齿轮中的一个零件。

二十年以前，新泽西美孚石油公司和皇家荷兰壳牌石油公司也曾颁布命令，对墨西哥实行国际禁运。1939 年至 1942 年间，石油卡特尔下令封锁墨西哥的石油出口以及为开采和提炼石油而需进口的物资，原因是拉萨罗 · 卡德纳斯（Lázaro Cárdenas）总统对它们在墨西哥的企业实行国有化。纳尔逊 · 洛克菲勒 1930 年毕业于经济学专业，他在毕业论文中赞誉美孚石油公司的功绩。当时他飞到墨西哥，准备通过谈判达成一项协议，但卡德纳斯没有退缩。美孚和壳牌石油公司以前曾瓜分墨西哥，北部归美孚所有，南部归壳牌统辖。在此期间，它们不仅不接受最高法院的决议，拒不执行墨西哥劳工法，而且以极快速度把有名的法哈德奥罗（Faja de Oro）

的石油开采一空。它们还强迫墨西哥人以高价购买本国的石油，其价格高于把同样的石油卖给美国和欧洲的价格。[42] 在出口热的驱使下，许多本来可以再开采三十年或四十年的油井，在短短几个月时间里就被粗暴地开采一空。奥康纳写道："它们夺走了墨西哥储藏量最丰富的油矿，留给它的只是一些设备陈旧的炼油厂、干枯的油井、坦皮科市的贫困景象以及痛苦的回忆。"在不到二十年的时间里，石油产量就减少到原有的五分之一。当时，墨西哥的石油工业已摇摇欲坠，而且完全是在为外国的需要服务。石油工人只有一万四千三百人，技术人员全部走光，连交通工具都不翼而飞。卡德纳斯把恢复石油工业作为墨西哥民族的一项伟大事业，靠想象力和胆略战胜了危机。1938 年，他建立墨西哥石油公司，负责全国的石油开采和销售。目前，在拉美所有非外国企业中，这家公司的规模首屈一指。赫苏斯 · 席尔瓦 · 赫佐格说得很对："墨西哥不是那些海盗公司的债务人，而是正正当当的债权人。"[43] 然而，尽管如此，墨西哥政府在 1947 年至 1962 年间，还是用墨西哥石油公司的利润向美孚和壳牌公司的企业偿付了巨额赔款。1949 年，美国曾计划借贷给墨西哥石油公司，但因美孚石油公司从中作梗而未能成功。很多年之后，尽管墨西哥慷慨的赔偿已弥补了过去的裂痕，但在墨西哥石油公司向泛美开发银行借款时，又出现类似 1949 年的情况。

在拉丁美洲，第一个建立国营炼油厂的国家是乌拉圭。乌拉圭全国燃料、酒精和水泥管理局（ANCAP, Administración Nacional de Combustibles, Alcohol y Portland）成立于 1931 年，主要职能是提炼和销售原油。建立这个管理局是乌拉圭从民族立场出发，为结束石油卡特尔在拉普拉塔河流域长期肆意横行的历史而采取的行动。在建立炼油厂的同时，乌拉圭政府还同苏联签订合同，以便购进便宜的石油。合同刚一签署，石油卡特尔就马上出钱发动了一场疯狂诋毁乌拉圭国营炼油厂的宣传运动，并开始对乌拉圭进行敲诈和威胁。他们断言乌拉圭找不到能卖给它机器的人，说乌拉圭的石油储备即将枯竭；还说乌拉圭政府是个糟糕透顶的管理者，不可能胜任如此复杂的石油生意。1933 年 3 月的宫廷政变散发出某种石油的气味。加夫列尔 · 特拉（Gabriel Terra）独裁政权废除全国燃料、酒精和水泥管理局垄断燃料进口的权利。1938 年 1 月，他又同石油卡特尔签署秘密协议，这些万恶不赦的、至今还仍然有效的协议竟向人民隐瞒了四分之一世纪之久。根据协议规定，在乌拉圭购买的原油中必须有 40% 由美孚、壳牌、大西洋和德士古石油公司指定买主，由石油卡特尔制定价格，乌拉圭无权自找买主。此外，乌拉圭政府虽然可以保留炼油的垄断权，但必须支付外国炼油厂的一切费用，其中包括广告费、优厚的薪水以及为办公室购买豪华家具的费用。[44]“这就是进步”，电视里的广告唱道。在乌拉圭，石油广告铺天盖地，美孚石油公司却没有为此掏一分钱。乌拉圭共和国银行的律师也同时负责美孚石油公司的公共关系，他的两份工资均由乌拉圭政府支付。

1939 年前后，全国燃料、酒精和水泥管理局下属的炼油厂成功建起了自己的废气燃烧装置。如前所述，这家炼油厂建成不久就遭到严重破坏，可它仍不失为成功抵制石油卡特尔压力的典范。巴西全国石油委员会主席奥尔塔 · 巴尔博扎（Horta Barbosa）将军去了蒙得维的亚一趟，那里的经验使他异常振奋，他看到乌拉圭这家炼油厂开工一年就几乎收回建厂的全部投资。在巴尔博扎将军的努力和其他民族主义军人的热心协助下，巴西石油公司这家国营企业终于于 1953 年在“石油是我们的”的欢呼声中投产。目前，巴西石油公司是该国最大的企业，经营本国的石油勘探、开采和提炼。[45]可是，这家公司建立后也没能免遭破坏，石油卡特尔夺走了它获取利润的两大源泉。第一大源泉是经营汽油、润滑油、煤油和其他几种石油副产品的批发，这种生意十分好做，埃索、壳牌和大西洋石油公司靠打电话就基本可以解决问题。它带来的利润却十分可观，除汽车工业外，美国在巴西投资最多的就属这个部门。第二大源泉是可创造高额利润的石油化工工业。几年前，以卡斯特洛·布兰科元帅为首的独裁政权对其实行非国有化。前不久，石油卡特尔又掀起一场喧嚣一时的宣传运动，意在剥夺巴西石油公司垄断本国石油提炼的权利。这家公司的捍卫者站出来提醒人们，1953 年以前，巴西的私人企业本有权利从事巴西石油的开采和提炼，但它们没有这样去做。[46]这些捍卫者还极力帮助容易忘事的公众回想过去的一件事，以充分说明实行国家垄断的做法是可取的。1960 年 11 月，巴西石油公司确实委托两名巴西技术人员组织人力对巴西的石油矿藏做了一次全面考察。考察报告使巴西东北部小小的塞尔希培州（Sergipe）一跃而成为巴西石油产量最高的一个州。然而此前不久，也就是同年 8 月，新泽西美孚石油公司的首席地质学家、美国技术员沃尔特·林克（Walter Link）曾以五十万美元的价钱卖给巴西政府一堆地图和一份冗长的报告，称塞尔希培州的油层“薄得几乎看不见”。在这之前，人们认为这个州的石油储量是 B 级，林克把它降到 C 级，后来才发现它属 A 级。[47]奥康纳认为，林克一直在扮演美孚石油公司驻巴西代理人的角色，他勘探前就已决定不找到石油，好让巴西继续依靠洛克菲勒在委内瑞拉的子公司，从那里进口石油。

在阿根廷，外国企业及其在当地的众多应声虫也一直坚持说，这个国家没有多少石油。然而阿根廷国家石油总局技术人员的研究报告十分有把握地指出，全国近一半的领土蕴藏着石油，在大西洋沿海一带广阔的海底大陆架中，石油蕴藏量也很丰富。每当阿根廷的贫油状况成为人们挂在嘴边的时髦话题时，政府都会同石油卡特尔的一家公司签订一项新的租让合同。阿根廷的国营企业国家石油总局自成立之日到现在，一直不断受到有系统的破坏。直到几年前，阿根廷还是帝国主义争夺的最后历史阵地之一，争夺在日趋没落、已无回天之力的英国和蒸蒸日上的美国之间进行。石油卡特尔内部的协议并没有妨碍壳牌石油公司和美孚石油公司争夺阿根廷的石油，它们有时还使用暴力手段。近四十年来接连发生的几次政变颇有一些相似之处，这是发人深省的。1930 年 9 月 6 日，正当阿根廷国会准备投票通过石油国有化法时，具有民族主义倾向的伊波利托 · 伊里戈延（Hipólito Yrigoyen）总统被何塞 · 费利克斯 · 乌里武鲁（José Félix Uriburu）领导的哗变推翻。1943 年 6 月，拉蒙 · 卡斯蒂略（Ramón Castillo）政府倒台也是在它准备签署一项协议，推动美国资本参与阿根廷石油开采时发生的。1955 年 9 月，胡安 · 多明戈 · 庇隆流亡国外，这与国会准备批准向加利福尼亚石油公司租让油田不无关联。阿图罗 · 弗朗迪西（Arturo Frondizi）宣布阿根廷所有石油矿藏实行招标开采，号召愿意开采石油的企业投标。他的这种做法导致军界三个兵种内几次爆发极为严重的危机。1959 年 8 月，政府宣布尚未有人投标，于是马上就有公司参与。可到了 1960 年 10 月，投标一事却不了了之。弗朗迪西还是把好几块油田租让给石油卡特尔的美国公司。英国利益集团在阿根廷海军及陆军的“红党”派别中有着决定一切的权力，它们与弗朗迪西 1962 年 3 月的倒台不无关联。阿图罗 · 伊利亚（Arturo Illia）宣布废除上届政府的租约，于是在1966年被推翻。翌年，胡安·卡洛斯·翁加尼亚（Juan Carlos Onganía）颁布了一项有利于美国利益集团与英国竞争的石油法。

石油在拉丁美洲不仅引起政变，还招致了一场战争。这就是南美两个最穷的国家之间进行的查科战争（1932—1935）。雷内·萨瓦莱塔（René Zavaleta）把玻利维亚与巴拉圭之间的这场相互残杀称为“裸体士兵的战争”。[48] 1934年5月30日，路易斯安那州的参议员休伊·朗发表了一篇措词激烈的演说，震动整个美国。他在演说中揭露，是新泽西美孚石油公司挑起的战争，他们资助玻利维亚军队打仗，为的是假他人之手，占领巴拉圭的查科地区。因为从玻利维亚铺设一条到巴拉圭河的输油管道，查科地区是必经之地，据估计，这个地区的石油蕴藏量也很丰富。休伊·朗说，“这些罪犯到了那里，雇佣刺客为他们卖命”[49]。巴拉圭一边，人们在壳牌石油公司的唆使下，也向屠宰场挺进。士兵在向北挺进的路上，发现在有争议的地区内有美孚石油公司打的油井。原来这是两家既是对头又同属石油卡特尔的石油公司在争夺查科地区，但流血的不是它们。巴拉圭最后打赢了战争，但失去了和平。美孚石油公司有名的代理人斯普鲁伊尔·布鲁登（Spruille Braden）担任谈判委员会主席，这个委员会把巴拉圭要求收回的几千平方公里土地又划归玻利维亚和洛克菲勒所有。

在离那场战争最后的战场不远的地方，人们可以看到以前由梅隆（Mellon）家族的海湾石油公司所霸占、1969年10月被玻利维亚收归国有的那些油井和大面积的天然气油田。阿尔弗雷多·奥万多（Alfredo Ovando）将军在克马多宫（Palacio Quemado）的阳台上宣布实行国有化时高呼：“玻利维亚人受屈辱的时代结束了！”

十五天以前，在奥万多还没有取得政权时，他就当着一批有民族主义倾向的知识分子发誓，要把海湾石油公司收归国有。他起草了一个法令，签上名但没有写日期，然后塞进信封封存起来。在此之前五个月，雷内 · 巴里恩托斯将军乘坐的直升机因在阿尔克（Arque）的山谷撞上电讯电缆而坠毁。这种安排得如此周密的谋杀，人们是不可能凭想象力杜撰出来的。众所皆知，那架直升机是海湾石油公司送给巴里恩托斯的私人礼物，而电讯设施属于国家所有。同巴里恩托斯一道被大火吞噬的，还有满满两袋钞票，这是他准备一张张散发给农民的。随机还带有几支自动步枪，枪一着火，子弹就自动射在燃烧着的飞机四周。谁也无法靠近，只得眼睁睁地看着巴里恩托斯独裁者被大火活活烧死。

奥万多颁布了石油国有化法，还宣布废除石油法。石油法也称达文波特法（Código Davenport），以纪念用英文起草这部法令的达文波特律师。1956 年，为了起草这部法令，玻利维亚从美国得到一笔借款。在此之前，玻利维亚也曾向美国进出口银行、纽约私人银行和世界银行请求过贷款，但因是用来发展国家的石油企业，即玻利维亚国家石油总局，这些要求一直遭到拒绝。美国政府总是把美国私人石油公司的事业作为自己的事情来做。[50] 当时，根据这部石油法，玻利维亚把全国石油储量最丰富的几个油田租让给了海湾石油公司，租期为四十年。石油法还规定了该公司向玻利维亚政府上缴利润的比例。在很长一段时间里，这个比例一直是 11%，真是少得可怜。此外，玻利维亚政府还要分担承让者的费用，可它又没有权力控制海湾石油公司的花费。赠送礼物方面走到了极端：一切风险都要玻利维亚国家石油总局来承担，海湾石油公司不承担任何风险。在巴里恩托斯独裁统治时期，海湾石油公司 1966 年底签署的一份**意向书**就确实做了这样的规定：在海湾石油公司和玻利维亚国家石油总局共同开发一个地区的过程中，如果没找到石油，海湾石油公司也要收回它在勘探上的全部投资；如果找到石油，勘探的投资就通过以后开采石油收回，不过这笔费用从一开始就要记到玻利维亚国家石油总局的负债表上。而勘探需要多少费用，由海湾石油公司根据它的判断来决定。[51] 就在这份**意向书**中，海湾石油公司还恬不知耻地把从来没有租让给它的天然气油田全说成自己的财产。玻利维亚的天然气储藏量比石油多得多。巴里恩托斯将军对该公司的做法只做了个满不在乎的表示，可这就足够了。他挥了挥手就决定了玻利维亚主要能源资源的命运。可是好戏并没有就此收场。

阿尔弗雷多·奥万多将军在玻利维亚征收海湾石油公司财产的前一年，另一位民族主义将军，秘鲁的胡安·贝拉斯科·阿尔瓦拉多已经把新泽西美孚石油公司在秘鲁的子公司国际石油公司（International Petroleum Co.）的油矿和炼油厂收归国有。贝拉斯科是在一桩政治大丑闻引起的公愤达到极点时，率领一个军事委员会夺取政权的。丑闻的起因是，贝朗德·特里政府把它同国际石油公司签订的塔拉拉协议（Convenio de Talara）的最末一页**丢失**了。在这神秘消失的第十一页上，写着这家美国公司炼油厂保证购买秘鲁原油时的最低价格。但引起丑闻的还不仅仅是这些。有人同时透露，这家美孚石油公司的子公司在五十年的时间里，以逃避包括开发税在内的各种税收方式以及其他多种形式的舞弊和贿赂，从秘鲁方面诈骗了十亿多美元。国际石油公司董事长同贝朗德总统会晤了六十次，双方才同意签订塔拉拉协议，可协议又促发贝拉斯科领导的军人起义。在此后两年的时间里，秘鲁政府同该公司的谈判断断续续，其间美国国务院停止对秘鲁一切形式的援助。[52] 实际上，美国已没有时间再恢复对秘鲁的援助，因为贝朗德总统在威逼之下所做的让步已经决定了他的命运。洛克菲勒公司就国有化一事向秘鲁法院提出抗议时，人们向该公司律师的脸上猛掷小钱币。

拉丁美洲的惊人之举真是层出不穷。这个备受折磨的地区有着无限的惊世骇俗的能力。在安第斯山地区，军人的民族主义热忱像长期休眠的火山一样又重新爆发。有这样一种矛盾的现象：今天实行改革和爱国主义的那些将领，就在不久前还在屠杀游击队员。也就是说，那些捐躯者手中的旗帜，其中有很多又被他们的战胜者重新擎起。秘鲁的军人 1965 年曾向一些游击队活动的地区投下大量凝固汽油弹，而向他们提供汽油和先进技术，让他们在利马附近的拉斯帕尔马斯空军基地制造这些炸弹的，正是新泽西美孚石油公司的子公司，国际石油公司。[53]

马拉开波湖已被巨大的金属兀鹫吞噬

委内瑞拉石油在世界市场的比重虽然于 1960 年代中期有所减少，但到 1970 年，委内瑞拉仍是世界最大的石油出口国。美国资本集团从整个拉美攫取的利润中，有近一半来自委内瑞拉。委内瑞拉是世界上最富有的国家之一，但同时也是穷人最多、暴力活动最猖獗的国家之一。其人均收入在拉美占第一位，有四通八达的超现代化公路网。以人均计算，委内瑞拉消费的苏格兰威士忌超过任何一个国家，可供近期开发的石油、天然气和铁矿宝藏能给每个委内瑞拉人带来十倍于现在的财富。它那广袤千里的处女地可以容纳德国或英国的全部人口。半个世纪以来，委内瑞拉从石油开采中得到了十分可观的收入，其数量之大，相当于马歇尔计划为欧洲复兴提供的资金的两倍。从第一口油井喷出石油到现在，委内瑞拉人口增长了两倍，国家预算增加到原来的一百倍。可是，还有相当一部分老百姓整天为吃到一小撮统治者的残羹剩饭争来抢去。与过去委内瑞拉依赖可可和咖啡的时代相比，他们现在吃的并不见得好多少。[54]首都加拉加斯在三十年时间里扩大了七倍。随着石油钻塔在马拉开波湖上一个个竖立起来，加拉加斯这座有着凉爽庭院、中心广场和静谧大教堂的古老城市，也很快建起鳞次栉比的摩天大厦。那里的空调机日夜快速飞转，轰鸣作响，把人搅得坐卧不宁。加拉加斯已变成一个石油文化中心。在这种文化的熏陶下，人们热衷于消费，不愿进行创造性活动，而消费者的需求又被这种文化人为地扩大了许多，真正的需求反倒被掩盖起来。加拉加斯人喜爱的是合成产品和罐头食品，他们从不步行，出门就坐车，汽车发动机排出的废气把这座山谷洁净的空气都污染了。加拉加斯人夜间很难入睡，因为他们抑制不住自己渴望赚钱、买东西、消费、花钱，渴望把一切占为己有的强烈欲望。在山谷四周的坡地上，住着五十多万被遗忘的人，他们的窝棚是用从垃圾堆里拣来的破烂搭成的。从那里，他们可以看到别人在如何挥霍浪费。在这座金色的首都，成千上万辆最新型号小汽车在大街上飞驰，车灯闪闪发光。节日前夕，一艘艘轮船靠近拉瓜伊拉港（Puerto de La Guaira），船上装满法国香槟、苏格兰威士忌和来自加拿大的成堆的圣诞树。可是与此同时，人口普查结果表明，到1970年，委内瑞拉还有一半的儿童和青少年没有就学。

委内瑞拉每天开采三百五十万桶石油，以保证资本主义世界工业机器的运转。然而，委内瑞拉租让给美孚、壳牌、海湾和德士古子公司的油田还有五分之四尚未开采，至今仍是处女田。此外，石油出口的收入一半以上永远也不会回到委内瑞拉。克里奥尔公司的宣传品吹嘘自己在委内瑞拉如何行善，其中的赞誉之词同18世纪西班牙吉普斯夸皇家公司标榜自己德行时使用的词毫无二致。外国公司从委内瑞拉这只巨大奶牛身上榨取的利润，若与投资额相比，利润率之高只有过去的奴隶贩子和海盗可以与其媲美。除委内瑞拉外，没有任何一个国家在如此短的时间内向资本主义世界提供过如此多的产品。据兰赫尔估计，委内瑞拉被掠走的财富数量之大，超过当年西班牙人从波托西、英国人从印度掠夺的财富。委内瑞拉第一届全国经济学家代表会议披露，外国石油公司在委内瑞拉的实际利润率1961年上升到38%，1962年又提高到48%，然而这些公司结算表上记录的利润率却分别为15%和17%。这中间之所以有差距，是因为公司在账簿上做了手脚且秘密转移了一部分利润。此外，在石油买卖这个复杂的行当中，由于同时存在多种价格体系，很难估算利润额。掩盖实际利润额往往用以下方式：一是人为降低原油价格，因为从油井到加油站，石油从来都是在公司自己控制的渠道里流通；二是人为提高生产成本，这其中包括虚构出来的高额工资和极力夸大的广告费用。实际上，根据官方统计数字，近十年来，委内瑞拉不仅没有新的外国资本投资，资本还不断外流，每年外流数达七亿美元。外国资本承认，这些资金是它们的“年金”。委内瑞拉近几年来投入的资本完全是从本国利润中抽出的。与此同时，石油开采成本直线下降，原因是外国公司使用的劳动力愈来愈少：仅1959年到1962年的几年里，石油工人的数量就减少了一万多，剩下三万多一点。到1970年底，只剩下两万三千人。最近十年，石油产量却一直大幅度增长。

由于失业人数的不断增加，马拉开波湖石油工人宿地的危机进一步尖锐化。马拉开波湖上钻塔林立。半个世纪以来，十字钢架里的采油树一直不停地工作，委内瑞拉的财富和贫困无一不是由此产生。在采油树的旁边，燃烧器喷吐着火舌，天然气被白白烧掉。委内瑞拉把天然气毫无吝惜地送给大气层，却没有人因此而受到法律制裁。在马拉开波湖的四周，大大小小的城镇如石油一般源源不断地冒出。到处都在开采石油，就连住宅的后院、街道的拐角，都可以看到抽油机。在那里，街道、衣服、食物和墙壁都被石油染成了黑色，就连妓女的绰号也与石油连在一起，像“油管”“四个阀门”“绞车”“拖轮”等等。服装和食品的价格也都高于加拉加斯。这些现代化村庄诞生的过程是悲惨的，但在赚钱容易这种乐观情绪的感染下发展得很快。现在，大家已经认识到那些城镇是没有前途的。油井一旦枯竭，要生存下去就只能靠出现奇迹。到那时，剩下的将只有残垣断壁和受到石油污染的水域。鱼类将纷纷死亡，海浪冲刷的将是阒无人声的海岸。那些靠开采石油为生，而油井又尚未枯竭的城市，也同样逃脱不了悲惨的命运。随着开采的机械化程度不断提高，将有大批工人遭到解雇。“石油从我们身边流走了”，拉古尼利亚斯（Lagunillas）的一位居民1966年就这样说过。卡比马斯（Cabimas）在足足半个世纪的时间里一直是委内瑞拉最大的石油基地，曾给加拉加斯和全世界带来巨大的繁荣；可是，这个城市现在连下水道也没有，柏油马路也只有一两条。

委内瑞拉出现开采石油热是很多年前的事情了。从大约1917年起，委内瑞拉就开始开采石油。那时，传统的大庄园依然存在，广阔的天地无人居住，大片的土地闲置不用。那时，大庄园主还监视雇工干活，稍不如意就用鞭子抽打或活埋到腰部。1922年底，拉罗萨（La Rosa）油井喷出石油，日产量达十万桶，石油热从此拉开帷幕。在马拉开波湖上，钻机和绞车如雨后春笋般出现，各种外来设备和头戴软木安全帽的人也突然间蜂拥而至。大批农民从各地来到这沸腾的土地安家落户，住在用大木板和油桶的铁皮搭成的窝棚里把他们的劳动力贡献给石油。在委内瑞拉的平原和森林地带，甚至在那些人迹罕至的地区，人们有史以来第一次听到俄克拉何马和得克萨斯州的口音。七十三家外国公司眨眼之间都冒了出来。在这股租让油田的热潮中领头的是独裁者胡安·比森特·戈麦斯（Juan Vicente Gómez），他原是安第斯地区的牧场主，当政二十七年所做的事就是养孩子和做买卖。在石油喷涌而出的那些年代，戈麦斯总是从他装得满满的口袋里掏出石油股票来酬谢众人。他酬谢的人有他的朋友、亲戚和臣属，有保证他前列腺不出问题的医生和保卫他的将军，还有为他大唱颂歌的诗人和在耶稣受难周星期五特许他吃荤的主教。戈麦斯胸前挂满各大强国授予他的闪闪发光的勋章，因为世界各地公路上奔驰的小汽车离不开汽油。独裁者的亲信常常把原本用来租让的油田卖给壳牌、美孚或海湾石油公司。这种靠权势和贿赂做交易的风气掀起一股做矿藏投机生意的热浪，点燃人们占有地下矿藏的欲望。于是，印第安村社的土地被霸占，不管是否愿意，许多农户都失去了自己的地产。1922 年颁布的石油法是美国三家企业的代表起草的。那时，油田全部被围起来，里面还有警察。凡是没有携带石油企业聘用卡的，一律不准入内。甚至连运石油至港口所途经的几条公路，也都禁止外人经过。1935 年戈麦斯刚一死，石油工人就剪断宿地四周带刺的铁丝网，宣布罢工。

1948 年，随着罗慕洛·加列戈斯（Rómulo Gallegos）政府的垮台，三年前拉开帷幕的改良主义时期宣告结束。得胜的军人一上台，就迫不及待地减少政府在石油卡特尔子公司石油利润中的比例分成。1954 年，由于政府减少税收，美孚石油公司得到三亿美元的额外利润。1953 年，一位美国商人曾在加拉加斯说过："在这里，您拿您的钱干什么都可以。对于我来说，所有的政治自由和公民自由加起来也顶不上这种自由。"[55]1958 年，独裁者马科斯·佩雷斯·希门尼斯（Marcos Pérez Jiménez）被赶下台时，委内瑞拉已变成一口巨大的油井，到处都是监狱和拷打室。国家所需要的一切，大到小轿车、电冰箱，小到炼乳、鸡蛋、莴苣，乃至法律和法令，都需要从美国进口。洛克菲勒集团最大的企业克里奥尔公司 1957 年宣布，这一年它获得的利润几乎达到总投资的一半。委内瑞拉政府革命委员会把最大几家公司的所得税从 25% 提高到 45%，石油卡特尔出于报复，马上下令让委内瑞拉的石油价格下跌，公司也就在这时开始大批解雇工人。由于价格跌得太低，虽然政府提高了税率、增加了石油出口量，但 1958 年的收入还是比前一年减少了六千万美元。

后来的几届政府虽然没有把石油工业收归国有，但 1970 年以前也没有再向外国公司租让新的油田来开采黑色的金子。在这一段时间里，石油卡特尔加快开采近东和加拿大油田的速度，而委内瑞拉勘探新油井的工作实际上已停下来，石油出口量也不再增加。不再租让油田的政策已失去意义，因为委内瑞拉的国有企业委内瑞拉石油公司并没有把一直无人担负的职责担负起来。它只是东一点西一点地钻几口井，从而证实它的职能就是罗慕洛·贝当库尔（Rómulo Betancourt）总统所提出的"不是要发展成一个大企业，而是要为谈判新形式的租让充当中间人"。这种新形式的租让提了很多次，然而从来没有实现。

与此同时，二十年前形成并发展起来的那股推动工业化前进的强大势头，目前已呈明显的衰退迹象，工业化已无力再向前发展，这种现象在整个拉美屡见不鲜。由于大多数人的贫穷而受到限制的国内市场，在支持制造业的发展方面是不可能超过某些限度的。另外，由民主行动党政府启动的土地改革也是半途而废，当初搞改革的那些人许下的诺言，连一半也没有兑现。委内瑞拉消费的相当一部分食品是从国外，尤其是美国进口的。例如，委内瑞拉人最喜爱吃黑豆，而黑豆是从北边大批运来的，包装的袋子上面赫然印着英文“豆子”的字样。

一位名叫萨尔瓦多·加门迪亚的小说家曾在他的著作中再次描绘整个征服文化，亦即石油文化所制造的地狱。他在1969年给我的一封信中写道：“你看到过抽油机吗？就是把原油抽出来的机器。它的样子很像一只大黑鸟，尖尖的脑袋沉重地一上一下，日日夜夜，一刻不停。这是唯一不吃屎的兀鹫。一旦石油采空，吸油管发出那种空抽的声响，情况又会怎样呢？不祥的前奏曲已开始在马拉开波湖上空回响。在湖的四周，一夜之间就冒出了令人炫目的城镇，那里有电影院、超级市场和舞厅，也有成群的妓女和大量的地下赌场。在那里，钱是不值钱的。前不久，我去了一趟，心像被抓了一下。死人和废铁散发出的臭味盖过了石油的气味。房屋千疮百孔，已大半无人居住。每个城镇都濒于毁灭，街道满是泥泞，商店已成瓦砾。外国公司过去的一个潜水员每天拿着把钢丝锯潜入水中，把废弃的油管一段段锯下来当作废铁卖掉。现在人们在谈论那些外国公司时，好像是在回忆美丽的神话。人们生活在那神话般荒诞的过去，对掷骰子时一掷千金、酗酒时一醉七天的情景，至今仍十分怀念。与此同时，钻井的采油竖井仍在继续工作，大量的美元像雪片一样落到总统府米拉弗雷斯宫里，然后又变成高速公路和其他用钢筋混凝土建造的庞然大物。可是，委内瑞拉有70%的人被排斥在这一切之外。城市里出现了一个没有主心骨的中产阶级，他们工资很高，可花钱买的多是无用之物。广告的宣传把他们搅得六神无主，他们竟听进那些天花乱坠的蠢话，欣赏起趣味极其低俗的东西来。不久前，政府大肆宣传消灭了文盲。然而，上次大选时对登记过的选民普查的结果表明，在十八至五十岁的公民中，竟有一百万人是文盲。”

第二部分

发展是遇难者多于航行者的航行

早夭史

拉普拉塔河上的英国战舰庆贺拉美独立

1823年，英帝国智囊人物乔治·坎宁（George Canning）忙于庆祝英国在世界各地的胜利。法国代办不得不忍受这样一段祝酒辞的羞辱："胜利的荣耀属于你们，随后是灾难和毁灭；无荣耀可言的工业上的往来和与日俱增的繁荣属于我们……骑士时代已经过去，随之而来的是经济学家和深谋熟虑者的时代。"伦敦开始了长时间的欢庆。几年前英国已彻底打败拿破仑，世界进入**英国统治下的和平**时代。在拉丁美洲，独立永久地确定了地主和靠新生国家的提早破产在港口发了横财的商人的势力。原西班牙殖民地以及巴西，成为英国纺织品和英镑梦寐以求的市场。1824年坎宁著书时说得对："木已成舟，钉子已经钉上了，西班牙美洲已经自由。只要我们善于管理我们自己的事，那么，美洲是属于**英国**了。"[1]

蒸汽机、织布机和纺织机械的改进，使英国的工业革命以极快的速度成熟起来。工厂和银行成倍增加。内燃机使航运现代化，许多大型船舶远航四海，使英国的工业扩张遍及全世界。英国经济靠的是用棉织品换取拉普拉塔河流域的皮革、秘鲁的鸟粪和硝酸盐、智利的铜、古巴的糖和巴西的咖啡。出口工业品、收入运费和保险费、获取贷款利息和投资赢利，是整个19世纪英国经济欣欣向荣的动力。实际上，早在独立战争之前，英国人已经控制了西班牙与其殖民地之间相当大的一部分合法贸易；同时，把大量走私货物源源不断地投向拉丁美洲沿海地区。贩卖奴隶为地下贸易活动提供了一面卓有成效的挡箭牌，然而，各处海关的记录表明，在整个拉丁美洲，绝大部分进口产品并非来自西班牙。事实上，西班牙从未垄断过贸易："早在1810年之前，宗主国已经失去它的殖民地。独立革命仅仅是从政治上承认这种现状。"[2]

英国部队仅以伤亡一人为代价就征服了加勒比地区的特立尼达。但是远征军司令拉尔夫·阿伯克龙比（Ralph Abercromby）确信，在西班牙美洲，再进行军事征服将不是一件易事。稍后不久，英国入侵拉普拉塔河沿岸地区遭到失败。英军的失败使阿伯克龙比的见解更有说服力，即武装远征是无效的，世界已进入由外交官、商人和银行家为主宰的历史时期。在西班牙殖民地建立自由主义新秩序，将使英国有机会包揽西班牙美洲十分之九的贸易。[3]独立的激情在西班牙美洲大地上沸腾。自1810年起，伦敦推行曲线和两面的政策。这一政策的起伏，取决于当时的需要，即促进英国贸易、阻止拉丁美洲落入美国人或法国人之手和防止激进主义影响刚获得自由的新国家。

当革命委员会于1810年5月25日在布宜诺斯艾利斯成立时，英国在拉普拉塔河口的所有战舰鸣炮以示庆贺。穆蒂内号舰长以英国国王的名义发表了一篇振奋人心的讲话。英国人的心里充满欢乐。布宜诺斯艾利斯仅用三天就撤销了一些有碍于同外国人搞贸易的禁令。十二天以后，皮革和动物脂肪出口税的减免率为 7.5% 到 50%。从 5 月 25 日算起，仅过了六个星期就撤销了不得出口金币和银币的禁令，这样，金银便可以顺顺当当地流向伦敦。1811 年 9 月，三人委员会取代革命委员会行使政府职权，于是，进出口税率再次降低，有些物品则完全免税。1813 年阿根廷议会宣布自己为最高权威机构后，外国商人就不必通过当地商人销售其商品："贸易成为名副其实的自由贸易。"[4] 早在 1812 年，一些英国商人向外交部报告："我们的纺织品已经成功地取代德国货和法国货。"[5] 还取代了遭到自由贸易扼杀的阿根廷纺织品。拉丁美洲其他地区也大同小异地经历了这一进程。

棉毛织品、生铁、皮革、木材和瓷器，源源不断地从约克郡（Yorkshire）和兰开夏郡（Lancashire），从切维奥特地区（los Cheviots）和盖尔斯（Gales）生产出来。曼彻斯特的织布机、谢菲尔德的小五金、伍斯特（Worcester）和斯塔福德郡（Staffordshire）的陶器充斥着拉丁美洲市场。**自由贸易使以出口为生的港口城市发了财，同时将渴望享用世界上所有奢侈品的寡头集团的挥霍程度刺激到了极点，但是，自由贸易摧毁了刚出现的本地工场，使扩大国内市场的希望化为泡影。**尽管有宗主国的禁令，在殖民地还是出现了不稳定的、技术水平极其低下的地方工业，并且由于西班牙放松对殖民地的束缚，欧洲战争造成物资供应困难，地方工业曾有过一个极盛时期。西班牙国王 1778 年颁布准许西班牙和美洲各港口之间进行自由贸易的法令，曾受到这一法令致命打击的工场，到 19 世纪初便开始渐渐恢复生机。如雪崩席卷而来的洋货曾摧毁了殖民地的纺织业、制陶业和金属品加工业，但手工业者没有多少时间从打击中恢复元气，因为独立为欧洲业已发达的工业进行自由竞争完全敞开了大门。**独立后诞生的政府在其海关政策方面表现出摇摆性，使得拉丁美洲本地工厂接二连三地夭折和复苏，失去了持续发展的可能性。**

如何把工业扼杀在摇篮里？

19 世纪初，亚历山大 · 冯 · 洪堡估计墨西哥制造业的产值约为七八百万比索，其中大部分为纺织业的产值。呢料、棉布和麻布均由专业化车间生产。在克雷塔罗（Querétaro）有两百多台纺织机和一千五百名工人，在普埃布拉有一千两百名棉纺工人。在秘鲁，尽管这块殖民地粗糙的纺织品从未达到皮萨罗到来以前原印第安人纺织品的精美程度，“但是，其经济意义是非常大的”。[6] 工业的发展依靠对印第安人实行强制性劳动，他们被囚在工场里，从天不亮一直干到深夜。独立摧毁了已取得的尚不稳固的发展。在阿亚库乔（Ayacucho）、卡卡莫萨（Cacamorsa）和塔尔马（Tarma），工场的规模已相当可观。罗梅罗在其著作中说，今天业已消亡的整个帕卡伊卡萨城（Pacaicasa），“曾形成了一个拥有一千多名工人的广阔的纺织作坊”；曾向一个非常辽阔的地区供应羊毛毯的保卡利亚城（Paucarcolla）正在消失，“目前那儿已没有一家工厂”。[7] 智利是西班牙最偏僻的领地之一，这种与世隔绝的状态，有利于发展始于殖民初期的本国工业。当时智利拥有纺纱厂、织布厂和制革厂；索具供应南海大大小小的船舶；生产从锅炉、大炮到首饰、精致的器皿和钟表等各种金属制品，还能造船和生产汽车。[8] 在巴西，从 18 世纪开始略有起步的纺织和冶金工场，也被外国进口货挤垮。尽管与里斯本签订的殖民协定造成各种障碍，巴西的纺织和冶金业仍然取得了很可观的发展。但是，从 1807 年起，在里约热内卢建都的葡萄牙君主制只不过是英国人手中的一个玩物，且伦敦又拥有另一股势力。卡约·普拉多·茹尼奥尔说道："在开放港口之前，葡萄牙贸易的种种缺陷起到了保护地方小工业的作用。尽管这确实是可怜的地方手工业，但是它能够满足国内的一部分消费需要。这样的小工业不可能在与外国的自由竞争中生存下去，即使是最无足轻重的产品也难逃厄运。"[9]

玻利维亚当时是拉普拉塔总督区最重要的纺织中心。根据科恰班巴（Cochabamba）市长弗朗西斯科·德·别德马（Francisco de Viedma）提供的材料，19 世纪初该市已有八万人从事棉布、毛料和台布的生产。在奥鲁罗和拉巴斯也建立起一些作坊，和科恰班巴的作坊在一起，为老百姓、正规军和边防军生产十分结实的毛毯、彭乔和呢料。莫霍斯（Mojos）、奇基托斯（Chiquitos）和瓜拉约斯（Guarayos）等地生产极其精细的亚麻布、棉布、草帽、羊驼毛或绵羊毛织品，以及用整片烟叶制作的雪茄。一部纪念玻利维亚独立一百周年的专著不十分伤心地证实："面对外国同类商品的竞争，所有这些工业都消失了……"[10]

独立将阿根廷经济和政治重心转移到布宜诺斯艾利斯，损害了内地各省的利益，在此之前，阿根廷沿海地区是全国最落后、人口最稀少的地区。19 世纪初叶，阿根廷只有十分之一的人口居住在布宜诺斯艾利斯、圣菲或恩特雷里奥斯。[11] 在阿根廷中部和北部地区，地方工业凭借简单的生产工具慢慢发展起来，而根据 1795 年检察官拉腊门迪（Larramendi）的一次讲话，"沿海地区既无手工业又无制造业可言"。现在属于不发达地区的图库曼省和圣地亚哥–德尔埃斯特省（Santiago del Estero），当时的纺织作坊兴旺发达，能生产三种不同等级的彭乔（poncho），还有一些作坊生产优质的木轮大车、雪茄、香烟、皮革和鞋底。卡塔马卡（Catamarca）生产各种棉布、精纺毛料和牧师用的黑布。科尔多瓦每年生产七万多件彭乔、两万多条毛毯、四万巴拉*台面呢，还有皮鞋、皮革制品、马肚带、帆桁、暗色羊皮和熟山羊皮。最重要的鞣皮厂和皮革制品厂集中在科连特斯。萨尔塔（Salta）精致的大扶手椅颇有名气。门多萨（Mendoza）每年生产两三百万升葡萄酒，品位丝毫不比安达卢西亚的葡萄酒逊色。圣胡安年产三十五万升白酒。门托萨和圣胡安在南美洲成为大西洋和太平洋的“贸易咽喉”。[12]

曼彻斯特、格拉斯哥和利物浦的商务代理人跑遍阿根廷，他们除了仿造按当地习惯反过来用的木制马镫之外，还仿制圣地亚哥和科尔多瓦的彭乔以及科连特斯的皮货。阿根廷的彭乔每件值七比索，而约克郡的彭乔只卖三比索一件。世界上最发达的英国纺织工业迅速战胜拉丁美洲的纺织工业。另外，从靴子、马刺、铧犁、马嚼子到铁钉的生产，其命运都与纺织品相似。贫困蹂躏了阿根廷内地各省，它们纷纷揭竿而起，反抗布宜诺斯艾利斯港的专制。埃斯卡拉达（Escalada）、贝尔格拉诺（Belgrano）、普埃伦东（Pueyrredón）、比埃特斯（Vieytes）、拉斯埃拉斯（Las Heras）和塞维尼奥（Cerviño）等主要商人占有了从西班牙人手中夺来的权力[13]，他们有可能购买英国丝绸和刀具、卢维埃的精纺毛料、佛兰德的花边、瑞士马刀、荷兰的杜松子酒、威斯法利亚的火腿和汉堡的雪茄。阿根廷则出口皮革、动物脂肪、骨头和腌肉。布宜诺斯艾利

---

* 译注：1 巴拉等于 0.8359 米。

斯的牧主靠自由贸易扩大了市场。英国驻拉普拉塔地区的领事伍德拜因·帕里什于1837年描述大草原健壮的高乔人时这样写道："拿出他所有的衣物，看看他周围的一切用品，除了皮革制品以外，有哪一样东西不是英国货？如果他的妻子有一条裙子，十有八九是曼彻斯特的产品。他们做饭用的炉子或锅，吃饭用的瓷碗，刀具、马刺、马嚼子和身上披着的彭乔，都是来自英国的舶来品。"[14]甚至连铺路用的石料，阿根廷也从英国进口。

大概在同一时期，美国驻里约热内卢大使詹姆斯·沃森·韦布说："在巴西所有的庄园，奴隶主及其奴隶穿戴的都是自由的劳动者所生产的物品，其中90%为英国货。英国向巴西提供改善国内经济所需要的全部资金，还为巴西生产大于锄头的所有日用品以及从大头针到最昂贵衣物的几乎所有的奢侈品或实用品。英国瓷器、玻璃器皿、铁器和木制品同毛料和棉织品一样十分普及。英国向巴西供应蒸汽机船和帆船，为巴西筑路铺地、整修街道，向城市提供煤气照明服务，在巴西修铁路、开矿山、开银行，架设电话线，经营邮电业务，替巴西生产家具、发动机、车厢……"[15]自由进口使港口的商人欣喜若狂。在那些年代，巴西甚至进口装饰已毕即可入殓的棺材、马鞍子、水晶烛台、浅口锅和冰鞋。在炎热的热带沿海地区，冰鞋毫无用处。虽然巴西当时尚无纸币，它照样进口钱夹，另外巴西还进口数字计算工具，进口数量之大令人难以理解。[16]1810年签订的《贸易和航海协定》规定，英国商品进入巴西的税率低于葡萄牙。协定的葡萄牙文本译得极其草率，比如英文的"政治"一词，译成葡文时竟成了"警察"。[17]英国人在巴西享有特别司法权，他们不受巴西法律的辖制，也就是说，巴西是"大不列颠经济帝国的非正式成员"。[18]

19 世纪中叶，瑞典一位旅游者来到瓦尔帕莱索，他亲眼目睹了智利在自由贸易刺激下挥霍浪费和大讲排场的情景，撰文写道："提高社会地位的唯一途径是：听从巴黎时装杂志的高见，穿黑色长礼服，使用有关的各种成套用品……夫人买一顶华丽的帽子，便会感到自己成了一名地道的巴黎女郎，而丈夫戴上一条笔挺的高级领带，便觉得自己攀上了欧洲文明的顶峰。"[19] 三四家英国公司控制了智利的铜市场，它们从斯旺西、利物浦和加的夫铜厂的利益出发操纵市场铜价。1838 年英国总领事向其政府报告智利铜出口"奇迹般增长"的情况时讲道："智利出口的铜虽然不是全部，但主要是用英国船来运输，或通过英国人转手销售。"[20] 英国商人垄断了圣地亚哥和瓦尔帕莱索的贸易，从重要性上看，智利是英国产品在拉丁美洲的第二大市场。

发展起来的拉丁美洲各大港口是把从地面和地下开发出来的财富运往遥远的权力中心的中继站，它们成为征服和统治所属国家的工具，又是挥霍国民收入的溢洪道。所有的港口和首都希望自己像巴黎或伦敦，而它们的背后却是沙漠。

贸易保护主义和自由贸易在拉丁美洲：卢卡斯·阿拉曼短暂的腾飞

拉丁美洲市场的扩大，加速了资本在英国工业温床上的积累。很多年以前，大西洋已成为世界贸易的轴心，英国人善于利用其岛国港口众多、地处波罗的海与地中海航线中段并面向美洲沿海地区的有利位置。英国正在组织一个世界性体系，把自己变为一个不可思议的、负责全球供应的工厂，它的原料来自世界各地，加工后的产品再倾销全球。英帝国拥有当时世界上最大的港口和最强大的金融机构，贸易专业化水平最高，垄断了世界保险业和海运业，并控制了国际黄金市场。德国海关联合会创始人弗里德里希·李斯特（Friederich List）曾指出，自由贸易是大不列颠主要的出口产品。[21] 英国人对关税壁垒最为恼火。他们有时就用血与火使人们知道这一点，对中国发动鸦片战争就是一例。**当英国确信自己无比强大，并在欧洲最严厉的贸易保护主义法律的保护下发展本国纺织工业以后，**市场自由竞争才变成英国发现的天理。**在艰苦创业的初期，即在英国工业尚未走运的时候，一旦查出英国公民出口未加工的羊毛，就要判处断其右手的刑罚，倘若再犯，则处以绞刑。另外，在教区牧师证明裹尸布确系国货之前，禁止下葬。**[22]

马克思指出："在任何个别国家内的自由竞争所引起的一切破坏现象，都会在世界市场上以更大的规模再现出来。"[23] 就是在这一总态势下，拉丁美洲加入英国的轨道，进而确立了新独立国家的依赖性。当它们脱离这一轨道，便投身美国的轨道。商品和用于付款的货币的自由流通以及资本的转让造成了令人震惊的后果。

在墨西哥，比森特·格雷罗（Vicente Guerrero）于 1829 年上台执政是"依靠被大政客洛伦索·德·萨瓦拉（Lorenzo de Zavala）鼓动起来的手工业者的绝望情绪。他鼓动饥饿不堪、绝望的人群冲进帕里安（Parián）摆满英国货的商店"。[24] 也许是由于格雷罗不愿意，或者不能够阻挡欧洲商品的大量进口，他当权的时间很短，劳动群众对他的下台无动于衷。查韦斯·奥罗斯科说道："在独立以前，特别是在欧洲战争时期生活略富裕的城市手工业者，现在由于进口大量的欧洲商品而在失业中呻吟。"墨西哥工业既缺乏资金、充足的劳动力和现代化技术，又没有建立合适的体系，没有交通干道，也没有开往市场和物资供应点的运输工具。阿隆索·阿吉拉尔说道："墨西哥唯一绰绰有余的，也许是形形色色的干涉、限制和羁绊。"[25]正如冯·洪堡所指出，尽管如此，在海运中断或遇到困难使外贸处于停滞时，墨西哥的工业得以复苏，开始生产钢材，并开始使用铁和汞。随独立而来的自由贸易给英国王室增添了财富，而给墨西哥城、普埃布拉和瓜达拉哈拉带来的是纺织和冶金工业的瘫痪。

卢卡斯·阿拉曼（Lucas Alamán）是一位才干出众的保守派政治家，他及时提醒说，亚当·斯密的思想中含有对民族经济有害的成分。为了推动工业化进程，身为部长的阿拉曼支持创建国家银行，即阿维奥银行（Banco de Avío）。对外国棉纺织品征税将使墨西哥有资金可以在国外购买所需要的机器和技术，以便生产供应本国的棉纺织品。墨西哥有原料，有比煤便宜的水力资源，并能够很快培养出素质很好的工人。阿维奥银行创建于1830年，不久之后，欧洲最好的工厂生产的最现代化的棉纺织机运抵墨西哥。此外，政府还聘用外国纺织专家。1844年，普埃布拉的大棉纺厂生产了一百四十万条厚棉毯。全国新形成的工业生产能力大于国内的需求。在"不平等王国"里，很大程度上由饥饿的印第安人所构成的消费市场，不能持续支撑如此迅速发展的生产。为打碎遗留下来的殖民体制而做的努力撞上了这面坚壁。然而，在1840年左右墨西哥的纺织工业已相当现代化，各纺织厂的纱锭按平均数计算，高于美国纺织厂。十年之后，拥有纱锭的比例颠倒过来，而且相差甚远。政治不稳定，英、法商人及其有权势的墨西哥同伙的压力以及早已被矿业和庄园经济钳制住的小得可怜的国内市场，使墨西哥这一成功的经验受挫。1850年以前，墨西哥纺织工业已经停滞不前。[26]阿维奥银行的创始人扩大了银行的业务范围，该银行倒闭时，贷款对象包括毛纺织厂、地毯厂、炼铁厂和造纸厂。埃斯特万·德·安图尼亚诺（Esteban de Antuñano）甚至认为，墨西哥需要尽早建立本国的机器制造业，“以对付欧洲的利己主义”。

阿拉曼和安图尼亚诺在工业时期的最大贡献在于两人都恢复了“政治独立和经济独立”的一致性，主张“唯有大力促进工业，才是对付强大的、富于侵略性国家的唯一自卫途径”。[27] 阿拉曼后来成为工业家，他开办了当时墨西哥最大的迄今依然存在的一家纺织厂——科科拉潘（Cocolapan）纺织厂，并将工业家们组织起来，成为对历届主张自由贸易的政府施加压力的集团。[28] 但是，作为保守党人和天主教徒，阿拉曼没能提出土地问题，因为他感到自己在思想上与旧秩序联系在一起。同时他也没有意识到，在存在着大庄园和普遍贫穷的国家，工业的发展会因没有可依靠的支柱而注定落空。

起义队伍和胡安·曼努埃尔·德·罗萨斯死后继续存在的仇恨

贸易保护主义与自由贸易的斗争，即国家与港口的斗争，这就是19世纪燃烧在阿根廷内战幕后的烈火。布宜诺斯艾利斯在17世纪只不过是一个有四百户人家的大村庄，但自五月革命和独立以后，这个城市控制了全国。当时它是全国唯一的港口，所有的进出口货物都无可奈何地必须通过这里。港口霸权给全国带来的畸形发展，今天已明显地暴露出来，那就是包括郊区在内，首都人口竟占全国人口的三分之一以上，而且首都对各省还进行不同形式的盘剥。在那个时代，布宜诺斯艾利斯垄断着关税收入、银行业务和货币发行，它以牺牲内地各省为代价迅速发展起来。布宜诺斯艾利斯的收入几乎全部来自被其据为己有的海关收入，而这笔收入的一半以上用于支付反对各省的战争费用，因此可以说，各省**“缴税以寻毁灭”**。[29]

在1810年建造的布宜诺斯艾利斯贸易大厦里，英国人用望远镜监视商船的动向，向港城居民供应精纺毛料、人造花、花边、雨伞、纽扣和巧克力，与此同时，英国生产的彭乔和马镫如潮水般涌进阿根廷内地。要想了解当时国际市场如何重视拉普拉塔河流域的皮革，就必须回首那个年代。那时，塑料制品与合成纤维材料非但没有问世，即使在化学家的脑海里也未曾有过这方面的任何设想。肥沃的沿海平原比任何地方都更加宜于进行大规模的畜牧业生产。1816年，人们发现鞣皮时加砷就可以长期贮存畜皮。此外，腌制场生意兴隆，成倍增加。巴西、安的列斯群岛和非洲的市场向进口的干腌肉敞开了市场的大门。随着切成片的干腌肉逐步赢得外国消费者的青睐，阿根廷消费者都注意到了一些变化。一方面对在国内消费的肉征税，一方面减免肉制品出口税。短短几年，牛犊价格上涨了三倍，牧场也越来越贵。高乔人过去习惯于在不设铁丝网的大草原上随意捕捉牛犊吃。他们只吃牛脊肉，其他部位的肉一概扔掉，而唯一的义务是将牛皮交还给牧场主。现在情况变了，重新组织生产意味着游牧的高乔人要屈服于奴性十足的新规定，即1815年颁布的一项法令，它规定农村凡是无财产者都将被认为是佣人，他们必须持有其主人每三个月签字一次的证明。要么，当佣人；要么，当无业游民，而当局强行招募无业游民去充当边防军。[30]曾经在军队里为国卖命的勇猛的本地人沦为贱民、穷苦的短工或守护小堡垒的大兵。要么，起身反叛，举起长矛，投身到起义的大漩涡中去。[31]这些除了荣誉和勇气以外一无所有的不合群的高乔人成为骑兵的冲锋队，他们多次策马迎战布宜诺斯艾利斯派来的装备优良的正规军。资本主义牧场出现在沿海潮湿的大草原，使全国忙于出口皮革和肉，并同布宜洛斯艾利斯自由贸易港的独裁携手前进。在率领本地人同与世界市场联系在一起的商人和地主作战的领导人中，乌拉圭的何塞·阿蒂加斯在被击败和遭流放之前，一直是最有影响的领导人。许多年之后，费利佩·巴雷拉（Felipe Varela）仍然能在阿根廷北部发起一场大规模的起义，因为正如他在宣言中所说："一个外省人，等于是一个没有祖国、没有自由、没有权利的乞丐。"他所领导的起义在整个内地获得巨大反响。他是最后一位起义者，1870年，在穷苦中死于结核病。[32]直到不久以前，在学校教授的阿根廷史中，还称阿蒂加斯是土匪，而巴雷拉这位"美洲联盟"——一项旨在恢复支离破碎的"大祖国"的计划——的捍卫者，至今仍被称作强盗。

费利佩·巴雷拉出生在卡塔马卡山区一个边远的小村庄，他痛心地目睹了狂妄和遥远的布宜诺斯艾利斯港如何使本省破产和贫穷。1824年底，当巴雷拉三岁时，卡塔马卡省政府无力支付该省派往布宜诺斯艾利斯参加立宪议会的代表们的费用。密西昂奈斯、圣地亚哥·德尔埃斯特罗和其他一些省份也面临相同的窘境。卡塔马卡省众议员曼努埃尔·安东尼奥·阿塞维多（Manuel Antonio Acevedo）揭露了因外国产品竞争而带来的"令人憎恶的变化"。他说道："一个时期以来，卡塔马卡手足无措地看到其农产品售价低于生产成本；在工业方面，消费状况不足以刺激工业的发展及生产者的积极性，而贸易则几乎没人过问。"[33] 1830年，科连特斯省议员佩德罗·费雷（Pedro Ferré）准将在概述他所支持的贸易保护主义可能带来的影响时说："是的，毫无疑问，贸易保护主义将给一小部分财主带来烦恼，因为美酒佳酿将从他们的餐桌上消失……对生活不很宽裕的各阶层人士来说，他们平常饮用的葡萄酒和白酒将不会受到很大影响，只是价格上有一些差别，消费量将有所减少，我认为这并没有多大害处。我们的同胞将不穿戴英国彭乔，不使用英国生产的铁球和套索，不穿戴外国生产的服装和其他能够自给的衣物，而阿根廷老百姓却将不再像过去那样不幸，我们也不会因老是想到他们如此令人可怕的贫困而受折磨。"[34]

胡安·曼努埃尔·德·罗萨斯（Juan Manuel de Rosas）政府在1835年颁布了一项具有明显保护主义色彩的海关法。这是为重振遭战争肢解的民族团结而迈出的重要的一步。该法律禁止进口铁和马口铁制成品、马具、彭乔、腰带、棉或毛质束腹带、床褥、农产品、车轮、动物脂肪做的蜡烛以及梳子，并对进口的车辆、鞋子、各种带子、服装、鞍具、干果和含酒精饮料征收很高的关税。另外，凡是用悬挂阿根廷国旗的船运输的肉产品概不收税。与此同时，大力发展本国的皮革制品厂和烟草种植业。这些措施取得了立竿见影的效果。直到1852年导致罗萨斯垮台的卡塞罗战役（Batalla de Caseros）之前，在内河里航行的都是科连特斯和圣菲造船厂制造的大小船只，布宜诺斯艾利斯已有一百多家欣欣向荣的工厂，科尔多瓦和图库曼生产的纺织品和鞋子、萨尔塔的香烟和工艺品、门托萨和圣胡安的葡萄酒和白酒，均受到游客们的一致赞誉。图库曼的细木家具销往智利、玻利维亚和秘鲁。[35]海关法颁布十年以后，英、法战舰用炮火炸开设在巴拉那河里的链条，打通被罗萨斯严密封锁的阿根廷各条内河的航线。紧随着侵略而来的就是封锁。一千五百名银行家、商人和工业家在约克郡、利物浦、曼彻斯特、利兹（Leeds）、哈利法克斯（Halifax）和布雷德福（Bradford）等工业中心的十份请愿书上签名，要求英国政府采取措施对付拉普拉塔河上的贸易限制。

尽管在海关法的照耀下，阿根廷的民族工业取得了一些进步，但在封锁面前，它无法满足国内需求这一局限性便暴露无遗了。实际上，贸易保护主义自 1841 年起不是趋于加强，而是趋于消沉。在当时，阿根廷不存在，也没有诞生一个能使真正的、有活力的民族资本主义得到发展的工业资产阶级，而罗萨斯比任何人更能代表布宜诺斯艾利斯大腌制厂厂主的利益，于是大庄园占据了国家经济生活的中心。不摧毁出口型庄园的至高无上的权力，就不可能独立地、生气蓬勃地实施任何一项工业政策。从本质上看，罗萨斯一直忠于他所属的阶级。他是“全省最血勇之士”[36]，擅长弹吉他和跳舞，是优秀的驯马师，在无星光的暴风雨之夜，口嚼几叶小草，即可辨明方向。他是生产干牛肉和牲畜皮的大牧场主，地主们推举他为首领。后来，为诋毁罗萨斯而编造出来的那些恶毒的传闻，不能抹杀罗萨斯政府大多数措施的民族性和人民性。[37] 但是，用阶级矛盾的观点就可以解释，在以牧场主首领为首的政府里，为什么除海关“手术”外，没有一项生气勃勃的、持久的工业政策。这不能归咎于内战和外国封锁所引起的不稳定和贫困，因为，正是在二十年前，在革命遭到围攻的漩涡之中，何塞·阿蒂加斯把进行深刻的土地改革同贯彻工业化和一体化政策结合在一起。

比维安·特里亚斯在一本内容丰富的著作中[38]，把罗萨斯的贸易保护主义与阿蒂加斯在 1813 年至 1815 年之间为使拉普拉塔总督领地获得真正独立而在东岸采取的措施加以比较。罗萨斯没有禁止外国商人在国内市场经商，也没有将继续被布宜诺斯艾利斯强夺走的关税归还政府，更没有结束一港专制。与此相反，如同土地问题一样，国内市场国有化和打破布宜诺斯艾利斯对港口和海关的垄断也是阿蒂加斯政策的基本内容。阿蒂加斯曾希望内河航行自由，但罗萨斯从未为各省打开那一把通向海外贸易的大锁。从实质上看，罗萨斯也一直忠于他那享有特权的省。尽管有这些局限性，“蓝眼睛的高乔人”的民族主义和民众主义思想，在阿根廷统治阶级内部继续引起仇恨。根据1857年颁布、迄今仍有效的一项法律，罗萨斯仍然是一位“损害国家利益的罪人”，阿根廷至今仍然不同意将埋在欧洲的罗萨斯的遗骨迁回国内安葬，他在国内是一位凶手的形象。

在战胜了罗萨斯的异端邪说后，寡头政府又找到了归宿。1858年，农业展览会领导委员会主席在展览会开幕式上声称：“我们尚处于幼年时期，所以应该满足于将我们的产品和原料运往欧洲，请他们加工后再通过强大的代理商交还给我们。欧洲需要的是原料，目的是将它们加工成高级的设备。”[39]

在尊贵的多明戈·福斯蒂诺·萨米恩托（Domingo Faustino Sarmiento）和其他一些自由派作家的眼里，农民起义队伍只不过是野蛮、落后和无知的象征，已过时的田园式的农村面对着城市所代表的文明，也就是彭乔和奇利帕*面对长礼服，长矛与大刀面对正规军，文盲面对学校。[40] 1861年萨米恩托在给米特雷的信中写道：“您不必珍惜高乔人的鲜血，这是他们唯一具有人味的东西。我们要使他们的鲜血成为对国家有用的肥料。”萨米恩托的这种蔑视和

* 译注：chiripá，农民的一种服装。

仇恨暴露出对自己祖国的否定。当然，这种否定也反映在他的经济政策上。他断言："我们既不是实业家又不是航运家，在今后许多世纪里，欧洲将用他们的机器来换取我们的原料。"[41]巴托洛梅·米特雷（Bartolomé Mitre）总统自1862年起发动了一场战争，以摧毁内地各省势力及在那里幸存的最后几位首领。萨米恩托被任命为这场战争的指挥，部队向北进发以屠杀被称为"奸诈的两条腿动物"的高乔人。在拉里奥哈省（La Rioja），统帅平原的佩尼亚诺萨（Peñaloza）是抵抗港口统治的最后几个堡垒人物之一。他的影响已扩展到门托萨和圣胡安，于是，布宜诺斯艾利斯认为到该结果他的时候了。他的头被砍下，并悬挂在奥尔塔广场中央示众。铁路和公路的出现使从1810年革命时就开始衰败的拉里奥哈省彻底破产。自由贸易引起该省手工业的危机，并加深了这一地区的长期贫困。20世纪，拉里奥哈省的农民逃离山区或平原的村庄，南下至布宜诺斯艾利斯卖苦力，但他们同来自其他省的穷苦农民一样，只能走到城市的边缘地区。他们在郊区同**贫困村**的七十万人住在一起，勉勉强强地以大都市宴席的残汤剩羹为生。几年前，社会学家们这样问拉里奥哈一个村庄里剩下的一百五十人："在那些曾经出走、现在回来探亲的人的身上，你们注意到什么变化没有？"留下的村民怀着羡慕之情指出，布宜诺斯艾利斯改变了那些人的服饰、举止和说话的方式。有些人甚至觉得回来的人的皮肤比原先"更白"。[42]

三国联盟反对巴拉圭的战争扼杀了独立发展唯一成功的经验

与我同行的人一声不吭地坐在身旁。正午强烈的阳光衬托着他的侧影：尖尖的鼻子、高高的颧骨。我们从南部边境出发，乘坐一辆定员为二十人但不知怎么竟载了五十人的公共汽车到亚松森（Asunción）去。几小时以后，我们停车休息。在一块宽敞的空地上，我们坐在一棵枝繁叶茂的大树下。映入眼帘的是一片耀眼、广阔而荒无人烟的红色处女地。没有任何东西搅乱巴拉圭透明的空气。我们吸起烟来。我的同伴是说瓜拉尼语（guaraní）的农民，结结巴巴地用西班牙语说了几句伤心话："我们巴拉圭人很穷，人口也少。"他告诉我，他曾南下到恩卡纳西翁（Encarnación）找工作，但没能如愿，勉勉强强凑了几个比索买回程车票。很久以前，当他还是个小伙子的时候，曾到布宜诺斯艾利斯和巴西南部去碰运气。眼下棉花采摘季节将临，巴拉圭不少临时工如同往年一样，纷纷去往阿根廷。"可是我已经六十三岁了。我的心脏已经受不了过度的劳累。"

近二十年来，离开自己的祖国再不复返的巴拉圭人达到五十万。**贫穷促使人民移居国外，而在一个世纪以前，这是南美洲最富裕的国家。**巴拉圭现有人口不到19世纪人口的两倍，它和玻利维亚是南美洲最贫穷、最落后的两个国家。一场毁灭性的战争给巴拉圭人民带来无穷的恶果。这场战争是拉丁美洲史中最卑鄙的一章，它被称为"三国联盟之战"。巴西、阿根廷和乌拉圭应对这场种族灭绝负责。他们使巴拉圭片瓦不全，废墟中男丁无存。虽然英国没有直接参与这一令人毛骨悚然的伟业，但是，在这场反对巴拉圭的罪恶战争中，受益的是英国的商人、银行家和实业家。三国的**侵略自始至终得到伦敦银行、巴林兄弟银行（la casa Baring Brothers）和罗思柴尔银行（Banca Rothschild）提供的贷款。极不公平的利息威胁着战胜国的命运。**[43]

在被毁灭以前，巴拉圭一直作为一个例外而屹立在拉丁美洲，它是外国资本唯一没能使之畸形发展的国家。长期以铁腕统治巴拉圭的加斯帕尔·罗德里格斯·德·弗朗西亚（Gaspar Rodríguez de Francia）独裁政府（1814—1840），在与世隔绝的情况下，使经济取得了自主、持续的发展。权力至高无上、实行家长式统治的政府，占据了当时尚未产生的民族资产阶级的位置，负责组织国民、管理国家的资源和掌握国家的命运。德·弗朗西亚依靠巴拉圭农民群众打败寡头集团，并靠与原属拉普拉塔总督区的其他国家严格隔离的办法，取得国内和平。征用、流放、监禁、迫害和罚款，不是用于巩固地主和商人在国内的统治，而是用来消灭这种统治的工具。当时没有、以后也没有政治上的自由和反对派的权利。不过，在那个历史阶段，只是那些怀念丢失的特权的人才会感到缺乏民主。当德·弗朗西亚去世时，巴拉圭没有大财主，巴拉圭是当时拉美唯一没有乞丐、饥民和小偷的国家。[44] 当时的旅客发现，在因连绵战火而动乱不安的这一地区，巴拉圭是一块宁静的绿洲。美国代理人霍普金斯（Hopkins）1845 年向他的政府报告：在巴拉圭“没有一个儿童不会读书写字……”巴拉圭也是当时唯一不必将目光盯住大洋彼岸的国家。外贸在国家生活中并不占主导地位。自由主义理论反映了要把各国市场在全球范围内连接在一起的思想，但这个理论无法应对 19 世纪初巴拉圭由于地处内陆不得不向内发展而提出的各种挑战。寡头集团的垮台使国家有可能掌握基本的经济实力，可以实施这一闭关自守、立足国内发展的政策。

随后，由卡洛斯·安东尼奥·洛佩斯（Carlos Antonio López）及其子弗朗西斯科·索拉诺（Francisco Solano）分别执政的政府继续了这一任务并使它更具生命力，经济蓬勃发展。到 1865 年，当侵略者出现在地平线时，巴拉圭已经拥有一条有线电报线路，一条铁路和一大批生产建筑材料、纺织品、本色棉布、彭乔、纸、墨、陶瓷器皿和炸药的工厂。政府高薪聘请的两百余名外国技术员提供的合作具有决定性意义。从1850年起，伊比库伊（Ibycui）铸造厂开始生产各种口径的大炮、迫击炮和炮弹。亚松森军工厂生产铜炮和炮弹。与其他所有基本的经济活动一样，全国的钢铁工业也掌握在政府手中。巴拉圭拥有一支国家商船队，在那些挂着巴拉圭国旗航行在巴拉那河或穿越大西洋和地中海的商船中，有好几艘是亚松森造船厂建造的。政府实际上垄断了对外贸易。巴拉圭茶叶和雪茄供应南美洲大陆，向欧洲出口珍贵的木材。贸易顺差相当可观。巴拉圭货币坚挺稳定，政府拥有充足的资金进行巨额公共投资，而不必依赖外国资本。**巴拉圭没有任何外债**，但它仍然有条件维持南美洲第一流的军队和雇用愿为巴拉圭效力的英国技术人员，而不是使巴拉圭为他们服务，它还能选送一些年轻的巴拉圭大学生到欧洲进修。农业生产带来的经济盈余没有被已不存在的寡头集团胡乱挥霍掉，没有流入中间商的腰包，没有落入放债人的魔掌，也没有汇入英帝国靠海运业和保险业所获得的利润之中。巧夺他人财产的帝国主义没有夺走巴拉圭的财富。巴拉圭98%的土地为国家所有。政府允许农民进行开垦，而农民的义务是在此定居，长期耕种，但他们无权出卖所开垦的土地。另外，巴拉圭还有六十四个属于**国家的牧场**，即由国家直接管理的庄园。水库、渠道等灌溉工程以及新建的桥梁和道路，为提高农业生产率贡献出一己之力。被殖民者放弃了的印第安人一年两熟的生产传统得到恢复。毫无疑问，耶稣会教徒传统的献身精神为这一发展提供了便利。[45]

巴拉圭政府对民族工业和国内市场采取认真的贸易保护主义政

策，并于 1864 年大力加强此政策。国内的河流不对在南美洲到处倾销曼彻斯特和利物浦产品的英国商船开放。**英国商人无法掩饰他们的不安，这不仅仅是因为无法攻破那存在于美洲大陆心脏地区的最后一座民族抵抗堡垒，更重要的是因为巴拉圭经验的榜样力量在危险地影响着它的邻国。拉丁美洲最进步的国家，在不靠外国投资、不靠英国银行贷款，也不靠自由贸易赐福的情况下建设着自己的未来。**

但是，随着这一进程的发展，巴拉圭越来越迫切地感到必须打破禁闭状态。工业发展需要与国际市场和先进技术发生更密切、更直接的联系。从客观上来说，巴拉圭被阿根廷和巴西封锁着，两国可以像以往里瓦达维亚（Rivadavia）和罗萨斯政府那样，封锁河口，或者随心所欲地确定向巴拉圭货船征收的过路税，卡住巴拉圭的咽喉。另一方面，对巴拉圭的邻国来说，结束这个国家因自给自足和不愿在英国商人面前卑躬屈膝所引起的风波，是巩固寡头政权必不可少的条件。

英国驻布宜诺斯艾利斯大臣爱德华·桑顿（Edward Thornton）积极参与备战。在战争爆发前夕，他作为阿根廷政府顾问，坐在巴托洛梅·米特雷总统身边参加阿根廷内阁会议。在桑顿的关注下，策划各种挑衅和骗局，并最终签署决定巴拉圭命运的阿根廷—巴西协定。继两大邻国干涉之后，贝南西奥·弗洛雷斯（Venancio Flores）入侵乌拉圭，派桑杜（Paysandú）大屠杀之后，他在蒙得维的亚建立了追随里约热内卢和布宜诺斯艾利斯的政府。三国联盟开始行动。巴拉圭总统索拉诺·洛佩斯（Solano López）曾威胁说，如果有人染指乌拉圭，他将发动战争。他很清楚，由于地理条件的限制，敌人正用铁钳子夹住巴拉圭的咽喉。历史学家、自由派人士埃弗拉因·卡多索（Efraím Cardozo）毫不客气地认为，洛佩斯总统之所以与巴西对抗，是因为巴西皇帝拒绝把女儿嫁给他而使他感到屈辱。冲突已经提上日程，但这是墨丘利*之事，与爱神丘比特无关。

布宜诺斯艾利斯新闻媒介称巴拉圭总统洛佩斯为“美洲的匈奴王阿提拉”，报纸发表的社论呼吁“必须像杀死一条蛇那样杀死洛佩斯”。桑顿于 1864 年 9 月在亚松森给伦敦发去一份长篇秘密报告。报告中，他像但丁描述地狱那样描写了巴拉圭，重点恰如其分。他写道：“巴拉圭几乎对所有的进口商品按价征收 20% 或 25% 的进口税，但由于商品价是按一般价格计算的，实际缴付的进口税往往达到发货票总价的 40% 或 45%。出口税则为出口商品价的 10% 至 20%……” 1865 年 4 月，在布宜诺斯艾利斯出版的英文日报《标准报》庆祝阿根廷向巴拉圭宣战，称巴拉圭总统“违犯了文明国家遵循的惯例”，并预言阿根廷总统米特雷的战剑，“在胜利的进程中，除了带着以往的荣誉外，还将带着公众舆论对这一正义事业的强劲的支持”。1865 年 5 月 10 日，阿根廷、巴西和乌拉圭签署三方协定。一年后，英国《泰晤士报》把该协定残酷无情的条文公布于众，协定文本是从贷款给阿根廷和巴西的银行家那里获得的。在协定中，未来的三个战胜国事先瓜分了战败国，保证阿根廷获得整个密西昂奈斯和广袤的查科地区，巴西吞并其边境以西的一大片土地。而乌拉圭这个由两个大国操纵的傀儡政府，一寸土地也没得到。米特雷宣布三个月内夺取亚松森，但是战争持续了五个年头。这是一场沿逐段守卫巴拉圭河的堡垒进行的屠杀。“可耻的独裁者”弗朗西斯科 · 索拉诺 · 洛佩斯英勇地体现了全民族要求生存的意志；半

---

* 译注：罗马神话中掌管贸易、道路等的神。

个世纪以来未曾受战争蹂躏的巴拉圭人民与他共患难。男女老少英勇参战，勇猛如狮。被俘的伤员自己扯掉绷带，以免敌人强迫他们去攻打同胞。

1870 年，洛佩斯率领一支幽灵部队进入密林，部队由老人和孩子组成，孩子们戴着假胡须以迷惑远处的敌人。因为不知是真是假的背叛，洛佩斯枪杀了自己的兄弟和一位主教，他俩参加了这支走向死亡的部队。当巴拉圭总统在科拉密林深处被子弹和长矛杀害的时候，他只来得及说这样一句话："我与我的祖国同亡！"是的，巴拉圭随他而灭亡。武装到牙齿的侵略军洗劫了已成废墟的亚松森。侵略者声称是来拯救巴拉圭人民，实际上是在消灭巴拉圭人民。战争伊始，巴拉圭人口略少于阿根廷。到 1870 年，只幸存二十五万人，不足原人口的六分之一。这就是文明的胜利。因战争巨额开支而破产的战胜国，落入资助它们进行战争冒险的英国银行家之手。然而，佩德罗二世奴隶制帝国部队的兵员是奴隶和犯人，他得到六万多平方公里的领土和众多劳动力，因为许多巴拉圭战俘作为奴隶被送到圣保罗咖啡种植园劳动。阿根廷的米特雷总统曾消灭国内主张联邦制的所有首领，这场战争后，阿根廷占据了巴拉圭九万四千平方公里的领土，还得到其他战利品，米特雷总统本人曾写道："我们将按商定的办法瓜分战俘和其他战利品。"在乌拉圭，继承阿蒂加斯事业的人，有的去世了，有的被打败了，由寡头集团当政。作为小伙伴参战的乌拉圭，没得到什么犒劳。一些被派往参加对巴拉圭作战的乌拉圭士兵是被绑着双手登上战船的。三国财政破产，这加深了它们对英国的依赖性。巴拉圭大屠杀给三国留下了永久的烙印。[46]

巴西完成了英帝国自英国人将葡萄牙王室迁至里约热内卢时交

给它的使命。19 世纪初，坎宁给英国大使斯特兰福特（Strangford）勋爵的指令十分明确："使巴西成为英国向整个南美洲销售产品的贸易中心。"发动战争前不久，阿根廷总统为国内新修建的一条英国铁路剪彩并发表情绪激昂的讲话，他说道："是什么力量推动这一进程？先生们，是英国资本！"**巴拉圭被打败后，不仅人口消失了，关税、冶炼炉、对自由贸易不开放的河流、独立自主的经济和大片领土也随之丧失。**战胜国在因掠夺而缩小的战败国内实行自由贸易，建立大庄园。一切都被抢光，一切都被卖光：土地、森林、矿藏、茶园、校舍等等。随后，在外国占领军的扶植下，一个又一个傀儡政府在亚松森先后登场。战争刚结束，巴拉圭历史上第一笔外国贷款即降临到烟雾弥漫的废墟上，当然，这是一笔英国贷款。贷款总额标明为一百万英镑，但巴拉圭拿到手的远远不足总额的一半。以后几年，英国继续投资，使巴拉圭欠债高达三百多万英镑。1842 年，鸦片战争以签署南京自由贸易条约而告结束，这一条约赋予英国商人将毒品任意运进中国境内的权利。战败后巴拉圭也保证允许自由贸易。不再种棉花。曼彻斯特摧毁了巴拉圭的纺织业。从此，巴拉圭的民族工业再也没能复苏。

今日统治巴拉圭的红党（Partido Colorado）随意用英雄们的事迹来营私牟利，但是，有二十二名曾背叛索拉诺·洛佩斯将军的叛徒在红党的建党文件上签名。他们是为巴西占领军效力的"军团士兵"。十五年来将巴拉圭变成一座大集中营的独裁者阿尔弗雷多·斯特罗斯纳（Alfredo Stroessner）曾在巴西学习军事专业。他回国时，巴西将军给予他高分和美誉："前途无量……"在其统治期间，斯特罗斯纳为巴西及其美国主子的利益效力，清除了近几十年来在巴拉圭占主导地位的英国和阿根廷势力。从 1870 年起，为了吞并而“解放”巴拉圭的巴西和阿根廷，轮流掠夺战败国，但是它们也同样遭受每个时期最强的帝国主义国家的欺凌。巴拉圭则同时遭到帝国主义和次帝国主义的欺凌。过去，英帝国是附属国链条中最大的一环。现在，美国知道位于南美洲中心的巴拉圭在地缘政治上的重要性，把无数顾问派往巴拉圭，在那里训练和指导武装力量，制定经济计划，为所欲为地改造大学，为巴拉圭发明民主的新政治模式并用提供高价贷款酬答当局殷勤的服务。[47] 巴拉圭又是殖民地的殖民地。斯特罗斯纳政府以土地改革为借口，装出漫不经心的样子，废除禁止将陆地边境地区的土地卖给外国人的法令。今天，国家的土地甚至也已落入巴西咖啡庄园主的手中。侵略的浪潮在与说葡萄牙语的地主为伍的总统的默许下越过巴拉那河。我手持印有被战胜的索拉诺·洛佩斯将军头像的钞票来到巴拉圭东北部游离不定的边境，发现那儿只能使用印有得胜皇帝佩德罗二世肖像的钞票。一个世纪以后，三国联盟战争的结果导致了严酷的现实。巴西卫兵要求巴拉圭公民在巴拉圭旅行时出示护照。在巴拉圭，国旗和教堂都是巴西的。巴西在陆地上的掠夺还包括夺走全拉美能量最大、目前葡萄牙语名为“七个飞瀑”的瓜伊拉瀑布（Salto del Guairá）以及伊泰普（Itaipú）地区。巴西将在此修建世界上最大的水电站。

次帝国主义或二等帝国主义通过各种方式表现出来。1965 年当约翰逊总统决定血洗多米尼加时，斯特罗斯纳派巴拉圭士兵前往配合行动。这支部队被命名为“索拉诺·洛佩斯将军营”。真是阴险的玩笑！巴拉圭士兵由一位巴西将军指挥，背叛的荣誉归巴西：指挥参与大屠杀的拉丁美洲混合部队是巴西的帕纳斯科·阿尔宾（Panasco Alvim）将军。还可举出其他类似的例子。巴拉圭在其领土上划出一块石油租借地给巴西，而在巴西，燃料和石油化工产品的经营权在美国人手中。巴西文化处控制着巴拉圭大学的哲学和教育系，而目前巴西的各所大学是由美国人控制的。巴拉圭军队的参谋部不仅接受五角大楼军事专家的指导，而且接受如应声虫似的与五角大楼相呼应的巴西将军们的指导。巴西工业产品通过公开的走私渠道，占领了巴拉圭市场。可是近几年来，在非国有化的冲击下，圣保罗生产这些产品的许多工厂，都归跨国公司所有。

斯特罗斯纳自认为是洛佩斯家族的继承人。能如此肆无忌惮地拿一个世纪以前的巴拉圭同今日的巴拉圭相比较吗？今日的巴拉圭已成为拉普拉塔河流域的走私中心，是腐败制度化了的王国。在一次政治集会上，执政党在欢呼声和掌声中口口声声同时为两个时期的巴拉圭辩护，会场上一个年纪轻轻的小贩，胸前挂着托盘，在卖走私香烟：热诚的听众一口接一口地吸着箭牌、万宝路牌、骆驼牌和本森·赫奇斯牌香烟。在亚松森，人数不多的中产阶级不喝巴拉圭蔗酒，而喝巴兰坦威士忌酒。在大街上，人们可以看到美国或欧洲生产的最新式、最豪华的轿车，这些轿车是通过走私或预先缴付少得可怜的税款弄进国内来的，也可以看到慢悠悠往市场运送农产品的牛车。耕地用木犁，出租车是因帕拉斯-70 型的老车。斯特罗斯纳说走私是“和平的代价”，也就是说，只要将军们可以中饱私囊，他们就不会搞阴谋。当然，工业还没有发展就濒临死亡。巴拉圭政府自己甚至不履行公共部门要优先购买国货的命令。政府唯一引以为自豪和可炫耀的具体成就是自 1966 年底建成的可口可乐、水果汁和百事可乐工厂，这些工厂是美国为巴拉圭人民的进步做出的贡献。

巴拉圭政府表示，只有“当私人不感兴趣的时候”[48]，政府才会直接参与创建企业。中央银行通知国际货币基金组织“决定开放货币兑换市场，取消对贸易和外汇买卖的限制”。由工商部出版的一本小册子提醒投资者，巴拉圭“给外国资本以特许权”。对外国企业，免征税和海关税，“以创造良好的投资环境”。纽约国民城市银行亚松森分行开办一年后即完全收回了建分行的投资。掌握巴拉圭国内储蓄的外国银行提供的贷款加深了巴拉圭在经济上的畸形，进一步威胁到巴拉圭的主权。在巴拉圭农村，1.5%的地主拥有90%的耕地，而种植面积不足全国总面积的2%。官方在卡瓜苏（Caaguazú）三角地带的垦殖计划给饥饿的农民带来的不是繁荣，而是更多的坟墓。[49]

三国联盟依然被认为是非常成功的。

生产过大炮以抵御侵略的伊比库伊铸造厂的高炉，曾一座座耸立在现今被称之为“米纳奎”的地方。在瓜拉尼语里，“米纳奎（Mina-cué）”意即“以前的矿山（Fue mina）”。那儿，在沼泽和蚊虫中，紧靠着一堵倒坍的围墙，还能看到一个世纪前被侵略者炸毁的烟囱的底座，可以看到被毁的设备已生满铁锈。几个衣衫褴褛的农民生活在这一地区，他们甚至不知道是哪一场战争摧毁了这一切。他们说，有时晚上可以听到机器的声音、锤子的敲击声、大炮轰鸣声和士兵的吼叫声。

贷款、铁路与拉丁美洲经济畸形

路易十八时代，法国外交部长夏多布里昂（Chateaubriand）子爵满心不快地写道：“在独立之际，西班牙殖民地摇身变成了某种英国殖民地。”[50]他这样写，也许有其充分的依据。他列举出一些数字，自 1822 年至 1826 年间，英国向获得独立的西班牙殖民地提供了十笔贷款，贷款总额标明为两千一百万英镑，然而，扣除利息和中间经纪人代理费之后，到达美洲大陆的实际贷款额只有七百万英镑。与此同时，为了开发拉丁美洲矿藏、农业等自然资源，及在拉美创建公用事业企业，伦敦成立了四十余家股份有限公司。银行如雨后春笋在英国大地破土而出，仅 1836 年一年，英国就新开设了四十八家银行。19 世纪中叶，英国铁路在巴拿马出现，1868 年，由一家英国企业承建的第一条有轨电车线在巴西雷西费市竣工，与此同时，英国银行直接向拉美国家政府提供财政资助。[51] 拉丁美洲国家的公债券在英国金融市场上流通活跃，价格时上时下。公用事业掌握在英国人手中。新诞生的国家被军费开支压得喘不过气来，同时它们还面临对外支付手段不足的挑战。自由贸易意味着大量增加进口，特别是增加奢侈品进口。为使一小部分人能够过上时髦的生活，拉美各国政府举借贷款，为了还债又不得不举借新贷款。拉美国家就是这样预先把自己的未来抵押出去，出让经济自由和政治主权。除被毁灭的巴拉圭以外，整个拉丁美洲都经历了并继续经历着相同的进程，尽管今日的贷款人和贷款机构已与昔日不同。外来经援如同吸吗啡一般，变得必不可少。恶劣的贸易条件也不是我们今日特有的现象。据塞尔索 · 富尔塔多称 [52]，1821 年至 1830 年和 1841 年至 1850 年期间，巴西出口商品价格降低近一半，而外国进口商品的价格却稳定不变。拉丁美洲脆弱的经济靠借贷款来弥补价格下跌所造成的损失。

施内尔波写道：“这些年轻国家的财政不稳定，必须依靠会造成货币贬值的通货膨胀和沉重的贷款。这些共和国的历史，从某种意义上讲，就是它们负债的历史，它们欠富有吸收能力的欧洲金融界的债。”[53]总之，破产、停止支付和焦急地重新安排外债是经常发生的事情。英镑如流水一般从手指缝中流走。1824年，布宜诺斯艾利斯政府从巴林兄弟银行借了一百万英镑的贷款，但实际上只得到五十七万英镑，而且并非如合同规定的那样用黄金作为贷款，而是书面贷款。这家银行向居住在布宜诺斯艾利斯的英国商人寄去付款通知单，但是这些商人没有把黄金交给阿根廷，因为他们的使命恰恰是将所见到的贵重金属全部弄回伦敦。就这样，收下的是汇票，到还债时，就要用闪闪发光的黄金来清付。直到20世纪初，阿根廷才付清这笔因多次重新安排外债而膨胀到四百万英镑的债务。[54]布宜诺斯艾利斯省以其全部收入及全部公有土地作为贷款的抵押。在阿根廷举借外债的时代，财政部长说道：“我们不具备对外国商人，特别是对英国商人采取对抗措施的条件，由于我们欠这个国家巨额债务，一旦关系破裂就可能造成大灾难……”由此可见，利用债务作为讹诈工具并非是美国新近的一种发明。

投机交易使自由国家失去自由。19世纪中叶，巴西每年支付的外债本息几乎占国家预算的40%，拉丁美洲其他国家的情况也大致相同。铁路作为同样重要的物件，铸造起依赖的铁笼。在资本主义垄断时代，铁路将帝国主义的影响扩展到殖民经济的大后方。

许多贷款用于资助修建铁路，以便外运矿产品和食品。铁路线并未构成一个旨在将内地相互连接起来的交通网，而是将生产中心与港口衔接起来。铁路线的布局好比张开五指的手掌，这样一来，一贯被敬为进步先锋的铁路，实际上阻碍了国内市场的形成与发展。英国还使用其他办法，特别是制定为英国霸权服务的价格政策。例如，阿根廷内地加工产品的运费远比未加工产品的运费贵。铁路运费尤如厄运从天而降，也就是说，烟草产区不能生产香烟，羊毛产区不能生产毛纺品，林区不能加工木材。[55] 阿根廷铁路也确实促进过圣地亚哥德尔埃斯特罗林木业的发展。此地的一位作家在谈及这种发展所带来的后果时说道："多么希望圣地亚哥从未生长过一棵树。"[56] 铁路用木材作枕木，以木炭为燃料；因铁路需要而兴建起来的木材工场，分解了农村的居民点；当它路经草原和森林时，摧毁了农业和牧业，使圣地亚哥几代人沦为森林的奴隶，把这一带变为荒无人烟之地。大批居民的迁徙迄今尚未停止，今日的圣地亚哥德尔埃斯特罗是阿根廷最贫穷的省份之一。铁路用石油为燃料使这一地区陷入深重的危机。

在阿根廷、巴西、智利、危地马拉、墨西哥和乌拉圭修建第一条铁路的并非英国资本。正如我们看到的那样，巴拉圭的第一条铁路也不是用英国资本修建的，但是，巴拉圭政府雇用欧洲技术人员修建的铁路在战败后落入英国人之手。其他国家的铁路和火车命运完全相同，占有者没有拿出一分钱作为新投资。更有甚者，国家所关心的是以合同的形式保证铁路企业最低限度的收益，以避免发生使这些企业感到不快的意外。

几十年以后，当第二次世界大战结束时，铁路不再赢利，使用率已相对降低，到此时，铁路才归国家经营。几乎所有的国家都从英国人手里买下破旧不堪的铁路线，这样，铁路企业的亏损就由国家来承担。

在铁路兴旺时代，除了占有铁路线本身和有权修建新支线外，英国铁路公司还常常得到铁路线两侧大片的租让地。这些土地成为铁路公司绝妙的附加生意。1911 年赠予巴西铁路公司的令人难以置信的礼物使无数茅屋被烧毁，居住在租让地内的农民被驱赶或横遭杀害。这正是点燃巴西争议暴乱 * 的导火索，这场暴乱是整个巴西历史上人民怒火最旺的篇章之一。

贸易保护主义和自由贸易在美国：成就不是隐形之手的功劳

1865 年，当三国联盟宣布即将摧毁巴拉圭时，尤利西斯 · 格兰特（Ulysses Grant）将军在阿波马托克斯（Appomatox）庆祝罗伯特 · 李（Robert Lee）将军投降。南北战争以北方工业中心战胜南方的棉花、烟草种植者而告终。前者是十足的贸易保护主义者，后者主张自由贸易。**在决定拉丁美洲殖民地命运的战争爆发的同时，使美国得以巩固其世界强国地位的战争结束了**。不久，成为美国总统的格兰特断言："几个世纪以来，英国一直笃信贸易保护主义，实施贸易保护主义达到登峰造极的地步，并因此获得满意的结果。毫无疑问，英国现在的实力归功于这一制度。近两个世纪以来，英国感到接受自由贸易较为适宜，因为它认为贸易保护主义已不能再给英国带来什么好处。很好，那么，先生们，我了解自己的国家，因此，我确信，两百年以后，当美洲从贸易保护主义中得到保护主义所能够提供的一切好处之后，它也将接受自由贸易。"[57]

两个半世纪以前，年轻的英国资本主义向北美殖民地输送人员、资本、生活方式、雄心和计划。北美十三个殖民地成为调节欧洲多余人口的阀门，迅即克服殖民地本身地上及地下资源贫乏造

* 译注：指巴西的巴拉那州和圣卡塔里娜州为了争夺有争议的边境地区，利用宗教迷信而发动的局部战争。

成的障碍，早早地产生了**宗主国允许其较顺利发展的工业化意识**。1631 年，刚到波士顿不久的移民，使一艘自行建造的载重量为三十吨的单桅帆船“海湾赐福”号下海。从此，造船工业以惊人的速度发展。森林中数量众多的白栎木是做船底和船架的好材料，船甲板、第一斜桅和中桅用松木做成。马萨诸塞州为用来加工粗细绳索的大麻生产提供补贴，并鼓励本地生产帆布和船帆。繁荣的造船厂遍布波士顿南北沿海。各殖民地政府向各种制造业提供补贴和奖励。各地采取措施鼓励种植亚麻和生产羊毛，这是粗纺织品的原料，虽然纺出来的物品不十分考究，但很结实，而且**是国货**。1643 年修建第一座开发林恩（Lyn）铁矿石的炼铁炉。不久，马萨诸塞便向全州供应铁。由于对纺织业的鼓励似乎不够充分，马萨诸塞这个殖民地便采取了强制性措施，于 1655 年颁布一项法令，规定每个家庭至少要有一名能进行连续和紧张工作的纺织工，否则予以重罚。在同一时期，弗吉尼亚（Virginia）的每一个伯爵领地，必须挑选一些儿童教他们纺织技术。同时，禁止出口皮革，以便在国内将皮革加工成皮靴、皮带和马鞍。

柯克兰说过：“殖民地工业要克服的不利因素，绝不是英国殖民政策所造成的。”[58] 由于交通不便，英国的禁令在三千英里以外的地方几乎完全失效。距离远还助长了自给自足的倾向。北方的殖民地既不向英国运送黄金和白银，也不运送食糖，相反，它们在消费方面的需求造成必须用某种方式加以抵制超量进口。与宗主国的海上贸易往来并不密切，因此，要生存就必须发展地方制造业。18 世纪，英国很少关心其北美洲殖民地，它不阻止宗主国最先进的技术向殖民地工厂转移，这实际上否定了殖民协定明文规定的各项禁令。**但是，拉丁美洲殖民地的情况并非如此，这些殖民地能向欧洲**

处于上升阶段的资本主义提供其生存所需要的一切，又能从海外进口最精致、最昂贵的产品，充分满足其统治阶级奢侈的消费。在拉丁美洲，唯一能发展的是面向出口的生产。这种情况在以后的世纪里依然如此，即，矿业资产阶级或地主阶级的经济和政治利益与发展国内经济的需要从不相符，商人与新大陆之间的联系并未超过同购买其金属和食品或向其出售工业品的外国市场的联系。

美国宣布独立时，其人口总数与巴西相仿。与西班牙一样极不发达的宗主国葡萄牙，将它的不发达输往殖民地。巴西经济已变成为英国谋取利益的工具，在整个18世纪，巴西向英国提供其所需要的黄金。这个殖民地的阶级结构反映了这种供应国的机能。与美国不同，巴西统治阶级不是由国内的农场主、有作为的工厂老板和商人组成。两国统治阶级思想的主要代表亚历山大·汉密尔顿（Alexander Hamilton）和凯鲁（Cairú）子爵十分清楚地体现了这种区别。[59] 在英国，两人都曾是亚当·斯密的学生。然而，当汉密尔顿成为工业化的卫士、提供国家鼓励和保护民族工业时，凯鲁却笃信自由贸易看不见的魔力，主张自由生产、自由流通与自由销售。

当18世纪行将结束之时，美国已拥有完全由国产船只组成的世界第二大商船队，纺织厂和钢铁厂也在蓬勃发展。时隔不久，机器制造工业随之诞生：工厂不需要花钱从国外购买它们的资本货物。乘“五月花”（Mayflower）号而来的热诚的清教徒在新英格兰的田野上奠定了一个国家的基础。沿着深水海湾和广阔滩涂，工业资产阶级一天天壮大起来。正如我们在别的章节所读到的，包括出售非洲奴隶在内的与安的列斯群岛之间的贸易往来，在这方面起到主要作用。但是，如果一开始就得到最热情的民族主义的鼓励，那么，美国的功绩也就无从谈起。乔治·华盛顿在其卸职报告中说道，美国应该走一条独立的道路。[60]爱默生（Emerson）于1837年宣称："长期以来，我们聆听的是欧洲女神高雅的教诲。今后，我们将用自己的双脚走路，用自己的双手干活，按照自己的信条讲话。"[61]

国库扩大了国内市场的规模。国家铺设公路和铁路，建设桥梁，开沟挖渠。[62]19世纪中叶，宾夕法尼亚州政府除了管理它在公共企业的一亿美元投资外，还参与经营一百五十多家合资企业。掠夺墨西哥一半以上国土的军事征服行动，在很大程度上促进了美国的进步。政府不仅仅通过投资和旨在扩张的军费开支参与发展，在北方，它还开始认真实行关税保护主义。与此相反，南方的地主是自由贸易主义者。棉花产量每十年翻一番，它为全国提供大笔的贸易收入，并向马萨诸塞州现代化的纺织厂提供生产原料，但是，它特别依赖欧洲市场。像拉美那样，南方上层社会主要同国际市场有联系，欧洲纺纱厂80%的棉花由美国南方的奴隶种植。当北方除实现工业保护主义外还废除奴隶制时，南北矛盾导致了战争。北方和南方代表着两个截然对立的世界、两个不同的历史时代和对国家命运的两种针锋相对的观念。**20世纪战胜了19世纪**。战胜方的一位诗人大声欢呼：

> **欢唱吧。自由的人们……**
> **老朽的棉花大王已经死亡，葬身黄泉。**[63]

李将军失败之后，关税率具有神圣的意义。冲突期间为获得财源而提高的关税率在战后仍然有效，以便保护获胜一方的工业。1890年，国会通过了极端贸易保护主义的麦金利税率（Tarifa McKinley）。1897年，丁利法案（Ley Dingley）再一次提高关税率。不久，面对具有危险竞争能力的美国工业品的泛滥，欧洲发达国家不得不筑起关税壁垒。"托拉斯"一词于1882年首次问世，石油、钢铁、食品、铁路和烟草都掌握在飞速发展的垄断集团手中。[64]

在南北战争之前，格兰特将军曾参与对墨西哥的掠夺。战后，他成为具有贸易保护主义思想的总统。这一切都是为了巩固自己的国家。北方工业主导着历史的进程，当北方工业集团掌握政权之后，便从国家的角度去关心自己的主要利益。农业区界线以牺牲印第安人和墨西哥人的利益为代价，向西、向南推移。但在推移过程中不是发展庄园制，而是在新开拓的地区撒下小业主的种子。这块福地不仅仅吸引了欧洲农民，各种行业的手工艺者和机械、冶金、钢铁行业的技术工人也纷纷从欧洲赶来，为美国庞大的工业化计划效劳。到 19 世纪末，美国已成为世界上第一大工业强国。内战结束后的三十年里，工厂的生产能力提高了七倍。美国煤产量已和英国煤产量相当，钢铁产量是英国的两倍，铁路总长度则是英国的九倍。资本主义世界的中心开始易地。

同英国一样，美国在第二次世界大战开始后也输出自由汇兑、自由贸易和自由竞争的理论，但这种理论是**针对他人**而言。为了否定发展中国家保护自己民族工业的权利，削弱政府在这些国家中的作用，国际货币基金组织和世界银行应运而生。人们把私人经营看作万应灵药。然而，美国将不会放弃迄今仍很严格的保护主义的经济政策，这一政策注意聆听自己历史的呼声。在北方，从未本末倒置。

掠夺的现代结构

没有法力的避邪物

1916年春，列宁写完关于帝国主义的论著时，美国资本在拉丁美洲外来私人直接投资总额中还占不到五分之一。到1970年则占大约四分之三。列宁所认识的帝国主义，是一个严厉惩罚任何胆敢兴建工厂的殖民地或半殖民地的帝国主义，它当时的特征是：工业中心贪婪地寻求国际市场以出口自己的商品；疯狂地捕获一切可能提供原料的产地；掠夺铁、煤和石油；用铁路线将征服的地域连接起来；金融垄断集团发放毁坏性极大的贷款；发动军事远征和征服战争等。作为宗主国特权的工业化，与富国强加于穷国的统治制度不相容。第二次世界大战以来，欧洲收回在拉丁美洲的财产，让位于席卷而来的美国投资。从此，投资方向发生了重大变化。用于公众服务事业和矿业方面的资本一步一步地、年复一年地丧失其相对重要性。与此同时，在石油，特别是在制造业方面的投资比例不断增加。目前，在拉丁美洲，每三美元投资中就有一美元用于工业投资。[1]

各大公司的子公司只用了少量投资，一下就越过拉丁美洲各国针对外国竞争而建立起来的海关壁垒，并从内部控制了这些国家的工业化进程。它们输出工厂，或者经常围困和吞并现有的民族工厂。在这方面，它们得到多数地方政府的热情帮助，而且拥有国际信贷组织提供的各种讹诈手段。帝国主义资本从内部夺得市场，将地方工业的要害部门据为己有，也就是说，夺走或建立要塞，并以此控制其他部门。美洲国家组织这样描述这一进程："拉丁美洲企业正逐步在已建立起来的工业和非高精尖技术方面占有优势，而美国私人投资，也许也包括其他工业化国家的私人投资，正在迅速地进一步参与一些需要较高的技术、对经济发展进程起决定作用的主导工业。"[2] 因此，布拉沃河以南的美国工厂，总的说来，比拉丁美洲当地的工厂更有活力。三个大国的增长速度很有说服力：以 1961 年为 100 计算，1965 年阿根廷工业产品的指数为 112.5，而同一时期美国子公司的销售指数上升为 166.3。在巴西，这两个指数分别为 109.2 和 120；在墨西哥为 142.2 和 186.8。[3]

当然，帝国主义公司欲将拉丁美洲工业增长据为已有，并使之变为对其有利的资本，并不意味着它们对各种传统的经营方式没有兴趣。的确，联合果品公司在危地马拉的铁路已不再赢利。在巴西，当债券股票电力公司和国际电话电报公司被收归巴西所有时，它们做了一笔极好的交易，因为巴西用金子赔偿那些生锈的设备和该进博物馆的机器。抛弃公共服务性行业而转向能获取更大利润的经济活动并不等于抛弃原料。如果没有拉丁美洲的石油和矿产，帝国将是什么样的命运？我们在其他章节已经谈到，尽管对矿山的投资相应减少，美国的经济仍然离不开从南方来的极其重要的供应和高额利润。另外，**把拉丁美洲工厂变成各大公司全球性机器的简单零部**

件的投资，丝毫没有改变国际分工。穷国和富国之间进行资本及商品流通的渠道丝毫没有改变。拉丁美洲继续出口失业和贫穷，即国际市场需要的原料，而此一地区的经济依赖于出口这些原料和跨国公司子公司用廉价劳动力加工的一些工业产品。不平等交换一如既往：拉丁美洲低工资资助了美国和欧洲的高工资。

随时准备证明外国“工业化”资本的侵入有益于当地发展的政治家和技术统治论者不乏其人。他们认为，与老牌帝国主义不同，这个具有新特征的帝国主义将采取真正文明的行动，为被统治的国家造福，也就是说，当时占统治地位的强国，头一次使它所表白的爱恋之情与其真实目的互相吻合。于是，感到内疚的良心不一定需要为自己辩解，因为它们已经没有罪，因为现在的帝国主义将传播技术和进步，所以，用帝国主义这一过时的、令人憎恨的词来形容它也许太俗气。然而，每当帝国主义为自己歌功颂德时，最好先检查一下我们的钱袋。事实证明，这种新型的帝国主义，使其发展中心变富，但未能使其殖民地繁荣；没有缓解反而加剧了地区的紧张局势；使贫穷更加普遍，使财富更加集中；支付的工资比底特律工资低二十倍，而售价比纽约高三倍；成为国内市场和生产机构中关键部门的主人；把发展据为己有，决定发展方向，为发展规定界线；支配国内贷款，随心所欲地引导外贸；不仅仅使工业非国有化，而且使工业利润非国有化；当它将大部分盈余转移到国外的时候，更造成了资源的浪费；它不是为发展提供资金，而是抽走资本。拉丁美洲经济委员会指出，最近几年，美国在拉丁美洲直接投资所得利润的汇出部分是新投资的五倍。为了使外国企业能带走它们的利润，拉丁美洲国家把自己抵押出去，向外国银行和国际信贷组织借款，从而加倍增加了以后的损失。从这种意义上讲，工业投资产生的后果与“传统”投资产生的后果完全一样。

在美国各大公司形成的世界资本主义坚实的范围内，拉丁美洲的工业化同进步和民族解放越来越不一致。**19 世纪，当港口城市战胜国家，当自由贸易摧毁刚刚诞生的民族工业时，避邪物在关键性的失败中被剥夺了法力。20 世纪没有孕育出能重新开创事业并将事业进行到底的、强大而有创造力的工业资产阶级。所有的尝试均半途而废。拉丁美洲工业资产阶级与侏儒同命运：没有发育就已衰老。**今天，拉美的资产阶级分子是无比强大的外国公司的代销商或代理人。说实在的，他们从未立下值得有其他命运的功劳。

是卫兵打开门户：民族资产阶级的无能应受谴责

拉丁美洲三大发展中心——阿根廷、巴西和墨西哥目前的工业结构已经暴露出反射式发展特有的畸形。在其他更弱小的国家，工业卫星化进程除个别例外，没遇到多大的困难。的确，今天，除了出口商品和资本，还出口工厂和在各方面进行渗透和垄断一切的资本主义——并非有竞争性的资本主义，而是跨国大公司时代的资本主义，它在全球范围内建立了巩固的工业一体化体系。这些跨国大公司是非常大的垄断集团，它们所进行的各种活动遍及全球各个角落。[4]

美国资本在拉丁美洲集中的程度比在美国本国还要大，少数公司控制了绝大部分投资。**对这些公司来说，国家并不意味着要着手进行的某项任务，也不是一面要捍卫的旗帜，更不是一个要掌握的命运。国家仅仅是要逾越的障碍，是一个供品尝的多汁水果。说国家是障碍，是因为有时主权会添麻烦。**为国尽职是各国统治阶级应负的天职吗？急剧增长的帝国主义资本遇上了既无抵抗力，对其历史作用又无认识的地方工业。**资产阶级既不淌眼泪又不流血就变成了外国经济侵略的同伙**。1920 年代以来，国家对拉丁美洲经济的影响在不断削弱，加上国际货币基金组织所起的好作用，这种影响已微乎其微了。美国大公司以征服者的步伐进入欧洲，它们控制了旧大陆的发展。人们预言，在那儿建立的美国工业即将成为仅次于美国和苏联的世界第三个工业强国。[5]既然富有传统和生气的欧洲资产阶级都未能挡住潮袭，难道能够指望拉丁美洲资产阶级在这个历史时期能带头进行一种不可能成功的资本主义独立发展的冒险吗？相反，在拉丁美洲，非国有化成为暴发性、花钱少而结局无比糟糕的进程。

在 20 世纪，拉美工业增长是受外界影响的。这种增长并非由旨在促进国家发展的政策带来，它既不是生产力成熟的结果，也不是地主和一个出生不久就死亡的民族手工业阶层之间爆发内部冲突的结果，这种冲突“已经解决了”。拉丁美洲的工业诞生于农产品出口体制内部，是为了解决由于外贸下降造成的严重不平衡。的确，两次世界大战，特别是资本主义世界自 1929 年 10 月的**黑色星期五**开始的大萧条，造成这一地区出口锐减，因而也促使进口能力瞬间猛降。在国内，突然奇缺的外国工业品价格直线上升。那时没有出现摆脱传统的依赖性的企业家阶层，因为强大的工业推动力来自地主和进口商手里积攒起来的资金。在阿根廷，大牧场主控制着货币兑换率。成为农业部部长的农业协会主席于 1933 年宣布：“一个被肢解的世界使我们与世隔绝，不再从我们这里购买原材料的那些国家，也不再向我们出售商品，这迫使我们不得不自己生产。”[6]咖啡庄园主把靠外贸积累起来的相当大一部分资金用于圣保罗的工业化。政府的一份文件断言[7]：“与今日发达国家的工业化不同，巴西的工业化不是逐步地、在总的经济变革进程中进行。相反，它成为迅速而紧张的过程，这一现象凌驾于原有的社会经济结构，但没有进行彻底的变革，成为巴西社会特有的各阶层和各地区之间重大差别的根源。”

从一开始，新兴工业凭借政府为保护它而筑起的关税壁垒进行自卫。随着国家采取限制和控制进口、制定特别汇兑率、免税、购买剩余产品或者给予补贴、修筑公路以便运输原料和商品、新建或扩大能源基地等一系列措施，新兴工业才得以成长壮大。具有民族主义特征并在群众中有广泛影响的赫图利奥·瓦加斯政府（1930—1945 和 1951—1954）、拉萨罗·卡德纳斯政府（1934—1940）和胡安·多明戈·庇隆政府（1946—1955），分别在巴西、墨西哥和阿根廷反映了民族工业必须根据不同情况和不同时期而起飞、发展或巩固。实际上，表明资本主义发达国家工业资产阶级一系列特性的“企业意识”，在拉丁美洲却成为国家的特征，特别是在这些关键的发展时期更是如此。**国家占据了一个社会阶级的地位，历史一直要求出现这样的阶级，但成效不大**。国家代表了民族，使人民群众从政治上和经济上享受工业化的好处。民众主义首领创立的模式，没有孕育出一个在本质上同当时所有的统治阶级有区别的工业资产阶级。比如，庇隆使工业联合会的领导人感到恐惧，他们不无道理地看到外省起义的幽灵在布宜诺斯艾利斯郊区无产阶级的暴动中徘徊。保守联盟在 1946 年 2 月选举中被庇隆击败以前，就收到了工业家领袖的那张著名的支票。十年以后，当庇隆政府垮台之时，那些最重要的工厂老板重申，他们和寡头集团之间的矛盾不是根本性的矛盾，因为他们自己本身勉勉强强也称得上是寡头集团的一部分。

1956年，工业联合会、农业协会和贸易交易所组成一个捍卫结社自由、企业自由、贸易自由和雇工自由的共同阵线。[8]在巴西，工业资产阶级的重要阶层与促使瓦加斯自杀的势力站在一起。从这种意义上说，墨西哥的经验具有不同寻常的特点，它对拉丁美洲变革进程所做的贡献确实比人们估计的少得多。只有拉萨罗·卡德纳斯的民族主义政府向地主发动进攻，把从1910年就开始震动全国的土地改革进行下去。在其他国家，包括阿根廷和巴西，实施工业化的政府都未触动庄园制，使它得以继续扼杀国内市场和农牧业生产的发展。[9]

总的来说，工业好像一架着陆的飞机，它没有改变机场的基本结构。由于原有国内市场需求的限制，工业只能满足市场消费的要求，没能从广度和深度扩大这个市场，而如果进行巨大的结构改革，是有可能实现这种扩大的。同样，工业的发展迫使进一步进口机器、零配件、燃料和半成品[10]，但是，作为外汇来源的出口，却不能迎接这一挑战，因为出口商品来自农村，而土地的主人使农村处于落后状态。在庇隆政府时期，阿根廷政府垄断了粮食出口，但未触动土地所有制，既没有对美国和英国大冷库实行国有化，也没有对羊毛出口实行国有化。[11]政府几乎没有推动重工业的发展，它没有及时注意到，如果不建立本国的技术体系，民族主义政策在起飞时就已失去双翅。曾靠与美国大使直接较量上台的庇隆，到1953年便热情地接待来访的艾森豪威尔，并要求外国资本提供合作以促进重工业的发展。[12]随着进口货物替代品加速增长，随着新工厂对更高水平的技术和组织的需求日益迫切，民族工业急需与帝国主义大公司实现“联合”。这一倾向也在赫图利奥·瓦加斯的工业化模式内部日趋成熟，并在他的悲剧性结局中暴露无遗。拥有最现代技术的外国寡头垄断集团，通过出售生产技术、专利和新设备，正在公开地、逐步地控制包括墨西哥在内的所有拉丁美洲国家的民族工业。华尔街最终取代了伦巴第街（Lombard Street）。在拉丁美洲享有超级权力的主要企业是美国企业。对工业进行渗透的同时，对金融和商界的干预愈演愈烈，这样，拉丁美洲市场逐步被纳入跨国公司的内部市场之中。

1965年，罗伯托·坎波斯，这位卡斯特洛·布兰科独裁政府时期的经济太上皇曾断言："具有浪漫色彩和超凡魅力的领袖人物的时代正在让位于技术阶层的时代。"[13] 美国大使馆直接参与了推翻若奥·古拉特政府的政变。秉承瓦加斯风格和愿望的古拉特的垮台，标志着民众主义和大众政策的结束。在军事阴谋得逞后没几个月，一个朋友从里约热内卢给我写信："我们是一个被击败、被统治、被征服和被摧毁的民族。"巴西非国有化进程意味着必须用铁腕实行不得人心的独裁。资本主义的发展已经与诸如瓦加斯这种领袖人物领导的伟大的群众运动不协调。必须禁止罢工、摧毁工会和政党、监禁、拷打和杀戮百姓、用暴力降低工人工资等等，也就是说，只有以使穷人更加贫穷为代价来控制通货膨胀。1966年和1967年进行的民意测验表明，巴西84%的大企业家认为古拉特政府实行了有害的经济政策。毫无疑问，在这些大企业家中有很多人是民族资产阶级的大首领，而古拉特曾试图依靠他们来阻止帝国主义吸吮巴西经济的血液。[14] 在阿根廷，胡安·卡洛斯·翁加尼亚将军统治时期也镇压和扼杀人民。实际上，1955年庇隆垮台后就开始这样做了。在巴西，则是从1954年瓦加斯自杀后开始。在墨西哥，情况也是如此，伴随工业非国有化的，是垄断了政权的政党不断强化的镇压政策。

费尔南多·恩里克·卡多索指出[15]，在民众主义政府积极保护下发展起来的轻工业，或称其为**传统工业**，要求扩大大众消费，也就是说，要求人们购买衬衫或香烟。与此相反，**有活力的**工业，即中间货物和资本货物，面向大企业和国家高高在上的有限的市场，也就是面向有着巨大经济实力的为数不多的消费者。**目前掌握在外国人手中的重工业，既依靠业已存在的传统工业，又使传统工业成为自己的附属**。在技术水平低的传统部门，民族资本尚有一些实力；资本家越是在技术或金融方面较少依赖国有化的生产方式，就越是倾向于善意看待土地改革，愿意通过工会斗争提高人民群众的消费水平。相反，与国外联系最紧密的资本家，即重工业的代表人物，只要求加强附属国内的发达地区与世界经济体制之间的经济联系，并使内部变革服从于这一首要目的。正像不久前在阿根廷和巴西进行的民意测验结果所表明的那样，这些人代表工业资产阶级的主流。卡多索的文章即以上述民意测验的结果作为基本材料。**大企业家以斩钉截铁的口吻反对土地改革，他们中的大部分人都矢口否认工业部门与农业部门利益不一致。他们认为，对工业发展来说，再没有比各生产阶层之间的团结和西半球集团的加强更重要的事情了**。只有 2% 的阿根廷和巴西大实业家认为，从政治上讲，应该首先依靠劳动者。在接受民意测验的人当中，多数是**民族企业家**，他们中的大部分，手脚也同样被种种依赖的绳索捆绑在外国权力中心上。

在此情形下，能指望有别的结局吗？工业资产阶级是统治阶级的一份子，而这个阶级本身又受外来力量的统治。今日被贝拉斯科·阿尔瓦拉多政府没收了财产的秘鲁沿海的主要的庄园主，同时又是三十一家加工厂和其他许许多多不同企业的主人。[16] 别的国家的情况也是如此。[17]墨西哥也不例外：附属于美国大财团的民族资产阶级，与其说害怕帝国主义的压迫，倒不如说更加害怕人民群众的压力。他们在大财团内的发展绝不像人们所认为的那样有创造性，不过，他们卓有成效地成倍增加了自己的财产。[18]在阿根廷，赛马俱乐部是庄园主们显示社会地位的中心场所，俱乐部的创始人曾是工业家的领袖。[19]这样，自19世纪末便开始形成一个不朽的传统：**发了财的手工业者和地主的女儿结婚，以便利用夫妻关系，进入只有寡头集团成员才能进入的地方，或者为了同样的目的购买土地。有不少牧场主则将手中积累的多余资本投资在工业方面，至少在兴旺发达时期是如此。**

靠做生意和开纺织厂发家的福斯蒂诺·法诺（Faustino Fano）连续四届担任农业协会的主席，直到1967年去世为止。报纸在为他撰写的讣告中宣称："法诺摧毁了农业与工业互为矛盾这一错误的见解。"工业剩余资本变为奶牛。迪·特利亚（Di Tella）兄弟是实力雄厚的实业家，他们将自己的汽车和冰箱制造厂卖给外国资本，转而从事饲养改良牛的事业，以参加农业协会的展览。半个世纪前，拥有布宜诺斯艾利斯省全部土地的安乔雷纳（Anchorena）家族，在布宜诺斯艾利斯兴建了该市最重要的一处冶金厂。

在欧洲和美国，工业资产阶级以截然不同的方式出现在历史舞台上，又同样以截然不同的方式扩大并巩固其权力。

机器上飘着什么旗？

老太婆弯下腰，用手给火煽风。这时她的形象恰似一只黑色的老乌龟——弯弯的脊背和伸长着的布满皱纹的脖子。但是，她那破烂不堪的衣衫却不能像龟壳那样保护她。她行动迟缓完全归咎于年事已高。在她身后，那用木板和铁皮钉成的小屋东倒西歪。再往远处，还可以看到圣保罗郊区其他同样简陋的房屋。她面前有一只黑乎乎的小锅，煮咖啡的水已经开了。她把一个小铁罐端到嘴边，喝咖啡之前，晃动脑袋，闭上眼睛，嘴里用葡萄牙语念道：**巴西属于我们**。此时此刻，也在圣保罗市中心，当联合碳化物公司执行主席举起水晶杯，庆祝他的公司又吞并了巴西一家塑料工厂的时候，他想到的正是与老太婆念的完全相同的一句话。当然，用的是另一种语言。两人之中必有一人错了。

自 1964 年起，每当纪念国营企业的诞辰时，巴西一个又一个的军事独裁者总要宣布即将对该企业实行被他们称之为**收复的**非国有化。**1965 年 7 月 6 日颁布的 56570 号法令，将石油化工的开发权保留给国家；同一天通过的 56571 号法令又废除了前一号法令，规定私人资本也可以参与开发**。这样，道氏化学公司、联合碳化物公司、菲利浦石油公司和洛克菲勒财团，通过直接的或与政府“合伙”的方式获得了开发石油化工工业的权利。这是一块令人垂涎的**鲜嫩的里脊肉**。当时可以预见 1970 年代将出现“石油繁荣”。相隔几小时就颁布两条法令，究竟发生了什么事情？从莎士比亚到布雷赫特，许多人都乐于想象发生了什么事。门帘在晃动，走廊里脚步声不断，拼命地叩门，绿色的纸币满天飞，官府里群情激昂，等等。政府一位部长承认：**在巴西，除了国家本身，只有外国资本还是强大的，当然也有一些光荣的例外**。[20] 政府尽一切可能避免美国和欧洲大公司遇到这种令人不自在的竞争。

用于工业的外国资本是在 1950 年代开始大量进入巴西，这得到儒塞利诺 · 库比契克（Juscelino Kubitschek）总统推行的目标计划（Plan de Metas, 1957—1960）积极的促进。这是令人兴奋的发展时期。巴西利亚像从魔术师奇妙的礼帽中变出来，屹立在一片荒野之中，那儿的印第安人甚至不知道有轮子。人们修建公路，修筑水库大坝；汽车制造厂每两分钟即生产一辆轿车。工业高速度增长着。为外国投资敞开大门，欢迎美元闯入巴西，人们感觉到了发展的有力步伐。油墨未干的钞票进入流通。大跃进靠的是通货膨胀和一笔由下几届政府承担、压得人透不过气的沉重外债。为使外国企业能向总公司汇去利润以收回投资，库比契克总统保证它们享有使用特别兑换率的优惠。国家共同承担企业从国外举借的债务，也为还债和支付利息提供低价美元。根据拉丁美洲经济委员会发表的一项报告[21]，在1955年至1962年间进入巴西的投资总额中，有80%是由国家作保的贷款。也就是说，企业五分之四以上的投资来自外国银行，这些投资增加了巴西政府巨大的外债。另外，巴西对进口机器提供特别优惠的政策。[22]民族企业享受不到这些赐予通用汽车公司（General Motors）或大众汽车公司（Volkswagen）的便利。

当巴西社会科学研究所公布它耐心调查巴西各大经济集团的有关材料时，暴露了吸引帝国主义资本的非国有化政策的后果。[23]在拥有超过四十亿克鲁塞罗资本的企业联合体中，有一半以上是外国企业，其中大部分是美国的。资本在十二亿克鲁塞罗以上的企业联合体中，属于外国集团的有十二家，而民族企业只有五家。毛里西奥·比尼亚斯·德·凯罗斯（Maurício Vinhas de Queiroz）对上述调查进行分析后指出："经济集团越大，它属于外国的可能性也就越大。"但更具有说服力的是：二十四家资本超过四十亿克鲁塞罗的民族企业中，仅有九家的股票与美国或欧洲资本没有关联，尽管如此，它们中仍有两家与外国董事会有所联系。调查表明，有十家经济集团在它们各自的专业范围内行使实际上的垄断权，而其中有八家是美国大公司的分公司。

然而，这一切对随后发生的事件来说只不过是儿戏。从1964年到1968年中期，十五家汽车厂或汽车配件厂被福特、克莱斯勒（Chrysler）、威利斯（Willys）、西姆卡（Simca）、大众或阿尔法·罗密欧（Alfa Romeo）等汽车公司吞并；在电力和电子工业方面，有三家巴西大企业落入日本人手中；韦思（Wyeth）、布里斯托尔（Bristol）、米德·约翰逊（Mead Johnson）和利弗（Lever）等公司兼并了一些制药厂，使市场上的国产药品仅占五分之一；阿纳康达铜矿公司扑向有色金属行业，联合碳化物公司扑向塑料工业、化学工业和石油化工工业；美国罐头制造厂、机械和铸造厂及其他同行占有了六家民族资本的机械和冶金企业；巴西大型冶金厂之一的巴西矿业总公司被伯利恒钢铁厂、大通曼哈顿银行和美孚石油公司组成的财团以倒闭厂的价格收购。议会专为调查这类问题而组成的委员会的结论是耸人听闻的，但是军政府关闭了议会，巴西民众从不知道上述材料。[24]

在卡斯特洛·布兰科将军执政时期，签署了一项实际上给外国企业以治外法权的投资保证协定，此外，还减少外国企业要交的所得税，向他们提供使用贷款的特殊便利；与此同时，扫除了上届古拉特政府为防止利润外流而设置的障碍。独裁政府像拉皮条的人介绍淫妇那样将整个国家拱手让出，试图勾引外国资本家，并恰如其分地说道："在对待外国人方面，巴西是世界上最开明的国家之一……不限制股东的国籍……不规定注册资本可汇出利润的百分比极限，不限制资本返回原国的数额，并把用于再投资的利润视为原资本的增加……"[25]

阿根廷与巴西争当帝国主义投资的宠儿。同一时期，阿根廷军政府在颂扬它提供的优惠条件方面也不甘落后。1967年，胡安·卡洛斯·翁加尼亚将军在明确阿根廷经济政策的演说中重申母鸡向狐狸提供均等机遇的故事："根据我国从来不歧视外国资本的传统政策，在阿根廷的外国资本将与国内投资处于同等地位。"[26]阿根廷也不限制外国资本入境，既不限制外来资本在阿根廷国民经济中所占的比重，也不限制利润汇出和资本返回原国等。专利权使用费、开发税和技术服务费的支付方式变得非常灵活。除了各种鼓励性措施和豁免方法之外，政府还豁免企业交税并向他们提供特别汇率。1963年至1968年间，在钢铁、汽车及零配件制造、石油化工、化工、电力、造纸和卷烟等[27]许多不同的生产领域，有五十家阿根廷大企业实行非国有化，其中二十九家落入美国人手中。1962年，西亚姆·迪·特利亚公司（Siam Di Tella）和阿根廷凯塞工业公司（Industrias Kaiser Argentinas）这两家私人民族资本企业名列拉丁美洲五大工业企业之首，到1967年，这两家企业均被帝国主义资本兼并。在阿根廷，那些年销售额超过七十亿比索的最强大的企业中，外国企业的销售额占总销售额的一半，国家企业占三分之一，而阿根廷私人企业仅占六分之一。[28]

美国在拉丁美洲制造业的投资有近三分之一集中在墨西哥。这个国家同样既不限制资本的转移，也不限制利润返回原国。该国因没有任何兑换限制而引人注目。强制性的资本**墨西哥化**硬性规定，在一些工业部门中，大部分股份必须属于墨西哥。该国工商部长于1967年宣称："总的来说，外国投资者热烈欢迎这种墨西哥化，他们公开承认建立合资企业有许多好处。"他又说："值得指出的是，即使有国际名望的公司也在墨西哥建立了这种形式的联合公司。同样应该强调的是，工业墨西哥化政策不仅没有削弱外资对墨西哥的热情，1965 年打破投资额纪录以后，1966 年的投资总额又超过 1965 年。”[29]1962 年，墨西哥最重要的一百家大企业中，有五十六家全部或部分被外国资本控制，二十四家属于政府，二十家为私人资本企业。这二十家民族资本的私营企业，其销售额只占上述一百家企业销售总额的 7% 强。[30] 目前，外国大商号控制了在计算机、办公用具、机械和工业设备等方面投资总额的一半以上。通用、福特、克莱斯勒和大众等汽车公司已巩固了它们在汽车制造业和辅助厂网的势力。新兴的化学工业分属杜邦公司、孟山都化学公司（Monsanto）、帝国化学公司（Imperial Chemical）、联合化学公司（Allied Chemical）、联合碳化物公司（Union Carbide）和氨基氰公司（Cyanamid）。主要的制药厂落在帕克–戴维斯（Parke-Davis）、默克（Merck & Co.）、西德尼 · 罗斯（Sidney Ross）和施贵宝（Squibb）等公司手中。美国人造丝公司在化纤生产方面有举足轻重的影响。安德森 · 克莱顿公司（Anderson Clayton）和利伯兄弟公司（Lieber Brothers）日益控制食用油的生产。外国资本大量地参与水泥、卷烟、橡胶及橡胶制品、日用品和各类食品的生产。[31]

国际货币基金组织的轰炸有助于征服者登陆

两位政府部长在巴西工业非国有化委员会作证时承认，卡斯特洛 · 布兰科政府为使国外贷款直接流向企业而采取的措施，使民族资本的工厂处于极不利的境地。两位部长所指的是 1965 年初颁布的著名的 289 号条例，即外资企业从国外得到利息为 7% 或 8% 的贷款的同时，还可以得到特别汇率。如果克鲁塞罗贬值，政府将保证这些企业继续享受原先的特别汇率，而本国企业得为它们辛辛苦苦在国内争取到的贷款支付 50% 的利息。这一措施的发明人罗伯托 · 坎波斯对此是这样解释的："很显然，世界是不平等的。有人天生聪明，有人天生愚笨。有人生来是运动员，有人生来是残疾。世界上有大企业和小企业。有人在其生命最美好的时期夭折，另一些人则毫无意义地度过漫长的一生，简直是一种犯罪。在人的本性和事物的本质方面，存在着一种根本性的不平等。贷款机制也不例外。主张民族企业在使用外国贷款方面应该与外国企业享有同等权利，显然是不了解基本的经济现实……"[32] 根据这一简短、但内容丰富的**资本主义宣言**的论点，弱肉强食法则自然是人类生活的法则，世界上不存在不公正，因为我们所认为的不公正只不过是宇宙残酷的和谐的表露。也就是说，贫穷的国家之所以贫困，就是因为它们穷。我们生来只是为了完成自己的使命，这是命中注定的，也就是说，一些人注定要顺从，另一些人注定要统治别人。**有人引颈待毙，有人投绳拉索**。这部宣言的作者是在巴西贯彻国际货币基金组织政策的人。

如同在拉丁美洲其他国家一样，实施国际货币基金组织的方案，有利于外国征服者踏着被夷平的土地进入巴西。自 1950 年代末以来，经济衰退、货币不稳、贷款短缺和国内市场购买力下降等，大大有助于搞垮民族工业并将其置于帝国主义公司脚下。国际货币基金组织以神奇的**稳定货币**为借口强加于拉丁美洲的政策，不仅没有缓解，反而加剧了不平衡。该组织别有用心地本末倒置，并把现行经济结构的危机与通货膨胀混为一谈。它推行自由贸易，禁止进行多边交易和签订以货易货协定，强迫紧缩国内贷款到令人窒息的地步，以及冻结工资、不鼓励国家的经济活动等等。除了此项计划，还大幅度贬值货币，从理论上讲，这是为了恢复货币本来的价值和刺激出口。但实际上，货币贬值只能刺激国内资本的集中，得益的是统治阶级，也只能帮助来自国外、手提箱内塞满大把美元的外商吞并民族企业。

在整个拉丁美洲，这种体制所生产的东西远远少于消费的需要，通货膨胀正是这种**软弱无力的结构的**产物。但国际货币基金组织不去从根本上解决生产供应不足的问题，而是重兵攻打供应不足的后果，进一步摧毁了国内消费市场本来就低得可怜的购买力。也就是说他们认为，**在有忍饥挨饿的人的土地上，过分的需求会成为通货膨胀的罪魁祸首**。国际货币基金组织的各种方案，不仅在求稳和发展方面遭到失败，还从外部加剧了对各国的钳制，增加了广大贫苦大众的穷困，使社会矛盾激化。在贸易自由、竞争自由和资本流通自由等神圣戒律的影响下，这些方案加速了经济和金融非国有化进程。国际货币基金组织对广泛实行贸易保护主义制度（关税率、贸易限额和内部补贴）的美国从未提出哪怕是最轻微的批评，但是，对拉丁美洲却一贯强硬，这个组织正是为此而创立的。自从智利在1954年接待国际货币基金组织的第一个代表团后，该组织的种种**忠告**遍及拉丁美洲各地。今日，大部分政府仍盲目遵从该组织的指示。**治疗的方法反而使病情恶化，以便更好地迫使病人接受贷款和投资之类的毒品**。国际货币基金组织直接提供贷款，或为了让其他组织提供贷款，大开必不可少的绿灯。诞生于美国、总部设在美国并为美国服务的国际货币基金组织，确实起到国际监察员的作用，没有它的批准，美国银行就不掏钱。世界银行、国际发展银行和其他世界性慈善机构，同样以各国政府与国际货币基金组织这一拥有至高无上权力的机构签署并履行**意向书**作为提供贷款的条件。拉丁美洲所有国家加在一起的票数尚不及美国所掌握票数的一半，美国正是靠这点来指导在世界上搞货币平衡的最高策划者的政策，也就是说，在第二次世界大战后期，当美元开始成为国际货币霸主时，国际货币基金组织恰好是为使华尔街对全球的金融支配权制度化而创立的。这个组织一贯忠于其主子。[33]

拉丁美洲的民族资产阶级确实具有吃年金的天赋，面对国外对民族工业雪崩似的冲击，它们没有进行大的阻挡。不过，帝国主义公司也确实使用了一整套摧毁拉美民族工业的手段。国际货币基金组织事先进行的轰炸有助其进行渗透。这样，在证券交易所行情暴跌之后，只打个电话就占有了企业，代价仅仅是给些股票作为喘息之机，或者把债务变成提供物资、使用专利和商标或引进技术。由于货币贬值而翻番的外债，迫使民族企业为偿还以美元计算的债务而付出更多的本国货币，外债就这样成为致命的陷阱。依靠进口技术的代价是昂贵的，因为公司的技术诀窍包括吞并对方的高超技能。两年多以前，巴西民族工业的最后一批勇士中，有人在里约一家报纸上宣称："经验证明，巴西常常拿不到出售某一家民族企业应得的收入，这笔钱留在购买国的金融市场里生息。"[34]债权人索债时，把欠债人的设备和机器据为己有。巴西中央银行公布的数字表明，在1965年、1966年和1967年，五分之一以上的新投资实际上是把未偿付的债务变为投资。

除了强者在金融和技术上讹诈弱者外，还要加上背信弃义的自由竞争。由于大跨国公司的子公司是世界性机构的组成部分，它们可以在一年、两年或所需要的时间里赔钱。先压低价钱，然后坐下来等候被围困者投降。银行配合包围。由于民族企业并非如想象中那样有偿还能力，银行于是拒绝向它提供给养。遭到围困的企业很快举起白旗。当地资本家就变成胜利者的小伙伴或雇员，也许可以

得到他最向往的结局，即以股份的形式从外国总公司那里赎回其财产，靠吃年金快快活活地度过余生。

在压价**倾销**方面，巴西阿德西特（Adesite）胶带厂被强大的联合碳化物公司吞并的过程很能说明问题。总部设在明尼苏达州、触手遍及世界各地的这家著名的苏格兰公司（Scotch），开始在巴西市场以越来越低的价格销售自己的胶带，使阿德西特胶带厂的销售额不断下降。银行停止对该厂提供贷款。苏格兰公司还继续压价：先降价 30%，继而降价 40%。这时，联合碳化物公司出手，以低价收购了这家濒临破产的巴西工厂。随后，联合碳化物公司和苏格兰公司协商将巴西市场一分为二，各占一半。接着，它们联手将胶带价格提高 50% 来消化侵吞巴西市场。几年前，瓦加斯时代制定的反托拉斯法已被废除。

美洲国家组织自己承认[35]，美国分公司充足的财政资源，"使一些民族企业在严重缺乏流动资金时被代表外国利益的公司买走"。由于国际货币基金组织强迫压缩国内信贷，财政资金的不足进一步加剧，地方工业遭到扼杀。但是美洲国家组织的同一个文件宣称，美国企业为在拉丁美洲保持其正常的生产和发展所需要的资金中，足足有 95.7% 是以信贷、贷款和利润再投资的方式来自拉丁美洲。在制造业方面，这一比例数为 80%。

银行的入侵——美国照管自己的储蓄存款，却自由支配他国存款

拉美各国资金纳入帝国主义各分公司的轨道，在很大程度上是由于近几年来美国银行分行遍布拉美各地。向卫星国的国内存款进

攻与美国长期的国际收支逆差有关。这种逆差迫使美国遏制其海外投资，也使作为国际货币的美元出现了耸人听闻的贬值。**拉丁美洲除提供食物外还提供唾液，美国只是张口而已。**工业非国有化成为一件礼物。

据国际金融调查组织的材料[36]，1964 年布拉沃河以南的美国银行分行有七十八家，而到 1967 年已增至一百三十三家。1964 年，这些银行的存款额为八亿一千万美元，到 1967 年则为十二亿七千万美元。随后，在 1968 年和 1969 两年里，外国银行迅猛发展。目前，第一国民城市银行在拉丁美洲十七个国家足足有一百一十家分行。这一数字包括近几年来被城市银行买下的几家全国性银行。洛克菲勒财团的大通曼哈顿银行于 1962 年买下有三十四家分行的巴西家庭银行；1964 年在秘鲁买下拥有四十二家分行的大陆银行；1967 年买下在哥伦比亚和洪都拉斯有二十四家分行的大西洋银行；1968 年又买下阿根廷商业银行。古巴革命对在古巴的二十家美国银行实行国有化，但是美国从沉重打击中恢复过来并渐渐有所发展，仅仅在 1968 年，就有七十多家美国银行新分行在中美洲、加勒比地区和南美洲那些最小的国家里开业。

精确地了解同时进行的各种经济活动（津贴、控股、金融和代办处等）增长的规模是不可能的，但我们知道，一些银行所吸收的拉美资金，以相同或更高比例增长，这些银行虽然没有公开作为外国银行分行进行营业，但是外国通过占有起决定性作用的大量股份或者提供条件苛刻的信贷条款控制它们。

所有的银行入侵都是为了把拉丁美洲的储蓄引向在这一地区经营的美国企业，而民族企业则因缺乏信贷而被扼杀。在一些国家开展业务的美国银行的公共关系部恬不知耻地宣称，他们最重要的目的是使这些国家的国内存款被成为各银行总行客户的跨国公司所利用。[37]我们可以想象，某家拉丁美洲银行能跻身纽约吸收美国国内储蓄吗？肥皂泡般的幻想只能在空中破裂。美国明确禁止搞这种不可思议的冒险行动。在美国，任何一家外国银行都不能接收美国公民的存款。相反，美国银行却可以通过为数众多的分行随心所欲地支配拉丁美洲国家的国内存款。拉丁美洲像美国一样，热心于使金融美国化。1966 年 6 月，巴西折扣银行经与其股东协商，做出一项充满民族主义精神的决定。这家银行在其所有的文件上都印上**“我们信仰上帝”**这样一句话，并自豪地指出，美元也写有**“我们信仰金钱”**的座右铭。

拉美银行，包括那些没有被外国资本渗透或围困的在内，它们的贷款方向与城市银行、大通银行或美洲银行相一致，即它们宁愿满足那些能提供可靠保证、进行大笔交易的外国工商企业的贷款申请。

进口资本的帝国

罗伯托·坎波斯在其制定的《政府经济行动纲领》中预言，由于政府执行优惠政策，外国资本将涌入巴西，推进其发展，为稳定其经济和金融做出贡献。[38]有关方面宣称，1965 年来自国外的新的直接投资额将达一亿美元，但实际上只有七千万美元。有关方面还断言，在以后的几年，每年的投资额将超过 1965 年的估计数，但是这些预言全都落空。1967 年外国在巴西投资了七千六百万美元，而通过利润、股利、技术援助费、“专利权使用费”或特许权使用费、注册商标使用费等形式流失的资金超过新投资的四倍。除了这些流失的鲜血之外，还应加上秘密汇出国外的资金。巴西中央银行承认，1967 年有一亿两千万美元通过不合法途径汇出巴西。

显而易见，逃逸的资金大大超过投入的资金。归根结底，在工业非国有化的**关键**三年里，即 1965 年、1966 年和 1967 年，新的直接投资比 1961 年要少许多。[39] 美国在巴西的投资，大部分集中在工业方面，但是投资额不足美国在全世界范围内工业投资总额的 4%。美国在阿根廷的投资刚刚占上述投资总额的 3%，在墨西哥占 3.5%。华尔街没有做出多大的牺牲就消化了拉丁美洲最大的工业中心。

列宁这样写道："以垄断为主宰的现代资本主义的特点是资本输出。"在我们今日生活的年代，正如巴兰和斯威齐指出的那样，帝国主义从它势力所及的国家进口资本。1950 年至 1967 年期间，不算利润再投资，美国在拉丁美洲的新投资共计三十九亿两千一百万美元。同期由企业汇往国外的利润和股利达一百二十八亿一千九百万美元。外流的利润是在这一地区新投资总额的三倍多。[40] 根据拉丁美洲经济委员会的看法，从那时起，利润外流量再度增加，**最近几年的收益为新投资的五倍**。阿根廷、巴西和墨西哥资金外流的增长幅度最大。但这仅仅是保守估计。作为偿还债务而汇出的相当大一部分基金实际上是投资所得的利润，上述数字既不包括因支付专利费、特许权使用费和技术援助费而流向国外的钱，也不包括其他通常在"错误和遗漏"一栏的掩盖下，通过转账悄悄汇走的钱，同样不包括**各公司在给其子公司提供原料时价格加码所得的利润，以及以同样的热情夸大其生产成本所获得的利润**。[41]

公司在这方面的想象力也反映在投资本身。的确，由于技术迅速发展，固定资本在发达经济中的更新周期越来越短，绝大部分出口到拉丁美洲国家的机器和设备，使用寿命会缩短，因为它们在原产地已经使用过一段时间。事实上，购买机器和设备的款已被部分或全部偿还。但是，在向海外投资时是不考虑这一细节的，也就是说，如果考虑到机器在出口前已经磨损这一事实，那么，被随心所欲提高了身价的机器，其价值确实与实际价值相差甚远。另外，总公司没必要花钱在拉丁美洲生产那些以前从国外卖给拉丁美洲的产品。各国政府负责避免发生这类事情。它们将资金预付给前来完成其救世主使命的子公司，于是，只要子公司在将要建厂的地方插上一个牌子，就可以得到当地信贷。在进口所需物品时，子公司享有兑换优惠（这些物品实际上是在公司内部买卖的）。在一些国家，子公司甚至能保证得到特别兑换率来清还自己的外债，这些债务通常指向所属公司的金融机构。《资料》杂志[42]的一项估算指出，1961年至1964年，投入到阿根廷汽车制造工业的外汇，比建设总功率超过两千两百兆瓦的十七个热电厂和六个水电站所需资金多三点五倍，相当于为使人均生产总值年增加2.8%，重工业在十一年里需要进口的机器和设备的总值。

专家治国论者比海军陆战队更有效地使人进退维谷

当企业带走的美元大大超过所投入的美元时，拉美地区长期的外汇匮乏便进一步加剧。所谓“受惠”国家的资本非但没有增加，反而有所减少。于是贷款机制开始运转。在拆毁拉美民族资本工业脆弱的防卫堡垒、巩固新殖民主义体制方面，国际信贷组织所起的作用十分重要。**援助**如同故事中的慈善家，他给自己的乳猪装上一条木腿，但小猪之所以缺腿，是由于这位慈善家正一点一点地品尝这头乳猪。美国因军费开支和对外援助而造成的支付逆差，如一把悬在头顶上的达摩克利斯之剑，既威胁着美国的繁荣，**同时又使这种繁荣成为可能**。每当垄断集团的美元发生任何危险，帝国便派海军陆战队前往救驾，而更为行之有效的办法是派专家治国论者并发放贷款，以扩大生意，确保有原料和市场。

今日的资本主义，在世界权力中心，以一种无可置疑的私人垄断和国家机器的双重身份出现。[43] 跨国公司直接利用国家机器来积累、翻番和集中资本，深入发展技术革命，使经济军事化，并通过各种机制确保成功地实现资本主义世界美国化。进出口银行、国际开发署和其他一些小机构，在确保资本主义世界美国化方面各尽其职。一些自诩为国际机构的组织也发挥同样的作用。在下述机构中，美国拥有不容争辩的领导权：国际货币基金组织和其孪生兄弟——国际复兴开发银行，以及泛美开发银行。这些机构自称有权制定申请信贷的国家必须遵循的经济政策，它们向这些国家的中央银行和有决定性意义的各部门发起卓有成效的攻势、掌握所有经济和金融方面的秘密材料、起草并颁布全国性法律、禁止或批准这些国家政府采取的措施，并替它们详细地制定方针政策。

国际慈善并不存在，对美国来说，搞慈善也要先从自家开始。对外援助首先在内部起作用，就是使美国经济自我帮助。当罗伯托·坎波斯身为古拉特民族主义政府大使时，他将外援说成是一项扩大海外市场的计划。此计划的目的在于吸收美国剩余物资，减少美国出口工业生产过剩。[44] 争取进步联盟成立不久，美国商业部即庆贺该联盟的顺利进展，指出该联盟已经为美国四十四个州的私营企业经办了新的买卖，创造了新的就业机会。[45]不久前，约翰逊总统在1968年1月向国会所做的报告中保证，1969年美国90%以上的外援将用于资助购买美国商品，他说："为扩大这一比例，我已加紧努力，亲自领导。"[46]1969年10月，电报将争取进步联盟泛美委员会主席卡洛斯·桑斯·德·圣玛丽亚（Carlos Sanz de Santamaría）在纽约发表的爆炸性声明传到各地，他说，对外援助对美国经济、美国国库都已产生很好的效益。自1950年代末美国发生收支不平衡危机以来，提供贷款的条件是要购买美国工业品，而总的来说，美国的工业品比世界其他地方的同类产品价格更贵。美国不久前开始使用某些机制，如"否定产品目录"。这是为防止受援国把信贷用于出口某些产品，因为美国能够以很好的竞争条件把这些产品投到国际市场而无须采取自我行善手段。随后实行的"肯定产品目录"，使借助**外援**出售美国的一些工业产品成为可能。这些工业品以比国际市场高出30%至50%的价格销售。美洲国家组织在上述文件中宣称，资助所意味的那种**联系**是"全面补贴美国出口商品"。美国商业部承认，国际市场的价格极不利于生产机器设备的公司，"除非它们能够利用可以从不同的外援计划中得到的最灵活的资助"[47]。1969年底，当理查德·尼克松在一次讲话中保证**放开**外援时，他仅仅谈到在拉丁美洲不同的国家购买产品的可能性。然而，在此之前，泛美开发银行已采用过这种方式，委托它的特别行动基金组织发放贷款。但是经验证明，签订合同时，最终总是选择美国或美国设在拉丁美洲的子公司作为供货的一方。国际开发署、进出口银行和泛美开发银行的大部分机构发放贷款时，都要求必须由悬挂美国国旗的船只负责运输一半以上的货物。美国海运费如此之贵，有时竟比世界上最便宜的海运费高两倍。在通常情况下，为所运货物提供保险的也是美国保险公司，而具体的保险业务又是通过美国的银行来进行的。

美洲国家组织对拉丁美洲得到的**实际**援助做了一个很能说明问题的估计。[48] 一旦除去“水分”就可以看到，只有38%的**名义**援助可视为**实际**援助。对工业、矿业和交通的贷款，以及补偿性信贷，仅占所得贷款的五分之一。进出口银行的援助，从南向北伸展。美洲国家组织说，进出口银行提供的资金，与其说是援助，不如说是对拉丁美洲地区的一种附加支出，因为美国通过这家银行出口的商品是加价商品。

泛美开发银行的大部分普通资金是由拉丁美洲提供的。但是这家银行的文件除了盖有本银行的印章外，还带有争取进步联盟的标志。在泛美开发银行内部唯有美国拥有否决权。拉丁美洲国家在泛美开发银行内的表决权根据每个国家向该银行提供的资本按比例分配，他们的票加在一起不够通过重要决议所必需的三分之二多数。1969年8月，纳尔逊·洛克菲勒在向尼克松所做的著名报告中承认：“虽然美国未曾行使过它对泛美开发银行贷款的否决权，但是由于存在着把否决权用于政治目的的威胁而影响到该银行的各项决议。”泛美开发银行强加于他人的条件与公开宣称是美国机构的组织所提的条件相同，那就是除了在宣传中要特别提到争取进步联盟以外，贷款必须用于购买美国商品，至少一半的货物必须用挂星条旗的货船来运输。凡是泛美开发银行这位善良的仙女用魔棍碰过的各项服务，都要规定对方应付的服务费和服务税。它还决定水费应该收多少，规定下水道工程税或住宅税。这一切都是根据经它同意任命的美国顾问提出的建议来进行的。泛美开发银行还批准工程设计图、起草投标书、管理资金、监督工程进展情况等。[49] 根据新殖民主义文化的准则，在改革拉美地区高等教育结构的任务中，泛美开发银行的工作是卓有成效的。这家银行给大学贷款，于是，没有它的认可和批准，就不能修改大学的组织法或章程。与此同时，该银行也迫使大学进行某些教育、管理及财政方面的改革。当发生争议时，由美洲国家组织秘书长指定仲裁人。[50]

与国际开发署签订的合同不仅仅规定对方必须购买美国商品，使用美国船只来运输商品，通常还禁止对方与古巴和越南北方进行贸易，强迫签约国接受美国技术人员在管理方面的监护。美国拖拉机或化肥与在国际市场可以低价购买的拖拉机或化肥之间存在着差价，为了弥补这种不平衡，国际开发署强迫那些利用信贷进口产品的国家免收这些产品的捐税和关税。为了适当地维护受援国的社会秩序，其外援包括警用吉普车和现代化武器。贷款申请经国际开发署批准后，贷款额的三分之一能立即兑现，余下的三分之二就要经国际货币基金组织批准才能发放。这个组织提出的各种方案往往引起社会动乱。如果说国际货币基金组织这样做仍未能像拆钟表那样，一个又一个零件地拆毁受援国主权的各种机制，那么，国际开发署还会顺便要求批准某些法律或法令。国际开发署是争取进步联盟的主要资金运输工具。根据争取进步联盟泛美委员会与乌拉圭政府签署的协议，乌拉圭政府保证，本国政府所有机构的收入和支出以及政府在税率、工资和投资方面的政策，都由国际开发署这一外国机构直接控制[51]，不必再列举更多令人费解的慷慨大方的事例了。然而，最苛刻的条件很少见诸协定文本和公开承诺，而是掩藏于秘密补充条款之中。乌拉圭议会永远不会知道，为了能够在美国农业过剩保护法下得到面粉、玉米和高粱，该政府已于1968年3月接受了美国提出的乌拉圭当年大米出口的限额。

一把把匕首在援助穷国的幌子下闪闪发光。曾经担任争取进步联盟总经理的特奥多罗·莫斯科索（Teodoro Moscoso）承认："……在联合国或在美洲国家组织，有时候美国需要某个国家的一票，依照外交是冷酷无情的这一被奉为圭臬的传统，该国家的政府很可能为这一票索要价钱。"[52]1962年，在埃斯特角大会上，海地代表用它的一票换来一个新机场，而美国则得到将古巴从美洲国家组织开除所需要的多数票。[53]危地马拉前独裁者米格尔·伊迪戈拉斯·富恩特斯曾宣称，为了使美国履行购买更多危地马拉白糖的诺言，他不得不以危地马拉将在争取进步联盟的所有会议上投反对票来要挟美国人。[54]

在若奥·古拉特民族主义政府时期（1961—1964），巴西是争取进步联盟最偏爱的国家。初看起来，这似乎是一种奇谈怪论。但是，一旦了解巴西如何使用得到的援助，也就不足为奇了。争取进步联盟的信贷如同埋在古拉特前进道路上的地雷。卡洛斯·拉塞尔达（Carlos Lacerda）当时是瓜纳巴拉州（Guanabara）州长、极右派领袖，他得到的美元比巴西整个东北部多六倍。于是，人口不足四百万的瓜纳巴拉州在世界最壮观的海湾旁为游客修建美丽的花园，而巴西东北部的居民继续成为拉丁美洲的一块烂疮。1964年6月，将卡斯特洛·布兰科扶上台的政变已经取得成功，托马斯·曼（Thomas Mann）这位负责美洲事务的副国务卿、约翰逊总统的左膀右臂曾解释说："美国将原拟给古拉特政府的经援给了巴西几位有能力的州长，希望以此来资助民主。华盛顿没有为解决巴西的国际收支差额或为巴西联邦政府的预算拿出过一分钱，因为那样会使巴西中央政府直接受益。"[55]

美国政府断然拒绝与秘鲁贝朗德·特里政府进行任何形式的合

作，“除非秘鲁政府像美国政府所希望的那样，保证对国际石油公司采取宽大的政策。贝朗德拒绝了，其结果是到1965年底，秘鲁甚至未能从争取进步联盟那里拿到自己应得的贷款额”。[56]众所周知，贝朗德后来妥协了。可他丢了石油和政权，为了生存他不得不屈从。在玻利维亚，美国贷款没有为这个国家建设锡厂提供过一分钱，结果锡矿石继续运往利物浦，在那里加工后再运往纽约。在玻利维亚这样一个儿童死亡率高得与海地不相上下的国家，**援助**却孕育出一个寄生的商业资产阶级，使官僚集团膨胀，用这笔**援助**修建高楼大厦、现代化的高速公路和其他一些耗费大而毫无效益的东西。美国的信贷机构和**国际**机构否定玻利维亚有权接受苏联、捷克斯洛伐克和波兰的帮助以便创建石化工业，开采及冶炼锌、铅和铁，建设炼锡厂和炼锑厂，所以玻利维亚不得不只进口美国货。当被美国援助吞噬一空的民族革命运动政府最终垮台时，美国驻玻利维亚大使道格拉斯·亨德森（Douglas Henderson）便开始准时出席独裁者雷内·巴连多斯的内阁会议。[57]

贷款的各项说明如此精确，如同一支测量各国**贸易大气候**的温度计，贷款还帮助驱散百万富翁明朗天空的政治乌云和革命风暴。1963年，以戴维·洛克菲勒[58]为首的几位商人宣称：“美国将在那些表示愿意进一步改善投资环境的国家落实经济援助计划，而对那些未做出令人满意的**成绩**的国家，则将撤回其援助。”对外援助法明确规定，“凡是对任何美国公民的资产，或对一半以上的资产属美国公民所有的企业、公司和社团实行国有化、没收、赎买或加以控制的国家”[59]，美国将中止对其的援助。争取进步联盟贸易委员会最杰出的委员中，有大通曼哈顿银行、城市银行、美孚石油公司、安纳康达公司和格雷斯公司的最高层领导人，这并非没有必要。国际开发署用多种办法为美国资本家开拓道路，其中有要求受援国批准投资担保协定，以避免因发生战争、革命、起义或货币危机而可能造成的损失。美国商业部提供的材料表明，1966 年依照国际开发署的“投资保障计划”，拉丁美洲十五个国家向美国私人投资者的投资总额达三亿多美元的一百个投资项目提供担保。[60]

“阿德拉”并非墨西哥革命时期的一首歌名*，而是一个国际投资财团，是由纽约第一国民城市银行、新泽西美孚石油公司和福特汽车公司共同提议创立的协会。梅隆集团热情地参加这一协会，入会者还有欧洲的一些大企业。正如参议员雅各布 · 贾维斯（Jacob Javits）所说：“拉丁美洲为美国提供了一个极好的机会，那就是，美国借邀请欧洲‘加入’协会之机表明美国不寻求统治地位或排斥他人……”[61] 拉丁美洲经济发展协会在 1968 年的年度报告中，**特别感谢泛美开发银行为促进这一财团在拉丁美洲的贸易而提供的贷款**，报告也对国际金融公司在这方面的工作表示敬意，该公司是世界银行的臂膀。为了避免重复劳动和对投资机遇做出估价，“阿德拉”与这两个机构保持着不断的联系。[62] 还可列举许多类似的神圣联盟事例。在阿根廷，拉丁美洲为泛美开发银行普通资金提供资本，帮助银行向诸如南方石油有限公司这样一些企业提供非常适宜的贷款，或者资助美国费城巴德公司的子公司阿根廷金属有限公司建设汽车配件厂。南方石油有限公司是债券股票电力公司的子公司，它得到一千多万美元贷款，用于建设一个石化总厂。[63] 在巴西，国际开发署的信贷使大西洋富田石油公司得以扩建其化工厂；进出口银行为伯利恒钢铁公司设在巴西的子公司米纳斯吉拉斯工商股份公司

* 译注：“阿德拉”（ADELA）即拉丁美洲经济发展协会的缩写，也恰好是以女性名字命名的一首歌曲，在墨西哥革命时期极为流行。

提供了优厚的贷款。由于争取进步联盟和世界银行的帮助，飞利浦石油公司于1966年在巴西建成拉丁美洲最大的一家化肥厂。这一切都算是**援助**，一切都加在受到命运女神恩惠的国家的外债上。

为了补充被巴蒂斯塔独裁政权挥霍一尽的外汇储备，卡斯特罗在古巴革命胜利初期曾向世界银行和国际货币基金组织申请贷款，这两个组织答复说，古巴首先应当接受一项稳定计划。同其他国家一样，这意味着要拆除国家机器，中止结构改革。[64] 世界银行与国际货币基金组织同时在布雷顿森林（Bretton Woods）宣告成立，它们紧密协作，为共同目标而努力。在世界银行，美国拥有投票总数的四分之一，而拉丁美洲二十二个国家的票数加在一起，几乎不到投票总数的十分之一。世界银行与美国的关系就像雷鸣伴随着闪电。

据世界银行解释，其大部分贷款用于建设公路和其他交通线路以及发展电力工业，因为这是"私营企业发展的基本条件"。[65] 这些基本建设工程确实为把原料运往港口和国际市场提供了方便，也促进了穷国已非国有化的工业的发展。世界银行认为："在尽可能大的程度上，应该把具有竞争性的工业让给私营企业来经营，这并不意味着世界银行完全排除向国营企业发放贷款，但是它只有在以下情况发放贷款：即私人资本无力可及，以及经审查后受援国能令人满意地保证政府的介入与有效地使用贷款不相矛盾，同时，这种介入对私营企业和公司的发展不起不应起的限制作用。"想得到贷款就要执行国际货币基金组织的稳定措施和按时偿还外债。世界银行的贷款与采取控制企业利润的政策水火不相容，"企业利润受到过分严格的限制，使企业不能在心中有数的基础上工作，更无法推动企业未来的发展"。[66] 从1968年起，世界银行在很大程度上将贷款用于开展计划生育、实现教育计划、搞农产品贸易和旅游。

如同其他所有的国际性大财团的吃角子机器一样，世界银行是进行讹诈的有效工具，为非常具体的势力效劳。从 1964 年起，世界银行的每一任行长均是美国有名的商人。[67] 自 1949 年到 1962 年领导世界银行的尤金 · R. 布莱克（Eugene R. Black），后来担任了许多私营企业的领导职务，其中一职是世界上最强大的电力垄断集团，即债券股票电力公司的领导。巧得很，世界银行 1966 年胁迫危地马拉与该电力公司签订一项体面的协定，作为落实胡隆–马里娜（Jurún-Marinalá）水电站建设计划的先决条件。该项**体面协定**的内容是：如果债券股票电力公司在危地马拉几年前白送给它的这块盆地上遭受损失，那么，危地马拉就要向该公司支付大笔赔款。另外，该协定还规定，危地马拉政府许下诺言，不阻止该公司继续在这个国家随意确定电价。也凑巧，世界银行于 1967 年强迫哥伦比亚向债券股票电力公司的子公司——哥伦比亚电力公司支付三千六百万美元，作为不久前对该公司陈旧的机器设备实现国有化的赔款。哥伦比亚就这样购买了本属于自己的东西，因为给这个公司的特许权早已在 1944 年到期。世界银行的三位行长是洛克菲勒领导集团成员。他们是：约翰 · J. 麦克洛伊（John J. McCloy），1947 年至 1949 年领导世界银行，此后不久转而成为大通曼哈顿银行领导机构成员；接替他领导世界银行的是尤金 · R. 布莱克，所走的道路与约翰正好相反，他来自大通银行的领导机构；洛克菲勒集团的另一位成员为乔治 · D. 伍德（George D. Woods），他于 1963 年接替布莱克的职位。无巧不成书，世界银行直接参与洛克菲勒在巴西进行的一项最大的风险投资：建设南美洲最重要的石化联合企业——联合石化公司。世界银行为这次风险投资提供的资金和实质性贷款占风险投资总额的十分之一。

拉丁美洲得到的贷款，有一半以上是国际货币基金组织开绿灯后，从美国私人和官方机构那儿得来的。国际性银行的贷款也占相当比重。为了使拉丁美洲国家根据偿还外债的需要来改造其经济和金融体系，国际货币基金组织和世界银行对拉丁美洲国家施加的压力越来越大。履行所许下的诺言变得愈来愈困难，也愈来愈迫切，而履行诺言与否，是评价一个国家在国际上有无良好举止的关键。拉丁美洲地区正处在被经济学家们称之为**外债爆炸**的时刻。这是扼杀的恶性循环，即贷款增加、投资不断，结果是，支付利息、红利和其他服务的费用也随之增加。[68] 为了付清这些款项，只能依靠注入新的外国资本，新的外国资本又导致更大的承诺……支付外债利息吞噬着越来越多的出口收入，而由于价格无情地下降，已无法靠出口来资助必要的进口。为了生存，拉丁美洲国家对新贷款的需要如同肺需要空气，已变得必不可少。1955 年，出口收入的五分之一用于支付投资的本金、利息和利润，这个比例仍在不断扩大，已经到了即将爆炸的地步。1968 年，偿还债务的总金额占出口收入的 37%。如果继续依靠外国资本来填平**贸易逆差**，资助帝国主义投资利润外流，那么，到 1980 年，80% 以上的外汇将落入外国债权人手中，外债总额将超过外贸总值的六倍。[69] 世界银行曾预言，到 1980 年，由于要偿还外债利息，流入不发达世界的新的外国资本就完全发挥不了作用。但是，在 1965 年，流入拉丁美洲的新贷款和新投资，已经少于从这一地区仅以偿付外债本息的形式所流失的资本。

工业化不改变国际市场的不平等

商品交换、对外直接投资和贷款，共同构成国际劳动分工的紧箍。所有被称为第三世界的国家，相互之间的贸易只占其出口贸易的五分之一强。这些国家依赖各帝国主义中心，和这些中心的贸易占其对外贸易总量的四分之三。[70] 在国际市场上，拉丁美洲大部分国家被视为只生产一种原料或一种食品。[71] 拉丁美洲拥有大量的羊毛、棉花和天然纤维，拥有传统的纺织工业，但是，在欧洲和美国购买的纺织品总额中，拉丁美洲纺织品仅占 0.6%。拉丁美洲地区注定要以出售初级产品为主，以便外国工厂能开工。再有，这些产品的大部分"由在国际上有各种联系的大财团出口。在国际市场上它们通过各种关系，可以以最合适的价格出售这些产品"。[72] 但是，所谓最合适的价格是对通常代表买方利益的**他们**而言，**也就是说，他们是以最低价格购进**。在国际市场上，对原料的需求和工业品的供应实际上已被垄断。相反，基本产品的供应者也是最终产品的购买者，他们是分散经营的。上述财团是强大的，聚集在占统治地位的强国即美国周围，美国一国的消费量几乎等于地球上其他国家的总消费量；后者是弱小的，它们各自奋斗，是被压迫者之间的竞争。在国际市场上，从未存在过所谓的供求自由，而是前者对后者实行专政，这种专政总是对发达的资本主义国家有利。最终确定市场价格的中心分别在华盛顿、纽约、伦敦、巴黎、阿姆斯特丹和汉堡，也在部长会议和证券交易所。大加渲染签署的保护小麦（1949 年）、食糖（1953 年）、锡（1956 年）、橄榄油（1956 年）和咖啡（1962 年）等产品价格的国际协定，其作用有限，甚至毫无作用。只要注意一下这些产品价值的下降曲线就可以证实，上述协定只不过是当弱小国家的产品价格低到令人吃惊的水平时，强国向其表示的象征性的歉意而已。拉丁美洲卖出的东西越来越贱，相比之下，买进的东西却越来越贵。

1954年，乌拉圭用二十二头小牛可以买回一台福特·梅杰牌（Ford Major）拖拉机，而今天需要的小牛是当时的两倍多。智利一经济学家小组向中央工会做了一次报告，他们估计，如果从1928年起，拉丁美洲出口商品的价格，其上涨速度与进口商品价格同步，那么，拉丁美洲在1958年至1967年间可以从出口中多得五百七十亿美元。[73]不必追溯太远，联合国估计，以1950年的价格为基础，在1955年至1964年的十年中，拉丁美洲因不平等贸易损失了一百八十多亿美元。1964年以后，价格仍在继续下跌。如果不改变目前的外贸结构，**贸易逆差**（进口需要与出口收入之间的差距）将愈来愈大，也就是说，每过一年，拉丁美洲所在的深渊就被挖深一层。如果拉丁美洲地区想使近期内的发展速度略高于过去十五年间那极低的发展速度，那么，它需要进口的东西将大大超过靠出口可能得到的外汇。根据拉丁美洲经济和社会计划学会的估算[74]，1975年贸易逆差将可能上升至四十六亿美元，1980年可能达到八十三亿美元，占这一年预期出口总值的一半以上。这样，拉丁美洲国家将毕恭毕敬地拼命叩响国际贷款人的大门。

阿·埃曼努尔认为，**低价造成的不幸并非压在具体的产品身上，而是压在具体的国家身上**。总之，直到不久前还是英国主要出口产品之一的煤，同羊毛或铜一样，都是初级产品，食糖的加工过程远比爱尔兰威士忌或法国葡萄酒的生产过程要复杂得多。瑞典和加拿大以极好的价格出口原木材。按照埃曼努尔的观点，国际市场造成贸易不平衡，**因为穷国以较多的劳动小时换取富国较少的劳动小时。剥削的关键在于这两类国家之间巨大的工资水平差距，而这一差距与工作效率无关**。埃曼努尔认为，低工资决定低价格，而不是低价格决定低工资。穷国出口贫穷，这样，穷国就越来越穷，与此同时，富国得到与贫穷相反的结果。[75] 根据萨米尔·阿明（Samir Amin）的估算[76]，如果不发达国家1966年所出口的产品是由发达国家用相同的技术但高得多的工资生产出来的，这些产品的价格会发生很大的变化，不发达国家就可以多收入一百四十多亿美元。

在生产那些可能无法与穷国竞争的产品时，富国确实利用关税壁垒来保护本国的高工资，过去和现在都是如此。美国依靠国际货币基金组织、世界银行和关税及贸易总协定，在拉丁美洲推行自由贸易和自由竞争的学说，迫使这些国家取消多种汇价，取消进出口配额、许可证制度以及海关税率，但是美国却从来不以身作则。它在国外鼓吹削弱国家的作用，在国内则通过范围广泛的补贴体制和优惠价格体制来保护垄断集团，美国还在对外贸易中采取高税率和严厉的限制措施，实行咄咄逼人的保护主义。关税、其他捐税、配额和禁运相结合。[77] 假如美国对阿根廷和乌拉圭生产的高质量、低价格的肉取消税率和强制性的卫生检疫，允许它们进入国内市场，那么，美国中西部地区牧场主的繁荣将会如何呢？生铁可以自由进入美国市场，但如果铸成铁锭，每吨就要付十六美分，而且此价格要根据铁的加工程度按比例上升。铜和其他许多产品都是如此。只要把香蕉晒干、把烟叶切碎、给可可豆加糖、把原木锯成板材或者剔除枣核，关税就会毫不留情地加在这些产品身上。[78] 1969年1月，美国政府采取措施，切实停止购买墨西哥的西红柿（墨西哥锡那罗亚州[Sinaloa]有十七万农民种西红柿），直到美国佛罗里达州西红柿种植者迫使墨西哥人提高西红柿价格，以此来避免竞争。

当**速溶咖啡之战**于1967年公开化时，世界贸易理论与现实之间最棘手的矛盾爆发了。此时，人们清楚地看到，**唯有富国有权为本身利益开发“相对的自然优势”。从理论上讲，这种优势决定了国**

际劳动分工。以惊人速度扩展的速溶咖啡世界市场掌握在雀巢公司和通用食品公司手中。人们估计，用不了多久，这两大公司将供应世界所需咖啡的一半以上。美国和欧洲从巴西和非洲购买咖啡豆，然后拿到各自的工厂加工成速溶咖啡在全世界销售。然而，世界最大的咖啡生产国却无权出口自己的速溶咖啡来参与竞争，无法利用国内较低的生产成本，也无权处理过剩的咖啡。在过去，巴西把过剩的咖啡烧掉，现在则贮藏在国家仓库里。巴西唯一的权利是提供原料，好使外国工厂发大财。当巴西速溶咖啡厂（世界上一百一十个厂中巴西仅占五个）开始把自己的产品拿到国际市场时，就被指控为进行背信弃义的竞争。富国呼天唤地，巴西被迫接受强加于它的凌辱，即，在国内给自己生产的速溶咖啡加税，税率高得使巴西速溶咖啡无法在美国市场参与竞争。[79]

在对拉丁美洲产品采取关税、赋税和卫生等方面的壁垒措施方面，欧洲毫不落后。欧洲共同市场征收进口税以保护其农产品在本国内部的高价，同时又给予补贴，使其能够以竞争价格出口。欧洲共同市场**用征税所得来发放补贴。穷国就这样掏钱给富庶的买主来同自己竞争**。一公斤牛里脊肉，如果挂在汉堡或慕尼黑肉铺的肉钩子上，其售价相当于布宜诺斯艾利斯或蒙得维的亚售价的五倍。[80]在一次国际会议上，一位智利政府的代表不无道理地抱怨说："发达国家允许我们向他们出售喷气式飞机和计算机，但是不让出售我们在优越条件下生产的东西。"[81]

帝国主义在拉丁美洲工业方面的投资，丝毫未改变它进行国际贸易的方式。**在同经济中心交换产品的过程中，拉丁美洲地区继续自我扼杀**。建在布拉沃河以南的美国企业，其产品集中在当地市场销售，而不是出口。产品的出口比例**呈下降趋势**。根据美洲国家组织的材料，美国子公司1962年出口额占其年销售总额的10%，三年后只占7.5%。[82] 拉丁美洲自己生产的工业品贸易只在拉丁美洲地区内增长：1955年，工业品贸易占拉丁美洲国家之间贸易量的十分之一，1966年，这一比例上升为30%。[83]

美国在巴西的一个技术代表团团长约翰·艾宾克（John Abbink）于1950年预言："如果想避免美国所不能控制的经济高速发展的打击，就应准备'引导'不发达国家不可避免的工业化……如果不控制这种工业化，不管用何种方式加以控制，它都可能导致美国出口市场实质性缩小。"[84] 尽管工业化是从国外远距离控制，但难道它不意味着可以用国产品替代以前不得不从国外进口的商品吗？塞尔索·富尔塔多警告说，随着拉丁美洲国家不断替代更为复杂的进口产品，它们"对总公司提供的原料的依赖性趋于增加"。从1957年到1964年，美国子公司的销售额翻了一番，与此同时，它们的进口（不包括成套设备的进口）却增加了三倍多。"这一倾向似乎表明，**替代**的效益只是外国公司控制的工业扩张正在减退的一种机能。"[85]

依赖性并未铲除，只是发生了质变，即美国今日在拉丁美洲大量出售更加尖端的高技术产品。商业部认为："从长远看，随着墨西哥工业的增长，美国增加出口的机会越来越大……"[86] 阿根廷、墨西哥和巴西是购买美国工业设备、电力设备、发动机、成套设备和配件的好买主。各大公司的子公司，以被蓄意抬高的价格从其总公司那里购买所需物品。当谈到外国汽车制造工业在阿根廷建厂时的安装费时，比尼亚斯和加斯蒂亚索罗说道："他们用很高的价格支付进口，这实际上是向国外汇款。在许多情况下，所付的款额相当大，所以尽管出售的汽车价格较高，这些企业还是有亏损，而且开始破产，在国内的股值迅速消失……其结果是原先的二十二家企业到目前只幸存十家，其中还有几家濒于破产……”[87]

分公司就是这样支配拉美国家本来短缺的外汇，这也算是为大公司的世界权势增添光彩。从与遥远的权力中心的关系来看，附属性工业的运行结构同帝国主义经营初级产品的传统体制区别不大。安东尼奥·加西亚认为[88]，“哥伦比亚的”原油出口，严格地说，从来都是把从美国在哥伦比亚油田所开采的原油转移到美国本土的工业中心，加以提炼、销售和消费。这纯粹是原油的物质转移。“洪都拉斯的”或“危地马拉的”香蕉出口，具有食品转移的特点，即一些美国公司把香蕉从殖民种植园转运到美国的销售和消费地区。不过，“阿根廷的”、“巴西的”或“墨西哥的”工厂（这儿只列举最重要国家的工厂），**不管它们的地理位置如何，在（美国）经济领域中也有一席之地**。如同其他机构一样，这些工厂成为大公司国际体系的组成部分，它们的总公司根据利润的流向，把利润从一个国家转移到另一个国家，使产品售价高于或低于实际价格。[89]外贸的命脉就这样为美国或欧洲企业所掌握，这些企业按照那些与拉丁美洲无关的政府和领导机构的标准指引拉丁美洲的贸易政策。美国的子公司既不向苏联和中国出口铜，也不向古巴出口石油，同样也不从国际上最便宜和最适宜的产地购买原料和机器。

这种世界范围内有效的协调行动，完全脱离“市场各种势力的自由竞争”。当然，这种效率不会变为有利于国内消费者的较低价格，而是变为外国股东们更大的利润。汽车工业的情况很具有说服力。在拉丁美洲国家，外资企业拥有充足的、极其廉价的劳动力，此外，官方政策在各方面均有利于增加投资，如捐赠土地、优惠的电费、政府为资助分期付款销售而一再打折、容易得到的资金等。

如果这些还不够，在一些国家，给外资企业的帮助甚至达到全免收入税或销售税的地步。另一方面，市场是容易控制的，因为在中产阶级眼里，大规模的世界性宣传活动所推荐的产品商标和款式具有神奇的威信。然而，所有这些因素决定了这些企业在拉丁美洲地区生产的小汽车，其价格要比在它们所属国家里生产的小汽车贵许多。毫无疑问，拉丁美洲市场规模确实很小，但是，在拉美地区，**各公司想赚钱的欲望比在世界其他地区都强烈，这也是事实。一辆在智利生产的福特·法尔孔牌汽车，价格比美国生产的同牌号车贵出三倍。[90]阿根廷生产的一辆勇士（Valiant）或菲亚特（Fiat）车，售价是美国或意大利的两倍多。[91]巴西生产的大众牌汽车，价格也比德国贵两倍多。[92]**

技术女神不讲西班牙语

美国有名的国会议员赖特·帕特曼（Wright Patman）认为，在许多情况下，一个人、一个家庭或一个经济团体，只要拥有某个大公司5%的股份，就完全可以毫不费力地控制该公司。[93]如果掌握5%的股份就能对万能的美国公司行使领导权，那么，控制拉丁美洲一家企业又需要占有多少股份？事实上比这还要少。目前，拉丁美洲资产阶级可引以为傲的东西已寥寥无几，其中有合资企业，但这种企业只不过是用民族资本的参与来装饰外来势力，民族资本可以占合资资本的大部分，但面对强硬的外国伙伴，它从来不是决定性的资本。通常，与帝国主义企业合资的是政府本身，这样，已变成民族企业的帝国主义企业，可以得到它们所期望的各种保障和合作的，甚至是得到厚爱的大气候。占“小部分”的外国资本，通常只是以转让必要的技术和专利的形式参与合资。被脐带束缚于乡土的拉丁美洲资产阶级，是一些没有创造性的资产阶级商人，他们跪倒在技术女神祭坛前。**如果以外国占有股份的多少（尽管占有的股份很少）和本国对技术的依赖程度（依赖性不大是非常罕见的）来衡量非国有化程度，那么，拉丁美洲能有多少工厂算得上真正的民族工厂呢？**例如，在墨西哥，占有技术的外国人常常**要求在技术和管理方面拥有绝对控制权，要求墨西哥把其产品卖给外国中间商，进口它们总公司的机器和其他物资，此外，还要求得到企业的一部分股份**，只有这样才同意签订转让专利或先进技术的合同。[94]不仅在墨西哥如此，被称之为安第斯集团的国家（玻利维亚、哥伦比亚、智利、厄瓜多尔和秘鲁）制定的一项计划也很能够说明这一问题。此计划的目的是对在本地区的外国资本采取一致的立场，即强调拒绝接受那些附加此类条件的技术转让合同。另外，计划中还建议各国拒绝由拥有专利的外国企业来**决定用此专利生产的产品价格，或拒绝接受禁止把产品出口到某些国家的禁令**。

保护发明的第一个专利制度约于四个世纪以前由弗朗西斯·培根（Francis Bacon）创建。培根爱说“知识就是力量”，从此，人们便知道他言之有理。世界上的科学很少属于全世界，从客观上来说，它被幽禁在先进国家的国境线内。拉丁美洲不利用科研成果为自己的利益服务，**理由非常简单，拉丁美洲没有任何科研，因此，它只能忍辱接受毁坏和掠夺其自然原料的强国的技术。拉丁美洲至今仍没有能力创造自己的技术来支持保护自身发展**。单纯从先进国家移植技术，不仅仅意味着文化上的隶属，说到底，也意味着经济上的隶属，而且，有了这四个半世纪以来的经验之后，人们完全可以肯定地说，这种做法也不解决任何不发达问题。上述经验是把现代化引进到落后和无知的沙漠，形成不断增加的现代化的绿洲。[95]这一文盲充斥的广阔地区，用于科学研究的总费用是美国的两百分之一。1970年，拉丁美洲拥有的计算机数量不足一千台，而美国拥有五万台。理所当然，拉丁美洲进口的计算机、机型设计和语言程序的编排都在北方。尽管拉丁美洲的缺陷得到"改进"，但其不发达现象并不是发展进程中的一个阶段。这一地区是在未摆脱落后体制的情况下向前发展的，正如曼努埃尔·萨多斯基所指出，拉丁美洲在参与发展时，没有自己的纲领和目标，这种所谓的**优势**毫无用处。[96]繁荣象征着依赖。拉丁美洲引进现代技术如同19世纪引进铁路一样，是为外国利益服务的，这些外国利益集团一再塑造拉美国家的殖民体系。萨多斯基说："我们就像一只走得慢而又没调准的钟表。虽然表针在往前走，但它指示的时间与实际时间的差距将越来越大。"

拉丁美洲的大学培养出少量的数学家、工程师和程序设计师，但他们怎么都找不到工作，只能流浪他乡。我们很阔气，把我们最优秀的技术员和最有才干的科学家提供给美国，这些人被北方的高工资和搞科研的良好条件所吸引而移民美国。另一方面，在拉丁美洲，每当某所大学或某所高等院校想加强基础科学研究，为不照抄外国模式又不为外国利益服务的技术奠定基础时，总会有人借口这样会孕育动荡，及时地发动一场政变来打消这个念头。[97]1964年被降服的巴西利亚大学就是一例，守护现行秩序、身着盔甲的大天使们确实没有搞错：名副其实的文化自治政策要求对现行的各种体制进行深刻的变革并加以促进。

另一种选择是依赖他人，即像猴子那样照抄垄断最现代化技术的大公司所宣传的种种成就，以便生产新产品、提高现有产品的质量或降低成本。在估计成本和收益方面，电脑具有确实可靠的计算方法，这样，尽管劳动力过剩，部分国家的失业人数逐渐占劳动人口的绝大多数，拉丁美洲仍进口专为减少劳动力而设计的生产技术。同样，拉丁美洲本身的软弱决定了它的进步取决于外国投资者的意志。

显而易见，大跨国公司在控制各种技术手段时，也操纵着拉丁美洲经济命脉的其他关键部门。当然，总公司从来不给子公司提供最新的技术革新成果，也从不提出任何不利于总公司独立的主张。泛美开发银行委托《国际商报》(*Business International*)进行的一项民意测验得出如下结论："显然，在拉丁美洲地区做生意的国际性大公司的分公司，在科研和发展方面没有做出显著的努力。实际上，大多数分公司没有设立开展这方面工作的部门，只有屈指可数的分公司进行技术改造工作，还有一小部分公司（它们几乎总是在阿根廷、巴西和墨西哥）进行了一些简单的研究工作。"[98]劳尔·普雷维什明确指出："美国在欧洲的企业设有实验室，以进行有利于加强这些欧洲国家科学和技术能力的研究工作，但在拉丁美洲却不这样做。"他还揭露出一个非常严重的事实："由于缺乏专门知识（先进技术），民族投资在引进技术时，所得的大部分技术是**人所共知的技术，然而，这些技术作为专门知识来引进……**"[99]

从众多意义上讲，技术依赖的代价非常之高，要花响当当的美元。估计此代价到底有多大是不容易的，因为企业在申报汇出款额时打了不少折扣。然而，官方数字表明，1950年到1964年，墨西哥因接受技术援助而外流的美元增加了十五倍，而在同一个时期，新的投资增长不足两倍。今日墨西哥的外国资本有四分之三投资在机械工业，而1950年为四分之一。资本如此集中在工业方面只能意味着这是使用二手技术所连带产生的现代化。墨西哥为二手技术付出的代价却是最好的、头等技术的代价。汽车工业以多种方式从墨西哥拿走了十亿美元。美国汽车工业行业工会的一位负责人在参观新建在墨西哥托卢卡市（Toluca）的通用汽车制造厂后这样写道："工厂的设备比陈旧还糟糕。之所以还糟糕，是因为这是蓄意使用陈旧的机器设备。所有已过时的东西都是精心安排的……在装配墨西哥工厂时，蓄意安装了生产力低的机器。"[100] 对拉丁美洲欠可口可乐、百事可乐或果汁公司之情可做何种评论？这些公司向购买其专利进行工业生产的厂家收取高额费用，而向他们提供的却是一种溶于水、加上糖和苏打的原浆。

被排斥在外的人和地区

"与巴西共同发展"，纽约报纸上的大块广告呼吁美国企业家加入热带巨人迅猛增长的行列。圣保罗市睡不安枕，发展的脚步声震耳欲聋，工厂、摩天大楼、桥梁和道路，如某些热带野生植物一样，忽然间拔地而起。但是，正如大家所知，那句广告的正确译法，似乎应是"**靠**巴西来发展"。尽管发展的光芒诱人垂涎，但发展是一个宾客不多的宴会，宴会的主菜留待外国食客来享用。巴西已有九千多万人口，20世纪末之前其人口将翻一番，但是现代化的工厂节省劳动力，在内地，原封未动的大庄园也不吸收劳动力。一个衣衫褴褛的小孩，两眼闪着光芒，在观赏里约热内卢刚竣工的世界上最长的一条隧道。这个小孩有理由为自己的国家感到骄傲，但他是个文盲，靠偷来的食物充饥。

在整个拉丁美洲，受到热烈欢迎的外国资本闯入工业领域，这进一步显示了工业化的“典型模式”与拉丁美洲工业化进程所表现出来的特点之间的差距，这种“典型模式”就是今日发达国家历史书上所说的那种模式。这个社会制度像火山喷发岩浆那样大量增加人口，但拉美工业却抛弃劳动力，且比例比欧洲还要高。[101]

在可使用的劳动力与所应用的技术之间不存在任何连贯的联系，唯一的联系就是使用世界上最廉价的劳动力是较为合算的。在这富饶而又无人保护的王国，土地肥沃，地下资源极其丰富，人民生活却非常贫困。被社会制度弃于路旁的劳动人民遭到严重的排斥，这阻碍了国内市场的发展，降低了工资水平。由于不进行生产的大庄园浪费了土地和资本，也由于小庄园不断衍生而浪费了劳动力，长期存在的现行土地所有制不仅使农村生产力低下这一老矛盾进一步尖锐，还使得失业大军潮水般地涌向城市。农村半失业者全部加入城市半失业大军。官僚阶层在扩大，都市周围的贫民窟在扩大，被剥夺了劳动权利的人只得蜷缩于这个无底洞。工厂不能为多余劳力提供出路，但是这支浩浩荡荡、随时可利用的后备军的存在，使工厂能够向工人支付比美国或德国工人低几倍的工资。尽管生产力提高了，但是以减少劳动力为代价的。工资仍然很低。“附属”型工业化具有排他性，即，**在世界人口增长指数最高的地区，人口以惊人的速度成倍增长，但是依附性资本主义的发展（这是遇难者多于航行者的航行）所排斥的人数大大超过它所能容纳的人数**。在拉丁美洲整个经济人口中，加工工业工人所占的比例**不是在增长，而是在下降**：1950 年代占 14.5%，今日仅占 11.5%。[102] 一项最新研究成果表明，“在未来十年里，巴西平均**每年**应提供一百五十万个**新的就业机会**”。[103] 但是，在巴西这个拉丁美洲工业化程度最高的国家，工厂的**全部**就业人员只有两百五十万人。

在每个国家，来自最贫困地区的劳动者涌入城市的行为带有群体性。一个又一个家庭抱着提高生活水平和在城市文明这一巨大的富有魅力的竞技场中获得一席之地的希望来到城市。城市激起他们就业的希望，又辜负了这一希望。看见自动楼梯就好像见到天堂，但是眼花缭乱不能当饭吃：城市使穷人更穷，城市是冷酷的，它将穷人永不可及的财富，如小汽车、住宅、像上帝和魔鬼那样强大的机器等，梦幻般地展示在他们的眼前，但是拒不向他们提供一份固定的工作和一间说得过去的栖身小屋，也不能让他们每天中午饭菜满桌。联合国的一个机构[104]估计，在拉丁美洲城市人口中，至少有四分之一的人住在“达不到城市现代建设标准的临时棚屋里”。这是专家们为这些破烂房子所起的长而委婉的名字。在里约热内卢，这些破房子被叫作“矮丛林”，在智利圣地亚哥被称作“蘑菇”，在墨西哥城名为“茅屋”，在加拉加斯叫作“平民区”，在利马名叫“小区”，在布宜诺斯艾利斯叫作“贫苦村”，在蒙得维的亚叫作“石栅栏”。每天拂晓以前，城市周围都要冒出新的小屋，为贫穷和希望驱使而涌向城市的被排斥的人集居在这些用铁皮、泥土和木板搭起的小屋里。克丘亚语的“外各”（Huaico）一词意为滑坡，秘鲁人用这个词形容山区居民向沿海首都雪崩似的迁移：利马将近70%的居民来自地方各省。在加拉加斯人们称这些人为“全才”，因为他们什么活都干。被排斥的人以“临时性活计”为生，他们零敲碎打干些散活，工作时有时无，或干一些下三流的营生或禁活，比如当女用人、临时石工或瓦工、出售柠檬水或其他随便什么饮料的小贩、临时电工、清道夫或刷墙的漆工、乞丐、小偷、看汽车，总之，他们是有什么活就干什么活的劳动力。由于被排斥者的增加速度比城市居民要快，联合国上述机构的研究预示：从现在起要不了几年，“住在临时棚屋里的人将占城市居民的大多数”。**这是失败了的大多数**。与此同时，这个社会制度的做法是将垃圾掩藏在地毯下面。政府凭借机枪不断清扫海湾附近山上的“矮丛林”和联邦首都的“贫苦村”，把成千上万的被排斥者请至视野以外。里约热内卢和布宜诺斯艾利斯将社会制度带来的贫困隐藏起来，不久之后，人们只会看到这两座城市的繁荣昌盛，而看不到它们的阴暗面。在这两座城市里，巴西和阿根廷全国创造的财富都被挥霍掉。

使各国深受其害的国际统治制度也再现于每个国家内。工业集中在某些地区，反映需求将预先集中在大港口或出口地区。巴西80%的工业集中在由圣保罗、里约热内卢和贝洛奥里藏特（Belo Horizonte）构成的东南三角地带，而忍饥挨饿的东北部在全国工业生产方面所占的比重越来越小。阿根廷三分之二的工业集中在布宜诺斯艾利斯和罗萨里奥。蒙得维的亚独揽乌拉圭工业的四分之三。智利四分之三的工业集中在圣地亚哥和瓦尔帕莱索。利马及其港区集中了秘鲁60%的工业。[105] 陷入贫困的内地广大地区，其不断加剧的相对落后并不像有些人认为的那样是由于这些地区与世隔绝，恰恰相反，是由于这些地区遭受到由昔日殖民中心演变而来的工业中心直接或间接剥削的结果。阿根廷一位工会领袖宣称：“从一个半世纪的民族史中看到的是违犯各团结协定、毁弃国歌和宪法中庄严的信念，以及布宜诺斯艾利斯对外省的统治。军队、海关、由少数人制定多数人遵守的法律、作为外国政权代理人的各届政府（少数几届政府例外）建立了这趾高气扬、聚敛财富与权力的首都。但是，如果我们对这种权势和傲慢寻根问底，将在下面几个地方找到答案，那就是密西昂奈斯省的茶园、福雷斯塔尔（Forestal）没有生气的城镇、图库曼省荒芜的蔗糖厂和胡胡伊省（Jujuy）的矿井、巴拉那被抛弃的港口、贝里索（Berisso）的迁移等等。这一切构成一幅贫穷的景象，贫穷环绕着富有的中心，这是依靠已不能掩盖和容忍的内部统治而建立的中心。”[106]安德烈·冈德·弗兰克在研究巴西的不发达是如何发展时提出，巴西是美国的一个卫星国，而在巴西本国内，东北部对位于东南部的“内部宗主国”而言，也起着卫星的作用。通过许多事例可以明显地看到两极分化现象，例如私人和国家投资绝大部分集中于圣保罗，这个巨大的城市像一个大漏斗，把在全国产生的资本占为已有，其手段是搞不利于他人的贸易交往、独断专行的价格政策、内部优惠税率以及大量控制高级工程师和技术工人。[107]

从地区和社会的观点来看，附属型工业化使收入更加集中。这种工业化**生产出来的财富既不面向全国，也不面向全社会，而是巩固乃至加大已存在的收入不均**。即使是“被结合进来的”、人数越来越少的工人，他们的收益也没有随工业的增长而增长。采摘生产力提高的硕果的是那些生活在社会金字塔塔尖的阶层，对大多数人来说，这些硕果是苦的。从 1955 年到 1966 年，巴西机械制造工业、电工材料工业、交通业和汽车制造工业的生产力提高了将近 130%，但是同一时期内，在上述行业就业的工人，实际工资只增加了 6%。[108]拉丁美洲提供廉价劳动力，如 1961 年，美国小时工资为两美元，阿根廷为三十二美分，巴西为二十八美分，哥伦比亚为十七美分，墨西哥为十六美分，危地马拉几乎不到十美分。[109]从那时起，差距开始拉大。**要想挣到相当于一名法国工人一小时的工资，巴西工人目前需要工作两天半。美国工人工作十个小时的工资，相当于里约热内卢人一个月的工资。英国和德国工人不需要干三十分钟，就足可以挣得里约热内卢工人工作八小时的工资。**[110]拉丁美洲低工资造成产品在国际市场上价格低廉。在这个市场上，拉丁美洲地区以极低的价格拿出自己的原料使富国消费者受惠，而在国内市场上，为使帝国主义公司获取高额利润，非国有化了的工业以极高价格出售产品。

所有的经济学家一致认为，需求增长的重要性在于它推动工业的发展。在拉丁美洲，外国化的工业丝毫没有从广度和深度方面扩大群众市场的兴趣。只有整个社会经济结构进行深刻的变革，群众市场才可能在横向和纵向得到扩大，这种变革意味着可能爆发不适宜的政治风暴。在工业化程度最高的城市，工会或遭干预，或被摧毁，或被驯服，此种情况下，雇佣劳动者的购买力没有相应地增长，工业品的价格也没有下降：这是一个广漠的地区，它有一个拥有巨大**潜力**的市场和一个因大部分人贫穷而紧缩的**实际**市场。事实上，**大的汽车制造厂和冰箱厂的生产几乎只面向拉丁美洲5%的人口。**[111]

每四个巴西人中，几乎只有一人可被视为真正的消费者。四千五百万巴西人的总收入正好相当于社会另一端九十万特权阶层的总收入。[112]

星条旗下的拉丁美洲一体化

有些天真的人至今还认为各国都以自己的国境线为界。他们断言，美国同拉丁美洲一体化的关系不大或毫无相干，理由很简单，美国既未加入拉丁美洲自由贸易协会，又不是中美洲共同市场的成员。这些人认为，正像解放者西蒙·玻利瓦尔所希望的那样，拉美的一体化将不超越墨西哥与北方强大邻国的国境线。怀有这种天真见解的人患有别有用心的遗忘症，他们忘记了大批海盗、商人、银行老板、海军陆战队员、专家治国论者、头戴绿色贝雷帽的士兵、大使和美国企业家头脑，经过漫长的黑暗年代，已经掌握南方大部分国家的命脉和命运，他们还忘记了目前拉丁美洲的工业也处在帝国消化系统的深处。只要不事先打破不发达和依附的模式，拉丁美洲只能使**各自的仆役地位一体化**，“我们的”团结就是“他们的”力量。

拉丁美洲自由贸易协会的正式文件中常常突出私人资本在一体化进程中的作用。在前几章，我们已经看到这种私人资本在谁的手中。例如，1969 年 4 月中旬，企业事务协商委员会在亚松森召开会议，会议除商讨其他事宜，还重申了“拉丁美洲经济的发展方向应该是，在以发展私营企业为主的基础上实现此地区的经济一体化”。会议还建议各国政府制定一项共同法规来创建“主要（原文如此）由成员国的资本和企业家组成的跨国企业”。所有的钥匙都拱手交给小偷：1967 年 4 月在埃斯特角召开首脑会议，林登 · 约翰逊亲自主持，会议通过一项最后宣言后圆满结束，竟提出支持创建股份共同市场，即金融一体化，以便在拉丁美洲任何一个地方都可以购买位于这一地区范围内的企业。官方的文件有过之而无不及，甚至明目张胆地建议公共企业实现非国有化。1969 年 4 月，在蒙得维的亚首次召开拉丁美洲自由贸易协会肉制品工业专门会议。会议决定“要求各国政府研究旨在将国营肉联厂逐渐变为私营肉联厂的恰当的办法”。乌拉圭政府有一名成员曾主持这次会议，会后，乌拉圭政府立即将油门一踩到底，加速推行旨在破坏国营肉联厂、对外国私营肉联厂有利的政策。

取消关税，这种使拉丁美洲自由贸易协会成员国之间的商品流

通逐渐不受约束的做法，其目的在于为跨国大公司的利益而重新分配拉丁美洲的生产中心和市场。“规模经济”居主导地位：在最近几年完成的第一阶段里，完善了发射架——即，工业化城市的外国化进程，这些工业化城市将控制整个拉丁美洲市场。在巴西，对拉丁美洲一体化兴趣最浓的企业恰恰是外国企业[113]，特别是那些最强大的企业。在接受泛美开发银行在全拉丁美洲进行的一项民意测验时，有一半以上的跨国公司（大部分是美国的）回答说，他们正在制定或打算制定1960年代后五年的规划，以便参与拉丁美洲自由贸易协会拓宽了的市场。为此，他们将建立或加强各自的地区性业务部。[114] 1969年9月，亨利·福特二世（Henry Ford II）在里约热内卢表示，他希望参与巴西经济发展进程，“因为形势非常好”。他在记者招待会上宣布：“作为参与的开始，我们收购了巴西威利斯·奥弗兰公司（Willys Overland do Brasil）。”他还声称，将把巴西生产的汽车出口到拉丁美洲一些国家。《国际商报》说，凯特皮拉尔这个“一贯将世界看作一个市场的公司”，在降低关税率的谈判尚在进行时，就迅即利用这一机会，到1965年，这个公司建在圣保罗的工厂已经开始向南美洲一些国家提供平路机和拖拉机配件。联合碳化物公司以同样的速度，利用拉丁美洲自由贸易协会成员国之间互免关税、产品税和定金的机会，从它建在墨西哥的工厂向一些拉丁美洲国家提供电工产品。[115]

贫穷潦倒、与世隔绝、资金流失、国内体制问题严重的拉丁美洲国家，逐步撤除了经济、金融和财政壁垒，让那些目前仍然分别扼杀拉丁美洲各国的垄断集团能在地区范围内扩大业务，巩固新的劳动分工，其手段是按国家和行业搞专业化、规定对其子公司最有利的生产规模、降低成本、清除外来竞争对手、稳定市场等。只有在不影响总公司制定的全球政策的情况下，跨国公司的子公司才能在特定条件下和在特定范围内去占领某些产品的拉丁美洲市场。我们在其他章节已经看到，**国际**劳动分工在拉丁美洲继续运转，一如既往。此地区尽出现一些新奇的东西。在埃斯特角会议上，总统们宣布“在保证实现一体化目标方面，外国私人企业将起重要作用”，他们决定泛美开发银行“增加在**拉丁美洲地区贸易中**可用于出口的贷款”。

《财富》杂志 1967 年这样评价拉丁美洲共同市场为北方贸易开辟的“迷人的新机遇”：“在不止一家董事会的办公室里，共同市场正在变为制定未来规划要考虑的一个重要因素。生产银河牌汽车的巴西福特汽车公司，希望与生产法尔孔牌汽车的阿根廷福特汽车公司共织一张美丽的网，使这两种品牌的汽车占领更大的市场，形成规模经济。柯达公司现在已在巴西生产相纸，它很想在墨西哥生产可供出口的胶卷，在阿根廷生产照相机和放映机。”[116]《财富》杂志还列举了一些“生产合理化”的例子以及扩大了活动范围的其他公司，其中有：国际电话电报公司（I.T.T.）、通用电力公司（General Electric）、雷明顿·兰德公司（Remington Rand）、奥蒂斯电梯公司（Otis Elevator）、沃辛顿公司（Worthington）、费尔斯通公司（Firestone）、迪尔公司（Deere）、威斯汀豪斯电力公司（Westinghouse）和美国机械铸造公司（American Machine and Foundry）。九年前，劳尔·普雷维什，这位拉丁美洲自由协会得力的辩手这样写道：“从墨西哥经圣保罗和圣地亚哥到阿根廷，我常听到的另一种论点是，共同市场将向外国工业提供扩展的机会，在我们今日有限的市场尚没有这种机会……人们担心共同市场的好处将主要为外国工业而不是民族工业所利用……过去和现在我都有这种担心，这不是纯粹的想象，而是我在实践中已证实了存在着这种事实……”[117]尽管普雷维什证实了这一点，但这并未妨碍他几年以后签署一项文件。在谈到正在进行的一体化时，这项文件断言：“毫无疑问，外国资本对我们各国的经济发展能起到重要的作用。”[118]该文件还建议成立“拉丁美洲企业家有效和公平参与”的合资企业。公平？不错，必须捍卫**机会均等**。安纳托尔·弗朗兹（Anatole France）说得好，法律中威严的平等，在于它对富人和对穷人都同样禁止他们睡在桥下、沿街乞讨和偷窃面包。**但是，在当今世界，仅通用汽车公司一家企业拥有的工人就等于乌拉圭全国的经济人口，该公司一年的赢利相当于玻利维亚整个国民生产总值的四倍。**

根据以往其他一体化进程的经验，各公司认识到，在其他地区的资本主义发展中，以“局内人”身份进行活动有好处。这并非毫无成效，因为分布在世界各地的美国子公司的销售总额比美国出口总额高六倍。[119]**在拉丁美洲如同在其他地区一样，令人讨厌的美国反托拉斯法毫无效力，各国成为控制它们的外国公司的代号。拉丁美洲自由贸易协会的第一项补充协定，是1962年8月由阿根廷、巴西、智利和乌拉圭签署的。但实际上签署协定的是美国国际商业机器公司在四国的子公司**。这个协定规定，在四国之间进行计算机设备和配件贸易时，减免进口税，同时对从四国以外的地区进口这类设备要加税。国际商业机器公司世界销售中心“暗示四国政府，如果四国之间减免关税，它将在巴西和阿根廷建厂……”[120]上述四国签署第二次协定时，墨西哥也参加，这次是美国无线电公司（RCA）和艾恩德霍芬飞利浦公司（Philips of Eindhoven）提倡这几个国家在交换电台和电视台设备时相互免征进口税。

照此类推，1969年春天签署的第九个协定确认联合碳化物公司、通用电力公司和西门子公司瓜分拉丁美洲的发电、输电和配电设备市场。

在中美洲共同市场（Mercado Común Centroamericano）方面，中美五国把发育不良的、畸形的经济联合在一起的努力，唯一的用处是一下子推倒生产布匹、油漆、药品、化妆品或饼干的弱小的民族生产者，而有利于增加一些公司的利润和贸易范围，如通用轮胎和橡胶公司（General Tire and Rubber Co.）、宝洁公司（Procter and Gamble）、格雷斯公司（Grace and Co.）、高露洁棕榄公司（Colgate Palmolive）、真正产品公司（Sterling Products）或者国民饼干公司（National Biscuits）等。[121] 在中美洲，免除关税与对**外来的外国竞争者**（权且这样称呼）高筑壁垒齐头并进，这使**国内的外国企业**能以更高的价格销售产品，得到更大的好处。罗杰 · 汉森（Roger Hansen）由此得出结论："通过关税保护得到的补贴，超过通过国内生产所得的兑增值价值。" [122]

外国企业具有一般人所没有的比例意识，自己的比例和他人的比例。比如说，在乌拉圭、玻利维亚、巴拉圭或厄瓜多尔这样市场狭小的国家，建设大型汽车制造厂、几座大型高炉或重要的化工厂有什么意义呢？要根据国内市场的规模及其发展潜力来选择进入这些国家的跳板。乌拉圭轮胎制造厂在很大程度上依赖费尔斯通公司，但是朝着一体化迈进的企业都是费尔斯通公司在巴西和阿根廷的子公司。乌拉圭子公司的发展有其限制标准。按照同一标准，由美国通用电力公司控制的意大利奥利维蒂公司（Olivetti）在巴西生产打字机、在阿根廷则生产计算机。罗森斯坦 · 罗丹认为，"要得到有效的资金配额就需要国家或地区存在不平衡发展"，**拉丁美洲一体化也有东北部和发展中心之别**。[123] 在总结《蒙得维的亚协定》签订八年来的执行情况时（签署协定后建立了拉丁美洲自由贸易协会），乌拉圭代表揭露说，“各国之间经济发展程度的差别趋于扩大”，因为单靠交换来增加贸易，势必要扩大特权中心与落后地区业已存在的不平衡。巴拉圭大使也有同样的抱怨，他断言，弱国不可思议地资助自由贸易区最发达国家的工业发展，通过减免关税来承受这些国家昂贵的国内成本。他还说，无论是在拉丁美洲自由贸易协会内部或者外部，破坏交换条件对巴拉圭都是同样沉重的打击：“从自由贸易区每进口一吨货，巴拉圭得付出双倍的代价。”厄瓜多尔代表说，实际情况是“十一个国家的发展程度各不相同，因此在利用自由贸易区方面的能力有大有小，出现受益与吃亏的两极化现象……”哥伦比亚大使从中得出的唯一结论是：“自由贸易计划以明显的不均衡而有利于三个大国。”[124] **随着一体化的发展，小国将逐渐放弃海关收入（巴拉圭国家预算所需的将近一半经费来自此项收入），以换取令人怀疑的好处，比如，从圣保罗、布宜诺斯艾利斯或墨西哥城购进由同一汽车公司生产的汽车，而如果从底特律、沃尔夫斯堡或米兰购买，只需花一半的钱。**[125] 由于确信这一点，所以一体化进程正在引起越来越多的摩擦。太平洋沿岸国家聚集在一起，成功地创建了《安第斯条约组织》，这是三个大国在拉丁美洲自由贸易协会的大范围内处于明显霸主地位所造成的结果，即小国力图另行团结在一起。

尽管困难重重，问题也好像很棘手，但是，随着卫星国不断将新的卫星拉入其依附性轨道，市场逐渐扩大。在卡斯特洛·布兰科军事独裁统治时期，巴西签署了一项保障外国投资的协定，规定每一项投资的风险和不利都由巴西政府承担。意味深长的是，签署这一协定的官员在议会为这个协定的羞辱性条件作辩护时说：“不远的将来，巴西将在玻利维亚、巴拉圭或智利投资，届时必将需要这种协定。”[126] 1964 年政变以后的历届政府肯定了这种倾向，即巴西对其邻国起着“次帝国主义”作用。巴西一伙军界核心人物力图使巴西成为经管美国在这一地区利益的大管家，他们还号召巴西在南美洲搞霸权主义，如同巴西本身遭受到的来自美国的那种霸权主义。在这一方面，戈尔贝里 · 杜科托 · 席尔瓦（Golbery do Couto e Silva）将军提出了另一个“天命论”理论，这位“次帝国主义”思想家于 1952 年谈到“天命论”时这样写道：“在加勒比地区，我们的‘天命论’论同我们北方大哥的‘天命论’论不发生摩擦……”目前，杜科托 · 席尔瓦将军是巴西道氏化学公司的董事长。巴西所期望实行的次统治体制确实拥有充分的历史依据，从 1865 年战争，巴西以英国银行界的名义毁灭巴拉圭，到巴西派兵率先支持海军陆战队入侵多米尼加，正好过了一个世纪。

最近几年，围绕着有争议的南美大陆领导权问题，栖身于巴西和阿根廷政府内的帝国主义重大利益代理人之间的竞争愈演愈烈。从各方面看，阿根廷无条件抗衡巴西强大的挑战，因为巴西面积是阿根廷的两倍，人口比阿根廷多四倍，钢铁生产几乎是阿根廷的三倍，水泥产量和能源产量是阿根廷的两倍，商船队的更新率是十五倍。另外，近二十年来，巴西的经济增长速度比阿根廷要快得多。直到不久前，阿根廷小汽车和卡车的产量还大于巴西，但按照目前的增长速度，到 1975 年巴西汽车产量将比阿根廷高三倍。1966 年，巴西远洋船队与阿根廷相当，而到 1975 年，其远洋船队吨位数将相当于整个拉丁美洲的总和。巴西向外国投资者提供广阔的市场、丰富的自然资源、具有重大战略价值的领土（除厄瓜多尔和智利外，它与南美洲其他各国接壤），还为建立在巴西土地上的美国企业大踏步前进提供各种条件：巴西拥有比其对手更便宜更充足的劳动力。并非事出偶然，在拉丁美洲自由贸易协会成员国范围内出售的成品和半成品中，有三分之一来自巴西。这就是注定要成为整个拉丁美洲获得解放或被奴役的轴心国家——巴西。[127] 当美国参议员富布赖特（Fulbright）1965 年在公开声明中表示巴西的使命是领导拉丁美洲共同市场时，他也许没有清楚地意识到自己讲话的重要性。

西蒙 · 玻利瓦尔曾预言：我们永远不会幸福，永远不会！

今天，美帝国主义要把拉丁美洲“结合成一体以便统治”，昨天，英帝国抱着同样的目的却把我们分开了。一群相互分离的国家是我们民族失败的产物。当拿起武器的人民获得独立的时候，出现在历史舞台的拉丁美洲是不同地区由共同传统联系在一起的拉丁美洲，它表现出一种亲密无间的区域性团结，整个地区基本上只说有着共同起源的两种语言——西班牙语和葡萄牙语。但是，正如特里亚斯所指出，我们当时缺少形成一个大国所必不可少的条件，那就是缺少经济共同体。

为满足欧洲对金属和食品的需要而兴旺发达起来的繁华的中心城市，相互之间并无关联：扇骨顶端的焦点在大洋彼岸。人员和资本随着金子、食糖、白银或靛蓝的命运沉浮而转移，只有港口和都市这些寄生在生产地区的吸血鬼永存。**在西蒙 · 玻利瓦尔、何塞 · 阿蒂加斯和何塞 · 德圣马丁的想象和希望中，拉丁美洲作为一个整体诞生于世，但是由于殖民制度本身的畸形，拉丁美洲在诞生之前即已破碎。**港口城市的寡头集团通过自由贸易巩固这种成为其收入源泉的支离破碎的结构：有文化的走私者不能孕育出资产阶级在欧洲和美国实现的那种民族团结。早在拉丁美洲独立之前，师承西班牙人和葡萄牙人的英国人，在19世纪漫长的岁月里，通过外交官白手套翻出的诡计、银行家的掠夺和商人的诱惑，完善了这一结构。玻利瓦尔曾宣告："对我们来说，美洲就是我们的祖国。"可是，大哥伦比亚分裂为五个国家，解放者玻利瓦尔失败了，临终前他对乌达内塔（Urdaneta）将军说："我们永远不会幸福，永远不会！"在被布宜诺斯艾利斯出卖以后，圣马丁舍弃了指挥权；称呼自己的战士为美洲人的阿蒂加斯将军孤独地流亡巴拉圭，并在那儿死去。拉普拉塔河总督区早已分为四个国家。中美洲联邦共和国的创始人弗朗西斯科·德·莫拉桑（Francisco de Morazán）被枪决[128]，美洲腰部地带碎为五块，随后又加上由特迪·罗斯福从哥伦比亚分离出来的巴拿马。

结果显而易见：目前，**任何一家跨国公司的内聚力和团结意识，都比拉丁美洲这一群岛屿的大**。拉丁美洲被众多的边界线和极其不便的交通弄得支离破碎。当各国还没有实现内部统一时，它们之间有何一体化可言呢？各国内部都有严重的裂痕，都没有解决被排斥的大片荒芜的沙漠和城市绿洲之间尖锐的社会分化和紧张状态。悲剧在地区范围内重演。为了以最便捷的路线向外国运送产品而修建的铁路和公路，至今仍无可辩驳地证明，拉丁美洲无力或无能实施拉丁美洲最杰出的英雄们提出的民族计划。巴西同哥伦比亚、秘鲁和委内瑞拉这三个邻国之间没有永久性的陆路交通，大西洋沿岸城市与太平洋沿岸城市之间没有直接的电缆通讯线路，因此布宜诺斯艾利斯与利马之间、里约热内卢与波哥大之间打电话就不可避免地要通过纽约。加勒比与南美洲之间的电话通讯也是如此。

拉丁美洲各国继续同各自的港口结为一体，而这些港口否定了拉丁美洲的根源和客观上的共性。地区范围内的贸易几乎全部通过海运，内地运输实际上不存在。世界运输卡特尔可以根据它的情趣规定运价和航线，拉丁美洲只得接受昂贵的运价和荒谬的航线。在这一地区运营的一百一十八家海运公司中，只有十七家船只悬挂本国旗帜。运价使拉丁美洲经济每年失去十亿美元。[129] 于是，货物从巴西的阿雷格里港运往蒙得维的亚，如果通过汉堡转运，则能更快运到，乌拉圭羊毛运往美国也是同样的情况。从布宜诺斯艾利斯到墨西哥湾某一个港口的运费，如果通过美国的南安普敦运输，可减少近四分之一的费用。[130] 从墨西哥运木材到委内瑞拉，比从芬兰运木材到委内瑞拉要贵一倍多，尽管从地图上看，墨西哥比芬兰距委内瑞拉近得多。从布宜诺斯艾利斯直接运化工产品到墨西哥的坦皮科，比通过新奥尔良要贵许多。[131]

美国提出截然不同的目的，并确实达到了这些目的。美国独立后七年，原来十三个殖民地的面积已扩大一倍，国土超越阿勒格尼山脉（Los Aleganios），伸展到密西西比河流域。四年以后，美国创建统一市场，统一全国。1803 年，美国以令人可笑的低价向法国购买了路易斯安那，国土因此再扩大一倍。随后是购买佛罗里达，到 19 世纪中叶，又以“天命论”的名义，侵略墨西哥并割走半个墨西哥。接着是购买阿拉斯加，强夺夏威夷、波多黎各和菲律宾。在实现很久前**开国前辈们**明确表示和追求的目标的过程中，殖民地变成国家，国家又变成帝国。当美洲北部一面扩张边界一面向内地发展时，向外发展的美洲南部则如手榴弹一般炸为碎块。

目前的一体化进程既与我们的根源无缘，又不能使我们达到自己的目标。玻利瓦尔早已作出精确的预言，他说，美国好像是由上帝指定来以自由的名义在美洲播下贫困的。[131] 通用汽车公司和国际商业机器公司（IBM）不可能殷勤到替我们举起在斗争中倒下的团结与解放的旗帜。在今天，当代的背叛者们也不可能去实现昔日被出卖的英雄们的意愿。在重建拉丁美洲的道路上，要扔入海底的腐朽的东西很多。任务只能落在遭劫掠、受凌辱和被诅咒的人身上。拉丁美洲的民族事业首先是社会事业，也就是说，为了使拉丁美洲获得新生，每一个国家必须从推翻统治者开始。起义和变革的时代展现在眼前。有人相信命运在上帝的膝头，但事实上，命运如同激烈的挑战，作用于人们的思想意识之上。

1970 年底于蒙得维的亚

七年之后

一、《拉丁美洲被切开的血管》第一次出版至今已有七年了。

写这本书是为了与人们交谈。外行作家同外行读者说话，是想公布官方历史，即胜利者讲述的历史中所隐瞒或谎报的某些事实。

最令人鼓舞的回音不是来自报纸的文学版，而是来自发生在大街上的一些真人真事。例如，在一辆穿越波哥大街道的汽车上，一个姑娘正给坐在身旁的女伙伴读这本书，后来她站起来，高声朗诵给全体乘客。又比如在智利大屠杀的日子里，一位妇女逃离圣地亚哥时，把本书裹在婴儿的尿布里；还有一个大学生，他在布宜诺斯艾利斯花了一个星期走遍科里恩特斯街的所有书店，在一个又一个书店里逐段阅读本书，因为他没钱买下一本。

同样，本书得到的最好的评价并非来自有名望的评论家，而是来自军事独裁政权，它们禁止此书就等于称赞了它。例如，《血管》不能在我的国家乌拉圭流传，在智利也不行，阿根廷当局通过电视台和报纸控告此书是腐蚀青年的工具。布拉斯 · 德 · 奥特罗（Blas de Otero）说过，“他们不许人们阅读我写的文章，因为我所写的就是我所看到的事情”。

经过一段时间后，我高兴地看到《血管》不是一本沉默的书，我的高兴并无虚荣的成分。

二、我知道，在这本宣传手册里，我用写爱情小说或海盗小说的形式来谈政治经济学，也许是亵渎神明。但是，坦白地说，阅读某些社会学家、政治家、经济学家或者历史学家用密码式的语言写成的一些有价值的著作，对我来说实在是等于爬山，太难了。深奥的语言不见得总是文章写得深刻的必然代价。在某些情况下，这也不过是把缺乏与他人交谈的本领说成是知识分子的一种美德。我怀疑无聊常常就是如此用来为现行的秩序祝福，这样就可以证明，知识是杰出人物的一种特权。

顺便说说，一些面向有信仰的读者的富有战斗精神的著作，也有类似情况。尽管这些著作使用了革命的词句，但是我觉得，它们机械地重复着所说的话，用同样现成的句子，同样的形容词，同样的演说方式，对着同样的人说话。这是顺从主义。也许这种教条式的文学与革命之间的距离如同色情文学与情欲之间的距离那么远。

三、一个人写东西是想回答在脑海里嗡嗡作响的问题。它们如顽固的苍蝇不让人入睡，当一个人写的东西，以某种方式同社会需要回答的问题一致时，就会有某种集体意义。我写《血管》是为传播他人的思想和我自己的经验，这也许多多少少能帮助解决一直折磨着我们的各种问题。拉丁美洲是一个命中注定要受凌辱和受穷的地区吗？谁决定的？是上帝的过错还是自然界的过错？是令人喘不过气的气候或是劣等种族？是宗教？是习俗？不幸会不会是历史的产物，由人来创造，因而也可以由人来摧毁？

我一贯认为，崇拜过去是反动的。右派选择了过去是因为它们喜欢死人，即静止的空间，静止的时间。有权势的人，那些靠遗传使其特权合法化的人，他们是怀旧的。学历史好像参观博物馆，一大批木乃伊是骗人的把戏。有人向我们谎报过去也同样谎报现在，给现实带上假面具。强迫被压迫者把压迫者制造的僵化了的、贫乏的、他人的历史变成自己的历史，这使被压迫者心甘情愿地去过不属于自己的生活，仿佛这是唯一可过的生活。

在《血管》中，往事总是作为我们活生生的历史由现在来召唤。本书是到历史中去寻找有助于解释现实的各种关键，因为现实也在创造历史，但出发点必须是：改变现实的首要条件是认识现实。在这儿，展示在人们面前的，不是一群穿着像要赴化装舞会、在阵亡之前发表长篇庄严讲话的英雄们，而是一批在时间和空间里寻找能预感到我们今天步伐的群众的脚步声。《血管》来自现实，但也来自其他书，其他比这本更好的书。这些书帮助我们了解自己是什么人，以便知道自己将来可以成为什么人，也是这些书使我们知道自己来自何方，以便能更好地推测将要走向何处。这一现实和那些书都证明，拉丁美洲的不发达是他人发达的结果，说明我们拉美人之所以穷，正是因为我们脚下的土地是富饶的，自然界给予的得天独厚的被历史诅咒的大地。在我们的世界，这个拥有强大的中心和屈服的外围的世界，对任何财富至少要怀疑其来历。

四、从《血管》第一次出版至今的这段时间里，历史对我们来说，一直是一个残酷的老师。

这个制度成倍地增加了饥饿和恐惧，财富继续集中，贫困继续扩散。那些专门性国际机构在文件中承认了这一点，它们那些咬文嚼字的语言称我们这些被压迫的地区为“发展中国家”，把工人阶级无情的贫困化称为“收入再分配的倒退”。

国际大机器继续运转：各国为商品服务。人人为物质效劳。

随着时间的推移，输出危机的方式日益完善。垄断资本主义达到最高程度的集中，它控制世界市场、信贷和投资，因而就有可能系统地、越来越多地转移矛盾，也就是说，外围地区心平气和地为那些中心的繁荣做出牺牲。

国际市场仍然是这一行动的关键之一。在那里，跨国公司实行专政，正如斯威齐所说，我们称之为跨国，是因为它们在许多国家经营，但从它们属于谁和由谁控制这点来看，跨国公司又是地道的本国公司。世界范围内的不平等并不因为巴西目前向南美其他国家和遥远的非洲及近东市场出口大众牌汽车而有所改变。归根结底，是德国大众汽车公司自己决定，由它在巴西的子公司向某些国家出口汽车更为便宜。于是，巴西提供低生产成本和廉价的劳动力，德国却拿走高额利润。

当某一种原料能逃脱低价的不幸命运时，强加于人的现象并不会神奇般地结束。1973 年以来的石油问题就是如此。难道石油不是一种国际性买卖吗？现在被叫作埃克森公司（Exxon）的新泽西美孚石油公司、英荷壳牌石油公司或者海湾石油公司，是阿拉伯公司还是拉美公司？谁拿走了最丰厚的那部分利润？此外，针对石油生产国而掀起的闹剧很能说明问题。一些胆敢维护自己石油价格的国家，立刻成为造成欧洲和美国通货膨胀及工人失业的替罪羊。最发达的国家在提高自己任何一种产品的价格之前又征求过谁的意见呢？二十多年来，石油价格一再下跌，不像样的石油低价意味着世界上的大工业中心可以得到巨额补贴，而它们的产品则越来越贵。同美国和欧洲产品价格不断上升相比，新的石油价格只不过是把价格恢复到 1952 年的水平，原油只不过恢复了它在二十年前的购买力而已。

五、在这七年里发生的重要事件之一是委内瑞拉石油国有化。国有化虽然没有打破委内瑞拉在提炼和销售方面的依赖性，但为自治开辟了新的前景。委内瑞拉石油公司这个国营企业诞生不久，就位居拉丁美洲五百家最重要公司之首。该公司除了经营原来的传统市场外，还开始经营新的市场，很快就有了五十个新客户。

然而，像往常一样，当国家成为本国主要财富的主人时，就要问谁是这个国家的主人。对基本资源实行国有化，这本身并不意味着要重新分配收入以利于大多数人，也不是必然要危害少数统治者的权力和特权。在委内瑞拉，浪费的经济依然完完整整地继续运转。在这个社会的中央，在霓虹灯的照耀下，一个有百万家产、挥霍无度的社会阶级放射出光芒。1976 年，进口增加 25%，在很大程度上是进口了充斥委内瑞拉市场的奢侈品。崇拜象征权力的商品，人类的生活局限于竞争和消费。在不发达的汪洋大海里，少数特权阶层模仿世界上最富有社会中最富有的人的生活方式和习俗。在与纽约一样喧闹的加拉加斯市，自然界给予的最好的“天然”财富，如空气、阳光、宁静等，越来越少，越来越贵。委内瑞拉民族主义的元老、主张收回石油的先知，胡安 · 巴勃罗 · 佩雷斯 · 阿方索（Juan Pablo Pérez Alfonso）警告说：“当心，人会饿死，但也会撑死。”[1]

六、我是在 1970 年最后几天写完《血管》的。

1977 年的最后几天，胡安 · 贝拉斯科 · 阿尔瓦拉多死在手术台上。人们把他的灵柩一直抬到墓地，在利马的大街上从来没见过这么多的人。贝拉斯科·阿尔瓦拉多将军出生于秘鲁北部干旱土地上一个普通的家庭，他领导了社会和经济改革的进程。在秘鲁现代史上，这次改革是试图进行的意义最深远的一次改革。从 1968 年起义之后，军政府推动了真正的土地改革，并为收回外国资本强行夺走的自然资源开辟出道路。可是，早在贝拉斯科去世之前，革命已经被人举行了葬礼。创造性的进程是短命的，它最终被淹死在放债人和商人的讹诈之下，革命既死于任何家长式的计划所具有的脆弱性，也死于缺乏有组织的群众基础。

1977 年圣诞节前夕，当贝拉斯科·阿尔瓦拉多将军的心脏在秘鲁这块土地上做最后的跳动时，在玻利维亚，另一个与他毫无相似之处的将军用拳头猛击写字台。玻利维亚独裁者乌戈·班塞尔（Hugo Bánzer）将军，用一个“不”字拒绝赦免犯人、流亡者和被解雇的工人。于是，从锡矿来到拉巴斯的四个妇女和十四名儿童开始绝食。

“现在不是时候，”行家们是这样认为的，“我们会告诉你们什么时候合适。”

她们席地而坐。

妇女们说：“我们不是同你们商量而是把此事告诉你们。我们已经决定了，在矿山那边，总是在绝食，只要你生下来，你就开始绝食。在那边，我们也会死去的，虽然会死得慢一些，但还是要死的。”

政府的反应是惩罚和威胁，但绝食把长期以来遭受遏制的力量释放出来。全玻利维亚震动了，露出了牙齿。十天左右，已不是四个妇女和十四名儿童在绝食。一千四百名劳动者和工人都在绝食，独裁政权感到天快要塌下来，不得已才实现大赦。

安第斯山两个国家就是这样从 1977 年跨入 1978 年。在北边，在加勒比地区，经过同美国新政府进行的棘手的谈判后，巴拿马在等待着实现已向它承诺的结束运河的殖民地位。在古巴，人民在庆祝战无不胜的社会主义革命胜利十九周年。几天后，在尼加拉瓜，狂怒的群众冲上街头，索摩查独裁者，即索摩查家族的子孙从缝隙里窥探。愤怒的群众烧了几家公司，其中有一家是专搞吸血营生的血浆公司。此公司于 1978 年被火吞没，它原是古巴流亡分子的财产，专门把尼加拉瓜人的血卖给美国。买卖血液与其他生意一样，生产者只能拿到小费。例如加勒比埃莫公司（Hemo Caribbean）每升血只付给海地人三美元，然后以二十五美元的价格卖给美国。

七、1976 年 8 月，奥尔兰多 · 莱特列尔（Orlando Letelier）发表文章揭露皮诺切特（Pinochet）独裁政府搞的恐怖活动和享有特权的小集团搞的“经济自由”，是一丘之貉。[2] 曾在萨尔瓦多 · 阿连德政府内任部长的莱特列尔流亡美国，不久后被炸得粉碎。[3] 在这篇文章中他认为，智利的经济听命于随意确定各种物价的垄断集团，所以，讲自由竞争是荒唐的。他还说，在这个国家里，真正的工会是非法的，工资由军事委员会下令规定，在这种情况下，谈论劳动者的权力也是可笑的。莱特列尔描述了独裁政府如何精心取消人民团结政府时期所取得的成果。独裁政权把萨尔瓦多 · 阿连德收为国有的垄断集团和寡头集团的工厂的一半归还给原主，另一半拿来拍卖。费尔斯通轮胎与橡胶公司买下国营轮胎厂，帕森斯和惠特莫尔公司（Parsons and Whittemore）买下一家大型纸浆厂……莱特列尔说道，目前，智利的经济比阿连德政府上台前更集中、更垄断。[4] **买卖空前地自由。被关进牢里的人也空前地多。在拉丁美**

洲，企业自由与公众自由水火不相容。

市场自由吗？在智利，从1975年初就开放牛奶的价格，其后果很快出现，两家企业控制了牛奶市场，牛奶的销售价格立刻上涨40%，而收购价格则下降22%。

在人民团结政府时期，儿童死亡率下降许多，皮诺切特上台后，死亡率以令人震惊的速度上升。当莱特列尔在华盛顿大街上被害时，智利人口的四分之一**没有任何**收入来源，他们之所以能继续生存下去，全靠别人的善心或自己的顽强和狡猾。

在拉丁美洲，少数人的幸福与多数人的不幸之间的鸿沟比欧洲或美国大得多。因此，为了维持这种距离而采取的手段就更为凶残。巴西有一支人数众多、装备良好的军队，可是在国家预算中只有5%用于教育。乌拉圭目前把预算的一半用于武装部队和警察；国内五分之一就业人口的任务是监视、迫害或惩罚其余五分之四的人。

我们这个地区在1970年代发生的最重要的事件无疑是一场悲剧，那就是1973年9月11日推翻萨尔瓦多·阿连德民主政府、血洗智利的军事政变。

在此不久以前，即在1973年6月，乌拉圭发生政变，议会被解散，工会被宣布为非法并被禁止一切政治活动。[5]

1976年3月，阿根廷的将军们再次执政，已成为一堆垃圾的胡安·多明戈·庇隆遗孀的政府，不痛不痒地倒了台。

现在，南部三国成了世界的烂疮，一个不断出坏消息的地方。拷打、绑架、杀人、流放已司空见惯。这些独裁政权是健康肌体里要摘除的毒瘤，还是因体制感染而流出的脓？

我认为，在受威胁的严重程度与对付它的野蛮程度之间总是存在着密切的联系。如果不考虑若奥·古拉特和胡安·何塞·托雷斯

（Juan José Torres）政权的经验，你就无法理解今天发生在巴西和玻利维亚的事。倒台之前，这两个政府进行了一系列社会改革，并推行民族主义的经济政策。在巴西，这一进程是在 1964 年中断的，在玻利维亚则是 1971 年。**同样，人们完全可以说，过去满怀希望的智利、阿根廷和乌拉圭，现在正因此而赎罪。**阿连德政府时期进行的深刻改革，埃克托尔 · 坎波拉（Héctor Cámpora）政府时期高高飘扬的正义旗帜，对阿根廷工人群众的动员，以及乌拉圭青年的迅速政治化，都是这个无能的、已经历着危机的制度所不能忍受的挑战。强烈的自由气氛冲击着那些鬼怪，于是把近卫军叫来拯救秩序。扫除计划是消灭的计划。

八、美国国会的记录常常记载着干涉拉丁美洲的不可辩驳的证据。在因犯罪而思想受折磨时，人们便到帝国的忏悔室去净化自己的灵魂。例如，最近几年，美国官方承认对一些灾祸负有责任的次数成倍增加，这些公开的、详细的忏悔，除了证明其他事之外，还证明美国政府通过贿赂、间谍活动和讹诈直接参与了智利的政治。犯罪的战略是在华盛顿策划好的。从 1970 年起，基辛格（Kissinger）和情报部门细致地策划了阿连德的垮台，把数百万美元发给人民联盟合法政府的敌人。正因为如此，卡车主在 1973 年才得以坚持长时间的罢工，使国家相当一部分经济瘫痪。由于确信自己逍遥法外，话就会多起来。反对古拉特的政变发生时，美国驻巴西大使馆是它在全世界最大的使馆，当时任大使的林肯 · 戈登十三年后对一个记者承认，美国政府很早以前就已经资助反对改革的势力了。戈登说道："见鬼！在那个时期，这已经多多少少成为一种习惯，中央情报局已习惯于支配用于政治目的的资金。"[6] 就在这次采访中，戈登说到在发生政变的日子里，五角大楼在巴西沿海部署了一艘巨型航空母舰和四艘油船，“以备巴西反古拉特力量寻求我们的援助”。他说，这种援助“不仅是道义上的。我们还会给予后勤方面的帮助，提供给养、弹药、石油等”。

吉米·卡特总统开始奉行人权政策以来，靠美国干涉上台的那些拉丁美洲政府发表措辞强烈的声明，反对美国干涉他们的内部事务，这已是习以为常的了。

1976 年和 1977 年，美国国会决定停止向一些国家提供经济和军事援助。然而，美国的大部分外援是不通过国会过滤的。所以，尽管发表声明、决议或提出抗议，皮诺切特政府在 1976 年还是从美国得到未经议会批准的两亿九千万美元的直接帮助。阿根廷魏地拉（Videla）将军的独裁政府上台刚一年，已经从美国私人银行手中得到一亿五千万美元，从美国有决定性影响的两个机构（世界银行和泛美开发银行）得到四亿一千五百万美元。1975 年阿根廷在国际货币基金组织的特别提款权为六千四百万美元，两年后则上升为七亿美元。

卡特总统关心在一些拉丁美洲国家发生的屠杀，看起来这是好事，但现在的独裁者不是自学成材的人，他们从五角大楼在美国和巴拿马运河地区开办的学习班学到镇压的技术和统治的艺术。今天，这些学习班仍在继续，据说学习内容丝毫没有改变。今天，对美国来说，成为祸端的拉美军人是好学生。几年前，当世界银行现任主席罗伯特·麦克纳马拉任美国国防部长时，曾一字一句地说过：“他们是新的领袖。他们事前亲自了解了我们美国人如何考虑问题、如何办事，我不想详细说明这些人处于领导地位所意味的价值。我们要不惜代价与他们交朋友。”[7]

使人瘫痪的人，你们可以给我们提供轮椅吗？

九、法国的主教们谈论的是另一种更深刻的又不那么显眼的责任。[8]“我们属于那些自认为是世界上最先进的国家，也属于从剥削发展中国家中受益的一部分人。我们看不到这给许多国家的人民带来的肉体上和精神上的痛苦。我们是在帮助加强当今世界的分裂，在这个世界里，富人统治穷人，强者统治弱者最为突出。我们是否知道，如果西方国家不控制贸易往来，我们就不会浪费资源和原料？是否看不见是谁从走私武器中得到好处？在走私方面，国家已起了令人伤心的榜样。我们是否懂得，贫穷国家政权的军事化是工业化国家实行经济和文化统治的结果？在这些工业化国家里生活的准则就是获得利润和金钱所意味的权力。”

独裁者、刽子手和追查者：恐怖活动像邮局或银行那样，有它自己的工作人员，也是因为需要才搞恐怖活动。这不是奸诈的人搞的阴谋。皮诺切特将军像是戈雅**黑色绘画里**的一个人物，可供精神分析学家们大加剖析，也像香蕉共和国可怕传统的继承人。不过，这个或那个独裁者的病历或习惯，可以使历史更有味道，但这本身不是历史。如今，有谁敢说第一次世界大战爆发的原因是德国皇帝威廉一手臂长一手臂短而自卑所致呢？贝托尔特·布莱希特（Bertolt Brecht）1940 年底在工作日记上写道：“在民主国家里，经济的暴力性是不暴露出来的，而在专制主义国家里，暴力的经济性也是不暴露出来的。”

在拉丁美洲南部的国家，骑士们掌握政权，这是制度的一种需要，当统治阶级已无法用其他手段进行他们的交易时，国家恐怖主义就开始行动了。**在我们这些国家里，如果拷打不是行之有效的，**

那它就不会存在。如果掌握权力的人能确实控制形式上的民主，那么这种民主就会有连续性。在困难时期，民主成为反对国家安全的罪行，也就是说，成为反对国内特权和危害外国投资安全的罪行。我们那些剁人肉的机器是国际机器的一部分，全社会正在军事化，非常时期成为永久时期。同时，只要帝国主义体系中心紧一紧螺丝，镇压机器便能领导一切。每当危机的阴影在窥探，就必须加倍剥削穷国，以保证富国充分就业，有公众自由和高速度的发展。**这是刽子手与受害者之间的关系。阴险的辩证法：存在着一个连续受凌辱的结构。它始于国际市场和金融中心，终于每个公民的家庭。**

十、海地是西半球最贫穷的国家，在那儿，替人洗脚的比替人擦鞋的多，一些儿童为了一个硬币去洗没有鞋的赤脚顾客的脚。海地人平均寿命为三十多岁。每十个中有九个是文盲。贫瘠的山坡上耕种的东西供国内消费，肥沃的山谷里种的东西是为了出口，最好的土地用来种咖啡、甘蔗、可可和美国市场所需要的其他产品。在海地，没有人打垒球，它却是世界上主要的垒球生产国。在国内不乏有些作坊雇用童工，以每天一美元的工资装备录音带和电子元件。当然，这都是供出口用的，在拿出属于恐怖的代理人的份额之后，所得利润理所当然也要出口。在海地，任何抗议，哪怕是微小的，都要坐牢或被杀害。尽管有些难以想象，但从 1971 年到 1975 年间，海地劳动者的工资比原来已经极低的实际价值下降了四分之一。[9] 有意思的是，在同一时期，又有一批新的美国资本进入海地。

我还记得大约在两年前布宜诺斯艾利斯一家报纸发表的一篇社论。一家老牌保守报纸在怒吼，因为某一个国际文件把阿根廷说成是不发达的、依附性的国家。衡量一个文明的、欧洲式的、繁荣的白人国家和衡量海地这个如此贫穷的黑人国家怎么可以采用同一个尺度呢?

无疑，差距是巨大的，尽管这些差距同布宜诺斯艾利斯那傲慢的寡头集团所做的等级分析毫无关系。然而，不管有多少差别和矛盾，阿根廷没有摆脱扼杀整个拉丁美洲经济的恶性循环。而且，没有任何驱邪的方法可以使它摆脱这一地区的国家或多或少共同存在着的现实。

归根结底，魏地拉将军搞的屠杀不比**“爸爸医生”**杜瓦利埃*或其继承人更文明，不过阿根廷搞镇压的技术水平更高些。从本质上讲，两个独裁政权都为一个共同的目标效劳，即**为要求得到廉价产品的国际市场提供廉价的劳动力**。

魏地拉独裁政权一上台就赶紧禁止罢工，宣布开放价格并同时冻结工资。政变五个月以后，新的外国投资法使外国企业和本国企业机会均等。于是，自由竞争结束了一些跨国公司在地方企业面前所处的不合理的不利地位。无依无靠的通用汽车公司就是一个例子，该公司的世界销售额等于阿根廷的国民生产总值。现在，除了一些微弱的限制外，此公司可以自由汇出利润和投资。

这个政权满一周岁时，工资的实际价值下降了40%。这是恐怖的功劳。鲁道夫·沃尔什（Rodolfo Walsh）在一封公开信里揭露："有一万五千人失踪，一万人被囚禁，四千人死亡，成千上万的人被流放，这就是恐怖造成的赤裸裸的资产负债表。"此信于1977年3

* 译注：弗朗索瓦·杜瓦利埃（François Duvalier，1907—1971），1957—1971年间担任海地总统。在此之前，他曾作为一名医生工作并赢得“爸爸医生”的称号。

月29日寄给政府委员会的三名头头，就在同一天，沃尔什被绑架失踪了。

十一、有真实可信的材料证实，外国在拉丁美洲新的直接投资中，只有极小部分来自原来的投资国。据美国商业部发表的一份调查[10]，仅有12%的资金来自美国总公司，22%来自拉美所得利润，剩下的66%来自国内的信贷，特别是国际信贷。欧洲或日本的投资比例也差不多，而且还必须认识到，来自总公司的那12%通常只不过是转让已使用过的机器，或是总公司对其工业知识、专利及品牌做出的任意估价。**因此，这些跨国公司不仅夺走了它所在国的国内信贷，以换取很值得怀疑的资本贡献，还成倍增加了这些国家的外债。**

1975年拉丁美洲的外债几乎比1969年多三倍。[11]巴西、墨西哥、智利和乌拉圭在1975年把**将近一半**的进口所得收入用来还债、支付利息和支付设在本国的外国企业的利润。在这一年里，偿还债务和向国外汇款吞噬了巴拿马从出口所得的55%，秘鲁为60%。[12]1969年，玻利维亚每个居民欠国外一百三十七美元，1977年欠四百八十三美元。玻利维亚居民从未被征求意见，他们也没有见到把绳子套在他们脖子上的这些贷款的一分一毫。

在那些还举行选举的为数不多的拉丁美洲国家中，城市银行不是候选人，也没有哪一个将军名叫国际货币基金组织。可是，谁下令、谁执行呢？谁放债谁就可以指挥。为了还债，就要增加出口。为了资助进口，对付外国企业汇向总公司的大批利润和特殊收费，也要增加出口。购买力在下降，增加出口意味着饥饿的工资。群众性的贫困，这是外向型经济成功的秘诀，它阻碍了为维持协调的经济发展所需的国内消费市场的发展。我们这些国家变成了回声，逐渐失去了自己的声音。依赖于他人，为了解决他国的需要而存在。同时，根据国外的需求来改造经济，使我们又回到原先的被扼杀状态，即为外国垄断集团的掠夺敞开大门，迫使我们向国际金融界举借新的、更大的贷款。**恶性循环是非常完善的。外债和外国投资迫使我们成倍增加出口，但它们又在吞噬出口所得。完成这一项项任务可不能彬彬有礼，要使拉丁美洲劳动者完成为他人繁荣效劳的任务，就必须把他们囚禁起来，这囚禁可以在牢笼的铁栏内，也可以在牢笼外。**

十二、野蛮地剥削劳动力与使用集约性技术并非不相容，在我们这些国家里，从来不是。例如，在西蒙·帕蒂尼奥时期，大批玻利维亚工人死在奥鲁罗矿井里，这些工人进行着拿工资的奴隶式的生产，但使用的却是很现代化的机器设备。被称为**锡男爵**的人很善于把当时最先进的技术同最低的工资结合在一起。[13]

此外，在我们今天，引进经济最先进国家的技术同万能的跨国公司夺走属于地方资本的工业企业的过程是一致的。资本集中的过程是通过“无情地**烧毁已过时**的企业来进行的，而被烧毁的正好是民族企业，这并非偶然现象”。[14] 拉美工业迅速的非国有化带来了越来越大的技术上的依赖。作为权力的决定性关键，资本主义世界的技术由宗主国中心垄断。拉美工业引进来的是二手技术，但是那些中心以原版价格出售拷贝。1970 年墨西哥引进外国技术付的钱比 1968 年翻了一番，1965 年至 1969 年期间，巴西也翻了一番，阿根廷的情况同样如此。

照搬技术增加了本来就高的外债，给劳动市场带来毁灭性的后果。在为向国外汇兑利润而建立的体系内，“传统”企业的劳动力的就业机会日益减少。为了令人怀疑的所谓推动经济其他部门的发展，现代工业的小岛因减少生产某种产品所需要的时间而牺牲劳动力。同时，人数众多、日益扩大的失业大军的存在也为扼杀工资的实际价值提供了便利。

十三、现在，连拉丁美洲经济委员会的文件也在谈论国际劳动的重新分工。一些技术人员希望，再过几年拉丁美洲出口的成品会同它现在出口的原料和食品一样多。“发达国家与发展中国家（包括拉丁美洲国家在内）的工资差别可能会导致一些新的国际分工，而由于竞争，劳动成本高的工业会从发达国家转移到发展中国家。例如，巴西或墨西哥制造业的劳动力成本通常比美国低得多。”[15]

是推动进步还是搞新殖民主义冒险？电机和非电机产品已成为墨西哥主要出口产品之一。在巴西，汽车和武器的出口日益增多。一些拉丁美洲国家正在经历工业化的新阶段，在很大程度上，这种工业化是由国外的需求和占有生产资料的外国人来促进和引导的。这是否是为我们“外向型发展”的漫长历史增加新的一页呢？在国际市场上价格不断上涨的产品，不是“加工产品”，而是那些最精密、技术成分更多的产品，即最发达的经济所特有的产品。**不管拉丁美洲出售的是原料或是制成品，它最主要的出口品是廉价的劳动力。**

难道我们的历史经验不就是在发展的掩盖下进行的毁坏和瓦解的经验吗？几个世纪之前，征服毁坏了土地，强行种下供出口的农作物，为了满足海外对金、银的需求而在矿井下和淘金的地方消灭土著居民。随着他人的进步，从这场屠杀幸存下来的前哥伦布时期的居民，他们的食品构成**恶化**了。今天，秘鲁人民生产蛋白质含量极高的鱼粉，供美国和欧洲喂牛，而在大多数秘鲁人的饮食中却见不到蛋白质。大众汽车公司在瑞士的子公司每出售一辆汽车就种一棵树，这是为生态环境慷慨做出的贡献。与此同时，该公司在巴西的子公司却毁坏数百公顷森林，在这些地方生产供出口的肉。难得吃一次肉的巴西人民向国外出口的肉越来越多。在不久前的一次谈话中，达西·里贝罗告诉我，一个**大众汽车共和国**在本质上与**香蕉共和国**没有什么区别。从前，出口香蕉所得的每一美元，只有十一美分留在生产国内，[16] 而这十一美分中，香蕉园劳动者所得的只是微不足道的部分。现在，当一个拉美国家出口汽车时，这种比例难道会改变吗?

贩卖黑奴的船只已不再漂洋过海。现在的奴隶贩子在劳动部。非洲式的工资，欧洲式的价格。在拉丁美洲，所有的政变难道不是掠夺战的几个片断吗?新上台的独裁政府立刻邀请外国企业前来使用本地廉价而充足的劳动力、无限制的信贷、减免税和一切手到即得的自然资源。

十四、智利政府紧急计划的职员月工资等于三十美元，一公斤面包值半美元，等于每日可得两公斤面包。在乌拉圭和阿根廷，最低工资目前等于六公斤咖啡的价格。巴西最低月工资为六十美元，但是临时农业工人在咖啡、大豆和其他供出口的农产品种植园劳动时，日工资为五十美分到一美元。墨西哥牛饲料所含的蛋白质比养牛的农民每日所摄取的蛋白质还要高。牛肉是供国内少数特权阶层，特别是供国际市场享用的。在官方慷慨的信贷政策和各种便利条件的保护下，墨西哥为出口而发展的农业蒸蒸日上，但从 1970 年到 1976 年，每个居民摄取的蛋白质数量**下降**了，在墨西哥农村，每五个儿童中，只有一人的体重和身高属正常。[17] 在危地马拉，供国内消费的大米、玉米和菜豆的种植听天由命，而供出口的咖啡、棉花和其他产品则占信贷的 87%。从事种植和采集咖啡（咖啡为外汇的主要来源）的危地马拉家庭中，每十户中只有一户的食品达到最低水平。[18] 在巴西，作为巴西人基本食品的大米、菜豆和木薯只能拿到全部农业贷款的 5%，其余贷款给了出口产品。

不久前蔗糖国际价格的下跌没有像从前那样，在古巴农民中引起一场饥饿，古巴现在已经不存在营养不良。与此相比，几乎同时发生的咖啡国际价格的上涨并没有减轻巴西咖啡种植园工人的长期贫困。巴西咖啡协会一名高级领导人承认，1976 年咖啡价格的上涨“没有直接反映在工资上”。[19]（价格上涨是由于霜冻毁坏了巴西当年的咖啡。）

实际上，供出口的农作物本身同老百姓的福利并非不可相容，同经济的“内向型”发展也不矛盾。归根结底，在古巴，出口蔗糖成为创建一个崭新世界的桅杆。在这个世界里，人人都可以享受发展的成果，人与人之间关系的轴心是互相支援。

十五、现在已知道谁注定要为调整体系时出现的危机付出代价了吧。拉丁美洲出售的大部分产品的价格同它从垄断技术、贸易、投资和信贷的国家购买的产品价格相比，在无情地下降。为了弥补差额和履行对外国资本的义务，就**必须以数量来弥补因价格而失去的部分**。在这种情况下，拉美南端的独裁政权把工人工资削减了一半，把每一个生产中心变成强迫劳动的集中营。**工人也要弥补他们在市场上出售的劳动力的价格下跌。劳动者被迫以数量、以工作小**

时来弥补其工资失去的那部分购买力。国际市场的规律就是这样重现在拉丁美洲每一个劳动者所生活的小小世界中。对那些“有幸”有固定工作的劳动者来说，八小时工作制仅仅是纸上谈兵，他们通常要劳动十、十二甚至十四个小时，不止一个劳动者没有星期天。

工伤事故也在成倍地增加，这是在生产力的祭坛上奉献的人血。下面列举 1977 年底在乌拉圭发生的三件事：

——生产石块和道砟的铁路采石场，收益翻了一番。初春时，葛里炸药爆炸，十五名工人死亡。

——在爆竹厂门前，失业者排成长龙，有些儿童在劳动。产量破纪录，12 月 20 日一声响，死了五名工人，数十人受伤。

——12 月 28 日上午 7 时，一个鱼罐头厂的工人拒绝入厂，因为他们闻到了强烈的瓦斯味儿。厂方威胁他们，如不进厂就会失业，工人仍然不进厂。厂方威胁要叫军队来，此厂以前有好几次也叫来了军队。工人被迫进厂后，死了四人，好几个人住医院。原因是氨气泄漏。[20]

与此同时，独裁政权自豪地宣布：乌拉圭人可以购买比以往任何时候都便宜的苏格兰威士忌酒、英国果酱、丹麦火腿、法国酒、西班牙金枪鱼和来自中国台湾的服装。

十六、玛丽亚 · 卡罗利娜 · 德 · 赫苏斯（María Carolina de Jesús）是在垃圾堆和兀鹫中出生的。

她长大，受苦，拼命劳动。她爱过男人，生过孩子。她在一个小本子里歪歪斜斜地记下了所做的事情和所过的日子。

有一个记者偶然读了这些小本子，于是玛丽亚 · 卡罗利娜 · 德 · 赫苏斯成了著名的作家。她的著作《空屋》（*Quarto de despejo*)，是她在圣保罗一个肮脏的郊区生活了五年的日记，此书被译成十三种文字，在四十个国家流传。

玛丽亚·卡罗利娜·德·赫苏斯这个巴西的灰姑娘，成了世界消费的商品，她离开贫民窟，周游全球，被采访、拍照，评论家们赞扬她，绅士们招待她，总统们接见了她。

岁月流逝。1977 年初某个星期天的早晨，玛丽亚·卡罗利娜·德·赫苏斯死在垃圾堆和兀鹫之中。已经没有人记得这位曾写过“饥饿是人体内的炸药”的女人。

曾经以他人的剩饭为生的她，一时间成为幸运儿。她可以上桌吃饭，但饭后点心过后，魔法就结束了。当她还在幻想时，巴西仍然是每天有一百名工人因工伤而残废、每十个儿童中有四人注定要成为乞丐或小偷的魔术师。

各种统计数字是乐观的，它们不管人是否倒霉。在那些倒着运转的国家，每当经济发展时，社会的不正义也随之发展。在巴西“奇迹”最为成功的时期，在国内最富有城市的郊区，儿童死亡率上升了。厄瓜多尔石油造成的突然繁荣带来的是彩电而不是学校和医院。

城市膨胀到快要爆炸。1950 年拉丁美洲有六个城市的人口超过一百万人，1980 年将有二十五个。[21] 在大城市的边缘，被赶出农村的广大劳动者与这个制度为“多余的”青年公民安排的命运是相同的。**善于谋生**的人，用拉美流浪汉的方式设法生存下来。“生产体系一直明显地表明它没有足够的能力为这一地区越来越多的劳动力，特别是大批的城市劳动力创造就业机会……”[22]

不久以前，国际劳工组织的一份调查指出，拉丁美洲有一亿一千万以上的人处于“严重贫困”状态。其中有七千万人可算是

“贫困”。[23] 人口中有百分之几所吃的东西不够人体所需？用内行人的话来讲，“收入低于最低标准的均衡饮食价格”的，有巴西 42% 的人口，哥伦比亚 43%，洪都拉斯 49%，墨西哥 31%，秘鲁 45%，智利 29%和厄瓜多尔的 35%。[24]

如何控制受折磨的大多数人的反抗？如何防止可能出现的反抗？既然这个制度不是为这些人运转，如何避免这部分人日益增加呢？除了行善外，剩下的就是警察。

十七、在我们这块土地上，制造恐怖同其他制造业一样，也用高价购买外国的先进技术。购买并大规模使用在全世界试用过的美国的镇压技术。在这个领域里，拉丁美洲的统治阶级表现出某种创造性的才能，不承认这点是不公平的。

我们的资产阶级未能独立发展经济，他们要创建民族工业的尝试像母鸡飞行一样，飞得既低，距离又短。在我们漫长的历史进程中，政权的主人多次证明他们缺乏政治上的想象力，在文化上也毫无成果。但是，他们懂得如何安装巨大的恐怖机器，也为发展消灭人、消灭思想的技术做出了自己的贡献。在这个意义上，拉普拉塔河流域的国家最近的经验是很有说明力的。

阿根廷军人一上台就警告说：“他们将花很长时间去消毒。”乌拉圭和阿根廷统治阶级先后号召各自的武装力量去粉碎主张变革的力量，要把他们连根拔除，要使国内特权阶层的秩序永久化，并为吸引外国资本创造诱惑人的经济条件和政策：被毁坏的土地、有秩序的国家、驯服而廉价的劳动力。没有任何地方比墓地更秩序井然。老百姓立刻成为内部敌人。从维护国家安全的军事教条角度来看，任何生命信号、抗议或简单的怀疑都是威胁所在。

于是形成了复杂的预防和惩罚的机制。

表面现象掩盖着深刻的理性。**要使镇压行之有效，就要专横。**除呼吸外，人的任何其他活动都可能构成犯罪。在乌拉圭，拷打已成为审讯时惯用的手段，**任何一个人都可以成为受害者**，不仅是搞反对活动的人和嫌疑犯和有罪者。**这样，在全体公民中散布对拷打的恐惧，它像一种侵入到每家每户、渗透到每个公民心灵、使人麻痹的气体。**

在智利，追捕的结果是三万人死去。在阿根廷不枪毙人，而是绑架人。受害者失踪。由在黑夜里看不见的军队来完成这项任务。不留下尸体，没有人负责。屠杀总是与官方有关，但从来不是官方搞的，杀人者逍遥法外。**这样，集体的痛苦扩散得更快。没有人汇报，没有人解释，每个罪行对受害者的亲属来说都是一种沉痛的踌躇，对其他人则是一种警告。国家恐怖主义打算靠恐惧使老百姓不敢动。**

在乌拉圭，要想有工作或者维持原来的工作，就必须得到军人的批准。在这个国家里，要想在兵营和警察所之外找到工作是相当难的，这使得在被列为左派分子的三十万公民中，有相当大一部分人被迫流亡国外。**这种状况对威胁留下的人也有好处。**蒙得维的亚各报常常发表表示悔过自新的文章，这些公民为了以防万一，捶着胸膛声明："我从来不是，现在不是，将来也不是……"

在阿根廷，已经不需要靠法令来禁书。新的刑法像往常一样，凡被认为是扰乱性的书，其作者和出版者都要受到制裁。此外，还要处罚发行者和书店老板，致使没有人敢出售这些书。如果这样还不够，他们还处罚读者，没有人敢读它们，更不敢收藏。购书者受到的待遇就是法律上规定的对待吸毒者的待遇。[25] **在打算要建立的**

聋哑人社会里，每一个公民都要成为自己的审判官。

在乌拉圭，出卖人不犯法。大学生入学时要写书面誓言，发誓要揭露在学校里进行“与学习无关的任何活动”的人。大学生们对在他们面前发生的任何事件都负有共同的责任。**在打算建立的梦游症患者的社会里，每一个人既要监视自己又要监视他人。**然而，这个制度不相信人，这完全有道理。在乌拉圭有十万名警察和士兵，告密者也有十万人。特务的活动场所在大街上、咖啡店、工厂、中学、办公室和大学里。谁高声抱怨生活费用高、生活有困难，谁就要坐牢，因为他“违犯了武装力量的道德准则”，要坐三至六年牢。

十八、1978 年 1 月公民投票时，凡是赞成皮诺切特独裁的，要在票中的智利国旗下面画一个十字，反对的则在一个有黑边的格子里画十字。

这个体制想把自己与国家融为一体。昼夜不停地向公民做宣传的官方报纸说这个制度就是国家，制度的敌人就是祖国的叛徒。对不公正表示愤怒或表示愿意改革就成为背叛的证据。在许多拉美国家里，没有被驱逐出境的人就在自己的国家里流亡。

当皮诺切特庆祝胜利时，被独裁政权称之为“集体旷工”的罢工，不顾恐怖而在全智利爆发。阿根廷大部分被绑架和失踪的人都是曾开展某种工会活动的工人。人民有无限的想象力，他们想出新的斗争方式，如**悲伤劳动、起哄劳动**等，并通过互相支持找到了摆脱恐怖的新途径。1977 年全年，阿根廷发生数次一致性罢工，当时，失去生命的危险同失去工作的危险一样存在。不可能一笔勾销有着长期斗争传统的组织起来的工人阶级做出回答的权力。同年 5 月，乌拉圭独裁政权在总结它如何掏空人们的思想和削弱集体意识时不得不承认："现在国内还有37%的公民关心政治。"[26]

在这块土地上，我们看到的不是资本主义原始的幼年时期，而是资本主义血腥的衰败。**不发达并非发达的一个阶段，它是发达的后果**。拉丁美洲的不发达来自他人的发达，现在它还在养活他人的发达。因在国际上处于被奴役的地位，这个制度变得无能为力，从一诞生就垂死，它的根基是泥做的，却自以为命运如是，希望永存不朽。任何回忆都具有颠覆性，因为它与现实不同，对未来的任何设想也是如此。强迫回魂尸吃无盐的东西，因为对它来讲，盐是危险的，吃了就会醒过来。这个制度以蚂蚁那种永远不变的社会作为自己的范例，所以它同人类的历史相处得不好，因为历史的变化比较多。而且，在人类历史中，任何破坏性的行为，早晚都会导致创造性的行为。

爱德华多·加莱亚诺

1978年4月于卡莱利亚，巴塞罗那

没有一些朋友以这种或那种方式给予我的帮助，我是不可能写成此书的。这些朋友是：塞尔希奥·巴古、路易斯·卡洛斯·本维努托、费尔南多·卡蒙娜、阿迪塞亚·卡斯蒂略、阿尔维托·库里埃尔、安德烈·冈德·弗兰克、罗赫略·加西亚·卢皮、米盖尔·拉瓦尔卡、卡洛斯·莱萨、萨穆埃尔·利斯滕斯坦、胡安·A. 奥多尼、阿道弗·佩雷尔曼、阿瑟·波厄尔内、赫尔曼·拉马、达西·里贝罗、奥尔兰多·罗哈斯、胡利奥·罗谢略、保罗·希林、卡尔–海因斯·斯坦希克、比维安·特里亚斯和丹尼尔·比达尔特。

我把此书的成果献给他们，献给那些在最近几年鼓励我写作此书的朋友。对此书造成的后果，他们当然是无辜的。

1970 年底于蒙得维的亚

注释

第一部　地球的富有造成人类的贫困

黄金和白银热

1. J.H. 埃利奥特（J. H. Elliott）:《西班牙帝国》(*La España imperial*)，巴塞罗那，1965 年。
2. L. 卡皮坦（L. Capitán）和亨利 · 洛林（Henri Lorin）:《哥伦布前后时期美洲大陆的劳工》(*El trabajo en América, antes y después de Colón*)，布宜诺斯艾利斯，1948 年。
3. 丹尼尔 · 维达尔特（Daniel Vidart）:《美洲意识和现实》(*Ideología y realidad de América*)，蒙得维的亚，1968 年。
4. 路易斯 · 尼克芬 · 多尔沃（Luis Nicolau D'Olwer）:《哥伦布前文化史记》(*Cronistas de las culturas precolombinas*)，墨西哥，1963 年；安东尼奥 · 德 · 莱昂 · 皮内洛（Antonio de León Pinelo）律师用了整整两卷的篇幅证明美洲是人间乐土。在《新大陆的天堂》(*El Paraíso en el Nuevo Mundo*，马德里，1656 年）一书中有一幅南美地图，图中央可以看到亚马孙河、拉普拉塔河、奥里诺科河和马格达莱纳河水浇灌的伊甸乐园。禁果是香蕉。地图上还标明了宇宙洪水爆发时，诺亚方舟出发的准确位置。
5. J.M. 奥特斯 · 卡德基（J. M. Ots Capdequí）:《西印度洋的西班牙国家》(*El Estado español en las Indias*)，墨西哥，1941 年。
6. 厄尔 · 汉密尔顿（Earl J. Hamilton）:《美洲的财富和西班牙革命的代价（1501—1650）》(*American Treasure and the Price Revolution in Spain [1501—1650]*)，马萨诸塞，1934 年。
7. 贡萨洛 · 费尔南德斯 · 德 · 奥维多（Gonzalo Fernández de Oviedo）:《西印度自然通史》(*Historia general y natural de las Indias*)，马德里，1959 年。此种解释成为一种新的流派。我在勒内 · 迪蒙（René Dumont）的最新一本书《古巴是社会主义的吗？》(*Cuba, est-il socialiste?* 巴黎，1970 年）中惊奇地读到，“印第安人没有全部灭绝，他们的基因遗传在古巴人的染色体中。他们对连续劳动所需要的紧张程度颇感反感，以致一些人在接受强制劳动之前便自杀身亡……”

8. 吉列尔莫 · 巴斯克斯 · 佛朗哥（Guillermo Vázquez Franco）:《合理的征服》（*La conquista justificada*），蒙得维的亚，1968 年；J. H. 埃利奥特，同前引书。

9. 据向贝尔纳迪诺 · 德 · 萨阿贡（Bernardino de Sahagún）修士报告情况的印第安人所述。载于佛罗伦萨的古抄本，米盖尔 · 莱昂–波蒂利亚（Miguel León-Portilla）:《被征服者的观点》（*Visión de los vencidos*），墨西哥，1967 年。

10. 这些令人吃惊的相似引起下述假定：所有印第安人宗教中的神实际上是先于哥伦布之前到达这块土地上的欧洲人。拉斐尔 · 皮内达 · 亚涅斯（Rafael Pineda Yáñez）:《哥伦布与海岛》（*La isla y Colón*），布宜诺斯艾利斯，1955 年。

11. 哈克达 · 霍克斯（Jacquetta Hawkes）:《史前期》（Prehistoria），载于《人类史》（*Historia de la Humanidad*），联合国教科文组织（UNESCO），布宜诺斯艾利斯，1966 年。

12. 米盖尔 · 莱昂–波蒂利亚（Miguel León-Portilla）:《征服的背后：阿兹特克人、玛雅人和印加人的关系》（*El reverso de la conquista. Relaciones aztecas, mayas e incas*），墨西哥，1964 年。

13. 米盖尔 · 莱昂–波蒂利亚，同前引书。

14. 古斯达沃 · 阿道弗 · 奥特罗（Gustavo Adolfo Otero）:《殖民地时期的社会生活》（*Vida social en el coloniaje*），拉巴斯，1958 年。

15. 据特拉特洛尔科（Tlatelolco）的无名作者和向萨阿贡提供情报的人所述。米盖尔 · 莱昂–波蒂利亚，同前引书。

16. 达西 · 里贝罗（Darcy Ribeiro）:《美洲大陆和文明》（*Las Américas y la civilización*）第 1 卷：《我们和西方文化，人民作证》（*La civilización occidental y nosotros. Los pueblos testimonio*），布宜诺斯艾利斯，1969 年。

17. 米盖尔 · 莱昂–波蒂利亚，同前引书。

18. 同上。

19. 为了重现波托西极盛时期，作者查阅了下述见证过去的材料：彼德罗 · 维森特 · 卡涅特 · 多明格斯（Pedro Vicente Cañete y Domínguez）:《殖民时期的波托西：波托西省历史、地理、政治、文化和法律指南》（*Potosí colonial; guía histórica, geográfica, política, civil y legal del gobierno e intendencia de la provincia de Potosí*），拉巴斯，1939 年；路易斯 · 卡波切（Luis Capoche）:《波托西帝国城市总概况》（*Relación general de la Villa Imperial de Potosí*），马德里，1959 年；尼库拉斯 · 德 · 马丁内斯 · 阿桑斯 · 贝拉（Nicolás de Martínez Arzanz y Vela）:《波托西帝国城市的历史》（*Historia de la Villa Imperial de Potosí*），布宜诺斯艾利斯，1943 年；此外还有，维森 · G. 克萨达（Vicente G. Quesada）:《波托西编年史》（*Crónicas potosinas*），巴黎，1980 年；海梅 · 莫林斯（Jaime Molins）:《唯一的城市》（*La ciudad única*），波托西，1961 年。

20. 厄尔 · J. 汉密尔顿，同前引书。

21. 同上。

22. 转引自古斯塔沃 · 阿道弗 · 奥特罗，同前引书。

23. J.H. 埃利奥特，同前引书；厄尔 · J. 汉密尔顿，同前引书。

24. 罗朗 · 穆尼耶（Roland Mousnier）:《16 和 17 世纪》（*Los siglos XVI y XVII*），莫里斯 · 克鲁泽（Maurice Crouzet）《文明总史》（*Historia general de las civilizaciones*）第四册，巴塞罗那，1967 年。

25. J. 维桑 · 维韦斯（J. Vicens Vives）主编：《西班牙和美洲的社会经济史》（*Historia social y económica de España y América*），第 2、3 卷，巴塞罗那，1957 年。

26. 豪尔赫 · 阿韦拉多 · 拉莫斯（Jorge Abelardo Ramos）：《拉美民族史》（*Historia de la nación latinoamericana*），布宜诺斯艾利斯，1968 年。

27. 埃利奥特，同前引书。

28. 这种人还没有死绝。我打开一本 1969 年底马德里的杂志读到：阿尔布格尔格（Albuquerque）公爵夫人，即阿尔卡尼塞斯（Alcañices）、洛斯瓦尔瓦塞斯（Los Balbases）侯爵夫人，即特雷莎 · 贝尔特兰 · 里斯 · 皮达尔 · 戈罗斯基 · 契科 · 德 · 古斯曼（Teresa Bertrán de Lis y Pidal Gorouski y Chico de Guzmán）夫人去世了，鳏夫，曾三次任西班牙大公的阿尔布格尔格公爵，贝尔特兰 · 阿隆索 · 奥索里奥 · 迪亚斯 · 德里维拉 · 马尔托斯 · 菲格罗亚（Beltrán Alonso Osorio y Díez de Rivera Martos y Figueroa）先生，同时也是阿尔卡尼塞斯（Alcañices）、洛斯瓦尔瓦塞斯（Los Balbases）、卡德雷伊塔（Cadreita）、格利亚尔（Cuéllar）、库亚拉（Cullera）、蒙特奥斯（Montaos）侯爵，以及富恩萨尔达尼亚（Fuensaldaña）、格拉哈尔（Grajal）、韦尔马（Huelma）、莱德斯马（Ledesma）、拉 · 托雷（la Torre）、比利亚努埃瓦 · 德 · 卡涅多（Villanueva de Cañedo）、比利亚翁布罗萨（Villahumbrosa）伯爵，为之痛哭。

29. 约翰 · 林奇（John Lynch）：《西班牙殖民管理》（*Administración colonial española*），布宜诺斯艾利斯，1962 年。

30. 埃内斯托 · 曼德尔（Ernest Mandel）：《马克思主义经济论》（*Tratado de economía marxista*），墨西哥，1969 年。

31. 埃内斯托 · 曼德尔：《第三世界原始积累和工业化的马克思主义理论》（"La teoría marxista de la acumulación primitiva y la industrialización del Tercer Mundo"），载于《阿马鲁杂志》（*Amaru*）第 6 期，1965 年 4—6 月号，利马。

32. 保罗 · 巴兰（Paul Baran）：《发展的政治经济》（*Economía política del crecimiento*），墨西哥，1959 年。

33. 塞尔索 · 富尔塔多（Celso Furtado）：《从伊比利亚征服时期到古巴革命的拉丁美洲经济》（*La economía latinoamericana desde la conquista ibérica hasta la revolución cubana*），智利，圣地亚哥，1969 年；墨西哥，1969 年。

34. J. 博若–加尼耶（J. Beaujeau-Garnier）：《拉丁美洲的经济》（*L' économie de l' Amérique Latine*），巴黎，1949 年。

35. 塞尔希奥 · 巴古（Sergio Bagú）：《殖民地社会的经济，拉丁美洲比较史论文》（*Economía de la sociedad colonial. Ensayo de historia comparada de América Latina*），布宜诺斯艾利斯，1949 年。

36. 亚历山大 · 冯 · 洪堡（Alexander von Humboldt）：《关于新西班牙王国的论文》（*Ensayo sobre el Reino de la Nueva España*），墨西哥，1944 年。

37. 塞尔希奥 · 巴古，同前引书。

38. 安德烈 · 冈德 · 弗兰克（André Gunder Frank）：《拉丁美洲的资本主义和不发达状况》（*Capitalism and Underdevelopment in Latin America*），纽约，1967 年。

39. 阿尔瓦罗 · 阿隆索–巴尔瓦（Álvaro Alonso-Barba）：《金属的艺术》（*Arte de los metales*），波托西，1967 年。

40. 古斯塔沃 · 阿道弗 · 奥特罗，同前引书。

41. 见费尔南多 · 卡莫纳（Fernando Carmona）为迭戈 · 洛佩斯 · 罗萨多（Diego López Rosado）的《墨西哥的历史和经济思想》（*Historia y pensamiento económico de México*）一书所写的序，墨西哥，1968 年。

42. D. 约瑟夫 · 里韦拉 · 贝尔南德斯（D. Joseph Ribera Bernárdez），即圣地亚哥 · 德拉拉古纳伯爵（Conde Santiago de la Laguna）：《最高贵、最忠实的萨卡特卡斯市简述》（"Descripción breve de la muy noble y leal ciudad de Zacatecas"），登在加夫列尔 · 萨里纳斯 · 德 · 拉 · 托雷（Gabriel Salinas de la Torre）：《萨卡特卡斯的证人》（*Testimonios de Zacatecas*）一书，墨西哥，1946 年。除了这本书和洪堡的论文外，作者还参考了路易斯 · 查韦斯 · 奥罗斯科（Luis Chávez Orozco）：《工业革命——政治革命》（*Revolución industrial — Revolución política*），墨西哥工农图书馆；卢西奥 · 马尔莫莱霍（Lucio Marmolejo）：《瓜纳华托大世纪，或构成瓜纳华托城历史的材料》（*Efemérides guanajuatenses, o datos para formar la historia de la ciudad de Guanajuato*），瓜纳华托，1883 年；何塞 · 玛丽亚 · 路易斯 · 莫拉（José María Luis Mora）：《墨西哥及其革命》（*México y sus revoluciones*），墨西哥，1965 年；关于目前的材料还参考了《萨卡特卡斯州和瓜纳华托州的经济》（"La economía del estado de Zacatecas y La economía del estado de Guanajuato"），选自商业银行系统的系列调查材料，墨西哥，1968 年。

43. 约翰 · 科列尔（John Collier）：《美洲印第安人》（*The Indians of America*），纽约，1947 年。

44. 达西 · 里贝罗，同前引书，根据亨利 · F. 多宾斯（Henry F. Dobyns）、保罗 · 汤普森（Paul Thompson）等人所提供材料。

45. 埃米里奥 · 罗梅罗（Emilio Romero）：《秘鲁经济史》（*Historia económica del Perú*），布宜诺斯艾利斯，1949 年。

46. 恩里克 · 菲诺特（Enrique Finot）：《玻利维亚新史》（*Nueva historia de Bolivia*），布宜诺斯艾利斯，1946 年。

47. 同前引书。

48. 安东内略 · 格尔比（Antonello Gerbi）：《新大陆的争论》（*La disputa del Nuevo Mundo*），墨西哥，1960 年；丹尼尔 · 维达尔特（Daniel Vidart），同前引书。

49. 刘易斯 · 汉克（Lewis Hanke）：《关于巴托洛梅 · 德拉斯 · 卡萨斯教士的研究以及为西班牙征服美洲中的正义而奋斗》（*Estudios sobre fray Bartolomé de Las Casas y sobre la lucha por la justicia en la conquista española de América*），加拉加斯，1968 年。

50. J. M. 奥特斯 · 卡德基，同前引书。

51. 这是美国土地保护服务中心的一名成员。约翰 · 科列尔，同前引书。

52. 达尼埃尔 · 瓦尔卡塞尔（Daniel Valcárcel）：《图帕克 · 阿马鲁的起义》（*La rebelión de Túpac Amaru*），墨西哥，1947 年。

53. 亚历山大 · 冯 · 洪堡：《自然观》（*Ansichten der Natur*）第二册，引自阿道弗 · 迈尔–阿比希（Adolf Meyer-Abich）等人：《亚历山大 · 冯 · 洪堡（1769—1969）》（*Alejandro de Humboldt [1769-1969]*），巴特戈德斯贝格，1969 年。

54. 图利奥 · 霍尔珀林 · 唐伊（Tulio Halperin Donghi）：《拉丁美洲现代史》（*Historia contemporánea de América Latina*），马德里，1969 年。

55. 埃内斯托 · 格吕宁（Ernest Gruening）：《墨西哥及其遗产》（*Mexico and its Heritage*），纽约，1928 年。

56. 阿隆索 · 阿吉拉尔 · 蒙特维尔德（Alonso Aguilar Monteverde）：《墨西哥经济的辩证法》

(*Dialéctica de la economía mexicana*)，墨西哥，1968 年。

57. 大约在 1832 年，幸存的最后一批恰卢亚人（charrúas）以抢劫乌拉圭北部荒野地带的小牛犊为生，当时的弗鲁克托索 · 里维拉（Fructuoso Rivera）总统把他们出卖了，虚情假意与他们讲友谊。受骗的恰卢亚人离开能够保护他们的密林，不骑马并放下武器，结果在一个叫做老虎口的地方被消灭了。作家爱德华多 · 阿塞韦多 · 迪亚斯（Eduardo Acevedo Díaz）1890 年 8 月 19 日在《时代》日报上写道："号角吹响，屠杀开始了。游牧民族绝望了，英勇不屈的小伙子一个接一个倒下，就像后颈上受了伤的公牛一样。"一些首领死了。少数能冲出包围的印第安人不久之后进行复仇。当里维拉总统的兄弟追赶他们时，他们搞了一次伏击，用长矛把他和他的士兵刺得遍体鳞伤。塞佩首领用尸体的几根神经缠住他长矛的矛头。19 世纪末，在阿根廷巴塔哥尼亚地区，士兵们每拿出一对睾丸就能得到钱，戴维 · 比尼亚斯（David Viñas）的小说《土地的主人》(*Los dueños de la tierra*，布宜诺斯艾利斯，1959 年）一开头就讲述捕猎印第安人："杀印第安人就好像强奸一个人一样，是一件美事。有人甚至喜欢杀人。因为在杀人的过程中可以跑，可以喊叫，出汗，然后感到饥饿……后来，枪声逐渐稀疏。说不定在什么地方还挂着印第安人的尸体，还仰面躺着某一个大腿之间有一片黑血迹的印第安人……"

58. 约翰·肯尼思·特纳（John Kenneth Turner）:《野蛮的墨西哥》(*México bárbaro*)，墨西哥，1967 年。

59. 阿尔图洛 · 博尼利亚 · 桑切斯（Arturo Bonilla Sánchez）:《日益严重的问题——农村半失业》("Un problema que se agrava: la subocupación rural")，载于若干作家合著的《新庄园制与剥削，从埃米利亚诺 · 萨帕塔到安德森 · 克莱顿公司》(*Neolatifundismo y explotación de Emiliano Zapata a Anderson, Clayton & Co.*)，墨西哥，1968 年。

60. 勒内 · 迪蒙：《有生气的土地，世界的土地改革问题》(*Tierras vivas. Problemas de la reforma agraria en el mundo*)，墨西哥，1963 年。

61. 爱德华多 · 加莱亚诺（Eduardo Galeano）:《危地马拉，被占领的国家》(*Guatemala, país ocupado*)，墨西哥，1967 年。

62. 玛雅基切族人只相信一个神，他们吃斋，苦行，禁欲和忏悔；他们相信洪荒和世界的末日，所以基督教没有给他们带来什么新鲜的东西。宗教解体是从殖民地开始的。天主教只是从玛雅教中吸收了一些神秘的和崇拜图腾的部分，妄图使玛雅人的信仰服从于征服者的思想。破坏原先的文化为调和主义开辟了道路，目前，从当时的进化中可以看到倒退的迹象："火山神需要吃烤得很好的人肉。"卡洛斯 · 古斯曼 · 伯克勒尔（Carlos Guzmán Böckler）和让–洛普·赫伯特（Jean- Loup Herbert）:《论危地马拉的历史和社会》(*Guatemala: una interpretación histórico-social*)，墨西哥，1970 年。

63. 圣保罗地区的开拓者的队伍是准军事组织的、由各种各样力量构成的流窜集团。他们进入原始森林深处探险，对开发巴西内地起了重要的作用。

64. 塞尔索 · 富尔塔多，同前引书。

65. 塞尔索·富尔塔多:《巴西的经济构成》(*Formación económica del Brasil*)，墨西哥，1959 年。

66. C.R. 博克瑟（C. R. Boxer）:《巴西的黄金时代（1695—1750）》(*The Golden Age of Brazil [1695-1750]*)，加利福尼亚，1969 年。

67. 奥古斯托 · 德 · 利马 · 茹尼奥尔（Augusto de Lima Júnior）:《黑金城富饶的城镇，历史分析及叙述》(*Vila Rica de Ouro Preto. Sintese histórica e descritiva*)，贝洛奥里藏特，1957 年。

68. C.R. 博克瑟，同前引书。

69. C.R. 博克瑟，同前引书。在古巴，人们认为女奴隶可以治病。根据埃斯特万·蒙特霍（Esteban Montejo）的材料，“有一种病白人才会得。这是一种在血液和男人性器官中的病。和黑女人在一起就能除病。得了这种病的人只要同黑女人睡觉，就能把病传给她，自己很快就痊愈了”。米盖尔·巴尼特（Miguel Barnet）：《一个逃居山野的奴隶的生平》（*Biografía de un cimarrón*），布宜诺斯艾利斯，1968 年。

70. 若阿金·费利西奥·多斯桑托斯（Joaquim Felício dos Santos）：《钻石乡回忆录》（*Memórias do Distrito Diamantino*），里约热内卢，1956 年。

71. 奥古斯托·德利马·茹尼奥尔，同前引书。

72. 阿伦·K. 曼彻斯特（Allan K. Manchester）：《英国在巴西的优越地位，它的崛起和衰落》（*British Preeminence in Brazil: its Rise and Fall*），查佩尔希尔，北卡洛来纳，1933 年。

73. 塞尔索·富尔塔多，同前引书。

74. 奥古斯托·德利马·茹尼奥尔，同前引书。作者为“殖民帝国主义的扩张”感到高兴，“今天，那些得到莫斯科教师指导的愚昧者，却把这种扩张看成是一种罪行”。

75. 罗伯托·C. 西蒙森（Roberto C. Simonsen）：《巴西经济史（1500—1820）》（*História econômica do Brasil [1500—1820]*），圣保罗，1962 年。

76. 埃波尼纳·鲁阿斯（Eponina Ruas）：《黑金城的历史、教堂和古迹》（*Ouro Preto. Sua história, seus templos e monumentos*），里约热内卢，1950 年。

蔗糖国王和其他的农业君主

1. 费尔南多·奥尔蒂斯（Fernando Ortiz）：《古巴关于烟草和蔗糖的争论》（*Contrapunteo cubano del tabaco y el azúcar*），哈瓦那，1963 年。

2. 卡约·普拉多·茹尼奥尔（Caio Prado Júnior）：《巴西经济史》（*Historia económica del Brasil*），布宜诺斯艾利斯，1960 年。

3. 塞尔希奥·巴古：《殖民社会的经济，拉丁美洲比较史论文》（*Economía de la sociedad colonial*），布宜诺斯艾利斯，1949 年。

4. 塞尔索·富尔塔多：《巴西的经济构成》（*Formación económica del Brasil*），墨西哥–布宜诺斯艾利斯，1959 年。

5. 约绪·德·卡斯特罗（Josué de Castro）：《饥饿的地理》（*Geografía da fome*），圣保罗，1963 年。

6. 同上。

7. 同上。一个名叫亨利·科斯特（Henry Koster）的英国旅游者，把吃土的习惯归咎于白人孩子同黑人小孩接触“染上了这种非洲恶习”。

8. 东北部从几个方面忍受着一种内部的殖民主义，它有利于工业化了的南部。在东北部本身，腹地地区从属于它所供养的糖业区，而甘蔗大庄园则依赖加工甘蔗的糖厂。老的糖厂主制度正处于危机。榨糖厂吞噬了种植园。

9. 根据伯尔南布哥州（Pernambuco）若阿金·纳布科社会调查研究所（Instituto Joaquim Nabuco）的调研材料。基特·西姆斯·泰勒（Kit Sims Taylor）：《巴西的东北部，蔗糖和剩余价值》（El nordeste brasileño: azúcar y pluavalís），载于《每月评论》（*Monthly*

Review）第 63 期，智利，圣地亚哥，1969 年 6 月。

10. 富兰克林·德·奥利维拉（Franklin de Oliveira）:《巴西的革命和反革命》（*Revolución y contrarrevolución en el Brasil*），布宜诺斯艾利斯，1965 年。

11. 勒内·迪蒙 :《生气勃勃的土地，世界的土改问题》（*Tierras vivas. Problemas de la reforma agraria en el mundo*），墨西哥，1963 年。

12. 约绪·德·卡斯特罗，同前引书。

13. 塞尔索·富尔塔多:《发展的辩证法》(*Dialética do desenvolvimento*),里约热内卢,1964 年。

14. 卡尔·马克思（Karl Marx）:《关于自由贸易的演说》（"Discurso sobre el libre cambio"），见《哲学的贫困》（*Miseria de la filosofía*）德文第一版的附录。

15. 文森特·T. 哈洛（Vincent T. Harlow）:《巴巴多斯历史》（*A History of Barbados*），奥克斯福尔德，1926 年。

16. 塔德乌什·莱普考斯基（Tadeusz Lepkowski）:《海地》（*Haití*）第 1 卷，哈瓦那，1968 年。

17. 同上。

18. 阿莱霍·卡彭铁尔（Alejo Carpentier）有一本很精彩的小说《这个世界的王国》（*El reino de este mundo*，蒙得维的亚，1966 年），说的是海地这一段梦幻般的生活。它出色地描述了保琳和她的丈夫勒克莱尔在加勒比游览的情景。

19. 转引自曼努埃尔·莫雷诺·弗拉希纳尔斯（Manuel Moreno Fraginals）:《糖厂》（*El ingenio*），哈瓦那，1964 年。

20. 腌肉厂已经闯进拉普拉塔河流域。阿根廷和乌拉圭那时还没有分开，也不叫这两个国名，它们使自己的经济适于大量出口腌肉干、皮革和油脂。巴西和古巴在 19 世纪是两大奴隶集中地和很好的腌肉市场，因为腌肉便宜，便于运输和储存，在炎热气候下又不会腐烂。古巴人至今还把腌肉叫作"蒙得维的亚"。但 1965 年，乌拉圭停止卖给古巴腌肉，从而同美洲国家组织一起参与对古巴的封锁。这样，乌拉圭很愚蠢地失掉了它最后剩下的腌肉市场。古巴是 18 世纪末乌拉圭瘦肉干的第一个市场。何塞·佩得罗·巴伦（José Pedro Barrán）、本哈明·内厄姆（Benjamín Nahum）:《现代乌拉圭农村史（1851—1885）》（*Historia rural del Uruguay moderno [1851-1885]*），蒙得维的亚，1967 年。

21. 曼努埃尔·莫雷诺·弗拉希纳尔斯（Manuel Moreno Fraginals），同前引书。直到不久以前,还有一些船工在萨瓜河（río Sagua）航行,"他们拿着带铁头的长竿,用它往河床上扎,直到勾住一块木头……这样日复一日地从河底捞上被甘蔗田毁坏了的树木的残枝，以残损的树木为生"。

22. 塞尔索·富尔塔多 :《从伊比利亚半岛的征服到古巴革命的拉丁美洲经济》（*La economía latinoamericana desde la Conquista ibérica basta la Revolución Cubana*），智利，圣地亚哥，1969 年；墨西哥，1969 年。

23. 莫雷诺·弗拉希纳尔斯敏锐地看到，19 世纪诞生的糖厂的名字，反映了蔗糖生产的升降曲线，诸如:"希望"、"新希望"、"勇敢"、"幸运"、"追求"、"征服"、"信心"、"佳绩"、"艰难"、"忧患"、"醒悟"。有四家糖厂都预见性地叫作"醒悟"。

24. 勒内·迪蒙 :《古巴（试图进行建设性的批评）》（*Cuba [intento de crítica constructiva]*），巴塞罗那，1965 年。

25. 塞尔索·富尔塔多，同前引书。

26. 美国农业部糖业计划局局长在古巴革命之后宣布 :"自从古巴退出舞台之后，我们就失掉了世界最大出口国的保护，因为过去它总是有所储备，以便我国市场随时得以满足。”恩里克·路易斯·加西亚（Enrique Ruiz García）:《拉丁美洲：对一次革命的解剖》（*América Latina: anatomía de una revolución*），马德里，1966 年。

27. 利兰 · H. 詹克斯（Leland H. Jenks）:《我们的古巴殖民地》（*Nuestra colonia de Cuba*），布宜诺斯艾利斯，1960 年。

28. 波多黎各是另一个处在囚禁地位的制糖中心。从美国的观点来看，波多黎各人不是很好的人，他们不配有自己的祖国，但可以为一个不是自己的祖国而战死在越南前线。如果按人口比例计算，战斗在东南亚和波多黎各“自由联邦州”（estado libre asociado）的士兵比美国其他州的士兵要多。拒绝到越南去服兵役的波多黎各人要被送到亚特兰大的监狱中去关闭五年。除了要在美国部队服兵役外，还要遵行 1898 年入侵时遗留下来的、法律承认的其他凌辱性法令。所谓法律就是美国国会通过的法律。在美国国会中波多黎各有一个象征性席位，没有表决权，实际上也没有发言权。取得这项权利的代价是殖民地地位。在美国占领以前，波多黎各有自己的货币并同世界上主要的市场建立了繁荣的贸易关系。今天，波多黎各的货币是美元，自己海关的关税额要由华盛顿来定，一切有关该岛外贸和内部贸易事宜，都由华盛顿来决定。对外关系、交通、通讯、工资、劳动条件等等皆如此。波多黎各人要由美国的联邦法庭来审判，本地军队要加入北部军队。工业和商业掌握在美国私人手中。彻底取消国籍是打算通过移民的办法来实现。贫困把一百多万波多黎各人赶到纽约去寻找好运，他们放弃了自己的国籍。在纽约，他们成了聚集在最肮脏地区的半无产者。

29. 菲德尔 · 卡斯特罗（Fidel Castro）:《古巴革命》（演说）（“La Revolución cubana”），布宜诺斯艾利斯，1959 年。

30 . A. 努涅斯 · 希门尼斯（A. Núñez Jiménez）:《古巴地理》（*Geografía de Cuba*），哈瓦那，1959 年。

31. 勒内 · 迪蒙，同前引书。

32. 达德利 · 西尔斯（Dudley Seers），安德烈斯 · 比安基（Andrés Bianchi），理查德 · 乔利（Richard Jolly）和马克斯 · 诺尔夫（Max Nolff）:《古巴，经济和社会革命》（*Cuba, the Economic and Social Revolution*），查佩尔希尔，北加利福尼亚，1964 年。

33. K.S. 卡罗尔（K. S. Karol）:《执政的游击战士，古巴革命的政治历程》（*Les guérrilleros au pouvoir. L' itinéraire politique de la révolution cubaine*），巴黎，1970 年。

34. 社会主义国家确保的稳定的糖价在这方面起了决定性的作用。通过同西班牙和西欧其他国家频繁的贸易，粉碎了美国设置的封锁，这也起了决定性的作用。古巴出口额的三分之一向国家提供美元，即可兑换的外汇，其余的则是同苏联和卢布区做买卖。这种贸易制度也造成一定的困难。像苏联生产的所有重型设备一样，他们给热电厂提供的涡轮机是优质的，但是轻工业和普通工业所提供的消费品则不是这样。

35.《古巴向联合国粮农组织第九次地区会议的报告》（Informe de Cuba a la XI Conferencia Regional de la FAO），1970 年 10 月 13 日拉美通讯社稿。

36. 埃尔斯沃思·邦克（Ellsworth Bunker）是全国炼糖公司（National Sugar Refining Co.）主任，在军事干涉之后，他作为林登 · 约翰逊（Lyndon Johnson）的特派员到多米尼加去。在邦克的密切关注之下，全国炼糖公司在这个小国的利益得到保护，在非常民主的选举之后占领军撤退了，把政权交给华金 · 巴拉格尔（Joaquín Balaguer）。在特鲁希略残暴独裁统治的全过程中，巴拉格尔曾是他的左右手。圣多明各的居民手持木棒、砍刀和步枪在街头巷尾和屋顶上同外国军队的坦克、火箭筒和直升机作战，要求被军事政变推翻的民选立宪总统胡安·博什（Juan Bosch）重新执政。好开玩笑的历史也拿预言来开玩笑。在特鲁希略独裁统治三十年之后，胡安·博什宣誓就职时，当时的美国副总统林登·约翰逊亲自把美国政府的官方礼品一辆救护车带到圣多明各。

37. L. 卡皮坦、亨利·洛林：《哥伦布前后时期美洲大陆的劳工》，布宜诺斯艾利斯，1948 年。

38. 塞尔希奥·巴古，同前引书。

39. 达尼埃尔·P. 曼尼克斯（Daniel P. Mannix）、M. 考利（M. Cowley）：《贩卖黑奴史》（*Historia de la trata de negros*），马德里，1962 年。

40. 埃里克·威廉斯（Eric Williams）：《资本主义和奴隶制》（*Capitalism and Slavery*），查佩尔希尔，北卡洛利纳，1944 年。

41. 达尼埃尔·曼尼克斯和 M. 考利，同前引书。

42. 明确禁止巴西奴隶制的法律不是巴西的法律，而是 1845 年 8 月 8 日英国议会通过的英国法律，这并非偶然。奥斯尼·杜阿尔特·佩雷拉（Osny Duarte Pereira）：《谁制定巴西的法律？》（*Quem faz as leis no Brasil?*），里约热内卢，1963 年。

43. 达尼埃尔·P. 曼尼克斯和 M·考利，同前引书。

44. 费尔南多·奥尔蒂斯，同前引书。

45. 菲利普·雷诺（Philip Reno）：《英属圭亚那的悲剧，从奴隶制到争取社会主义的人民》（“El drama de la Guayana británica. Un pueblo desde la esclavitud a la lucha por el socialismo”），载于《每月评论》第 17、18 期，布宜诺斯艾利斯，1965 年 1—2 月。

46. 爱迪生·卡内罗（Edison Carneiro）：《帕尔马雷斯的山洞》（*O quilombo dos Palmares*），里约热内卢，1966 年。

47. 尼娜·罗德里格斯（Nina Rodrigues）：《在巴西的非洲人》（*Os africanos no Brasil*），里约热内卢，1932 年。

48. 德西奥·德·弗雷塔斯（Décio de Freitas）：《奴隶的战争》（*A guerra dos escravos*），未出版。

49. 埃斯特万·蒙特霍（Esteban Montejo）在向米格尔·巴尔尼特（Miguel Barnet）讲述他的生平时已有一百多岁了。《一个逃居山野的黑人的生平》（*Biografía de un cimarrón*），布宜诺斯艾利斯，1968 年。

50. 罗伯托·C. 西蒙森（Roberto C. Simonsen）：《巴西经济史（1500—1820）》（*História econômica do Brasil [1500-1820]*），圣保罗，1962 年。

51. 曼努埃尔·莫雷诺·弗拉希纳尔斯（Manuel Moreno Fraginals），同前引书。在一次濯足节时，卡沙·巴约纳（Casa Bayona）伯爵决定卑躬屈膝地为他的奴隶效劳。在基督教激情的感召之下，他给十二个黑人洗了脚，还让他们在他的桌上同他一起吃饭。这真成了最后的晚餐。第二天奴隶就起来造反，放火烧了糖厂。他们的头颅被钉在糖厂中心的十二根长矛上。

52. 爱德华多·加莱亚诺：《里约贫民窟的神灵与魔鬼》（*Los dioses y los diablos en las favelas de Río*），载于《阿马鲁杂志》（*AmaYu*）第 10 期，利马，1969 年 6 月。

53. 鲁道夫·特奥菲洛（Rodolfo Teófilo）：《1877—1880 塞尔拉的干旱史》（*Historia de Sêca do Ceará [1877-1880]*），里约热内卢，1922 年。

54. 见 1970 年 4 月 21 日法新社报道。1938 年，一个放牛者在大腹地发烫的道路上漫游，成了巴西文学史上一部最优秀的小说的题材。干旱对附属于沿海地区糖厂但位于腹地的畜牧业大庄园的袭击并未停止，它的后果也没改变。《干枯的生命》（*Vidas secas*）这部小说所反映的世界原封未动。鹦鹉学狗叫，因为它的主人几乎已经不会说话了。格拉西里阿诺·拉莫斯（Graciliano Ramos）：《干枯的生命》，哈瓦那，1964 年。

55. 保罗·希林（Paulo Schilling）：《一次新的种族灭绝》（“Un nuevo genocidio”），载于《前进》（*Marcha*）1501 期，蒙得维的亚，1970 年 7 月 10 日。1970 年 10 月，帕拉的主教们向巴西总统揭露，东北部的工人受到正在修建穿越亚马孙地区的公路的那些公司的野蛮剥削。政府称这项工程为“20 世纪的工程”。

56. 奥雷略·皮尼埃洛（Aurélio Pinheiro）：《亚马孙河沿岸》（*A margem do Amazonas*），圣保罗，1937 年。

57. 鲁道夫·特奥菲洛，同前引书。

58. 玻利维亚被砍去了近二十万平方公里的土地。1902 年它得到了两百万英镑的赔偿和通往马德拉河和亚马孙河的铁路。

59. 20 世纪初，有橡胶树林的山也使秘鲁好像看到新的黄金国。大约在 1908 年，弗朗西斯科·加西亚·卡尔德隆（Francisco García Calderón）在《当代秘鲁》（*El Perú contemporáneo*）中写道，橡胶是未来的巨大财富。在《绿房子》（*La casa verde*，巴塞罗那，1966 年）中，马里奥·巴尔加斯·略萨再现了伊基托斯和森林地区繁忙的景象。在那儿，冒险家们掠夺印第安人，也互相掠夺。自然界在报复，它使用的是麻风病和其他手段。

60. 多明戈·阿尔贝托·兰赫尔（Domingo Alberto Rangel）：《委内瑞拉现代资本主义进程》（*El proceso del capitalismo contemporáneo en Venezuela*），加拉加斯，1968 年。

61. 多明戈·阿尔贝托·兰赫尔：《资本与发展》（*Capital y desarrollo*）第 1 卷《从事农业的委内瑞拉》（“La Venezuela agraria”），加拉加斯，1969 年。

62. 在巴西，可以很容易地把那些传统的大庄园主，以及所有的显赫人物封为“上校”（coronel）。书中的这一段引自豪尔赫·亚马多（Jorge Amado）1946 年在蒙得维的亚发表的小说《圣豪尔赫·多斯·伊尔埃乌斯》（*São Jorge dos Ilhéus*）。书中还写道，可是，“连孩子们都不去碰可可果。他们惧怕这种形状像椰子、核子甜滋滋的黄色果实，因为可可使他们一生只能吃野果和干肉”。实质上，“可可才是主宰一切的主人，连上校也对它有三分的敬畏”。豪尔赫·亚马多，《可可》（*Cacao*），布宜诺斯艾利斯，1935 年。豪尔赫·亚马多 1969 年在布宜诺斯艾利斯出版的另一部小说名叫《加布里埃拉，丁香与肉桂》（*Gabriela, clavo y canela*），书中的一个人物在谈到 1925 年的伊尔埃乌斯时，竖起大拇指说：“现在在我国北方，没有一个城市的发展赶得上伊尔埃乌斯。”可现在，伊尔埃乌斯已经消失得无影无踪。

63. 联合国（Naciones Unidas）拉美经济委员会（Comisión Económica para América Latina [CEPAL]）对可可和咖啡价格的上涨是这样评价的：价格上涨“相对来说具有过渡性”，“在很大程度上是偶然的歉收造成的”。拉美经济委员会《1969 年拉美经济报告》（*Estudio económico de América Latina, 1969*）第 2 卷《1969 年的拉美经济》（“La economía de América Latina en 1969”），智利，圣地亚哥，1970 年。

64. 罗伯托·C. 西蒙森，同前引书。

65. 卡约·普拉多·茹尼奥尔：《近代巴西的形成》（*Formação do Brasil contemporâneo*），圣保罗，1942 年。

66. 泛美农业发展委员会（Comité Interamericano de Desarrollo Agrícola）：《危地马拉的土地占有制和农村社会经济发展》（*Guatemala. Tenencia de la tierra y desarrollo socioeconómico del sector agrícola*），华盛顿，1965 年。

67. 何塞·卡洛斯·马里亚特吉（José Carlos Mariátegui）:《关于秘鲁国情的七篇论文》（*Siete ensayos de interpretación de la realidad peruana*），蒙得维的亚，1970 年。

68. 泛美农业发展委员会 :《秘鲁的土地占有制和农村社会经济发展》（*Perú. Tenencia de la tierra y desarrollo socioeconómico del sector agrícola*），华盛顿，1966 年。

69. 阿隆索·阿吉拉尔·M.（Alonso Aguilar M.）和弗尔南多·卡蒙娜（Fernando Carmona）合著 :《墨西哥的财富与贫困》（*México: riqueza y miseria*），墨西哥，1968 年。

70. 马里奥·阿鲁布拉（Mario Arrubla）:《关于哥伦比亚不发达状况的研究报告》（*Estudios sobre el subdesarrollo colombiano*），麦德林，1969 年。咖啡的总价格由以下几部分组成：中间商，包括进出口商的所得占 40%，向生产国和消费国上交的税款占 10%，运输者所得占 10%，设在华盛顿的泛美咖啡办事处的广告费占 5%，种植园主的收入占 30%，工人工资占 5%。

71. 咖啡银行（Banco Cafetero）:《哥伦比亚的咖啡业》（*La industria cafetera en Colombia*），波哥大，1962 年。

72.《泛美经济概况》（*Panorama económico Latinoamericano*）第 87 期，哈瓦那，1963 年 9 月。

73. 皮埃尔·蒙贝格（Pierre Monbeig）:《圣保罗的种植园主和先驱者》（*Pionniers et planteurs de São Paulo*），巴黎，1952 年。

74. 中央银行、巴西咖啡协会（Instituto Brasileiro do Café）和联合国粮农组织（FAO）的统计资料。《因素》（*Fator*）杂志第 2 期，里约热内卢，1968 年 11—12 月。

75. 根据联邦贸易委员会（Federal Trade Commission）调查。希德·西尔维拉（Cid Silveira）:《咖啡：国民经济中的一场悲剧》（*Café: um drama na economia nacional*），里约热内卢，1962 年。

76. 拉美经济委员会 :《国际贸易及拉丁美洲的发展》（*El comercio internacional y el desarrollo de América Latina*），墨西哥–布宜诺斯艾利斯，1964 年。

77. 罗伯托·C. 西蒙森，同前引书。

78. 马里奥·阿鲁布拉，同前引书。

79. 路易斯·爱德华多·涅托·阿特塔（Luis Eduardo Nieto Arteta）:《哥伦比亚经济论文集》（*Ensayos sobre economía colombiana*），麦德林，1969 年。

80. 赫尔曼·古斯曼·坎波斯（Germán Guzmán Campos）、奥兰多·法尔斯·博尔塔（Orlando Fals Borda）、爱德华多·乌马尼亚·卢那（Eduardo Umaña Luna）:《哥伦比亚的暴力，论哥伦比亚社会状况》（*La violencia en Colombia. Estudio de un proceso social*），波哥大，1963—1964 年。

81. 赫尔曼·古斯曼（Germán Guzmán）:《哥伦比亚的暴力（叙述篇）》（*La violencia en Colombia [parte descriptiva]*），波哥大，1968 年。

82. 联合国 :《对经济发展的分析和设想》（"Análisis y proyecciones del desarrollo económico"），第 3 卷，载于《哥伦比亚的经济发展》（*El desarrollo económico de Colombia*），纽约，1957 年。

83. 赫尔马·拉马（Germán Rama）教授发现，在这些令人尊敬的高等学府中，有的把《读者文摘选集》（*Selecciones del Reader's Digest*）的全套合订本作为图书馆最重要的藏书。赫尔曼·拉马 :《哥伦比亚的教育和社会机遇》（Educación y movilidad social en Colombia），载于《回声》（*Eco*）杂志第 116 期，波哥大，1969 年 12 月。

84. 埃德尔维托 · 托雷斯–里瓦斯（Edelberto Torres-Rivas）:《一个依附社会（中美洲）的进程和结构》（*Procesos y estructuras de una sociedad dependiente [Centroamérica]*），智利，圣地亚哥，1959年。

85. 卡洛斯·古斯曼·博克莱、让–洛普·赫伯特:《论危地马拉的历史社会》，墨西哥，1970年。

86. 达西 · 里维罗 :《美洲和文明》，第3卷 :《移居的民族，文明和发展》（*Los pueblos trasplantados. Civilización y desarrollo*），布宜诺斯艾利斯，1970年。

87. 格雷戈里奥 · 塞尔塞（Gregorio Selser）:《拉丁美洲的外交，大棒和美元》（*Diplomacia, garrote y dólares en América Latina*），布宜诺斯艾利斯，1962年。

88. 克劳德 · 朱利安（Claude Julien）:《美国帝国》（*L' Empire Americain*），巴黎，1968年。

89. 发表于《常识》（*Common Sense*）杂志，1935年11月。V. 利奥 · 休伯曼（V. Leo Huberman）:《人类的语言财富，各国财富的历史》（*Man' s Worldly Goods. The Story of the Wealth of Nations*），纽约，1936年。

90. 威廉 · 克雷姆（William Krehm）:《加勒比的民主和独裁》（*Democracia y tiranías en el Caribe*），布宜诺斯艾利斯，1959年。

91. 这是阿尔瓦罗 · 塞佩达 · 萨穆迪奥（Álvaro Cepeda Samudio）的小说《大房子》（*La casa grande*，布宜诺斯艾利斯，1967年）的内容，也是加夫列尔·加西亚·马尔克斯（Gabriel García Márquez）的《百年孤独》（*Cien años de soledad*，布宜诺斯艾利斯，1967年）一个章节的内容："肯定是一场梦"，军官们坚持认为。

92. 这段时期包括布宜诺斯艾利斯1950年代出版的小说三部曲《强风》（*Viento fuerte*）、《绿色魔鬼》（*El papa verde*）和《被葬人的眼睛》（*Los ojos de los enterrados*）。《强风》一书的人物之一派尔先生预言："如果我们不去建新的种植园，而是去买私人生产者的水果，那我们将来一定赚得更多。"危地马拉现在的情况就是这样：联合果品公司——现在是商标公司——通过商品化机制实行香蕉垄断，这种机制比从事直接生产更有效，风险更小。值得一提的是，在1960年代，由于香蕉种植园面临严重的社会动乱的威胁，联合果品公司决定将其出售和（或）出租。从那以后，香蕉产量直线下降。

93. 埃德尔维托 · 托雷斯–里瓦斯，同前引书。

94. 格雷戈里奥 · 塞尔塞 :《桑地诺，自由人的将军》（*Sandino, general de hombres libres*），布宜诺斯艾利斯，1959年。

95. 卡尔顿 · 比尔斯（Carleton Beals）:《面对美洲的美洲》（*América ante América*），智利，圣地亚哥，1940年。

96. 威廉 · 克雷姆（William Krehm），同前引书。美国《时代》杂志的记者克雷姆，在中美洲生活了多年。

97. 爱德华多 · 加莱亚诺 :《危地马拉，被占领之国》（*Guatemala, país ocupado*），墨西哥，1967年。

98. 艾森豪威尔1963年6月10日在华盛顿美国书商协会的演说。转引自戴维 · 怀斯（David Wise）和托马斯 · 罗斯（Thomas Ross）:《看不见的政府》（*El gobierno invisible*），布宜诺斯艾利斯，1966年。

99. J.P. 罗伯逊（J. P. Robertson）和G.P. 罗伯逊（G. P. Robertson）:《革命时期的阿根廷。巴拉圭书信》（*La Argentina en la época de la Revolución. Cartas sobre el Paraguay*），布宜诺斯艾利斯，1920年。

100. 华盛顿·雷耶斯·阿巴迪（Washington Reyes Abadie）、奥斯卡·H. 布鲁斯切拉（Óscar H. Bruschera）、塔瓦雷·梅洛格诺（Tabaré Melogno）：《阿蒂加斯时期》（*El ciclo artiguista*）第4卷，蒙得维的亚，1968年。

101. 尼尔松·德·拉·托雷（Nelson de la Torre）、胡利奥·C. 罗德里格斯（Julio C. Rodríguez）、卢西亚·萨拉·德图龙（Lucía Sala de Touron）：《阿蒂加斯：土地和革命》（*Artigas: tierra y revolución*），蒙得维的亚，1967年。

102. 尼尔松·德拉托雷、胡利奥·C. 罗德里格斯、卢西亚·萨拉·德图龙，同前引书。同作者：《东岸的经济发展》（*Evolución económica de la Banda Oriental*），蒙得维的亚，1967年，以及《殖民地的经济社会结构》（*Estructura económico-social de la Colonia*），蒙得维的亚，1968年。

103. 比维安·特里亚斯（Vivian Trías）：《乌拉圭的土地改革》（*Reforma agraria en el Uruguay*），蒙得维的亚，1962年。这本书对乌拉圭寡头集团家族逐一进行了描述。

104. 爱德华多·加莱亚诺：《乌拉圭：诺言和背叛》（"Uruguay: Promise and Betrayal"），载于J. 皮特拉斯（J. Petras）和M. 蔡特林（M. Zeitlin）编写的《拉丁美洲：改革还是革命？》（*Latin America: Reform or Revolution?*），纽约，1968年。

105. 经济学院（Instituto de Economía）：《乌拉圭经济进程——供研究乌拉圭经济发展和前景参考》（*El proceso económico del Uruguay. Contribución al estudio de su evolución y perspectivas*），蒙得维的亚，1969年。在民族工业得到国家高额补贴和全力保护而蓬勃发展的年代，农村的相当一部分利润流向了新兴工业。当工业走进自身垂死的危机周期时，畜牧业的剩余资本又转向了其他方面。埃斯特角最华而不实的宅第是**靠民族的不幸来修建的**；后来，金融投机交易又使在通货膨胀中浑水摸鱼的人头脑发热。但尤为严重的是，乌拉圭年复一年积累下来的资金和利润都外流了。据官方资料，1962年至1966年间，有两亿五千万美元从乌拉圭流向瑞士和美国的可靠的银行。人员流失情况也一样：二十年前，青年人从农村流到城市充当发展中工业的劳力，而今天，他们却从陆地或海路到他国谋生。当然，他们的命运是不相同的。资本受到热情欢迎；而移民，等待他们的则是艰难的人生，即漂泊不定的生活、恶劣的环境以及无法预测的冒险生涯。1970年的乌拉圭由于受到一次极大危机的严重冲击，已不再是曾经向欧洲移民许诺过的那个和平进步的神话般的绿洲，而是注定使本国居民被迫移居海外的动乱的国家。这个国家生产暴力，输出人口，就同生产和出口肉类和羊毛一样自然。

106. 赫尔曼·韦茨坦（German Wettstein）、胡安·鲁道夫（Juan Rudolf）：《农村社会》（"La sociedad rural"），载于《我们的土地》（*Nuestra Tierra*）选集，第16卷，蒙得维的亚，1969年。

107. 赫苏斯·席尔瓦·埃尔索格（Jesús Silva Herzog）：《墨西哥革命简史》（*Breve historia de la Revolución mexicana*），墨西哥–布宜诺斯艾利斯，1960年。

108. 约翰·肯尼思·特纳（John Kenneth Turner）：《野蛮的墨西哥》（*México bárbaro*），1911年出版于美国；墨西哥，1967年。

109. 约翰·肯尼思·特纳，同前引书。墨西哥曾是美国优先投资的国家，它在19世纪末拥有美国在外投资总额的近三分之一。威尔斯（Welles）在影片《公民凯恩》（*Citizen Kane*）中饰演的角色原型威廉·伦道夫·赫斯特（William Randolph Hearst），在墨西哥奇瓦瓦州和北部其他地区就拥有三百多万公顷土地。费尔南多·卡蒙娜（Fernando Carmona）：《拉丁美洲的悲剧：墨西哥事件》（*El drama de América Latina. El caso de México*），墨西哥，1964年。

110. 小约翰 · 沃马克（John Womack Jr.）:《萨帕塔和墨西哥革命》（*Zapata y la Revolución mexicana*），墨西哥，1969 年。

111. 小约翰 · 沃马克，同前引书。

112. 费尔南多 · 卡蒙娜，同前引书。

113. 埃德孟多 · 弗洛雷斯（Edmundo Flores）:《墨西哥经济向何处去？》（“Adónde va la economía de México?”），载于《对外贸易》（*Comercio exterior*）第 20 卷第 1 册，墨西哥，1970 年 1 月。

114. 安娜 · 玛丽亚 · 弗洛雷斯（Ana María Flores）:《墨西哥的饥饿状况》（*La magnitud del hambre en México*），墨西哥，1961 年。

115. 阿隆索 · 阿吉拉尔、费尔南多 · 卡蒙娜，同前引书；同样的作者及吉列尔莫 · 蒙塔尼奥（Guillermo Montaño），豪尔赫 · 卡里翁（Jorge Carrión）:《墨西哥奇迹》（*El milagro mexicano*），墨西哥，1970 年。

116. 鲁道夫 · 斯塔文哈根（Rodolfo Stavenhagen）、费尔南多 · 帕斯 · 桑切斯（Fernando Paz Sánchez）、夸乌特莫克 · 卡德纳斯（Cuauhtémoc Cárdenas）、阿图罗 · 博尼利亚（Arturo Bonilla Sánchez）:《新庄园制和剥削：从埃米利亚诺 · 萨帕塔到安德森 · 克莱顿公司》（*Neolatifundismo y explotación. De Emiliano Zapata a Anderson Clayton & Co.*），墨西哥，1968 年。

117. 卡洛斯 · 富恩特斯（Carlos Fuentes）:《阿尔特米奥 · 克鲁斯之死》（*La muerte de Artemio Cruz*），墨西哥，1962 年。

118. 联合国粮农组织 :《生产年鉴》（*Anuario de la producción*），第 19 卷，1965 年。

119. 阿尔维托 · 巴尔特拉 · 科尔特斯（Alberto Baltra Cortés）:《拉丁美洲经济不发达问题》（*Problemas del subdesarrollo económico latinoamericano*），布宜诺斯艾利斯，1966 年。

120. D.F. 马萨 · 萨瓦拉（D. F. Maza Zavala）:《人口爆炸和经济发展》（*Explosión demográfica y crecimiento económico*），加拉加斯，1970 年。

121. 保罗 · 拜罗克（Paul Bairoch）:《第三世界经济发展分析，1900—1966》（*Diagnostic de l' évolution économique du Tiers Monde. 1900-1966*），巴黎，1967 年。

122. 鲁伊 · 法科（Rui Facó）:《匪徒和狂热分子》（*Cangaceiros e fanáticos*），里约热内卢，1965 年。

123. 畜牧业资本家认为，建造人工牧场，同对粗放畜牧业的传统投资相比，意味着要花费更多的资金，冒更大的风险，同时收益减少。由此，生产者的个人利益就同整个社会的利益相悖：从某个角度来说，只有提高土地的肥力，才能提高牲畜的质量和增加产量。国家需要牛多产肉，羊多出毛，但土地的主人从目前的生产状况来看，已赚了很大一笔钱。乌拉圭大学经济学院得出的结论（同前引书），在某种意义上也适用于阿根廷。

124. 达尔多 · 库内奥（Dardo Cúneo）:《企业主阶级的行为和危机》（*Comportamiento y crisis de la clase empresaria*），布宜诺斯艾利斯，1967 年。

125. 拉美经济委员会 :《拉丁美洲经济研究》（*Estudio económico de América Latina*），智利，圣地亚哥，1964、1966 年；《拉丁美洲使用肥料情况》（*El uso de fertilizantes en América Latina*），智利，圣地亚哥，1966 年。

126. 达西 · 里维罗 :《美洲和文明》（*Las Américas y la civilización*）第 2 卷《新生的人民》（*Los pueblos nuevos*），布宜诺斯艾利斯，1969 年。

127. 爱德华 · C. 柯克兰（Edward C. Kirkland）:《美国经济史》（*Historia económica de Estados Unidos*），墨西哥，1941 年。

128. 塞尔索 · 富尔塔多 :《巴西计划》（*Um projeto para o Brasil*），里约热内卢，1969 年。

129. 刘易斯 · 汉克（Lewis Hanke）等 :《美洲有共同的历史吗？》（*Do the Americas Have a Common History?*），纽约，1964 年。该书作者力图找到北美洲和南美洲历史进程中的相同点，但一无所获。

130. 塞尔希奥 · 巴古，同前引书。

权力的地下源泉

1. 埃德温 · 莱乌温（Edwin Lieuwen）:《美国和对拉丁美洲安全的挑战》（*The United States and the Challenge to Security in Latin America*），俄亥俄，1966 年。

2. 菲利普 · 考特尼（Philip Courtney）向国际储蓄和投资会议递交的一篇论文，布鲁塞尔，1959 年。

3. 哈里 · 马格多夫（Harry Magdoff）:《帝国主义时代》（"La era del imperialismo"），载于《每月评论》西班牙文版文摘，智利，圣地亚哥，1969 年 1—2 月。克劳德 · 朱利安:《美国帝国》，巴黎，1969 年。

4. 相反，墨西哥政府则及时发现，作为世界硫黄主要出口国之一，墨西哥的硫黄正在减少。得克萨斯海湾硫黄公司和泛美硫黄公司曾保证它们矿租界内尚有的蕴藏量事实上比实际蕴藏量高六倍，于是墨西哥政府在 1965 年决定限制硫黄的对外销售量。

5. 塞尔希奥 · 阿尔马拉斯 · 帕斯（Sergio Almaraz Paz）:《一个共和国的安魂曲》（*Réquiem para una república*），拉帕斯，1969 年。

6. 克劳德 · 朱利恩，同前引书。

7. 阿瑟 · 戴维斯（Arthur Davis）长期担任铝矿公司董事长，1962 年去世，他给慈善基金会留下了三亿美元的遗产，但明确条件是不得在美国国土之外使用这笔资金。这样，圭亚那即使通过基金会途径，也无法收回该公司从它抢夺去的哪怕是部分财富。菲利普 · 雷诺（Philip Reno）:《铝的利润和加勒比人民》（Aluminium Profits and Caribbean People），载于《每月评论》，纽约，1963 年 10 月 ;《英属圭亚那的悲剧 : 一个从奴隶到为社会主义而斗争的民族》，载于《每月评论》西班牙文版文摘，布宜诺斯艾利斯，1965 年 1—2 月。

8. 哈里 · 马格多夫，同前引书。

9. 埃尔马诺 · 阿尔维斯（Hermano Alves）:《航空摄影测绘学》（Aerofotogrametria），载于《晨邮报》（*Correio da Manhã*），里约热内卢，1967 年 6 月 8 日。

10. 议会调查委员会（Informe de la Comisión Parlamentaria de Investigaciones）关于向外国自然人或法人出售巴西土地的报告，巴西利亚，1968 年 6 月 3 日。

11. 《晨邮报》，里约热内卢，1968 年 6 月 30 日。

12. 保罗 · R. 希林（Paulo R. Schilling）:《外国人的巴西》（*Brasil para extranjeros*），蒙得维的亚，1966 年。

13. 厄恩斯特 · 森豪维尔（Ernst Samhaber）:《南美洲大陆传记》（*Sudamérica, biografía de un continente*），布宜诺斯艾利斯，1946 年。罗伯特 · 库什曼 · 墨菲（Robert Cushman

Murphy）在海鸟粪热过去后很久写道："它们的肠胃蠕动一次就可赚来可观的美元。"他还写道，莎士比亚笔下那只在朱丽叶家阳台上唱歌的黄莺、从诺亚方舟上空飞过的那只白鸽，当然还有贝克尔那些忧伤的燕子，它们的价值同鲣鸟和海鸥的价值不可同日而语。埃米略·罗梅罗（Emilio Romero）：《秘鲁经济史》（*Historia económica del Perú*），布宜诺斯艾利斯，1949年。

14. 奥斯卡·贝穆德斯（Óscar Bermúdez）：《硝石的历史，从起源到太平洋战争》（*Historia del salitre desde sus orígenes hasta la Guerra del Pacífico*），智利，圣地亚哥，1963年。

15. 何塞·卡洛斯·马里亚特吉：《关于秘鲁国情的七篇论文》，蒙得维的亚，1970年。

16. 秘鲁失去了盛产硝石的塔拉帕卡大区和几个重要的海鸟粪岛屿，但是北部沿海一带储藏的海鸟粪仍归秘鲁所有，秘鲁农业使用的肥料也仍主要是海鸟粪。1960年以后兴起的鱼粉热断绝了鲣鸟和海鸥的生路。大部分捕鱼公司是美资企业，它们很快就把秘鲁近海的鳀鱼捕捞一空，制成鱼粉运到美国和欧洲，用作猪和家禽的饲料。渔船每次出海捕鱼，鲣鸟和海鸥总是紧追不舍，它们一次比一次飞得远，一次比一次远离海岸；返回的时候，它们往往因力气用尽掉进海里。还有一些海鸟并不尾随渔船。1962到1963年间，常常可以看到成群的鲣鸟在利马的主要街道上追逐食物。它们一旦飞不起来，就会饿死在街上。

17. 埃尔南·拉米雷斯·内科切亚（Hernán Ramírez Necochea）：《帝国主义在智利的历史》（*Historia del imperialismo en Chile*），智利，圣地亚哥，1960年。

18. 埃尔南·拉米雷斯·内科切亚：《巴尔马塞达和1891年的反革命行动》（*Balmaceda y la contrarrevolución de 1891*），智利，圣地亚哥，1969年。

19. 智利参众两院带头反对总统。许多议员抵制不了英镑的诱惑，这是显而易见的。据英国人讲，贿赂智利人在"这个国家里已司空见惯"。诺斯的合伙人罗伯特·哈维1897年就是这样概括的。当时硝酸盐铁路公司的一些小股东对哈维和公司的其他董事提出起诉，哈维在解释为什么用十万英镑去贿赂时说："您很清楚，智利的国家机构极其腐败……我并不是说对法官也需要行贿，可实际上许多经济拮据的参议员是从这十万英镑中拿到一笔钱之后，才在议会里投了对我们有利的票，使得政府没有完全拒绝倾听我们的抗议和要求……"埃尔南·拉米雷斯·内科切亚，同前引书。

20. 这两家公司在很远的地方设有工厂加工智利的铜矿。安纳康达美国黄铜厂、安纳康达电缆电线厂和肯奈科特电缆电线厂是全世界生产黄铜和电线的主要厂家。何塞·卡德玛尔托利（José Cademartori）：《智利经济》（*La economía chilena*），智利，圣地亚哥，1968年。

21. R.I.格兰特–萨蒂（R. I. Grant-Suttie）：《铜的代用品》（Sucedáneos del cobre），载于国际货币基金组织（FMI）和国际复兴开发银行（BIRF）杂志《金融与发展》（*Finanzas y Desarrollo*），华盛顿，1969年6月。

22. 马里奥·维拉（Mario Vera）和埃尔莫·卡塔兰（Elmo Catalán）：《铜处于十字路口》（*La encrucijada del cobre*），智利，圣地亚哥，1965年。

23. 1969年8月13日的《纽约时报》如醉如痴地描绘温莎公爵夫妇在里斯本郊外帕蒂尼奥那所16世纪的城堡度假的情景时，就是用这样的字眼形容帕蒂尼奥的。帕蒂尼奥夫人在向夏洛特·柯蒂斯介绍一天的活动日程时说："我们想让仆人享受到一些平静和安宁。"

后来，到瑞士山区度假的季节，摄影师忙不迭地为在圣莫里茨度假的公爵和走红的艺术家拍照。一位五十岁的女百万富翁刚刚失去了曾是福特汽车公司副董事长的第二个丈夫。她在闪光灯前微笑，宣布即将结婚，未婚夫非常年轻，正挎着她的胳膊，畏怯地看着大家。在他们旁边，也站着另一对出入上层社交界的夫妇，男的身材矮小，长着印第安人的面孔，浓密的眉毛、凶狠的目光、塌陷的鼻子、高耸的颧骨，此公就是安第诺·帕蒂尼奥（Antenor Patiño），他仍然是一副玻利维亚人的模样。在另一家杂志登出的照片上，安第诺扮装成东方的王子，头上缠着布，身边站着几个货真价实的王子和公主，他们在亚历克西斯·德·里德（Alexis de Rédé）子爵的王宫里聚会，这些人是丹麦的玛格丽塔（Margarita）公主、亨利王子、玛丽亚·皮亚·德·萨博亚（María Pía de Saboya）和她的表弟米格尔·德·博尔冯–帕尔马（Miguel de Borbón-Parma）王子、洛贝科维茨（Lobckowitz）王子和一些随从人员。

24. 1966年7月，阿尔弗雷多·奥万多（Alfredo Ovando）将军宣布，玻利维亚已同德国的克勒克尔企业达成协议建造国营炼锡厂。他说，我们将赋予"这些可怜的锡矿以新的命运"。"到目前为止，它们所给予我们的只有矿工弟兄肺部上的洞眼。"塞尔希奥·阿尔马拉斯写道，这些矿工为采掘矿石付出了自己的性命，"然而他们并不占有矿石，无论是1952年之前还是在此之后，他们都从未占有过。因为锡如果不是闪闪发光的锡锭，就不能直接派作任何用场。而那种像土一样的沉甸甸的矿砂，除了把它倒进冶炼炉外，实在是毫无用途"。《权力与没落，玻利维亚历史上的锡》（*El poder y la caída. El estaño en la historia de Bolivia*），拉巴斯–科恰班巴，1967年。

    阿尔马拉斯·帕斯（Almaraz Paz）讲述了一个工业家的故事。他叫马里亚诺·庇洛（Mariano Peró），孤军奋战了三十多年，一心想让玻利维亚的锡在奥鲁罗而不是在利物浦冶炼。1946年，具有民族主义特点的总统瓜尔维托·比亚洛埃尔（Gualberto Villarroel）倒台后不几天，庇洛就来到克马多宫（Palacio Quemado），他是来取走两块锡锭的。这两块锡锭是他在奥鲁罗（Oruro）的冶炼厂首批生产的。把代表国家的这两块象征物继续放在共和国总统的办公桌上做装饰品，已没有任何意义。比亚洛埃尔已被吊死在穆利约广场（Plaza Murillo）一个路灯的柱子上，他倒台后，寡头集团又重掌大权。所以庇洛把他的锡锭拿走了。这两块锡锭上沾有干涸的血迹。

25. "当我坐下来时，我已经醉了。在我的眼里，一个人变成了三个、四个人。我自己不能进食，简直像个孩子。"萨图尼诺·孔多里（Saturnino Condori）是"20世纪矿"（Mina Siglo XX）矿工宿地的一个老泥瓦匠，他躺在卡塔维（Catavi）医院病床上已有三年。他是1967年圣胡安日之夜大屠杀的一个受害者。那天他连节日的庆祝活动也没参加。矿上为让他在24日星期六也干活，许诺付给他三倍的工钱。所以尽管其他所有人都纵情地饮酒作乐，他却决定放弃这种乐趣。他很早就躺下了。这天夜里，他梦见一位绅士向他身上掷刺。"他向我扔过来很大的刺。"他惊醒了好几次，因为从凌晨五点子弹就雨点似的向矿工宿地扫射过来。"我都吓瘫了，不能自制，浑身发抖。我吓坏了，吓坏了，我确实吓死了。我太太对我说，快逃吧！可我做了什么坏事？我哪儿也没去过。我太太说，快走吧！以前晚上也听到过枪响。可这次是什么枪在响？叭扑叭扑的是什么声音？我就这样醒一会儿睡一会儿，就这样我也没逃走。我太太对我说，快走吧，快逃吧！他们能把我怎么样？我对她说，我是个个体泥瓦匠，他们能把我怎么样。"他后来在大约早上八点钟醒来，他在床上坐起来，子弹穿透了天花板，打穿了他太太的帽子，击中了他的上身，打碎了他的脊椎骨。

26. 塞尔希奥·阿尔马拉斯·帕斯，同前引书。

27. 萨尔瓦多·德·拉·布拉萨（Salvador de la Plaza）与他人合著:《委内瑞拉经济特点》（*Perfiles de la economía venezolana*），加拉加斯，1964年。

28. 奥斯尼·杜阿尔特·佩雷拉（Osny Duarte Pereira）:《铁与独立：民族尊严的挑战》（*Ferro*

e independência : um desafio à dignidade nacional)，里约热内卢，1967 年。

29.《不可移动的山峦》(Immovable Mountains),《财富》(*Fortune*) 杂志，1965 年 4 月。

30. 转引自马里奥 · 佩德罗萨（Mário Pedrosa）:《巴西的选择》(*A opção brasileira*)，里约热内卢，1966 年。

31. 见林登 · 约翰逊致赖尼利 · 马齐利（Rainieri Mazzili）的电报，美联社，1964 年 4 月 2 日。

32. 载于《圣保罗州报》(*O Estado de São Paulo*)，1964 年 5 月 4 日。

33. 何塞 · 斯塔卡契尼（José Stacchini）:《大胆的动员》(*Mobilização de audácia*)，圣保罗，1965 年。

34. 菲利普 · 西克曼（Philip Siekman）:《当行政官员变为革命者时》(“When Executives Turned Revolutionaires”),《财富》杂志，1964 年 7 月。

35. 参见哈里 · 马格多夫（Harry Magdoff）援引的美国众议院外委会发表的声明，同前引书，并参见 1966 年 12 月西班牙文版的《读者文摘》(*Selecciones de Reader's Digest*) 上尤金 · 梅思文（Eugene Methvin）那篇披露性文章。梅思文称，完全是因为有了设在华盛顿的美洲争取自由工会发展学院的大力协助，巴西政变分子才得以通过电讯手段协调其部队的行动。新上台的军政府为报答该学院，派遣该学院四名毕业生去“赤色分子控制的工会搞了一次清洗……”

36. 奥斯尼 · 杜阿尔特 · 佩雷斯，同前引书。

37. 见石油输出国组织（Organización de Países Exportadores de Petróleo）公布的材料。弗朗西斯科 · 密雷斯（Francisco Mieres）:《石油及委内瑞拉的结构性问题》(*El petróleo y la problemática estructural venezolana*)，加拉加斯，1969 年。

38. 美国参议院报告 :《石油卡特尔和秘密记录》(*Actas secretas del cártel petrolero*)，布宜诺斯艾利斯，1961 年；哈维 · 奥康纳（Harvey O'Connor）:《石油帝国》(*El Imperio del petróleo*)，哈瓦那，1961 年。

39. 保罗 · A. 巴兰（Paul A. Baran）与保罗 · M. 斯威齐（Paul M. Sweezy）合著 :《垄断资本》(*El capital monopolista*)，墨西哥，1970 年。

40. 弗朗西斯科 · 密雷斯，同前引书。

41. 迈克尔 · 坦泽（Michael Tanzer）:《国际石油的政治经济学与不发达国家》(*The Political Economy of International Oil and the Underdeveloped Countries*)，波士顿，1969 年。

42. 哈维 · 奥康纳:《世界石油危机》(*La crisis mundial del petróleo*)，布宜诺斯艾利斯，1963 年。这种现象在好几个国家仍屡见不鲜。例如，在哥伦比亚，石油可以自由出口，不必上税。可是哥伦比亚国家炼油厂向外国公司购买哥伦比亚石油，却要比国际价格多付 37% 的附加税，而且必须以美元支付。劳尔 · 阿拉梅达 · 奥斯皮纳（Raúl Alameda Ospina），载于《埃斯基纳》(*Esquina*) 杂志，波哥大，1968 年 1 月。

43. 赫苏斯 · 席尔瓦 · 赫佐格（Jesús Silva Herzog）:《征用石油公司的历史》(*Historia de la expropiación de las empresas petroleras*)，墨西哥，1964 年。

44. 比维安 · 特里亚斯（Vivian Trías）:《帝国主义与石油在乌拉圭》(*Imperialismo y petróleo en el Uruguay*)，蒙得维的亚，1963 年。参见乌拉圭众议院例会纪要上恩里克 · 埃罗（Enrique Erro）众议员的发言，第 1211 期，577 卷，蒙得维的亚，1966 年 9 月 8 日。

45. 巴西石油公司在《经济局势》(*Conjuntura económica*) 杂志刊登的五百家最大企业中名列前茅。载于《经济局势》杂志第 24 卷，第 9 期，里约热内卢，1970 年。

46．工程师马尔休·莱特·切萨里诺（Márcio Leite Cesarino）的声明，载于《晨邮报》，里约热内卢，1967年1月28日。

47. 参见《晨邮报》登载的那份报告的详细摘要，1967年2月19日。

48. 雷内·萨瓦莱塔·梅尔卡多（René Zavaleta Mercado）：《玻利维亚与民族意识的增长》（*Bolivia. El desarrollo de la conciencia nacional*），蒙得维的亚，1967年。

49. 休伊·朗（Long）用尽一切字眼来形容标准石油公司（Standard Oil）。他称它为**罪犯、作恶分子、惯犯、本国的凶手、外国的凶手、国际阴谋家、贪得无厌的强盗和窃贼的窝、破坏者、小偷的老巢**。《瓜拉尼亚》（*Guarania*）杂志转载，布宜诺斯艾利斯，1934年11月。

50. 无论在近代还是更远的年代，这方面的例子都屡见不鲜。美国驻玻利维亚大使欧文·弗洛曼（Irving Florman）1950年12月28日在向白宫的唐纳德·道森（Donald Dawson）呈递的报告中写道："来到这里后，为促使玻利维亚石油工业向美国私人企业的渗透敞开大门，为确保我国的国防计划广泛实施，我一直在勤奋地工作。"他还写道："现在玻利维亚的石油工业及其全部土地向美国私人企业敞开大门，这样的消息我知道您是很乐于听到的。玻利维亚是世界上第一个实现非国有化或曰反向国有化的国家。我为自己能够完成国家和政府交给的这个任务感到自豪。"参见哈里·杜鲁门（Harry Truman）图书馆摘录的这封信的影印件，转引自《北美拉美人研究会新闻信札》（*NACLA Newsletter*），纽约，1969年2月。

51. 马塞洛·基罗加·圣克鲁斯（Marcelo Quiroga Santa Cruz）1966年10月11日和12日在众议院质询会上的发言，载于《法制杂志》（*Revista jurídica*）特刊，科恰班巴，1967年。

52. 当这桩丑闻发生时，美国大使馆没有保持谨慎的沉默。使馆的一个外交官竟然宣称，塔拉拉协议的原本没有保存下来。理查德·N. 古德温（Richard N. Goodwin）：《与国际石油公司的冲突：秘鲁来信》（"El conflicto con la IPC: Carta de Perú"），《对外贸易》杂志转载自《纽约人》（*The New Yorker*）杂志，墨西哥，1969年7月。

53. 乔治·安妮·盖耶（Georgie Anne Geyer）：《美国石油商号制造凝固汽油弹被发现》（"Seized U. S. Oil Firm Made Napalm"），载于《纽约时报》（*New York Post*），1969年4月7日。

54. 为撰写本章，除上面提到的哈维·奥康纳和弗朗西斯科·密雷斯的著作外，还参考了以下著作：奥兰多·阿劳霍（Orlando Araújo）：《为委内瑞拉实施波多黎各式的手术》（*Operación Puerto Rico sobre Venezuela*），加拉加斯，1967年；弗德里科·布里托（Federico Brito）：《20世纪的委内瑞拉》（*Venezuela siglo XX*），哈瓦那，1967年；M.A. 法尔孔·乌尔瓦诺（M. A. Falcon Urbano）：《委内瑞拉发展与工业化》（*Desarrollo e industrialización de Venezuela*），加拉加斯，1969年；埃伦娜·霍赫曼（Elena Hochman）和埃克托尔·穆希卡（Héctor Mujica）与他人合著：《委内瑞拉之最》（*Venezuela 1°*），加拉加斯，1934年；威廉·克雷姆（William Krehm）：《加勒比地区的民主与专制体制》（*Democracia y tiranías en el Caribe*），布宜诺斯艾利斯，1959年；D.F. 马萨·萨瓦拉（D. F. Maza Zavala）、萨尔瓦多·德·拉·普拉萨（Salvador de la Plaza）、佩德罗·埃斯特万·梅希亚（Pedro Esteban Mejía）及莱昂纳多·蒙铁尔·奥尔特加（Leonardo Montiel Ortega）的论文，参见注27引用的那卷；鲁道夫·金德罗（Rodolfo Quintero）：《石油文化》（*La cultura del petróleo*），加拉加斯，1968年；多明戈·阿尔维托·兰赫尔（Domingo Alberto Rangel）：《委内瑞拉现代资本主义进程》（*El proceso del capitalismo contemporáneo en Venezuela*），加拉加斯，1968年；阿图罗·乌斯拉尔·彼特里（Arturo Uslar Pietri）：《委内瑞拉青年的前途何在？》（"Tiene un porvenir la juventud venezolana?"），刊登在《美洲日志》（*Cuadernos Americanos*），墨西哥，1968

年 3—4 月；联合国拉美经济委员会：《拉美 1969 年经济研究》（*Estudio económico de América Latina, 1969*），纽约与智利，圣地亚哥共同出版，1970 年。

55.《时代周刊》拉丁美洲版，1953 年 9 月 11 日。

第二部分 发展是遇难者多于航行者的航行

早夭史

1. 维廉 · W. 考夫曼（William W. Kaufmann）：《英国政策与拉美独立（1804—1828）》（*La política británica y la independencia de la América Latina [1804-1828]*），加拉加斯，1963 年。
2. 孟夫雷德 · 克索克（Manfred Kossok）：《拉普拉塔河总督区的经济和社会结构》（*El virreinato del Río de la Plata. Su estructura económico-social*），布宜诺斯艾利斯，1959 年。
3. H.S. 弗恩斯（H. S. Ferns）：《19 世纪的大不列颠与阿根廷》（*Gran Bretaña y Argentina en el siglo XIX*），布宜诺斯艾利斯，1966 年。
4. 同前引书。
5. 亚历山大 · 冯 · 洪堡：《论新西班牙王国》（*Ensayo sobre el reino de la Nueva España*），墨西哥，1944 年。
6. 埃米里奥 · 罗梅洛（Emilio Romero）：《秘鲁经济史》（*Historia económica del Perú*），布宜诺斯艾利斯，1949 年。
7. 同前引书。
8. 埃尔南 · 拉米雷斯 · 内科切亚（Hernán Ramírez Necochea）：《智利独立的经济背景》（*Antecedentes económicos de la independencia de Chile*），智利，圣地亚哥，1959 年。
9. 卡约 · 普拉多 · 茹尼奥尔（Caio Prado Júnior）：《巴西经济史》（*Historia económica del Brasil*），布宜诺斯艾利斯，1960 年。
10. 大学协会（The University Society）：《独立一百周年时的玻利维亚》（*Bolivia en el primer centenario de su independencia*），拉巴斯，1925 年。
11. 路易斯·C. 阿伦·拉斯卡诺（Luis C. Alen Lascano）：《帝国主义与自由贸易》（*Imperialismo y comercio libre*），布宜诺斯艾利斯，1963 年。
12. 佩德罗 · 桑托斯 · 马丁内斯（Pedro Santos Martínez）：《总督时期的工业（1776—1810）》（*Las industrias durante el virreinato [1776-1810]*），布宜诺斯艾利斯，1969 年。
13. 里卡多 · 莱维内（Ricardo Levene）：《阿根廷历史文献》（*Documentos para la historia argentina*）序，1919 年，《全集》（*Obras completas*），布宜诺斯艾利斯，1962 年。
14. 伍德拜因·帕里什（Woodbine Parish）：《布宜诺斯艾利斯和拉普拉塔河流域各省》（*Buenos Aires y las Provincias del Río de la Plata*），布宜诺斯艾利斯，1958 年。
15. 保罗 · 希林：《外国人的巴西》，蒙得维的亚，1966 年。

16. 阿兰 · K. 曼彻斯特（Alan K. Manchester）:《英国在巴西的优势：上升与没落》（*British Preeminence in Brazil: its Rise and Decline*），查佩尔希尔，北卡罗来纳，1933 年。

17. 塞尔索 · 富尔塔多 :《巴西经济的形成》（*Formación económica del Brasil*），墨西哥和布宜诺斯艾利斯，1959 年。

18. J.F. 诺尔曼诺（J. F. Normano）:《巴西经济的演变》（*Evolucão económica do Brasil*），圣保罗，1934 年。

19. 古斯塔沃 · 贝豪特（Gustavo Beyhaut）:《现代拉丁美洲的根源》（*Raíces contemporáneas de América Latina*），布宜诺斯艾利斯，1964 年。

20. 埃尔南 · 拉米雷斯 · 内科切亚（Hernán Ramírez Necochea）:《帝国主义在智利的历史》（*Historia del imperialismo en Chile*），智利，圣地亚哥，1960 年。

21. 这位德国经济学家生于 1789 年。他在美国和自己的祖国宣传关税保护主义理论，主张发展工业。1846 年自杀身亡，其思想在美国和德国影响很大。

22. 克劳迪奥 · 贝利斯（Claudio Véliz）:《三条腿的桌子》（La mesa de tres patas），载于《经济发展》（*Desarrollo económico*）第 3 卷，第 1、2 期，智利，圣地亚哥，1963 年 9 月。

23. "怪不得自由贸易的信徒弄不清一国如何牺牲别国而致富；要知道这些先生们更不想懂得，在每一个国家里，一个阶级是如何牺牲另一个阶级而致富的。" 卡尔 · 马克思 :《关于自由贸易的演说》（Discurso sobre el libre cambio），选自《贫困的哲学》（*Miseria de la filosofía*），莫斯科，参见本章末。

24. 路易斯 · 查韦斯 · 奥罗斯科（Luis Chávez Orozco）:《墨西哥的制造业（1821—1867）》（"La industria de transformación mexicana [1821-1867]"），见《墨西哥对外贸易史文件集》（*Colección de documentos para la historia del comercio exterior de México*）第 7 卷，国家外贸银行，墨西哥，1962 年。

25. 阿伦索 · 阿吉拉尔 · 蒙特维尔德（Alonso Aguilar Monteverde）:《墨西哥经济的辩证法》（*Dialéctica de la economía mexicana*），墨西哥，1968 年。

26. 让 · 巴桑特（Jan Bazant）:《论 1843—1845 年墨西哥棉花工业的生产率（卢卡斯 · 阿拉曼和墨西哥工业革命）》（"Estudio sobre la productividad de la industria algodonera mexicana en 1843-1845 [Lucas Alamán y la Revolución industrial en México]"），国家外贸银行，同前引书。

27. 路易斯 · 查韦斯 · 奥罗斯科，同前引书。

28. 国家外贸银行在上述文件集第 3 卷转录的为保护主义辩护的材料，载于《19 世纪报》（*El Siglo XIX*），1850 年底。"西班牙文明的征服及其三百年的军事统治之后，墨西哥进入了一个新的时代，这也可以称之为征服的时代，但这是科学和贸易方面的征服……这个时代的威力体现为商船，其理论是经济绝对自由论，它对后进民族的极其有力的准则是互惠法则……人们对我们说：'把能带到欧洲的产品都带去（除了我们禁止带去的以外）。作为报答，你们要允许我们带来我们能带的一切产品，尽管这样做会使你们的手工业破产……' 如果我们接受大洋彼岸和布拉沃河对岸的先生们的理论（他们是不遵守这些理论的），那么，只要我们乐意，我们的国库收入就会增加……但是这并非是由于墨西哥人民的劳动，而是由于英国、法国、瑞士和美国人民的劳动。"

29. 米龙 · 布尔金（Miron Burgin）:《阿根廷联邦制经济概况》（*Aspectos económicos del federalismo argentino*），布宜诺斯艾利斯，1960 年。

30. 胡安 · 阿尔瓦雷斯（Juan Álvarez）:《阿根廷内战》（*Las guerras civiles argentinas*），布宜

诺斯艾利斯，1912年。

31. 起义军“像旋风那样，在露天产生，也像旋风那样冲击、怒吼和破坏，突然它停止了并像旋风那样消失”。达尔多·德·拉·维加·迪亚斯（Dardo de la Vega Díaz）:《英勇的里奥哈》（*La Rioja heroica*），门多萨，1955年。

曾当过联邦军士兵的何塞·埃尔南德斯（José Hernández）在《马丁·菲耶罗》（*Martín Fierro*）这本阿根廷最大众化的书中，歌颂了被赶出家园、受当局迫害的高乔人的不幸。他写道：

雄鹰有巢，
猛虎有森林，
狐狸有洞穴，
反复无常的命运，
只有高乔人在流浪，
命运将把他带到何方。
因为
给他的是牢房，
给他的是镣铐。
他没有道理，
尽管理由足够。
穷人的道理，
敲不响的木钟。

豪尔赫·阿贝拉尔多·拉莫斯（Jorge Abelardo Ramos）指出（见《阿根廷的革命和反革命》[*Revolución y contrarrevolución en la Argentina*]，布宜诺斯艾利斯，1965年），在《马丁·菲耶罗》一书中有两个真实的姓名，即安乔雷纳（Anchorena）和盖恩萨（Gainza）。这两姓代表了曾消灭拿起武器的本地人的寡头集团。如今，这两姓结合在一起，成为《新闻报》（*La Prensa*）的所有者。

里卡多·吉拉尔德斯（Ricardo Güiraldes）在《唐塞贡多·桑布拉》（*Don Segundo Sombra*）一书中（布宜诺斯艾利斯，1939年）描述了马丁·菲耶罗的对立面，即顺服的高乔人。他天天劳动，向主人献媚，喜欢唱怀乡的民歌，值得同情。

32. 罗道夫·奥尔特加·培尼亚（Rodolfo Ortega Peña）、爱德华多·路易斯·杜亚尔特（Eduardo Luis Duhalde）:《费利佩·巴雷拉反对英帝国》（*Felipe Varela contra el Imperio Británico*），布宜诺斯艾利斯，1966年。1870年，拉丁美洲唯一没有进入帝国主义牢笼的国家——巴拉圭，也在血泊中遭到外国的入侵。

33. 米龙·布尔金，同前引书。

34. 胡安·阿尔瓦雷斯，同前引书。

35. 豪尔赫·阿贝拉尔多·拉莫斯，同前引书。

36. 何塞·路易斯·布萨尼切（José Luis Busaniche）:《同代人眼中的罗萨斯》（*Rosas visto*

por sus contemporáneos)，布宜诺斯艾利斯，1955 年。

37. 何塞 · 里维拉 · 因达尔特（José Rivera Indarte）在其著名的《血的目录》(*Tablas de sangre*）中列举了罗萨斯的罪行，以打动欧洲人之心。据伦敦《阿特拉斯》(*Atlas*）报道，萨穆埃尔 · 拉福内（Samuel Lafone）在英国的银行按每个死人一便士计算，付给作者一笔钱。罗萨斯禁止出口金银，沉重打击了英帝国；他还解散了作为英国贸易工具的国民银行。约翰 · F. 卡迪（John F. Cady）:《拉普拉塔河流域的外国干涉》(*La intervención extranjera en el Río de la Plata*)，布宜诺斯艾利斯，1943 年。

38. 比维安 · 特里亚斯（Vivian Trías）:《胡安 · 马努埃尔 · 德 · 罗萨斯》(*Juan Manuel de Rosas*)，蒙得维的亚，1970 年。

39. 赫瓦西奥·A. 德·波萨达（Gervasio A. de Posadas）的演说，转引自达尔多·库内奥（Dardo Cúneo）《企业家阶层的态度与危机》(*Comportamiento y crisis de la clase empresaria*)，布宜诺斯艾利斯，1967 年。1876 年，财政部长在议会发言时说："……我们不能制定过分严厉的法令，阻碍进口皮鞋，以免这儿的四个皮匠生意兴隆而外国的一千个皮鞋制造商连一双皮鞋都卖不出去。"

40. 阿曼多 · 劳尔 · 巴桑（Armando Raúl Bazán）:《暴乱的社会基础》("Las bases sociales de la montonera")，见《美洲和阿根廷历史杂志》(*Revista de historia americana y argentina*)，第 7、8 期，门托萨，1962—1963 年。

41. 多明戈 · 福斯蒂诺 · 萨米恩托（Domingo Faustino Sarmiento）:《法贡多》(*Facundo*)，布宜诺斯艾利斯，1952 年。

42. 马里奥 · 马尔古里斯（Mario Margulis）:《阿根廷社会的移民和贫困化》(*Migración y marginalidad en la sociedad argentina*)，布宜诺斯艾利斯，1968 年。

43. 为了写此章节，作者参考了以下著作：胡安·巴蒂斯塔·阿尔维迪（Juan Bautista Alberdi）:《巴拉圭战争史》(*Historia de la guerra del Paraguay*)，布宜诺斯艾利斯，1962 年；佩勒姆 · 霍顿 · 博克斯（Pelham Horton Box）:《三国联盟战争的由来》(*Los orígenes de la Guerra de la Triple Alianza*)，布宜诺斯艾利斯–亚松森，1958 年；埃弗拉因 · 卡多索（Efraím Cardozo）:《巴西帝国与拉普拉塔河》(*El imperio del Brasil y el Río de la Plata*)，布宜诺斯艾利斯，1961 年；胡利奥 · 塞萨尔 · 查维斯（Julio César Chaves）:《洛佩斯总统》(*El presidente López*)，布宜诺斯艾利斯，1955 年；卡洛斯 · 佩雷拉（Carlos Pereyra）:《弗朗西斯科 · 索拉诺 · 洛佩斯与巴拉圭战争》(*Francisco Solano López y la guerra del Paraguay*)，布宜诺斯艾利斯，1945 年；胡安 · F. 佩雷斯 · 阿科斯塔（Juan F. Pérez Acosta）:《卡洛斯 · 安东尼奥 · 洛佩斯，高尚的工人。管理和建设工作》(*Carlos Antonio López, obrero máximo. Labor administrativa y constructiva*)，亚松森，1948 年；何塞 · 玛丽亚 · 罗莎（José María Rosa）:《巴拉圭战争与阿根廷暴乱分子》(*La guerra del Paraguay y las montoneras argentinas*)，布宜诺斯艾利斯，1965 年；巴托洛梅 · 米特雷（Bartolomé Mitre）、胡安 · 卡洛斯 · 戈麦斯（Juan Carlos Gómez）:《关于讨论巴拉圭战争的文件》(*Cartas polémicas sobre la guerra del Paraguay*)，纳塔利西奥 · 贡萨雷斯（J. Natalicio González）作序，布宜诺斯艾利斯，1940 年，以及比维安·特里亚斯（Vivian Trías）所著的关于此问题的尚未发表的作品。

44. 法兰西亚（Francia）作为最可怕的人物被载入官方的野蛮史。自由主义强加于人的被歪曲了的观点并非拉美统治阶级的特权。常常用他人的眼睛观察我们各国历史的不少左派知识分子也接受了右派的某些神话、神化和革除令。巴勃罗 · 聂鲁达（Pablo Neruda）在那本诗史般地歌颂拉美各国人民的《漫歌集》(*Canto general*）一书中（布宜诺斯艾利斯，1955 年），明确地反映了这种失落感。聂鲁达无视阿蒂加斯（Artigas）、卡洛斯·安东尼奥·索拉诺（Carlos Antonio Solano）和弗朗西斯科·索拉诺·洛佩斯（Francisco Solano López），但他与萨米恩托（Sarmiento）观点一致。他称法兰西亚为“生活在广阔茶园的、患了麻风病的国王”，说他“封锁了巴拉圭，把它变为自己的巢穴”，“用酷刑和泥浆封锁了边境”。聂鲁达对罗萨斯也不客气，呼吁反对“用刀和狂笑折磨阿根廷”的人，说阿根廷“是在黎明的晨雾中，被抢劫、受惩罚，一直到流血和发疯，成了空荡荡的。严厉的工头骑在其头上”。

45. 面对登上欧洲历史舞台的新势力，被称作“教宗黑色卫士”（guardia negra del Papa）的耶稣会那些狂热的僧侣们起来捍卫中世纪的秩序。但在讲西班牙语的美洲，耶稣会的活动具有进步色彩。他们到此地区是为了以忘我精神和禁欲主义为榜样净化天主教教会，因为在征服美洲后，教会有了自己支配的财产，它便无止境地享受和消遣。巴拉圭的耶稣会成绩最好，经过一百五十多年的努力（1603—1768），实现了该会创始人的目标。耶稣会靠音乐吸引了瓜拉尼族的印第安人。这些印第安人原先逃到森林去寻求保护，不参加村落领主和地主们的**开发进程**。这样，有十五万瓜拉尼人又恢复了他们原先的原始公社组织、自己的艺术以及各种行业的技能。在耶稣会的传教区里没有大庄园，种地一方面是为了满足个人的需要，另一方面是为了发展大家关心的事业和购买必要的、属于集体所有的劳动工具。印第安人的生活组织得非常明智，在车间和学校里培养了音乐家和手工业者、农民、纺织工人、演员、画家、建筑师等。那儿没有货币，禁止商人进入教区。如想做生意就必须在距教区一定距离的旅馆进行。

王室终于屈服于土生土长的村落领主，把耶稣会成员赶出美洲。地主和奴隶主开始追捕印第安人，把他们的尸体悬挂在教区的大树上。在巴西的奴隶市场上，整个村子的人都被作为奴隶出卖。许多印第安人又回到森林中去找庇护所。耶稣会的图书成为炉中之燃料，或者用来制作炮竹。豪尔赫·阿维拉多·拉莫斯：《拉丁美洲民族的历史》，布宜诺斯艾利斯，1968 年。

46. 人们对索拉诺·洛佩斯尚记忆犹新。1969 年 9 月，里约热内卢国家历史博物馆宣布要为这位巴拉圭总统办一个展览时，军人的反应非常强烈。曾在 1964 年发动政变的莫朗（Mourão Filho）将军向报界宣布：“狂风吹遍全国……必须从我们的历史中永远抹去索拉诺·洛佩斯。他是南美典型的穿军装的独裁者，是血腥消灭巴拉圭、把巴拉圭引向不可能取胜的战争的罪魁祸首。”

47. 1968 年初，在举行选举前不久，斯特罗斯纳将军访问了美国。他向法新社说：“我与约翰逊总统会晤时向他表示，我靠选举已当了十二年国家元首。约翰逊回答说，这就更有理由在下一届继续任职。”

48. 总统办公室（Presidencia de la Nación），计划技术秘书处（Secretaría Técnica de Planificación），《经济与社会发展全国计划》（*Plan nacional de desarrollo económico y social*），亚松森，1966 年。

49. 许多农民最后选择了去国内中部的小庄园地区，或者再次向巴西迁徙，为库里提巴（Curitiba）和马托格罗索（Mato Grosso）的茶园，或者巴拉那的咖啡园提供廉价的劳动力。那些面对森林的先驱者的处境非常令人绝望。他们得不到任何技术指导和贷款，土地是政府**转让的**，他们必须向土地要回足够的果实，一方面供自己食用，另一方面为了**付款**，如不按规定付款就得不到土地证。

50. R. 斯卡拉比尼·奥尔蒂斯（R. Scalabrini Ortiz）：《英国在拉普拉塔河流域的政策》（*Política británica en el Río de la Plata*），布宜诺斯艾利斯，1940 年。

51. J. 弗雷德 · 里比（J. Fred Rippy）:《英国在拉丁美洲的投资（1822—1949）》（*British Investments in Latin America [1822-1949]*），明尼阿波利斯，1959 年。

52. 塞尔索 · 富尔塔多，同前引书。

53. 罗伯特 · 施奈伯（Robert Schnerb）:《19 世纪，欧洲扩张的顶峰（1815—1914）》（*Le XIXe siècle. L' apogée de l' expansion européenne [1815-1914]*），见莫里塞 · 卡卢塞（Maurice Crouzet）主编的《文明总史》（*Historia General de las Civilizaciones*），第 6 卷，巴黎，1968 年。

54. R. 斯卡拉比尼 · 奥尔蒂斯，同前引书。

55. 同上。

56. J. 爱德华多 · 雷康多（J. Eduardo Retondo）:《圣地亚哥德尔埃斯特罗的森林和林业》（*El bosque y la industria forestal en Santiago del Estero*），圣地亚哥德尔埃斯特罗，1962 年。

57. 转引自安德烈 · 冈德 · 弗兰克 :《拉丁美洲的资本主义和不发达》，纽约，1967 年。

58. 爱德华 · C. 柯克兰 :《美国经济史》，墨西哥，1941 年。

59. 塞尔索 · 富尔塔多，同前引书。

60. 克劳德 · 福伦（Claude Fohlen）:《1815 年至今的盎格鲁–萨克逊美洲》（*L'Amérique anglo-saxonne de 1815 a nos jours*），巴黎，1965 年。

61. 罗伯特 · 施奈伯，同前引书。

62. "国家的资本承担了开始时的风险……官方资助铁路不仅便于集资，还减少修路的成本。在某些情况下，有了公款就有可能修筑铁路，包括修筑支线在内，否则就是不可能。在一些更为重要的情况下，有了公款，就能加速完成一些用私人资本可能要拖延时间才能完成的规划"，哈里 · H. 皮尔斯（Harry H. Pierce）:《纽约的铁路，研究政府的援助，1826—1875）》（*Railroads of New York, A Study of Government Aid, 1826-1875*），坎布里奇，马萨诸塞，1953 年。

63. 克劳德 · 福伦，同前引书。

64. 南方成为北方资本家的内部殖民地。战后，为了在南北卡罗来纳州、佐治亚州和阿拉巴马州修建两个纺纱厂而进行的宣传具有圣战的性质。但这绝非是道德方面的胜利，因为新工业的产生不全是人道主义行为。南方提供的劳力和电力较便宜，利润也相当高，有时竟达 70%。来自北方的资本想使南方听命于这一制度的重心。集中在北卡罗来纳州的烟业直属于杜克托拉斯。为了利用更有利的法令，该托拉斯转移到新泽西州；开采阿拉巴马州的铁矿和煤矿的田纳西钢铁公司在 1907 年转由美国钢铁公司控制，并从此由它定价，这样就消灭了令人不愉快的竞争。20 世纪初，南方的人均收入与战前水平相比，减少了一半。C. 范 · 伍德沃德（C. Vann Woodward）:《新南方的起源，1879—1913》（"Origins of the New South, 1879—1913"），见于多作者撰写的《南方史》（*A History of the South*），巴吞鲁日，1948 年。

掠夺的现代结构

1. 四十年前，美国在拉丁美洲加工工业的投资只占其投资总额的 6%。到 1960 年，投资比例已接近 20%，并继续上升到将近三分之一。联合国拉美经济委员会 :《拉丁美洲的外来资助》（*El financiamiento externo de América Latina*），纽约–智利，圣地亚哥，1964 年及

《拉丁美洲经济研究》(*Estudio económico de América Latina*)，1967、1968 和 1969 年。

2. 美洲国家组织总秘书处（Secretaría General de la Organización de Estados Americanos）：《拉丁美洲发展的外来资助》(*El financiamiento externo para el desarrollo de la América Latina*)，华盛顿，1969 年。内部的文件，美洲经济和社会理事会第六次年会。

3. 美国商业部（Departamento de Comercio de los Estados Unidos）和争取进步联盟泛美委员会（Comité Interamericano de la Alianza para el Progreso）资料。美洲国家组织总秘书处（Secretaría General de la OEA），同前引书。

4. 保罗 · A. 巴兰（Paul A. Baran）、保罗 · M. 斯威齐（Paul M. Sweezy）:《垄断资本》(*El capital monopolista*)，墨西哥，1971 年。

5. J.J. 塞万–施赖伯（J. J. Servan-Schreibet）:《美洲的挑战》(*El desafío americano*)，智利，圣地亚哥，1968 年。

6. 转引自阿尔弗雷多 · 帕雷拉 · 丹尼斯（Alfredo Parera Dennis）《阿根廷统治阶级与宗主国之间关系的性质》("Naturaleza de las relaciones entre las clases dominantes argentinas y las metrópolis")，载于《经济和社会调查资料》(*Fichas de investigación económica y social*)，布宜诺斯艾利斯，1964 年 12 月。

7. 计划和总协调部（Ministério do Planejamento e Coordenação Geral）:《巴西的工业化：其现状和前景》(*A industrialização brasileira: diagnóstico e perspectivas*)，里约热内卢，1969 年。

8. 达尔多 · 库内奥 :《企业阶级的态度与危机》，布宜诺斯艾利斯，1967 年。

9. 在上述时期内，智利、哥伦比亚和乌拉圭也经历了替代进口的过程。在此之前，乌拉圭总统何塞 · 巴特列 · 奥多涅斯（José Batlle y Ordóñez，1903—1907 年和 1911—1915 年执政）曾是拉美资产阶级革命的先知。乌拉圭先于美国用法律确定八小时工作日。巴特列福利国家的经验没有局限于贯彻当时最先进的社会法令，而且有力地推动了文化的发展和群众性教育，对公共服务行业和一些具有重要经济意义的生产部门实行了国有化。然而，巴特列没有触及地主的权力，也没有对银行和外贸实行国有化。目前，乌拉圭忍受着这位先知也许是不可避免的疏忽和继承人的背叛所酿成的后果。

10. "转由在国内生产某种产品仅仅'替代了'在本国经济之外创造的总值的一部分……随着这种替代产品的消费迅速增长，它所引起的对进口的需求可能在短期内超过了外汇经济……"玛丽亚 · 德 · 孔塞桑 · 塔瓦雷斯（María de Conceição Tavares）:《作为拉丁美洲新近发展模式的替代进口进程》(*O processo de substitução de importações como modelo de desenvolvimento recente na América Latina*)，拉丁美洲经济委员会和拉丁美洲经济和社会计划学会（CEPAL-ILPES），里约热内卢，参见本章末。

11. 伊斯梅尔 · 比尼亚斯（Ismael Viñas）、欧亨尼奥 · 加斯蒂亚索罗（Eugenio Gastiazoro）：《经济与依附性（1900—1968）》(*Economía y dependencia [1900-1968]*)，布宜诺斯艾利斯，1968 年。

12. 经济事务部部长于 1953 年 11 月 27 日这样回答《视界》(*Visión*) 杂志记者的提问："——除了石油工业之外，阿根廷还希望同外国资本合作发展哪些工业？"

    "——更明确地说，按先后次序列举，先是**石油**，第二是**冶金工业**……**重型化工**……生产**交通工具**……生产**车轮和传动轴**……还要在国内生产**柴油机**。"转引自阿尔弗雷多 · 帕雷拉 · 丹尼斯，同前引书。

13. 奥克塔维奥 · 杨尼（Octavio Ianni）:《民众主义在巴西的崩溃》(*O colapso do*

populismo no Brasil)，里约热内卢，1968 年。

14. 卢西亚诺·马丁斯（Luciano Martins）:《工业化、民族资产阶级和发展》（*Industrialização, burguesia nacional e desenvolvimento*），里约热内卢，1968 年。

15. 费尔南多·恩里克·卡多索（Fernando Henrique Cardoso）:《依附性社会（阿根廷和巴西）工业资产阶级的意识形态》（*Ideologías de la burguesía industrial en sociedades dependientes [Argentina y Brasil]*），墨西哥，1970 年。

16. 弗朗索瓦·布里高（François Bourricaud）、豪尔赫·布拉沃·布雷萨尼（Jorge Bravo Bresani）、亨利·法夫（Henri Favre）、让·皮尔（Jean Piel）:《秘鲁的寡头集团》（*La oligarquía en el Perú*），科马，1969 年，此材料引自法夫的文章。

17. 里卡多·拉戈斯·埃斯科瓦尔（Ricardo Lagos Escobar）:《经济权力的集中及其理论，智利的现实》（*La concentración del poder económico. Su teoría. Realidad chilena*），智利，圣地亚哥，1961 年；比维安·特里亚斯（Vivian Trías）:《乌拉圭的土地改革》（*Reforma agraria en el Uruguay*），蒙得维的亚，1962 年。此两书提供了不可辩驳的事例，即数百个家族占有了工厂、土地、大商店和银行。

18. “墨西哥的资本家变得越来越反复无常，野心越来越大。不管他们发财的起点是靠什么生意，他们都拥有一个畅通无阻的渠道网，为他们所有人，或者至少是那些最显赫的人，提供增加利润的可能性。通过友谊、合营、联姻、干亲关系、互相提供方便、参加某些俱乐部或协会、经常举行集会，以及理所当然的一致的政治态度等手段，把他们的利益交织在一起。”阿隆索·阿吉拉尔·蒙特维尔德（Alonso Aguilar Monteverde）及其他作者:《墨西哥的奇迹》（*El milagro mexicano*），墨西哥，1970 年。

19. 这是卡洛斯·佩莱格利尼(Carlos Pellegrini)。当赛马俱乐部要出版他的演说集以示敬意时，他收回了主张工业化的那几篇演说。达尔多·库内奥，同前引书。

20. 埃里奥·贝尔特兰（Hélio Beltrão）部长在里约热内卢商业协会午餐会上的讲话，见《人民邮报》（*Correio do Povo*），1969 年 5 月 24 日。

21. 拉丁美洲经济委员会和全国经济开发银行（CEPAL-BNDE）:《巴西经济政策十五年》（*Quince años de política económica en el Brasil*），智利，圣地亚哥，1965 年。

22. 极力拥护外国投资的经济学家欧亨尼奥·古丁（Eugênio Gudin）估计，仅这最后一项，巴西就给美国和欧洲企业送去不多不少的十亿美元。莫亚西尔·派桑（Moacir Paixão）估计，在汽车工业的建立时期，美国和欧洲企业所得的优惠相当于当时的国家预算。保罗·希林指出（《外国人的巴西》，蒙得维的亚，1966 年），巴西政府一面给大的国际跨国公司让了许多利益，使它们能以最少的投资获取最大限度的利润；另一方面，则拒绝给在瓦加斯时期创建的国家发动机厂提供帮助。后来，在卡斯特洛·布兰科（Castelo Branco）政府时期，这家国营企业被卖给阿尔法·罗密欧公司（Alfa Romeo）。

23. 毛里西奥·比尼亚斯·德·克罗斯（Maurício Vinhas de Queiroz）:《百万富翁集团》（Os grupos multibilionarios），见《社会科学学院杂志》（*Revista do Instituto de Ciências Sociais*），里约热内卢联邦大学，1965 年 1—12 月。

24. 这个委员会得出的结论是：1968 年，外国资本控制了巴西资本市场的 40%，外贸的 62%，海运的 82%，对外空运的 67%，机动车生产的 100%，车轮气胎生产的 100%，药品工业的 80% 以上，化学工业的近 50%，机械生产的 59%，汽车配件工厂的 62%，铝生产的 48% 和水泥生产的 90%。外国资本中有一半属于美国企业，其次为德国企业。顺便值得指出，联邦德国在拉丁美洲的投资呈上升趋势。巴西每生产两辆汽车，其中就有一辆属于大众公司，这是全拉丁美洲地区最重要的一家公司。拉美第一家汽车厂是一个德国企业，即 1951 年在阿根廷建立的奔驰汽车厂（Mercedes-Benz）。拜耳化学公司（Bayer）、赫希斯特公司（Hoechst）、巴斯夫公司（BASF）、先灵公司（Schering）等控制着拉美的大部分化学工业。

25.《纽约时报》特刊，1969 年 1 月 19 日。

26. 塞尔希奥 · 尼古劳（Sergio Nicolau）:《外国在拉丁美洲自由贸易协会成员国的直接投资》（*La inversión extranjera directa en los países de la ALALC*），墨西哥，1968 年。

27. 罗赫略 · 加西亚 · 卢波（Rogelio García Lupo）:《反对外国占领》（*Contra la ocupación extranjera*），布宜诺斯艾利斯，1968 年。

28. 转引自联合国拉丁美洲经济委员会《1968 年拉丁美洲经济研究》（*Estudio económico de América Latina*），纽约–智利，圣地亚哥，1969 年。

29.《视界》杂志报道，1967 年 2 月 3 日。

30. 何塞 · 路易斯 · 塞塞尼亚（José Luis Ceceña）:《垄断集团在墨西哥》（*Los monopolios en México*），墨西哥，1962 年。

31. 何塞 · 路易斯 · 塞塞尼亚 :《在帝国轨道的墨西哥》（*México en la órbita imperial*），墨西哥，1970 年；阿隆索 · 阿吉拉尔（Alonso Aguilar）、费尔南多 · 卡蒙娜（Fernando Carmona）:《墨西哥，财富与贫困》（*México, riqueza y miseria*），墨西哥，1968 年。

32. 罗伯托 · 坎波斯（Roberto Campos）部长在议会调查委员会关于民族企业与外国企业进行交易的报告中提供的证词。打字稿，巴西利亚众议院，1968 年 9 月 6 日。

不久以后，坎波斯发表关于秘鲁政府民族主义态度的一种奇怪的理论。据他认为，贝拉斯科 · 阿尔瓦拉多（Velasco Alvarado）的政府没收标准石油公司只不过是“男子汉好出风头”的一种表现。他写道，民族主义的唯一目的是满足人类原始的仇恨。并补充说，“骄傲既不创造投资，也不增加资本量……”载于《环球报》（*O Globo*），1969 年 2 月 25 日。

33. 萨穆埃尔 · 利希滕斯坦（Samuel Lichtensztejn）、阿尔维托 · 库里尔（Alberto Couriel）:《国际货币基金组织和国家的经济危机》（*EIFMI y la crisis económica nacional*），蒙得维的亚，1967 年；比维安 · 特里亚斯（Vivian Trías）:《帝国的危机》（*La crisis del Imperio*），蒙得维的亚，1970 年。

34. 费尔南多 · 加斯帕利恩（Fernando Gasparian），载于《晨邮报》，1968 年 5 月 1 日。

35. 美洲国家组织总秘书处，同前引书。

36. 国际金融调查组织（International Banking Survey），载于《贸易报》（*Journal of Commerce*），纽约，1968 年 2 月 25 日。

37. 罗伯特 · A. 贝内特（Robert A. Bennett）、卡伦 · 阿尔蒙蒂（Karen Almonti）:《美国银行的国际活动》（“International Activities of United States Banks”），载于《美国银行家》（*The American Banker*），纽约，1969 年。

38. 经济协调与计划部（Ministério do Planejamento e Coordenação Econômica）:《政府的经济行动纲领》（*Programa de Ação Econômica do Govêrno*），里约热内卢，1964 年 11 月。两年后坎波斯在圣保罗的麦肯齐大学（Universidad Mackenzie）讲话时强调说：“由于处在组建过程的经济没有资金来发展自己（如有资金，它们就不会落后），所以，接受所有愿意同我们一起冒风险（进步是一种美妙的风险）并获得一部分成果的人的合作是合法的。”1966 年 12 月 22 日。

39. 美国贸易部的有关机构高兴地指出："1965 年以后，从巴西汇来的资金有所增加"，"作为利息、收益、红利和特许权税流进的资金在增加，贷款的期限和条件取决于向国际货币基金组织作出的承诺"。载于《国际贸易》(*International Commerce*)，1967 年 4 月 24 日。

40. 美洲国家组织总秘书处，同前引书。肯尼迪（Kennedy）总统早在 1960 年就承认："我们从需要资本的不发达国家中得到了十三亿美元，而我们给他们的只有两亿美元的资本投资。"在劳联—产联（AFL-CIO）大会上的发言，迈阿密，1961 年 12 月 8 日。

41. 1955—1966 年间，神秘的错误和遗漏在委内瑞拉超过一亿美元，在阿根廷超过七亿四千三百万美元，在巴西为七亿一千四百万美元，在乌拉圭为三亿一千万美元。联合国，拉丁美洲经济委员会，同前引书。

42.《经济和社会调查资料》(*Fichas de investigación económica y social*)，布宜诺斯艾利斯，1965 年 6 月。

43. V. A. 切普拉科夫（V. A. Cheprakov）:《国家垄断资本主义》(*El capitalismo monopolista de Estado*)，莫斯科，参见本章末；保罗 · A. 巴兰、保罗 · M. 斯威齐，同前引书；比维安 · 特里亚斯，同前引书。

44.《圣保罗州报》(*O Estado de São Paulo*)，1963 年 1 月 24 日。

45.《国际贸易》，1963 年 2 月 4 日。

46.《华尔街日报》(*Wall Street Journal*)，1968 年 1 月 31 日。

47.《国际贸易》，1967 年 7 月 17 日。

48. 美洲国家组织总秘书处，同前引书。

49. 例如在乌拉圭。1963 年 5 月 21 日蒙得维的亚省政府与泛美开发银行（BID）签署扩大下水道的协定。

50. 例如在玻利维亚。1966 年 4 月 1 日科恰班巴的苏克雷大学与泛美开发银行签署改善农业科学教育的协定。

51.《已经报》(Ya) 发表的文件，蒙得维的亚，1970 年 5 月 28 日。

52.《远景》(*Panorama*)，社会文献资料研究中心，墨西哥，1965 年 11—12 月。

53. 为了表示谢意，美国还向杜瓦利埃独裁政府许诺要修建通往机场的一条公路。欧文 · 弗勒姆（Irving Pflaum,《决定的舞台，拉丁美洲的危机》[*Arena of Decision. Latin American Crisis*], 纽约, 1964 年）和约翰 · 杰拉西（John Gerassi,《拉丁美洲的大恐怖》[*The Great Fear in Latin America*]，纽约，1965 年）一致认为，这是一次贿赂事件，但是美国没有实现向海地许下的诺言。在伏都教的神话中代表死神的杜瓦利埃感到受骗了。据说，这个老巫师请求魔鬼帮助他向肯尼迪报复。当肯尼迪总统在达拉斯被杀后，他就满意地笑了。

54. 采访，乔治 · 安妮 · 盖耶（Georgie Anne Geyer），见《迈阿密号角报》(*The Miami Herald*)，1966 年 12 月 24 日。

55. 向众议院一个委员会做的声明。转引自纳尔逊 · 沃内克 · 索德雷（Nelson Werneck Sodré）《巴西军事史》(*História militar do Brasil*)，里约热内卢，1965 年。

56. 弗雷德里克 · B. 派克（Frederick B. Pike）:《秘鲁现代史》(*The Modern History of Peru*)，纽约，1968 年。

57. 阿马多 · 卡内拉斯（Amado Canelas）:《争取落后联盟剖析》(*Radiografía de la Alianza*

para el Atraso)，拉巴斯，1963年；马里亚诺·巴普蒂斯塔–古穆西奥（Mariano Baptista Gumucio）和其他作者：《在玻利维亚的游击队员和将军》（*Guerrilleros y generales sobre Bolivia*），布宜诺斯艾利斯，1968年；约翰·冈瑟（John Gunther）：《南美洲内幕》（*Inside South America*），纽约，1967年。

58. 不久以后，戴维的女儿，佩吉·洛克菲勒（Peggy Rockefeller）决定到里约热内卢一个名叫雅卡雷兹诺的贫民窟去生活。她的父亲、世界上最富有的人之一到巴西去做生意时，亲自到佩吉住的平民的家去看望。他品尝了简单的饭菜，看到房子漏雨和老鼠从门缝进来就害怕。临走时，他在桌子上留下写有好几个零的支票。在那儿，佩吉住了好几个月，同和平队合作。支票不断地寄来，每张支票的钱数等于房东十年劳动所得的钱。当佩吉回国时，这家人，包括其房子已完全变样了。这个贫民窟从来没有这么富有的人。佩吉简直是从天上直接来到这里。好像一下子就中了所有的彩票。于是，佩吉的房东成了政府的宠儿。电台电视台来采访，报纸杂志发表文章。宣传机器开动了，他成了所有巴西人要学习的榜样。他是靠自己的劳动和节省而摆脱贫困；你们看，你们瞧，他没有把挣来的钱拿去买酒喝。他现在有电视机、电冰箱、新家具，孩子们有鞋穿，等等。所有这些宣传忘记了一个细节，那就是佩吉仙女的访问。巴西有九千万人口，奇迹只在一个人的身上出现。

59. 希肯卢珀修正案（Hickenlooper Amendment）第620条，对外援助法（Foreign Assistance Act）。这条法律专门讲“在1962年2月16日前或者在此日子以后”所采取的反对美国利益的措施。1962年2月16日，布里佐拉州长没收了巴西南里约格朗德州的电话公司，此公司是国际电话电报公司分公司。这项决定使华盛顿和巴西利亚关系紧张化，该公司不接受政府提供的赔偿费。

60. 《国际贸易》，1967年4月10日。

61. 转引自《北美拉美人研究会新闻信札》，1970年5—6月。

62. 《拉丁美洲经济发展协会年度报告》（ADELA Annual Report），1968年，转引自《北美拉美人研究会新闻信札》。

63. 泛美开发银行（Banco Interamericano de Desarrollo）：《第10次年度报告》（*Décimo informe anual*），1969年，华盛顿，1970年。

64. 哈里·马格多夫（Harry Magdoff）：《帝国主义的时代》（“La era del imperialismo”），载于《每月评论》，西班牙文文摘，1969年1—2月。

65. 世界银行（The World Bank）、国际金融公司（IFC）和国际开发协会（IDA）：《政策和交易》（*Policies and Operations*），华盛顿，1962年。

66. 世界银行、国际金融公司和国际开发协会，同前引书。

67. “我们的援外计划……为美国公司开发新市场……把受益国的经济引向自由贸易体系。在这种体系内，美国公司可以得到发展。”尤金·R. 布莱克（Eugene R. Black）如是说，见《世界商业哥伦比亚日报》（*Columbia Journal of World Business*），第1卷，1965年。

68. 联合国，拉丁美洲经济委员会，同前引书；《拉丁美洲经济研究》，1969年，纽约–智利，圣地亚哥，1970年。

69. 根据拉丁美洲经济和社会计划学会（Instituto Latinoamericano de Planificación Económica y Social）预测：《贸易逆差和拉丁美洲一体化》（*La brecha comercial y la integración latinoamericana*），墨西哥–智利，圣地亚哥，1967年。

70. 皮埃尔·雅莱（Pierre Jalée）：《对第三世界的抢劫》（*Le pillage du Tiers Monde*），巴黎，

1966 年。

71. 在 1966—1968 年的三年里，咖啡占了哥伦比亚出口总收入的 64%，在巴西占 43%，萨尔瓦多占 48%，危地马拉为 42%，哥斯达黎加为 36%。香蕉占厄瓜多尔外汇收入的 61%，在巴拿马占 54%，洪都拉斯为 47%。尼加拉瓜 42%的外汇收入靠棉花；多米尼加共和国外汇收入的 56%靠糖。在乌拉圭，肉、皮革和羊毛提供了 83%的外汇。铜占智利贸易收入的 74%，占秘鲁的 26%。锡占玻利维亚出口值的 54%。委内瑞拉从石油得到其外汇的 93%。联合国，拉丁美洲经济委员会，同前引书。至于墨西哥，“其外汇收入的 30%以上靠出口三种产品，40%以上靠五种产品，50%以上靠十种产品。这些大多数为未加工的产品，主要运往美国市场”。巴勃罗 · 冈萨雷斯 · 卡萨诺瓦（Pablo González Casanova）:《民主在墨西哥》(*La democracia en México*)，墨西哥，1965 年。

72. 马科·D. 波尔纳（Marco D. Pollner),拉丁美洲一体化协会和泛美开发银行（INTAL-BID）共同撰写的《企业家与拉丁美洲的一体化》(*Los empresarios y la integración de América Latina*)，布宜诺斯艾利斯，1967 年。

73. 智利工人统一工会（Central Única de Trabajadores de Chile）:《拉丁美洲，一个必须挣来的世界》(*América Latina, un mundo que ganar*)，智利，圣地亚哥，1968 年。

74. 拉丁美洲经济和社会计划学会，同前引书。

75. A. 埃曼努尔（A. Emmanuel):《不平等的交易》(*El cambio desigual*), 墨西哥，即将出版。

76. 转引自安德烈 · 冈德 · 弗兰克（André Gunder Frank)《关于不发达资本主义的理论》("Toward a Theory of Capitalist Underdevelopment"),《论不发达》(*Underdevelopment*）文选序言。未发表。

77. L. 德尔沃特（L. Delwart）在《拉丁美洲对美国出口的前景，1965 和 1970》(*The Future of Latin American Exports to the United States: 1965 and 1970*)（纽约，1970 年）中，列举了限制进口拉丁美洲商品的各种现行条例。

78. 哈里 · 马格多夫，同前引书。

79.《因素》杂志，里约热内卢，1968 年 11—12 月。

80. 卡洛斯·基哈诺（Carlos Quijano):《制度的牺牲品》("Las víctimas del sistema"),载于《前进》(*Marcha*）杂志，蒙得维的亚，1970 年 10 月 23 日。

81.《纽约时报》，1968 年 4 月 3 日。

82. 美洲国家组织总秘书处，同前引书。1969 年受国会基金会之托，对美国在墨西哥的子公司作了一次广泛的调查。调查结果表明，在被调查的企业中，有一半是受命于美国的总公司,不得在国外出售其产品。这不是设立子公司的目的。米盖尔·S. 怀翁切克(Miguel S. Wionczek）:《墨西哥的私人外国投资：问题和前景》("La inversión extranjera privada en México: problemas y perspectivas")，见《对外贸易》，墨西哥，1970 年 10 月。

    1963 年，在阿根廷、巴西、秘鲁、哥伦比亚和厄瓜多尔等国，加工产品的出口与工业生产总值的比例没有超过 2%。在墨西哥为 3.1%，在智利为 3.2%。阿尔多 · 费雷尔（Aldo Ferrer）在拉丁美洲一体化协会和泛美开发银行共同撰写的上述一书。

83. 联合国，拉丁美洲经济委员会，同前引书。

84.《商报》(*Jornal do Comercio*)，里约热内卢，1950 年 3 月 23 日。

85. 塞尔索 · 富尔塔多 :《提供给巴西的计划》，里约热内卢，1968 年。

86.《国际贸易》，1967 年 4 月 24 日。

87. 伊斯梅尔·比尼亚斯、欧亨尼奥·加斯蒂亚索里，同前引书。

88. 安东尼奥·加西亚（Antonio García）：《各种权力体系和拉丁美洲的发展》（"as constelaciones del poder y el desarrollo latinoamericano"），载于《对外贸易》，墨西哥，1969年11月。

89. 这并非新的手段。在乌拉圭的英国冷藏公司做赔本生意，这样它可以得到政府的补贴，也可以让它在伦敦的六千家肉铺得到高额利润。在那儿，每公斤乌拉圭肉的价格比乌拉圭出口这些肉所得的钱高四倍。吉列尔莫·伯恩哈特（Guillermo Bernhard）：《垄断集团与冷藏业》（*Los monopolios y la industria frigorífica*），蒙得维的亚，1970年。

90. 萨尔瓦多·阿连德总统的声明。据法新社1970年12月12日电。

91.《理智报》（*La Razón*）发表的材料，布宜诺斯艾利斯，1970年3月2日。

92.《汽车工业的成就》（"Resultados da indústria automovelística"），载于《经济形势》（*Conjuntura económica*）杂志，1969年2月。

93.《北美拉美人研究会新闻信札》，1969年，4—5月。

94. 米盖尔·S. 怀翁切克：《向发展中国家转移技术：关于墨西哥的计划》（"La trasmisión de la tecnología a los países en desarrollo: proyecto de un estudio sobre México"），载于《对外贸易》，墨西哥，1968年5月。

95. 维克托·L. 乌尔基迪（Víctor L. Urquidi）：《拉丁美洲要清除的障碍》（*Obstacles to Change in Latin America*），克劳迪奥·贝利斯（Claudio Véliz）编，伦敦，1967年。

96. 曼努埃尔·萨多斯基（Manuel Sadosky）：《拉丁美洲及其计算》（"América Latina y la computación"），见《大学日报》（*Gaceta de la Universidad*），蒙得维的亚，1970年5月。为了说明发展主义的幻想，萨多斯基引用了美洲国家组织一位专家的证词。乔治·兰多（George Landau）认为："同一些发达国家相比，不发达国家有些优势，因为当它们要引进新设备或新技术时，一般说来都要选择最先进的，这样，它们就得到工业化最高的国家为了取得这些成就而进行的数年的调查和大量投资的成果。"

97. 奥斯卡·J. 马吉奥罗（Oscar J. Maggiolo）等人：《争取拉丁美洲自治的文化政策》（*Hacia una política cultural autónoma para América Latina*），蒙得维的亚，1969年。

98. 古斯塔沃·拉戈斯（Gustavo Lagos）等人：《跨国投资在拉丁美洲的发展和一体化》（*Las inversiones multinacionales en el desarrollo y la integración de América Latina*），波哥大，1968年。

99. 劳尔·普雷维什（Raúl Prebisch）：《拉丁美洲发展中的国际合作》（"La cooperación internacional en el desarrollo latinoamericano, en Desarrollo"），见《发展杂志》，波哥大，1970年1月。

100. 转引自莱奥·芬斯特（Leo Fenster），1969年7月。安德烈·冈德·弗兰克：《流氓资产阶级：流氓的发展》（*Lumpenburguesía: lumpendesarrollo*），蒙得维的亚，1970年。

不管怎么说，外国子公司总是比民族企业更现代化。以民族资本最后几个堡垒之一的纺织工业为例，其自动化程度极低。根据拉丁美洲经济委员会统计，1962年和1963年，欧洲有四个国家为本国纺织业购买新设备时，所投资的钱要比全拉丁美洲在1964年用于同一目的的投资总额多六倍。

101. 1957年（没有更新的资料），美国子公司在欧洲的工厂中所使用的劳动力与其投资的比例比在拉丁美洲高。美洲国家组织总秘书处，同前引书。

102. 联合国，拉丁美洲经济委员会，同前引书。

103. F. S. 奥布赖恩（F. S. O' Brien）:《1968 年巴西的人口和劳动力》（*The Brazilian Population and Labor Force in 1968*），供内部讨论文件，总协调和计划部（Ministério do Planejamento e Coordenação Geral），里约热内卢，1969 年。

104. 联合国，拉丁美洲经济委员会:《拉丁美洲经济研究》，1967 年，纽约–智利，圣地亚哥，1968 年。

105. 联合国，拉丁美洲经济委员会，同前引书。

106. 雷蒙多 · 翁加罗（Raimundo Ongaro）来自狱中的信，载于《面向前方》（*De Frente*），布宜诺斯艾利斯，1969 年 9 月 2 日。

107. 安德烈 · 冈德 · 弗兰克（André Gunder Frank）:《拉丁美洲的资本主义与不发达状态》（*Capitalism and Underdevelopment in Latin America*），纽约，1967 年。

108. 经济协调和计划部，同前引书。

109. Z. 罗马诺瓦（Z. Romanova）:《美国在拉丁美洲的经济扩张》（*La expansión económica de Estados Unidos en América Latina*），莫斯科，参见本章末。

110. 据《巴西日报》（*Jornal do Brasil*）报道，这是英国搞组织劳动工作的专家塞奇 · 伯恩（Serge Birn）提供的资料，里约热内卢，1969 年 1 月 5 日。

111. 安德烈 · 冈德 · 弗兰克，同前引书。

112. 联合国，拉丁美洲经济委员会:《拉丁美洲收入分配论文》（*Estudio sobre la distribución del ingreso en América Latina*），纽约–智利，圣地亚哥，1967 年。“1953 年以前的几年里，在阿根廷出现了逐步重新分配收入的重要进程。根据所掌握的较为详细的三年材料，这一年的平等现象较少，而在 1959 年则较多。在墨西哥，1940 年到 1964 年这一较长的时间里，各种指标表明，20%的收入最低的家庭，其收入不仅是相对而且是绝对地减少。”

113. 毛里西奥 · 比尼亚斯 · 德克罗斯，同前引书。

114. 古斯塔沃 · 拉戈斯等人在泛美开发银行出版的文章:《跨国投资与拉丁美洲的发展和一体化》（“Las inversiones multinacionales en el desarrollo y la integración de América Latina”），波哥大，1968 年。根据拉丁美洲自由贸易协会所容许，有 64%的企业在本地区内做出口贸易，出口化工和石油化工产品、人造纤维、电子产品、工农业机械、办公用品、发动机、量具、钢管和其他产品。

115.《拉丁美洲自由贸易协会:两亿核心美洲消费者》（“LAFTA, Key America's 200 Million Consumers”），调查报告，《国际商报》（*Business International*），1966 年 6 月。

116.《拉丁美洲的共同市场也造成了美国商人的共同意识》（“A Latin American Common Market Makes Common Sense For U. S. Businessmen Too”），《财富》杂志 1967 年 6 月。

117. 劳尔 · 普雷维什（Raúl Prebisch）:《经济一体化问题》（“Problemas de la integración económica”），载于《金融和经济现状》（*Actualidades económicas financieras*），蒙得维的亚，1962 年 1 月。

118. 普雷维什、桑斯 · 德 · 圣玛丽亚（Sanz de Santamaría）、马约夫雷（Mayobre）和埃雷拉（Herrera）:《对创建拉丁美洲共同市场的建议》（*Proposiciones para la creación del Mercado Común Latinoamericano*），提交给弗雷（Frei）总统的文件，1966 年。

119. 美国国际商会理事会（U. S. Council of the International Chamber of Commerce）的

贾德·波尔克（Judd Polk）和麻省理工学院（Massachusetts Institute of Technology）的C. P. 金德尔伯格（C. P. Kindleberger）提供了关于世界资本主义经济美国化的非常丰富的材料并发表自己的见解。载于国务院刊物《跨国公司》（*The Multinational Corporation*），对外研究办公室，华盛顿，1969年。

120.《国际商报》，同前引书。

121. E. 利萨诺·F.（E. Lízano F.）：《在中美洲的外国投资问题》（El problema de las inversiones extranjeras en Centro América），见《中央银行杂志》（*Revista del Banco Central*），哥斯达黎加，1966年9月。

122.《世界商业哥伦比亚日报》（*Columbia Journal of World Business*），转引自《北美拉美人研究会新闻信札》，1970年1月。

123. 保罗·N. 罗森斯坦–罗丹（Paul N. Rosenstein-Rodan）：《地区发展思考》（*Reflections on Regional Development*）。

124. 拉丁美洲自由贸易协会常务执行委员会特别会议，1969年7月和8月，《对拉丁美洲自由贸易协会一体化进程的估价》（*Apreciaciones sobre el proceso de integración de la ALALC*），蒙得维的亚，1969年。

联合国贸易和发展会议主任在纽约提醒人们，作为只缩小贸易堡垒的简单过程来说，一体化将“在大陆处于总萧条的情况下维持高度发展的飞地”。西德尼·德尔（Sidney Dell）：《美洲团结运动》（*The Movement Toward Latin American Unity*），集体写作，罗纳德·希尔顿（Ronald Hilton）编，纽约–华盛顿–伦敦，1969年。

125. 在巴西和阿根廷，汽车工业100%属于外国资本，在墨西哥，外资占大多数。《拉丁美洲自由贸易协会的汽车工业》（*La industria automotriz en la ALALC*），蒙得维的亚，1969年。

126. 比维安·特里亚斯（Vivian Trías）：《帝国主义与地缘政治在拉丁美洲》（*Imperialismo y geopolítica en América Latina*），蒙得维的亚，1967年。乌拉圭同意从巴西增加进口机械，以换取巴西向乌拉圭北部供电。现在，乌拉圭的阿尔蒂加和里维拉两省，未经巴西批准，不得增加电的消耗。

127. 戈尔贝里·杜科托·希尔瓦（Golbery do Couto e Silva）：《巴西地缘政治学概况》（*Aspectos geopolíticos do Brasil*），里约热内卢，1952年。

128. “他下令准备好武器，脱下帽子，下令瞄准，纠正瞄准，下令开枪，然后倒下了。他还把满是鲜血的头抬起来，并说道：我还活着。重新开枪，他就咽气了！”格雷戈里奥·布斯塔门特·马塞奥（Gregorio Bustamante Maceo）：《萨尔瓦多军事历史》（*Historia militar de El Salvador*），圣萨尔瓦多，1951年。

在特古西加尔巴（Tegucigalpa）广场，每到星期天晚上，乐队在莫拉桑铜像下演奏轻音乐，但是铜像的名字是错的。这个骑着马的人并不是主张中美洲团结的人的铜像。在莫拉桑被枪毙后，受政府委托去巴黎请一位雕塑家的洪都拉斯人，把钱都花在游玩上，最后只好在自由市场买下马里斯·卡尔内将军的塑像带回国。中美洲的悲剧成了一出滑稽戏。

129. 联合国，拉丁美洲经济委员会：《拉丁美洲贸易的海运费》（*Los fletes marítimos en el comercio exterior de América Latina*），纽约–智利，圣地亚哥，1968年。

130. 恩里盖·安古洛·H.（Enrique Angulo H.）：《拉丁美洲一体化：经验和前景》（*Integración de América Latina, experiencias y perspectivas*），集体写作，墨西哥，1964年。

131. 西德尼 · 德尔（Sidney Dell）:《拉丁美洲经济一体化的经验》（*Experiencias de la integración económica en América Latina*），墨西哥，1966 年。

七年之后

1. 采访，让-皮埃尔 · 克拉克（Jean-Pierre Clerc），见《世界报》（*Le Monde*），巴黎，1977 年 5 月 8、9 日。
2. 《民族报》（*The Nation*），8 月 28 日。
3. 犯罪事件 1976 年 9 月 21 日发生在华盛顿。在此之前，乌拉圭、智利和玻利维亚一些政治流亡者在阿根廷遇害，其中最有名的是卡洛斯 · 普拉特斯（Carlos Prats）将军，他是阿连德政府军事系统的关键性人物。他的汽车于 1974 年 9 月 27 日在布宜诺斯艾利斯一个车库内被炸。另一个是胡安 · 何塞 · 托雷斯（Juan José Torres）将军，他曾领导玻利维亚一个短命的反帝政府，1976 年 6 月 15 日遭枪杀。还有乌拉圭议员塞尔马尔 · 米切利尼（Zelmar Michelini）和埃克托尔 · 古铁雷斯 · 路易斯（Héctor Gutiérrez Ruiz），他们在布宜诺斯艾利斯遭绑架、受拷打并被杀害，时间为 1976 年 3 月 18 日到 21 日之间。
4. 由基民党政府开始、人民团结政府深入进行下去的土地改革也遭到破坏。玛丽亚 · 贝亚特里斯 · 德 · 阿尔盖克 · W.（María Beatriz de Albuquerque W.）:《智利农业：资本主义现代化或是回到传统的方式？评智利的反土改》（"La agricultura chilena: ¿modernización capitalista o regresión a formas tradicionales? Comentarios sobre la contra-reforma agraria en Chile"），载于《伊比利亚美洲》（*Iberoamericana*）杂志，第 6 卷，第 2 分册，1976 年。拉丁美洲研究所，斯德哥尔摩。
5. 3 个月以后大学举行了选举。当时这是唯一剩下的选举。独裁政权的候选人获得 2.5%的选票。于是，为了维护民主，他们关押了大部分大学生，然后把大学交给那 2.5%的人。
6. 《注视》（*Veja*）杂志，第 444 期，圣保罗，1977 年 3 月 9 日。
7. 美国众议院拨款委员会，1963 年海外拨款工作，第 87 届国会听证会，第 2 次会议，第 1 部分。
8. 卢尔德（Lourdes）声明，1976 年 10 月。
9. 见《小说家》（*Le nouvelliste*），太子港，海地，1977 年 3 月 19—20 日。转引自阿古斯丁 · 奎瓦（Agustín Cueva）《拉丁美洲的资本主义发展》（*El desarrollo del capitalismo en América Latina*），《二十一世纪》（*Siglo XXI*），墨西哥，1977 年。
10. 艾达 · 梅 · 曼特尔（Ida May Mantel）:《美国在国外子公司基金的来源和使用，1966—1972》（"Sources and uses of funds for a sample of majority-owned foreign affiliates of U. S. companies, 1966—1972"），美国商业部（U. S. Department of Commerce），《当代商业概览》（*Survey of Current Business*），1975 年 7 月。
11. 联合国，拉丁美洲经济委员会：《拉美经济与社会发展和对外关系》（*El desarrollo económico y social y las relaciones externas de América Latina*），圣多明各，多米尼加共和国，1977 年 2 月。
12. 长着小翅膀的钱不需要护照就可以旅行。靠开发我们自然资源所得的相当一部分利润外流到美国、瑞士、联邦德国或其他国家。到那儿之后，这些钱就像在马戏团那样，翻一个筋斗，然后作为贷款回到我们这些国家。
13. 阿古斯丁 · 奎瓦，同前引书。

14. 同上。

15. 联合国，拉丁美洲经济委员会，同前引书。

16. 联合国贸易和发展会议（UNCTAD）:《香蕉的销售体系》（*The marketing and distribution system for bananas*），1974 年 12 月。

17.《对墨西哥营养不良的看法》（"Reflexiones sobre la desnutrición en México"），见国家外贸银行出版的《对外贸易》，第 28 卷，第 2 期，墨西哥，1978 年 2 月。

18. 罗杰·伯比奇（Roger Burbach）、帕特里夏·弗林（Patricia Flynn）:《综合性农业企业瞄准拉丁美洲》（"Agribusiness Targets Latin America"），北美拉美人研究会（NACLA），第 12 卷，第 1 期，纽约，1978 年 1—2 月。

19. 同上。

20. 工会和新闻界提供的材料，载于《乌拉圭资料》（*Uruguay Informations*），第 21 期和 25 期，巴黎。

21. 联合国，拉美经济委员会，同前引书。

22. 同上。

23. 国际劳工组织（OIT）:《就业、发展和基本要求》（*Empleo, crecimiento y necesidades esenciales*），日内瓦，1976 年。

24. 联合国，拉丁美洲经济委员会，同前引书。

25. 在乌拉圭，宗教法庭的法官们已经现代化了。这是野蛮同资本主义做买卖意识的一种奇怪的混合。军人不再烧书了，他们把书卖给造纸公司，造纸厂把书撕碎，变成纸浆，再送回消费市场去。说读者见不到马克思，这不是真的，他在，但不是以书本的形式而是以餐巾的形式。

26. 1977 年 5 月 21 日阿巴里西奥·门德斯（Aparicio Méndez）总统在派桑杜（Paysandú）举行的记者招待会。他说道："我们正在避免国家因政治上的激情而出现悲剧。好人不谈独裁，不想独裁，也不要求人权。"

理想国译丛

imaginist [MIRROR]

001 没有宽恕就没有未来
[南非]德斯蒙德·图图 著

002 漫漫自由路：曼德拉自传
[南非]纳尔逊·曼德拉 著

003 断臂上的花朵：人生与法律的奇幻炼金术
[南非]奥比·萨克斯 著

004 历史的终结与最后的人
[美]弗朗西斯·福山 著

005 政治秩序的起源：从前人类时代到法国大革命
[美]弗朗西斯·福山 著

006 事实即颠覆：无以名之的十年的政治写作
[英]蒂莫西·加顿艾什 著

007 苏联的最后一天：莫斯科，1991年12月25日
[爱尔兰]康纳·奥克莱利 著

008 耳语者：斯大林时代苏联的私人生活
[英]奥兰多·费吉斯 著

009 零年：1945，现代世界诞生的时刻
[荷]伊恩·布鲁玛 著

010 大断裂：人类本性与社会秩序的重建
[美]弗朗西斯·福山 著

011 政治秩序与政治衰败：从工业革命到民主全球化
[美]弗朗西斯·福山 著

012 罪孽的报应：德国和日本的战争记忆
[荷]伊恩·布鲁玛 著

013 档案：一部个人史
[英]蒂莫西·加顿艾什 著

014 布达佩斯往事：冷战时期一个东欧家庭的秘密档案
[美]卡蒂·马顿 著

015 古拉格之恋：一个爱情与求生的真实故事
[英]奥兰多·费吉斯 著

016 信任：社会美德与创造经济繁荣
[美]弗朗西斯·福山 著

017 奥斯维辛：一部历史
[英]劳伦斯·里斯 著

018 活着回来的男人：一个普通日本兵的二战及战后生命史
[日]小熊英二 著

019　我们的后人类未来：生物科技革命的后果
[美] 弗朗西斯 · 福山 著
020　奥斯曼帝国的衰亡：一战中东，1914–1920
[英] 尤金 · 罗根 著
021　国家构建：21 世纪的国家治理与世界秩序
[美] 弗朗西斯 · 福山 著
022　战争、枪炮与选票
[英] 保罗 · 科利尔 著
023　金与铁：俾斯麦、布莱希罗德与德意志帝国的建立
[美] 弗里茨 · 斯特恩 著
024　创造日本：1853—1964
[荷] 伊恩 · 布鲁玛 著
025　娜塔莎之舞：俄罗斯文化史
[英] 奥兰多 · 费吉斯 著
026　日本之镜：日本文化中的英雄与恶人
[荷] 伊恩 · 布鲁玛 著
027　教宗与墨索里尼：庇护十一世与法西斯崛起秘史
[美] 大卫 · I. 科泽 著
028　明治天皇：1852—1912
[美] 唐纳德 · 基恩 著
029　八月炮火
[美] 巴巴拉 · W. 塔奇曼 著
030　资本之都：21 世纪德里的美好与野蛮
[英] 拉纳 · 达斯古普塔 著
031　回访历史：新东欧之旅
[美] 伊娃 · 霍夫曼 著
032　克里米亚战争：被遗忘的帝国博弈
[英] 奥兰多 · 费吉斯 著
033　拉丁美洲被切开的血管
[乌拉圭] 爱德华多 · 加莱亚诺 著